21世纪经济学管理学系列教材

经济学原理

PRINCIPLES OF ECONOMICS

王今朝　编著

武汉大学出版社

21世纪经济学管理学系列教材编委会

顾问

谭崇台　郭吴新　李崇淮　许俊千　刘光杰

主任

周茂荣

副主任

谭力文　简新华　黄　宪

委员（按姓氏笔画为序）

王元璋　王永海　甘碧群　张秀生　严清华
何　耀　周茂荣　赵锡斌　郭熙保　徐绪松
黄　宪　简新华　谭力文　熊元斌　廖　洪
颜鹏飞　魏华林

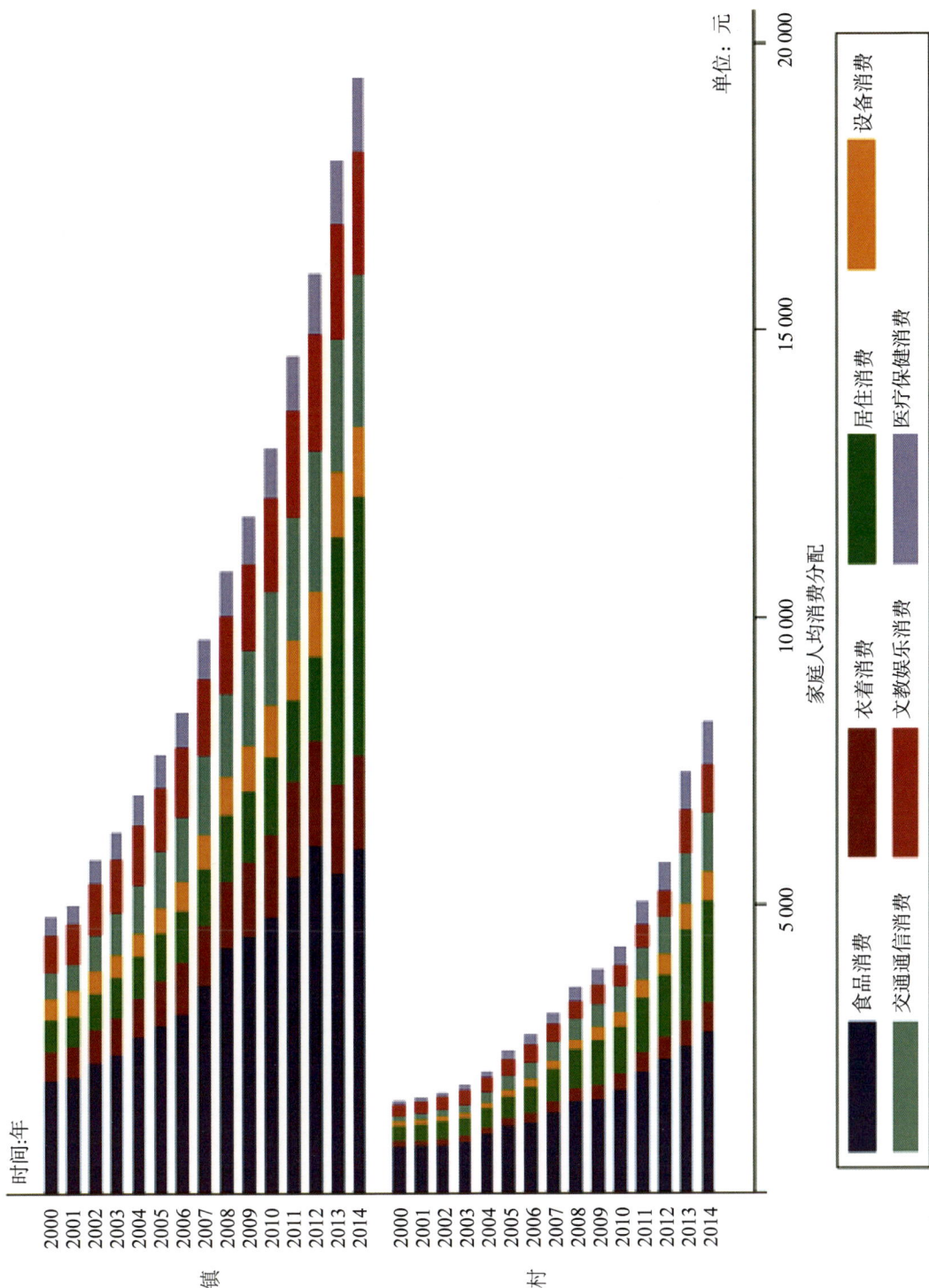

图3.4 中国城镇、农村人均消费的增长

总　　序

　　一个学科的发展，物质条件保障固不可少，但更重要的是软件设施。软件设施体现在三个方面：一是科学合理的学科专业结构，二是能洞悉学科前沿的优秀的师资队伍，三是作为知识载体和传播媒介的优秀教材。一本好的教材，能反映该学科领域的学术水平和科研成就，能引导学生沿着正确的学术方向步入所向往的科学殿堂。作为一名教师，除了要做好教学工作外，另一个重要的职能就是，总结自己钻研专业的心得和教学中积累的经验，以不断了解学科发展动向，提高自己的科研和教学能力。

　　正是从上述思路出发，武汉大学出版社准备组织一批教师在两三年内编写出一套《21世纪经济学管理学系列教材》，同时出版一批高质量的学术专著，并已和武汉大学经济与管理学院达成共识，签订了出版合作协议，这是一件振奋人心的大事。

　　我相信，这一计划一定会圆满地实现。第一，合院以前的武汉大学经济学院和管理学院已分别出版了不少优秀教材和专著，其中一些已由教育部通过专家评估确定为全国高校通用教材，并多次获得国家级和省部级奖励，在国内外学术界产生了重大影响，对如何编写教材和专著的工作取得了丰富的经验。第二，近几年来，一批优秀中青年教师已脱颖而出，他们不断提高教学质量，勤奋刻苦地从事科研工作，已在全国重要出版社，包括武汉大学出版社，出版了一大批质量较高的专著。第三，这套教材必将受到读者的欢迎。时下，不少国外教材陆续被翻译出版，在传播新知识方面发挥了一定的作用，但在如何联系中国实际，建立清晰体系，贴近我们习惯的思维逻辑，发扬传统的文风等方面，中国学者有自己的优势。

　　《21世纪经济学管理学系列教材》将分期分批问世，武汉大学经济与管理学院教师将积极地参与这一具有重大意义的学术事业，精益求精地不断提高写作质量。系列丛书的出版，说明武汉大学出版社的同志们具有远大的目光，认识到，系列教材和专著的问世带来的不只是经济效益，更重要的是巨大的社会效益。作为武汉大学出版社的一位多年的合作者，对这种精神，我感到十分钦佩。

谭崇台

出版说明和致谢

本书试图在系统克服既有经济学理论问题的基础上开发适合中国乃至世界的新一代经济学教材。首先，没有纯粹的经济学，任何经济学都是政治经济学，任何经济分析都渗透着政治和制度，都与现有政治和制度发生着这样那样的关系，只是显性程度高低不同而已。显性程度低的经济学可能需要一个初学者在学习后几年、十几年乃至几十年才能意识到它的政治性。有的人一辈子缺乏思考，可能一辈子都意识不到经济学的政治性。毕竟，经济行为与那些具有强势政治影响的经济主体的相关性极强。既然强势经济主体的政治影响有积极和消极的差别，有进步和反动的差别，经济学或政治经济学的理论也有类似的差别。

其次，即使西方资本主义国家，其企业实践与古典经济学家们所处理的实践也已有很大差别了。这在西方管理学理论中已有很多体现。然而，西方经济学的一些基础理论还停留在200多年前的状态，没有吸收西方管理学的基本知识。比如，几乎所有的西方经济学教材对所有价格问题，事实上对几乎所有经济问题，都会使用市场分析的方法。然而，企业并不是仅仅被动地服从市场，而是试图创造市场、操纵市场。西方经济学虽然研究了垄断，但依然把垄断企业视为一个仅仅具有定价权的经济主体。市场分析对于理解经济不仅是远远不够的，而且是扭曲的。

最后，西方的经济学理论也没有吸收政治学的知识，对政府的作用认识不足。这一点尤其不利于经济后发国家。西方发达资本主义国家为了维护自己的经济霸权，不希望经济后发国家实现真正的经济发展。这就会影响到他们的理论家对经济学这个学科的定性，也影响到他们对发展的定义，更影响到他们的经济发展战略和经济运行方式理论的表述，甚至理解。新古典理论家们试图从少数几个关于人类本性的本质性思想开始，把人视为追求效用最大化的机器，从而建构出一种没有政府、没有阶级、完全个人理性却又复杂的、貌似有力的演绎性知识。

由于以上三个原因，编著一本真正反映经济规律的教材的任务已经摆到世界各国经济学者面前。本书作者不揣浅陋，试图完成这一任务。本书以"编著"的形式出现，是因为不可避免地要使用一些现有的经济学教科书（包括西方）的材料。这里，既有写作时间的限制，也有经济学本身内在的规定性的作用。使用这些材料不是抄袭，而是对西方真正学者的一种尊重。本书较多地参考了金德尔伯格的《西欧金融史》、沃尔夫和雷斯尼克的《相互竞争的经济理论：新古典主义、凯恩斯主义和马克思主义》[1]、多恩布什的《宏

---

[1] 《相互竞争的经济理论：新古典主义、凯恩斯主义和马克思主义》（理查德·沃尔夫、斯蒂芬·雷斯尼克著，孙来斌、王今朝、杨军译，社会科学文献出版社2015年出版）第二章中的部分内容。

观经济学》、平狄克的《微观经济学》，还有作者自己以第一作者身份发表的文章和专著，也参考了维基百科对有关概念的介绍，并加了相应的适用范围的说明。对此，本书尽可能地添加出处。但限于教材的编写惯例，很难如专著一样处处明显加注。

本书也有很强的"著"的成分。这是因为本书即使在编写的内容上也试图用马克思的唯物主义和辩证法来统帅文本。"唯物"既体现在本书所介绍的许多具有国际共性的概念（比如第二章的生产、消费）上，又体现在本书所介绍的具有中国特性的概念（如核心消费、人口对需求的强大影响）上。辩证则不仅体现在本书对所介绍的西方学者的经济学概念、理论贡献增加了不少辩证的理解，比如，不以"市场"为对象和不以"均衡"为核心，而是以客观事物之间的必然、客观、具体联系为核心。这是基于作者自己的理解所做的带有创新性的表述。本书的编写是在强烈的实践问题导向和学术问题导向下进行的。作者试图使读者在匆匆阅读完一章后能够掂量一下该章的内容。这使得它对于政界人士的政策制定和学界人士学术探索模式的形成都有重要参考价值。

本书使用了一些数学，但都限于使用最基本的数学知识，特别是函数的概念。数学确实是一种语言。这种语言用来展示经济问题的结构是非常自然的。由于本书试图最大限度地贴近实际，所以，它们应该并不难懂。比如，函数就代表关系，求导代表两个变量之间的相互作用。感到确实困难的读者完全可以不用理会这些数学，可以把主要精力用于理解其背后的思想。当出现理解困难的时候，找一些现实中身边的对应物，可能就容易理解了。

作者所指导的一些研究生，如许晨、张艺、叶贝贝、赵雪彤、金志达、黄俊等，程度不同地参与了本书的编著，包括文字的整理和细节的完善。许晨帮助我完成了最后三章的编写，加上其他工作，他对本书的字数的贡献达到 6 万字。但我既负责逻辑结构，也监督和确保内容细节的正确无误。

作者感谢范绪泉先生盛情邀请编写此书！感谢武汉大学出版社为本书的编写提供资助。本书也是武汉大学 2018 年规划教材建设项目，得到了武汉大学的大力支持！

简 要 目 录

第一编　基础概念

第一章　经济学引论 ………………………………………………………………… 3
第二章　生产与消费：基本经济行为 …………………………………………… 11

第二编　分析经济运行和发展的基本框架

第三章　价值的决定、变动和微观机理 ………………………………………… 37
第四章　社会结构、博弈和政府 ………………………………………………… 59

第三编　生 产 理 论

第五章　生产、成本和企业 ……………………………………………………… 87
第六章　企业运行：垄断、竞争和中间情形 ………………………………… 106
第七章　经济运行效率的衡量 ………………………………………………… 135
第八章　收入决定 ………………………………………………………………… 156

第四编　货币　金融　贸易

第九章　货币：供给和需求 ……………………………………………………… 171
第十章　金融：国内和国际 ……………………………………………………… 188
第十一章　贸易的决定 …………………………………………………………… 211

第五编　整 体 经 济

第十二章　整体经济活动衡量 ………………………………………………… 221
第十三章　投资函数 ……………………………………………………………… 232
第十四章　经济发展 ……………………………………………………………… 247
第十五章　相对价格扭曲和通货膨胀 ………………………………………… 257
第十六章　长期经济增长中的短期经济波动 ………………………………… 271
第十七章　通货膨胀、失业、菲利普斯曲线和总供给曲线 ………………… 294
第十八章　总需求的特例 ………………………………………………………… 310

参考文献 …………………………………………………………………………… 322

详 细 目 录

第一编　基 础 概 念

第一章　经济学引论 ·· 3
　第一节　有什么经济问题要处理? ··· 3
　　一、什么样的经济制度是最好的 ··· 3
　　二、给定制度下的社会经济发展和运作 ·· 4
　第二节　经济学是什么 ·· 5
　第三节　经济学中的微观层面和宏观层面 ··· 6
　第四节　在实证和规范的缠绕之中锤炼你的经济学思维 ··························· 7
　第五节　在演绎与归纳的交叉并用中提升自己的经济学素养 ······················ 8
　关键词 ··· 10
　思考题与练习题 ·· 10

第二章　生产与消费：基本经济行为 ··· 11
　第一节　生产行为 ·· 11
　　一、生产的两个维度 ··· 11
　　二、产品结构优化的困难和可能性 ·· 15
　　三、投入和产出 ··· 18
　　四、机会成本和效率 ··· 18
　　五、生产组织 ··· 20
　第二节　消费行为 ·· 21
　　一、合理消费和不合理消费 ·· 21
　　二、消费函数：消费对政治制度、伦理等的依赖 ······························· 22
　　三、制度和伦理给定下消费对价格和收入的依赖 ······························· 25
　　四、收入效应和替代效应 ··· 30
　　五、显示偏好和偏好塑造 ··· 31
　关键词 ··· 33
　思考题与练习题 ·· 33

第二编　分析经济运行和发展的基本框架

第三章　价值的决定、变动和微观机理 ·· 37

第一节 价值的决定 ... 37
一、"价值决定价格,价格反映价值" ... 38
二、使用价值如何影响价格 ... 41
三、劳动价值论的应用 ... 41
四、价格指数 ... 43

第二节 价值表现的变动:供给与需求 ... 46
一、需求曲线 ... 46
二、人口规模对需求的影响 ... 48
三、供给曲线 ... 49
四、弹性 ... 51

第三节 供求不决定价格 ... 53
一、为什么供求不决定价格 ... 53
二、价值决定价格和所谓供求决定价格的差别 ... 54

第四节 消费者剩余和消费者收入的提高:消费者更关心哪个? ... 55
一、消费者剩余 ... 55
二、消费者剩余是衡量福利的良好指标吗? ... 57

关键词 ... 57
思考题与练习题 ... 57

第四章 社会结构、博弈和政府 ... 59

第一节 人类社会的组织 ... 59
一、有阶级的社会和无阶级的社会 ... 59
二、中心-外围结构 ... 60
三、内部人-外部人结构 ... 62

第二节 博弈论 ... 63
一、博弈是什么 ... 63
二、博弈的形成 ... 65
三、占优策略 ... 66
四、最优反应和纳什均衡 ... 66

第三节 政府和集体行动 ... 69
一、大政府还是小政府 ... 69
二、社会主义国家的政府必然是大政府 ... 71
三、政府可能失败,但并不必然失败 ... 72
四、集体行动的有效性:公共池塘资源的有效治理 ... 74

第四节 政府预算 ... 76
一、政府预算的原则 ... 76
二、预算平衡公式 ... 77
三、减税不一定带来税收的增加 ... 82

关键词 ……………………………………………………………………………… 83
思考题与练习题 ………………………………………………………………… 83

第三编 生 产 理 论

第五章 生产、成本和企业 …………………………………………………… 87
第一节 同时作为物和社会关系的生产资料 ………………………………… 87
一、作为物的生产资料 …………………………………………………… 87
二、作为社会关系的生产资料 …………………………………………… 89
第二节 企业的技术构成和价值构成：有机构成 …………………………… 92
一、有机构成的形式化表述 ……………………………………………… 92
二、技术变化引起的价值构成的变化 …………………………………… 93
第三节 在既定技术和资本基础上的企业个体理性 ………………………… 94
一、固定成本与可变成本 ………………………………………………… 95
二、总成本曲线 …………………………………………………………… 95
三、平均成本、边际成本 ………………………………………………… 97
四、短期总成本曲线、平均成本曲线和边际成本曲线 ………………… 98
五、长期成本曲线 ………………………………………………………… 100
六、几个成本概念的比较 ………………………………………………… 101
关键词 ……………………………………………………………………………… 104
思考题与练习题 ………………………………………………………………… 104

第六章 企业运行：垄断、竞争和中间情形 ………………………………… 106
第一节 垄断企业 ………………………………………………………………… 106
一、为什么会产生垄断 …………………………………………………… 106
二、垄断的模型 …………………………………………………………… 109
三、价格歧视 ……………………………………………………………… 115
四、垄断的普遍性和可变性 ……………………………………………… 117
第二节 作为垄断的极限特例的完全竞争 …………………………………… 120
一、完全竞争模型 ………………………………………………………… 120
二、完全竞争企业的供给 ………………………………………………… 121
三、行业的供给曲线 ……………………………………………………… 124
四、经济学家怎样用完全竞争模型 ……………………………………… 126
五、结论 …………………………………………………………………… 128
第三节 寡头垄断、垄断竞争和创新竞争 …………………………………… 128
一、双头垄断 ……………………………………………………………… 128
二、垄断竞争 ……………………………………………………………… 132
三、以创新来竞争 ………………………………………………………… 132
关键词 ……………………………………………………………………………… 133

思考题与练习题……………………………………………………………………… 133

第七章　经济运行效率的衡量……………………………………………………… 135
第一节　生产对交换的占优………………………………………………………… 135
　　一、生产可能性边界………………………………………………………………… 135
　　二、国民福利决定：生产对交换的占优（dominance）………………………… 136
第二节　私有企业制度安排的无效率……………………………………………… 138
　　一、资本主义市场经济资源配置的扭曲………………………………………… 138
　　二、生产的多维性…………………………………………………………………… 141
第三节　市场供求调节机制和创新机制…………………………………………… 144
　　一、市场的价格调节机制…………………………………………………………… 144
　　二、对市场的本体论认识…………………………………………………………… 147
　　三、创新机制………………………………………………………………………… 149
第四节　效率概念的复杂性………………………………………………………… 150
　　一、效率总是相对的………………………………………………………………… 151
　　二、利润不是衡量企业效率的可靠指标………………………………………… 151
　　三、帕累托效率：一种基本无效的分析工具…………………………………… 152
　　关键词………………………………………………………………………………… 154
　　思考题与练习题……………………………………………………………………… 154

第八章　收入决定…………………………………………………………………… 156
第一节　一般劳动力的工资决定…………………………………………………… 156
第二节　一种劳动工资的市场决定理论…………………………………………… 158
　　一、劳动力需求理论………………………………………………………………… 158
　　二、高级劳动力的劳动供给决策…………………………………………………… 160
　　三、工资水平的决定………………………………………………………………… 163
第三节　资本所有者应该拿到高收入吗…………………………………………… 164
　　一、三位一体公式…………………………………………………………………… 164
　　二、经济增长率的余值……………………………………………………………… 166
　　关键词………………………………………………………………………………… 167
　　思考题与练习题……………………………………………………………………… 167

第四编　货币　金融　贸易

第九章　货币：供给和需求………………………………………………………… 171
第一节　现代货币的产生和使用…………………………………………………… 171
　　一、货币的本质……………………………………………………………………… 172
　　二、货币的功能……………………………………………………………………… 172
第二节　货币供给…………………………………………………………………… 174

一、货币存量的决定 ··· 174
　　二、控制货币供给的工具 ··· 176
　　三、金融学家对三大政策工具、货币创造过程的评价 ··················· 178
　　四、中间目标选择：控制货币存量、利率、信贷还是机构 ············ 180
　第三节　货币需求 ··· 181
　　一、货币的交易需求、预防需求与货币数量论 ····························· 182
　　二、货币的投机性需求和一般的货币需求函数 ····························· 183
　　三、货币需求在不同家庭之间的不同分布 ··································· 184
　关键词 ··· 186
　思考题与练习题 ·· 186

第十章　金融：国内和国际 ··· 188
　第一节　西方金融体系概况 ·· 188
　　一、基础金融交易 ·· 189
　　二、创新的金融交易 ··· 190
　　三、金融体系的系统性风险和非系统性风险 ································ 195
　第二节　利率：多值体系 ··· 196
　　一、零利率理论 ·· 196
　　二、贫富分化经济中的可贷资金市场利率决定模型：短期模型 ······ 196
　　三、货币幻觉、费雪效应 ·· 200
　第三节　汇率、汇率制度与国际金融体系 ·· 201
　　一、国际收支和国际收支账户 ·· 202
　　二、汇率和汇率制度 ··· 204
　　三、国际收支的平衡 ··· 207
　关键词 ··· 209
　思考题与练习题 ·· 210

第十一章　贸易的决定 ··· 211
　第一节　关于贸易的观点 ··· 211
　第二节　比较优势理论 ··· 212
　　一、基本概念 ··· 213
　　二、基于比较优势贸易的利益 ·· 213
　　三、比较优势的决定 ··· 213
　　四、真实的国际贸易 ··· 216
　关键词 ··· 218
　思考题与练习题 ·· 218

第五编　整体经济

第十二章　整体经济活动衡量 ... 221
第一节　国民经济的内部循环和整体衡量 ... 221
一、国民经济的内部资金循环 ... 221
二、实际国内生产总值 ... 222
第二节　国民经济的重要关系：GDP 的部门构成和一些恒等式 ... 224
一、GDP 的部门构成 ... 224
二、GDP 核算体系的问题 ... 225
三、应用：世界 GDP 第一能够说明什么 ... 227
四、重要的恒等式 ... 228

关键词 ... 231
思考题与练习题 ... 231

第十三章　投资函数 ... 232
第一节　投资于新产品 ... 232
一、新产品的经济和战略价值 ... 232
二、私人利润、专利费是激励新产品研发所必需的吗？ ... 234
第二节　工业品和消费品生产投资 ... 236
一、投资的来源：储蓄的获得 ... 236
二、大量储蓄可得基础上投资对利率、预期收益和政策的依赖 ... 239
第三节　对人的投资 ... 241
一、健康投资 ... 241
二、教育投资 ... 243
三、专业经验投资 ... 245

关键词 ... 246
思考题与练习题 ... 246

第十四章　经济发展 ... 247
第一节　发展的内涵 ... 247
一、发展的定义 ... 247
二、复杂性 ... 248
第二节　发展道路 ... 252
一、发展战略 ... 252
二、发展道路 ... 253
三、人口大国的分裂与反分裂的对抗 ... 255

关键词 ... 256
思考题与练习题 ... 256

第十五章　相对价格扭曲和通货膨胀 ... 257
第一节　相对价格：一些重要的情形 ... 257
一、"资产"的分配：平均化还是两极化 ... 257
二、（出口）补贴、救市 ... 258
三、价格扭曲：以房价、药价、股价为例 ... 260
第二节　通货膨胀 ... 262
一、通货膨胀的分类 ... 262
二、通货膨胀的后果 ... 264
三、通货膨胀的原因 ... 266
关键词 ... 270
思考题与练习题 ... 270

第十六章　长期经济增长中的短期经济波动 ... 271
第一节　基于生产关系的观点 ... 271
一、什么是生产关系 ... 271
二、一种新的生产关系的形成 ... 272
三、资本主义生产关系为什么必然导致危机 ... 273
四、资本主义生产关系深化：供给经济学的兴起 ... 274
第二节　经济危机的总供求分析范式 ... 276
一、处理普通衰退的总供给-总需求框架 ... 276
二、总供给曲线 ... 278
三、总需求曲线 ... 280
四、不同供给假定下的总需求政策 ... 284
第三节　经济波动中的结构性、制度性特征 ... 287
一、基本模型：消费结构、收入结构的交叉关系 ... 287
二、模型的一个应用 ... 289
三、未来中国经济发展与消费关系的博弈 ... 290
关键词 ... 292
思考题与练习题 ... 292

第十七章　通货膨胀、失业、菲利普斯曲线和总供给曲线 ... 294
第一节　失业：资本主义制度的本质性特征 ... 294
一、定义失业 ... 295
二、西方的失业分类 ... 296
第二节　菲利普斯曲线 ... 300
一、菲利普斯曲线 ... 300
二、附加预期的菲利普斯曲线 ... 302

第三节　从菲利普斯曲线到总供给曲线 ………………………………… 306
　　　　一、奥肯定律 …………………………………………………………… 307
　　　　二、成本与价格 ………………………………………………………… 307
　　　　三、推导总供给曲线 …………………………………………………… 307
　　关键词 ……………………………………………………………………… 308
　　思考题与练习题 …………………………………………………………… 309

第十八章　总需求的特例 ……………………………………………………… 310
　　第一节　IS-LM 模型 ……………………………………………………… 310
　　　　一、IS 曲线：利率与总需求 ………………………………………… 310
　　　　二、LM 模型 …………………………………………………………… 312
　　　　三、商品市场与货币市场的均衡 ……………………………………… 316
　　　　四、均衡收入水平与利率的变动 ……………………………………… 316
　　第二节　乘数理论 ………………………………………………………… 317
　　　　一、乘数理论的基本思想 ……………………………………………… 318
　　　　二、乘数的图解 ………………………………………………………… 319
　　　　三、比例所得税的税收乘数 …………………………………………… 319
　　关键词 ……………………………………………………………………… 321
　　思考题与练习题 …………………………………………………………… 321

参考文献 ……………………………………………………………………… 322

第一编　基础概念

第一章 经济学引论

没有人就没有经济。随着人的变化，经济的内涵也会发生变化。实际上，它已从古希腊指家庭管理发展到了现代指企业、产业、区域、政府、宏观、制度等。对于这些经济问题，今天的世界上不同人有着不同的理解。在你进入大学的时候，你选择学习、相信哪一种经济学，对你的人生会产生重大影响。本书所提供的"考虑综合效果"的经济学将会使你的人生焕发光彩。① 学习了本书的理论之后，你在面对腐败、短视的官员时，可能愿意勇敢地站出来，科学地向他们和社会大众表达你的意见。这样的人多了，我们国家的人民民主才能拥有真正可靠的社会基础。实际上，科学的经济学一旦被人民所掌握，就会有许多人成为英雄人物，尽管他们可能不再像历史上的那些英雄人物那么突出。

第一节 有什么经济问题要处理？

刚刚步入大学的你会很关心个人问题。在你的一生中，会遇到各种各样的问题。就保证你个人的合理利益而言，千万不要高估你自己的运气，也千万不要高估你学习经济学之前的能力。来到大学，意味着你的教育问题得到了某种程度的解决。然而，你会关心大学毕业后找到工作的你与找到不同工作的同学之间收入会有很大的差距吗？你会担心你将来在中国的一些大城市住不起房子吗？你担心当把自己工资中一个很大比例用于支付房租或房贷的时候，会支付不起其他方面的支出吗？你会担心按揭虽然让你买得起房子，但让你付出的代价过多吗？你会担心你和你的父母的医疗费用吗？你会担心你的养老问题吗？很显然，收入越低的家庭出身的学生越会担心这些问题。高收入家庭出身的学生难道就不关心这些问题吗？不要小看这些问题！这些问题直到近年来才开始成为经济发达的西方世界的经济学家们关注的中心问题。只有真正理解了经济学，你才能对这些问题作出深入而正确的思考。比如，你如果确信，从社会统计的角度看，个人的问题无法脱离社会来得到解决，就不会再过分依靠个人努力来改变自己的命运了。

一、什么样的经济制度是最好的

寻找好的制度是经济学的根本任务。找到一种最优的社会组织———一套特定的社会制度———使人们尽可能大地实现他们的潜能，即最大数量人群的最大可能的福利，这看起来是很好的事情。然而，仅仅这样宣称是远远不够的。亚当·斯密（1723—1790年）在1776年出版的著作中，主张资本主义是任何国家达到其最大财富的方法。在18世纪末，

---

① 保罗·克鲁格曼．流行的国际主义．张兆杰，张曦，钟凯峰，译．北京：中信出版社，2010．

在从封建主义向资本主义的长期转型中，英国创造出了一种新的条件，要求一种新的理论来解释它们。需要作出解释的，就是从不断增长的产业工厂中所流出的惊人数量的财富。你可能想象不到，现在，许多经济学理论依然没有超出斯密的主张，只不过更为细致一些而已。即使一些严厉批评古典和新古典理论的人，比如约翰·梅纳德·凯恩斯（1883—1946年），也是如此。只不过，凯恩斯认为，资本主义会出问题，他的使命就是让出了问题的资本主义重新运转起来而已。也就是，如何最好地对威胁资本主义制度生存的周期性发生的经济危机做出反应。

对于上述问题，马克思给出了截然相反的正确答案。马克思的答案是社会主义。

二、给定制度下的社会经济发展和运作

个人命运和社会前途必然是结合在一起的。在由少数人控制社会前途命运的社会中，少数人可以凭借个人努力求得个人命运的改善，甚至成为那些少数人中的一员，就如林肯能做美国总统一样，但如果大家各自分别努力，结果必然是很多人劳而无功。只有通过适当的社会安排，才能让每个人所得到的回报与他的努力大致呈现出一种合理的比例关系。否则，你会发现，你的占人口极少数的朋友、老乡、同学、亲戚甚至兄弟姊妹过着远非你所能想象的生活，而且他们对你的命运可能毫不关心，或者爱莫能助。什么是适当的社会安排呢？理解这个问题，需要你理解如下的问题：

（一）长期问题：穷国为什么穷？富国为什么富？穷国怎样才能变富？

富国富是因为该国人高穷国人一等吗？是因为该国人更善于创新吗？是因为该国有一个更好的经济体制吗？是因为该国实行了自由贸易吗？是因为该国民主自由吗？如果对于这些问题的答案是肯定的，对穷国的意义是什么呢！？穷国还有改善自己的命运的可能性吗？如果对这些问题的答案全部是否定的，穷国又怎样才能在尽可能短的时间内又快又好地发展自己的经济呢？什么叫作经济发展得好呢？GDP增长快就好吗？针对古典、新古典和凯恩斯主义经济学家坚信资本主义能够为最大多数人产生最大福利的信念，更针对如何改造世界这个实践问题，马克思主义提供了一种极为不同的理论。

（二）短期问题：一个国家的经济运作

长期是由短期构成的。一个国家的经济发展过程中，会存在着各种各样的短期问题需要处理。有些短期问题处理不好，就会使得这个国家的长期经济发展难以持续，或者使得一个本来发展势头良好的国家折戟沉沙，苏联、东欧社会主义国家解体就是教训。这些教训的例子太多太深刻了，不仅在社会主义国家或原社会主义国家存在，也在资本主义国家存在。在西方经济理论发展了200多年后，对于如下的问题依然没有确定的答案！

（1）凯恩斯主义解决了西方经济危机问题吗？
（2）货币只是一个交易媒介问题吗？通货膨胀本质上只是一个货币供给问题吗？
（3）就业的波动是一个重要问题吗？在什么情况下重要？在什么情况下是不重要的呢？
（4）利率高低重要吗？在什么情况下是不重要的呢！？
（5）解雇、私有化能够保证一个经济的良好运转吗？

对上述问题的回答能够帮助一个国家不再急功近利，不会因小失大，从而让一个国家实现长期稳定的发展，特别是让一个穷国不至于在寻求发展时迷失了方向。对上述问题的回答反过来又引起你思考，什么样的制度是好的。

在本书写作时，世界旧的格局在打破，经济学旧的格局也在打破，也有著名西方学者认为，在过去30多年中西方宏观经济学没有任何进步。其实，没有进步的何止是宏观经济学呢？微观经济学的进步如果有，也很有限。

第二节 经济学是什么

有人说，经济学是研究资源配置的科学；而实际上，经济学是研究人与人之间经济关系的科学。生产什么、怎样生产（生产资料所有权）和为谁生产这样的问题离不开人与人的关系，而且正是在人与人的关系的框架中解决的。甚至战争期间的经济问题也可以用这个定义来描述。比如，斯大林格勒保卫战时候的经济问题就涉及德国人和苏联人之间的经济关系、苏联军队和平民的经济关系、这支军队和那支军队的经济关系，总之都是人与人之间的经济关系。第二次世界大战的欧洲战场的胜负最后就取决于哪个国家生产了更多的飞机、坦克、大炮，这离不开人们在各种产业中的分布、在每个产业中受制于各种因素所产生的生产率以及分配。

只有把经济学看作一种关于人与人之间的经济关系的科学，才能解释穷人和富人之间的收入和财富的两极分化，才能解释为什么穷人辛苦一年却得不到什么收入，才能解释美国"中产阶级"为什么会萎缩，才能解释经济究竟是怎样发展的。只有这样看，才能理解经济学如何服务于一个社会选择适合自身的经济制度的努力。有的争论看似不涉及人与人的关系，实际上，本质是人与人的关系。比如，围绕市场在资源配置中的作用和更好发挥政府作用存在的许多争论，实际上是人与人的关系的问题。

所有的经济学理论都必须通过一组陈述来展示。这种陈述可能是文字的，也可能是用数学函数表示出来的。后者常常被称为模型，并被一些人视为一种更为正式化的方法。在本书中，你可以见到这两种方式。这两种方式不能够绝对地划分出优劣来。随着经济学的发展，经济学展现给世人的内容和形式都更加数理化了。但是，这两种方式的划分对于经济学也不是关键性的，那种把对具体行为进行分析的经济学数学模型视为用来认识世界的唯一或最好的工具的观点太过狭隘和极端了。它们大量应用数学来进行成果展示可能不过是在掩盖研究内容的贫乏。

为了对经济问题进行研究得出可以供人们方便使用的陈述，抽象方法是必需的！但抽象的使用有好坏之分，因为研究者总是有目的的。当抽象被用来达到一个并不令人称道的目的，或被用来描述一个不可能达到的目标时，抽象的使用就错了。尽管一些经济学理论可以用数学的方式来展现，而且可以更为精致、准确，但这对于科学性而言并不是充分的。从这点看，抽象方法并不一定比具体方法、描述方法、案例方法好。另一方面，也有不少研究过度地陷入描述现象中而缺乏对问题本质的揭示。

对经济学的科学理解离不开了解重大史实，你越了解重大史实，了解的重大史实越多，你对经济学的理解就越深刻。可以说，经济学本质上是一种史学。研究历史远不止是寻求对某一特定事件的解释。历史是治乱经验的高度总结。历史导致了数据的堆积。经济学都是某些人对于历史数据所隐含的某些结构的总结和推测。如果这种总结和推测足够科学，这种理论就具有普适性了。但也可能并不科学的经济学理论被说成是普适的，并且得到了不少的学者的遵从，形成一种学术的共同体。他们所宣扬的事实是扭曲的，所推出的政策是荒谬的。一个国家如果从外国引进这样的理论，就可能极大地破坏和颠覆其政权。有一些经济学流派的学术基础并不坚实，却很可能有重大的历史价值。比如，重商主义在推进西欧统一市场、统一货币和集权化的过程中起到了重要作用。

小国的经济学与大国的经济学存在根本不同，经济落后国家与经济发达国家的经济学存在根本不同，一个国家不同时期的经济学也可能存在根本差异，发动战争的国家和进行自卫的国家的经济学也不一样，生产食品的国家和生产工业产品的国家的经济学差别也不小。这些教训就使得在研究一个国家的经济问题时，抽象建立的模型，特别是基于所谓抽象人性所建立的最大化模型，具有极大的科学局限性。这种学术只能看作某些人对世界的某些问题的某些方面的认识，而不能把它看作普世的放之四海而皆准的认识。普世的放之四海而皆准的认识可能只有在近乎哲学的层面才能达到。

有了上述的知识，你就掌握了一个识别真假经济学家的窍门：你对经济学的论证也许并不在行，但你可以就一个经济学家的结论做出判断。通过判断结论的好坏，你就可以非常方便地知道这个经济学家对你是好是坏了。许多国家的权贵就是这样选择他的御用经济学家的。这个方式对工人阶级照样适用。

 一个开放的、复杂的、不要求你在学习之初就给出基本准确答案的思考题

西方人常常说，经济学有三大问题：生产什么、如何生产和为谁生产。你所认为的如何生产和为谁生产与西方人准备告诉你的是一回事吗？你对这个问题的回答将会让你产生哲学家的思维。西方人的主观与客观是一致的吗？西方人的主观与你的主观是一致的吗？不一致的原因是什么呢？不一致的后果是什么呢？假如你接受西方人的那种观点，你的命运将会如何呢？在回答这个问题的时候，你可能要尝试扮演不同的角色（穷人和富人）来设身处地地回答。你的答案也可能会随着你的学习的深入而有所变化。

第三节 经济学中的微观层面和宏观层面

西方早有学者质疑微观经济学和宏观经济学的划分。本书试图统一处理经济学的微观层面和宏观层面。

现在，人们似乎越来越同意，西方的微观经济学其实不是微观经济学，而只是少数西方学者对经济学的微观层面的一些特殊看法而已。这种看法表面上重视个体，实际上则是把市场奉为具有超自然的神一般的力量，仿佛一个国家只要建立了市场经济体系，就万事大吉。所以，这个表面的从个体理性出发的理论实际上是在推出一种市场神教。如果没有谁能够单独地建立这个市场经济体系呢？他（们）在建立这个体系或这个体系的一个部分的时候，难道不会最大化地服务于他们自己的利益吗？这些始作俑者们所建立的微观经济学不是以理性假设为第一假设吗？只要考虑到这一点逻辑上的自我矛盾，你就会考虑，应该换种方式来思考微观层面问题的可能性。确实，本书阐述的不是一个关于市场经济多么美好的经济理论，而是认定世界是矛盾的。这种观点使得本书关于微观层面的内容与许多流行的微观经济学具有明显的差异。

其实，个体层面问题的解决离不开整体。约翰·梅纳德·凯恩斯1936年出版了一本名为《就业、利息与货币通论》的书，开启了宏观经济学发展的历程。西方的宏观经济学由于承认经济危机，因而也就否认了市场经济的最优性。但否定错误并不意味着自身就正确。从逻辑的角度看，凯恩斯确实构建了一个新的体系。他提出了国民财富的流量的概念，分析了消费、投资、政府购买在决定这个流量中的作用。他的文笔本来很好，但在写作该书时似乎并没有能够发挥出来，以至于写出来以后需要哈佛大学经济学系的老师们和博士生们花费10年时间来消化它。但在这10年的时间里，哈佛大学的师生们似乎也没有就凯恩斯的理论提出这样一个问题：如果经济危机是企业家的资本赢利预期暗淡的结果，那么，又是什么导致企业家资本赢利预期暗淡了呢？你可不要小看这个问题。提出这个问题，意味着你可能同意，存在一个不同于凯恩斯宏观经济理论的宏观经济学。西方发生经济危机的表面原因是投资的突然下降，但根本原因是资本主义本性。不消除这个本性，不把资本主义变成社会主义，就不可能解决危机。凯恩斯的理论不是解决危机，而只是暂时对付一些微弱的危机。也因此，凯恩斯的方法只能让未来的危机更加恶化。也因此，现代的西方宏观经济学只是西方一些人对宏观经济的一些特殊看法而已。

本书主要是提供一些理论的看法，但也离不开数据和数据之间的关系。但本书对数据的应用是基于一种反映经济现实的数理结构，而不是任意地在某些变量之间建立数量关系。西方的一些经济理论家们创建了一门被称为计量经济学（econometrics）的将统计学工具应用到经济问题分析中的技术。有人把这种技术称为炼金术。计量经济学常常被人很不可靠地应用，在本书中最多只是起到辅助的作用。这个技术被用于识别哲学意义上的因果关系（比如，穷人穷的原因是什么）时，其逻辑基础就太脆弱了，看不到什么改进的希望，尽管有一大批专家在其中工作。一些专家会说，穷人穷是因为他们缺少教育。但当你再问，他们为什么缺少教育呢？这些专家可能就语塞了。当然，如果把这个技术用于预测，或许在一段时间之内，还能够帮助你。但要非常小心，因为如果行为不慎，一次的预测不准可能会让你付出致命的代价。

第四节　在实证和规范的缠绕之中锤炼你的经济学思维

人是一种具有形成自己看法的能力的动物，只是有时他不动用或不善于动用这个能力。人是有感觉、触觉、知觉的。看到一个事物之后，不会形成自己的喜恶判断吗？当然会的。这个判断本身可能是错的。因为眼见不一定为实，眼见的可能是别人想要你看到的。然而，你眼见的也不可能都是错误的。没有一个人有能力永远在任何事情上都欺骗你，或在某一件事情上永远欺骗你。所以，你的规范性的判断还是有一定成功的概率的。只是在判定每一个判断是否为真时，需要你多下一些功夫。

有了上面的认识论观点，你大概就容易理解，经济学中不乏规范的判断。伦理、信条、价值观、科学知识等都构成这个社会中的人们产生规范判断的原因。从经济学创始伊始，经济分析和政策建议就已深深地交织在一起。300多年前的西方社会，充满了抱着发财梦的人，就连上层知识分子也在想着怎样致富。在他们的说辞中没有规范的判断吗？说实话，发财梦充斥着之后的每一个西方国家。比如，国家间的自由贸易是否比限制性贸易更为优越？由政府对商业公司授权所形成的垄断是否会阻碍经济增长？而就社会生活来说，一个富人怎么看待穷人？一个富国怎么看待穷国？富代表着罪恶还是光环？穷代表着愚昧还是可怜？"罪有应得"还是"本来可以不这样"？如果富国、富人口头上宣扬民主、民生，但实际上、私下里认为穷国、穷人就应该穷，就客观上存在规范的价值判断了。这样的涉及价值判断的经济学叫规范经济学。再比如说，处于统治集团最高层的那些人逐层向下发布经济指令时，能够离开规范判断吗？处于统治集团最高层的那些人的一些暗示（比如，他们讨厌什么人）没有规范的判断之意吗？没有规范判断，西方资本主义奴隶贸易、奴隶制和对外殖民能够发生吗？有很糟糕的规范经济学，但是，也有很好的规范经济学。比如，穷人应该想办法改变自己的经济地位，来让这个世界更为公平一些。这是个很好的问题。可以说，它是经济学的最重大的问题之一。

在回答好的规范经济学问题的时候，你避免不了对经济社会事实的依赖。对经济社会事实的讨论在西方被称为实证经济学。但是，一个人标榜自己研究的是实证经济学并不一定就真是实证经济学。一个经济学家说："市场经济（market economy）是一种主要由个人和私人企业决定生产和消费的经济制度。价格、市场、盈亏、刺激与奖励的一整套机制解决了生产什么、如何生产和为谁生产的问题。企业采用成本最低的生产技术（如何生产），生产那些利润最高的商品（生产什么）。消费则取决于个人如何决策去花费他们的收入（为谁生产），这些收入包括来自劳动的工资收入和来自财产所有权的财产收入"。当你听后就认为这就是实证经济学，那你就太天真了。假如你是个工人，一个经济学家说"企业采用成本最低的生产技术"时，他可能就在判定作为工人的你只能拿最低的工资了。他说"生产那些利润最高的商品"时，他可能就在判定私人资本家能够得到最高的收入了。当一个经济学家说"市场经济是一种主要由个人和私人企业决定生产和消费的经济制度"时，他可能就在赞美市场经济，认为一个国家应该发展市场经济了。而西方所谓的市场经济，就是资本家支配的经济。赞美这个经济，不具有价值判断的含义吗？

西方有一些哲学家提炼了缠绕（entanglement）这个术语，来反映事物间的复杂的联系，即世界的辩证本质。在西方人所试图区分的实证经济学与规范经济学之间，存在着不可分开的缠绕。今后，如果谁宣称自己的经济学是纯粹实证经济学，或者你看到哪位著名经济学家把自己的著作标榜为实证经济学你就要小心了。你如果真正接受了本书这里的讨论，你实际上就可以讥笑那样的学者了，不管他是否拿过诺贝尔经济学奖，是否经济思想史上的著名人物！

第五节　在演绎与归纳的交叉并用中提升自己的经济学素养

哲学中有一个概念叫本体论（ontology），它是关于本体、客体（being）的看法。本体论就是关于一个客体的观点。任何一个客体都是高度复杂的，都具有多维性。经济或经济中的某个事物、现象也是如此。对它的研究不可能一次完成，那也就是说一次只能完成对这个客体某个或某些方面、维度的研究。许多学者的成果（论文和著作），总是在已有学者的观点中绕来绕去。已有学者的观点是他们对事物本体的看法，并不一定是本体本身。你应该在研究时，尽量贴近事物本体，而不是在其他学者的观点中绕圈子。这个时候，抽象法就进入了，即你的研究以及呈现这个研究的成果就不能不忽略掉这个客体的某些次要方面。也就是要对这个事物作出假设，也即抽象出假设。把这些抽象出的假设归纳起来（一般总是要归纳几条），就形成了一个在现实生活中可能并不存在的但是逼近事物本体的事物。不妨把这个并不存在的事物叫作映像（image）。映像与本体之间的差异对于理论的结果是否具有重大影响，就决定了这个理论本身是否可以信赖。当这些非真实的假设所构成的映像距离现实太远时，一个理论就错了。而且，这样的一个理论可能存在不可告人的目的。有些西方学者说经济学不是真理，而只是训练，原因也在于此。他们所说的不是真理的经济学是他们所接受的经济学和所从事的经济学研究。

那么，怎么保证一个人的认识与本体的一致性呢？马克思的认识论说，认识是从实践中来的，它来自实践，又回到实践。结果，这样一个反反复复的过程就形成了接近于真理性的认识。当然不同的人天赋不同、受教育水平不同、社会条件不同，他们在形成接近于真理性的认识的这个过程或长或短，或平坦或曲折。这取决于研究者的归纳和演绎的功夫。

有的经济学家认为，归纳既然永远不可能是完全的，因而是不可靠的，就应该被永远抛弃！但实际上任何演绎都必须依赖假设，而假设必然来自归纳。所以，归纳法是抛弃不了的。归纳法运用的好坏可能还直接决定了演绎法运用的好坏。应该说，演绎法的大师都应该是归纳法大师。你可能见到了很多很多的归纳都是错误的。这不是因为归纳本身的错误，而是因为归纳者在归纳过程中很少使用演绎方法或者很少正确或者高明地使用演绎方法。结果这些归纳就不得要领。一个人可能因为归纳出政治上的许多现象而讨厌政治，但如果采取"苟利国家生死以，岂因祸福避趋之"的态度，就可能喜欢政治了；而在人民生活水深火热的时代，民不畏死，又奈何以死惧之呢？

在你的无论是局部均衡分析，还是一般均衡分析的演绎或归纳中，你总是要设定一些前提、假设，这些前提和假设不可能没有价值观，不可能没有规范的判断。所谓的外生变量总是包含着这些价值观。比如，你假设为理性的人是否一个有钱人呢？是否属于一个有钱的阶级呢！如果是，你的假设就给这些人、这个阶级赋予了一种光环。你是怎样的一个人才为这些人、这个阶级赋予了那种光环呢!？为什么不把他们说成是自私自利、尔虞我诈的人呢!？理性和自私自利、尔虞我诈之间是否不过是语言的变换呢？你是否应该防范那些自私自利、尔虞我诈的人呢？是否应该防范那些把自私自利、尔虞我诈说成是理性的人呢？这些人都是些什么人呢？如果你还不能举出一些例子来，说明你还缺少社会的历练！这些历练是你学好经济学，是你理解不同经济学的必备的认知基础。

关 键 词

经济制度　社会经济发展和运作　长期　短期　经济学　模型　抽象方法　微观层面和宏观层面　市场经济　经济危机　规范经济学　实证经济学　本体　演绎和归纳

思考题与练习题

1. 中国人在20世纪80年代看到美国、日本车水马龙、大厦林立时，都有什么感觉？你赞成什么感觉？这种感觉与照搬西方有什么联系？那些中国人的身份、地位和数量对这种可能的联系有什么影响呢？你设想一下，毛泽东主席从电影中看到美国、日本的情况所产生的感觉和其他人会有什么不同。作者早年看过一部苏联电影：其中一位苏联特工看到美国的灯红酒绿，斥之为"资本主义"。一部中文名为《美国谍梦》的美国多季电视剧或许也是你愿意欣赏的。

2. 找一个被称为实证经济学的例子，请你看是否能找到它所隐藏的规范判断。

第二章 生产与消费：基本经济行为

经济学是研究人与人的经济关系的科学。在所有的经济关系中，生产、分配、交换和消费是最为基本的。消费是最终端的活动，生产是消费品之所从来。本章主要研究生产和消费的一些方面，也涉及交换。为了证实本章这个安排的合理性，我们需要指出，在现代社会，作为产品的消费品是在分配（得到货币收入，可能是利润或者工资）基础上再进行交换而获得的。交换如果是平等交换，就不影响资源配置和福利。交换如果是不平等的，就意味着在人们之间有资源和福利的再分配。还需要指出的是，在把公有资产私有化过程中也存在着交换。这种交换的有无以及条件影响着社会的初次分配。有人把私有化称为原罪，因为交换的条件太不公平了。清朝立国后一些官员（如鳌拜）跑马圈地也是一种私有化。社会主义国家的建立则反其道而行之，把生产资料逐步都公有化了。所以，生产和消费都是在一定的生产资料所有制基础上进行的。分配问题将在第八章中进行阐述。

第一节 生产行为

任何生产都需要投入。投入包括生产资料（机器、设备、厂房）、原材料、辅助材料。然而，在许多时候，所需投入都是可以经过系统的努力获得的，如中国早在20世纪80年代就可以生产民用飞机了。一些重要产品能不能生产不是取决于投入，而是取决于敢不敢生产（与政治的关系极大）。如果本来能生产的都不敢生产，怎样生产的问题就没有意义了。这也是决定生产结构、生产"质量"和消费能否得到有效满足的大问题。小国不足以成为大国的威胁，一个大国本来可以生产某些重要产品也可能因为其他大国的影响而不生产。

一、生产的两个维度

生产包括总量和构成两个维度。对于大国而言，其主要的消费品特别是食品以及一些重要的产品（如飞机、芯片、重要软件）都应该主要是由该国生产的，而不能太多依赖进口。在明确这些前提的条件下，我们可以考察如下的内容。

（一）生产总量

生产是随着时间的变化而变化的。原始人靠采集果实、根茎、野生蜂蜜以及其他天然产物来维持自身的生命。他们的生产函数可以形式地写作：

$$Q = Q(L) \tag{2.1}$$

当然这个函数没有告诉你产出到底是果实、根茎、野生蜂蜜还是其他东西，也没有告诉你产出是如何在原始人中分配的。由于原始人数量少，土地还是无限供给的，因此在上述的生产函数里面可以没有土地。到了奴隶社会和封建社会，人口数量的增多以及其他变化，如国家的出现，使得土地变得重要起来，于是生产函数变为：

$$Q = Q(L, La) \tag{2.2}$$

其中，La 表示土地数量。与公式（2.1）一样，公式（2.2）也没有告诉我们，劳动者之间的关系，劳动者与奴隶主和封建地主之间的关系。这意味着公式（2.1）和（2.2）一样不能解释生产中的一切问题。事实上，如果认为公式（2.1）、（2.2）就代表着生产理论的全部，那就是用它们来掩盖生产中的一些重大问题，如农民革命、经济危机等问题了。严格说来，分配问题从属于生产问题，是在生产中产生和安排的。但是安排方案的好坏决定着政治经济危机的发生与否。中国古人总结道：不患寡而患不均。寡就是 Q 小，不均就是 Q 在不同人中的分配畸高畸低，特别是少数人得到很多，而多数人得到很少，以至于无法维持生存，这时必然产生革命。在现代社会中，在经济繁荣时期，所有人的生存一般能够维持，但巨额的财富让少数人拥有了巨大的动量。所谓经济危机，就是少数人不仅无法继续按照原来的方式继续获得财富，而且损失惨重，导致许多经济机构无法继续运转，而那些拿到极少收入的人不少失业了，丧失了生活来源，他们就转而挑战整个社会。而且，在不同的历史时期，他们的这个挑战还可能得到来自外部的有力的鼓舞和支持。

到了资本主义社会，由于资本重要了起来，这使得可以把公式（2.2）改写为：

$$Q = Q(L, La, K) \text{ 或 } Q = Q(L, K) \tag{2.3}$$

其中，K 表示资本数量。

尽管生产函数有变化，但上面的分析依然成立。也就是，即使对于当代发达的资本主义国家，也不能仅仅根据（2.3）式进行经济增长的纯经济分析。（2.3）式仅有有限的用途。你不能总是用它来准确预测经济增长，也不能用它测量技术进步，更不能用它来论证资本主义收入分配的合理性。它只是对经济现实的一种描述，本身不具有许多西方学者所赋予它的那些使命。有的学者把（2.3）式扩充为

$$Q = Q(L, K, H) \tag{2.4}$$

其中，H 表示人力资本。但这种扩充依然没有本质的变化。西方学者也承认，这些公式是无法预测经济危机的，而经济危机危及资本主义社会的继续存在。这个因素是引起西方宏观经济学在1936年出现的最重要的原因，也是西方宏观经济学在西方成为显学的最重要的现实依据。

生产函数的每一次变化都是经济学者认识的深化。但是，这些深化并不代表认识的终结。你完全有可能得出比这些认识更为深刻的认识。实际上，中国人已经在这方面取得了超越西方人的认识。

我国以工业化为基础的经济发展始于1949年。假设1949年中国GDP（这个概念见第十二章）的指数为100，再设中国从1949年到2014年每年经济增长率为6%、7%或8%，图2.1表现了相应的GDP的增长情况。你可能会感兴趣，这些增长轨迹究竟是怎样产生的，怎样产生更高的增长轨迹，不同的增长轨迹之间如何比较优劣。你不要小看这些问题。它们是今天中国所面对的重大问题。对这些问题的回答必然让你把经济增长与本章

开始时所提及的生产关系（特别是生产资料所有制）联系起来，如果你确实能够凝神静气地思考经济增长问题的话。

工业化过程需要时间，工业化伟大意义的展现也需要时间。苏联当年尽管实行了工业化战略，但在遭受法西斯德国侵略的时候，不得不接受来自美英的援助；而特别是，当苏联几乎独自在自己国土上抗击法西斯德国，取得了对法西斯德国的优势后，不得不为避免更大损失以及可能的德美英媾和而敦促英美开辟第二战场，从而不得不让因工业优势而占据了物质优势的英美国家来分享胜利的果实，而第二次世界大战后德国因此不得不划分为两个国家。我们可以推测，假如第二次世界大战向后推迟5年，苏联的工业化因而能够再有5年和平发展时间，则战后的国际秩序将会有极大的改观。中国可以从这些历史事实中找到肯定自己工业化成就的依据，从而反对今天盛行的历史虚无主义，进而把自己经济发展的航船调整到科学的轨道上来。

图 2.1 具有极强的国际经济和政治意义。有西方机构对于世界各国的经济力量对比做出了以下的图形预测。如图 2.2 所示，中国已经在 2011 年超越美国，成为世界第一大经济体。美国自其 1776 年建国（1783 年英国承认），经过百年，即到 1870 年，其 GDP 赶上英国，至 1913 年，在人均 GDP 上超过英国。1914 年发生的第一次世界大战是否有德国对英国的衰落所产生的认知因素的作用呢？今天，世界各国也在掂量中国经济崛起的影响。

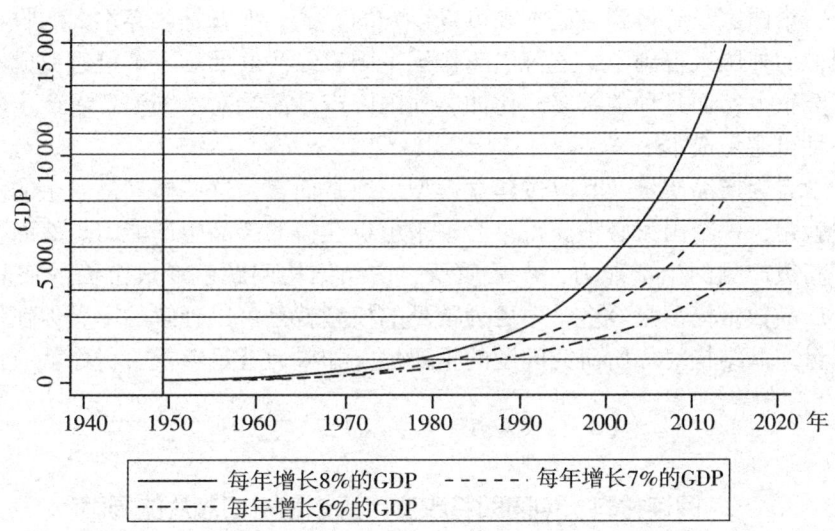

图 2.1　比较中国 1949—2014 年三种不同增长率下的 GDP 增长

（二）产品构成

一个事物的发展决不是只有量的改变，还有质的变化。这个基本观点是对的。就经济发展而言，它常常表现为产品构成的巨大变化。如果没有产品结构的优化，产品数量的增长可能随着量的改变就变得不是成就而是问题了。

一个农业社会的产品可能主要由粮食和衣服构成，而一个不发达的工业社会的产品则

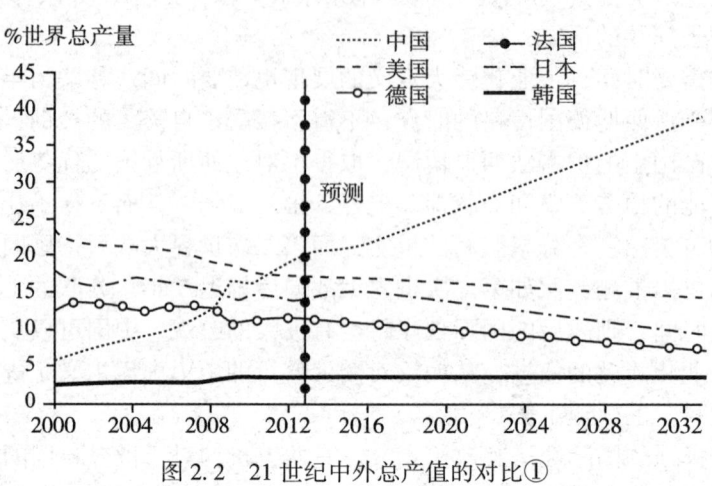

图 2.2　21 世纪中外总产值的对比①

可能包括手表、自行车、收音机,一个更发达的工业社会的产品则包括冰箱、空调、电视机、电脑、飞机、汽车。可以设想,一个农业的人口大国与一个工业小国的总产出可能相同,但产品结构的不同显示出它们处于不同的发展阶段。发展阶段的不同可能对于一个国家是举足轻重的。日本在 20 世纪 30 年代之所以敢于侵华,与它小看中国的生产能力密切相关。如果一个国家没有得到自己本来可以得到的产品,那就是放弃重大的收益。如果自己没有得到,而外国人得到了,这可以叫作这个国家经济发展的一个可避免成本。这个可避免成本可能很大,而且种类繁多。比如,外国因产品高端对本国消费者产生的一种光环效应就是一种可避免成本。

有西方学者为产品质量及其改进建立模型。通常而言,这些模型是复杂的。它们的最主要的教益就是,一个国家必须获得自己本来可以获得的产品生产能力。然而,一旦一个国家拥有了高级产品的生产能力,产品质量、产品结构问题就变成上面的产品数量问题了。所以,产品数量模型是经济学中更为常见的模型就是可以理解的了。你在使用这些模型时需要掂量产品结构对你所研究问题的重要性。如果后者足够重要,你就应该放弃数量模型。

阅读材料:中国即将改变严重依赖进口芯片的局面

目前,全球半导体市场规模高达 3 200 亿美元。中国一年制造 11.8 亿部手机、3.5 亿台计算机、1.3 亿台彩电,牢牢占据世界第一,每年消耗掉全球 54% 的芯片,其中国产芯片市场份额不超过 10%,也就是说中国"芯"90% 以上依赖进口。2006 年,芯片进口额已经超过石油,达 2 000 亿美元,成为中国第一大进口商品类目。所以,中国已经把发展芯片行业上升到国家战略高度。2014 年,《国家集成电路产业发

---

① 有一种预测认为,中国机械工业的全球份额,2030 年有望突破 40%。

展推进纲要》出台,纲要要求,到2020年,中国半导体产业年增长率不低于20%,政府在5到10年内出资1 700亿美元,投资集中在国家龙头企业。

上述报导出来不久,《人民日报》就以《中国芯,产业兴:9年攻关,我国集成电路业形成自主知识产权体系》为题发布报导,显示中国即将改变严重依赖进口芯片的局面。报导说,在国家科技重大专项支持下,共有集中在北京、上海、江苏、沈阳、深圳和武汉等6个产业聚集区的2万多名科学工作者、200多家企事业单位,历经9年攻关,成功打造出了中国集成电路制造业创新体系。在专项实施前,国内最先进的量产工艺为130纳米,研发工艺为90纳米。经过9年攻关,我国已研制成功14纳米刻蚀机、薄膜沉积等30多种高端装备和靶材、抛光液等上百种材料产品,性能达到国际先进水平,形成了自主知识产权。封装企业也从低端进入高端,三维高密度集成技术达到了国际先进水平。用这些工艺制造的智能手机、通讯设备、智能卡等芯片产品大批量进入市场,开始批量应用并出口到海外。

资料来源:http://www.globalview.cn/html/global/info_15677.html;http://www.globalview.cn/html/societies/info_18211.html.

二、产品结构优化的困难和可能性

前面已经说明,一个国家的经济发展不仅是产品数量的增加,还是产品结构的优化。产品结构的优化主要不是改变既有产品种类的生产比例,而是生产出原来不能生产的具有战略意义的产品(表现为产品质量、产品结构的改进)。这无疑是困难的,但也是不无可能的。

(一)生产战略性新产品的困难

战略性新产品的生产往往会受到各种各样的瓶颈,比如科学技术、生产能力、人口素质、组织能力的制约。这些瓶颈数量之多、程度之大,你可能想象不到。

第一,敢不敢生产的问题。在其他国家能够生产一种产品时,一个国家能否生产这种产品,首先取决于该国敢不敢生产。这不是一个简单的问题。一个国家处于内忧外患的时候,首要的任务是争取民族独立,这时,可能根本无力发展解决所谓民生问题的生产。这时,不敢生产一些产品是理性的决策。当一个国家取得了政治独立后,对产品生产也有一个排序问题,即应该首先解决什么产品的生产问题。中华人民共和国成立后,没有实行一些人所主张的农村建设路线,而是敢于制定和实施一五计划,建立社会主义工业体系,这是理性的决策。没有在中华人民共和国成立时就实施原子弹生产计划,也是理性的决策;而当条件成熟时,集中力量排除一切困难实施原子弹的研制和生产计划,也是理性的决策。也就是说,敢不敢于生产,不仅是一个胆略问题,也是一个策略问题。

第二,能不能生产的问题。敢于生产,也应该生产,能不能生产这个实施问题就产生了。生产战略性产品需要许多条件。不同条件所起的作用在不同情况下是不同的。比如,西方建立起较为发达的教育体系、研究机构体系、交通基础设施、卫生基础设施等社会基础设施。中国则不能等到建立起类似的社会基础设施才发展战略性产品的生产。中国只能在现有社会基础设施许可的范围内尽力争取生产的发展。这时,得到有力的外援是有益的。比如，如果没有苏联的较为慷慨的援助，中国的一五计划就难以制定，更难以实施。苏联如果没有借助西方的大萧条，其一五计划可能也难以实施。然而，外援并不总是可得的。这时，独立自主、自力更生就成为一个根本之策。很显然，中国原子弹的成功研制就是在国家的强力组织下，独立自主、自力更生而取得的。

第三，怎样生产的问题。这个问题是生产的优化性问题。计算机诞生时，极其笨重。但计算机的诞生证明了生产计算机的可行性。此后，就产生了计算机生产的优化性问题，即降低成本问题。这可能是为了使战略性产品实现商业价值所做出的努力。一个战略性民用产品的成本降低得越快，就能越快地实现商业价值。

(二) 生产战略性新产品的可能性

不同时期的战略性产品是不同的。大宗商品往往也是战略性的，但也有许多新产品一旦生产出来，就可能成为战略性产品。生产出第一件战略性产品往往是困难的，但决不是不可能的。一些理论（如西方当代版的比较优势理论）往往夸大了生产发展的困难，而低估了生产发展的可能性。这种低估决不只是认识上的不足，而是会造成实践中巨大的经济利益的损失。

当中国在20世纪50年代决定要搞出原子弹时，似乎没有多少国家相信中国有这种能力。然而，中国人以世界最短的时间搞出了原子弹。实际上，当其他国家考虑摧毁中国的原子弹研究基地的时候，它们就已经在承认中国有生产原子弹的能力了。问题只是时间长短而已。中国在1949—1976年的经济发展中总结出一条定律：集中力量办大事，并且认为这是社会主义制度的一个巨大的发展生产力的优越性。这无疑是一条极为重要的定律。

中国有功败垂成、功亏一篑的成语。这些成语背后的故事实际上揭示出许多生产发展的失败（比如，红旗轿车在1980年后一直未能得到市场空间）只是主观条件不够，而不是理所当然使然。这个认识对当下中国具有生死攸关的重要性。习近平总书记提出，要把"造不如买，买不如租"的逻辑颠倒过来，就是指明中国自主生产战略性新产品不能以任何借口拖延。

阅读材料：政府在新产品生产中的作用有增强的趋势

在产业革命时期，新产品开发主要取决于少数个人的发明能力、努力程度以及创新者的数量，而不是政府的作用。那时的西欧国家的政府并没有有效地参与到新产品开发中来，更不用说其他国家了。西欧人既然用这种办法就取得了对其他国家的优势，也就形成了主要由私人来承担研发和生产责任的格局，而他们的政府也乐得轻闲。如果政府进入研发和生产领域，既可能在投入上需要其议会、国会的批准，又可能在产出上有"与民争利"的嫌疑。这里的"民"是指资本家。如果由资本家掌控的媒体攻击一个官员"与民争利"，在西方的所谓民主政治下，这个官员就不要想在仕途上发展了。因此，长期以来，西方国家的政府在研发和生产中发挥的作用是极其有限的。

随着生产的发展，单个人凭借个人经验、努力对于生产发展的贡献越来越小了。因为能这样做的科学发现机会都逐渐被用尽了，这就如同一个矿藏，越挖越少了一样。这时，科学技术的时代来临了。在科学技术时代来临后，有的西方企业直接成立研究实验室来开发新的产品。著名的如20世纪20年代成立的贝尔实验室。其他小型的没有那么有名的企业也在进行研发。后来，就连企业都感到难以支撑独立的研发活动了。企业越来越少地直接成立研究实验室，而是越来越多地依靠合伙、合资、联盟、股权参与、协议等获得技术知识。① 这就使得知识产权的交易变得重要起来。总结西方的一些重要产品的开发经验，可以看到，技术的商业化需要依次经过如下阶段：基础科学进步—主导产业的选择—研发导致技术进步（谁来研发、对人的需求、试制单位是否存在以及配合程度高低）—商业化运作（投资、生产、销售）—保护市场。在这一系列的阶段中，政府的作用都增强了。

　　首先，技术发展离不开资金的支持。瓦特改进蒸汽机曾得到了朋友们的资助，但这种依靠个人融资的方式太慢了。后来，股份合作企业、金融业的增长为技术进步提供了所需要的融资。② 1945年后半导体、计算机、制药业发展所引导的第三次产业革命从质的方面改变了新产品开发的机制。这个时期，西方国家政府R&D经费占其研究开发总经费的比例大大增加。政府不仅自己组织科学机构，而且通过资助企业和私人大学、私人机构进行新产品开发。在这个阶段开始之后，那些基础性的新产品开发再也难以通过个人或私人机构来运作了，即使一些由个人和私人机构所进行的新产品开发，往往也都是政府资助的"衍生品"。比如，微软的Windows操作系统只能看作计算机所催生的一种衍生品。这是由于基础科学研究所涉及的范围越来越广、所涉及的人口规模越来越大导致了新产品开发对资金、人才的数量和质量的要求都达到了由私人难以承担的程度。

　　其次，研发上的私人竞争带来了太大的风险。在赢者拿走一切的制度下，不仅不同单位之间的研发互相隔绝，而且不同单位之间的研发成就、收益会产生策略性、博弈性作用。③ 这既可能阻碍研发，也可能使得研发投资过度。即使在一个单位的实验室内部，研发知识也常常被保持隐蔽性，以使得排他性成立，从而保证研发者个人的人力资本投资收益。④ 如果信息在实验室内部的传播都这样困难，那么，在不同实验室之间、不同企业之间的传播的困难可想而知。因此，可以说，主要依靠私人来进行研发的制度安排会存在许多低效率。

　　中国的基础科学和研发能力在许多领域都还较弱。在这种劣势条件下，如西方那样增加研发投资和把创新主体放于企业不能保证中国自主创新能力增加。按照这种片面的观点制定出的政策必然失败，其实施力度越大，失败就越大。

---

① 更为详细的说明，可参见：弗朗索瓦·切斯耐. 跨国公司和国际技术扩散//G. 多西. 技术进步与经济理论. 钟学义，等，译. 北京：经济科学出版社，1992：613-653.
② 詹·法格博格，戴维·莫利，理查德·纳尔逊. 牛津创新手册. 柳卸林，等，译. 北京：知识产权出版社，2009：348-350.
③ 比如，心脏起搏器出现5年后，那些获利最高的强心剂在市场上消失了。见：彼得·德鲁克. 下一个社会的管理. 北京：机械工业出版社，2006：31.
④ 肯·史密斯，迈克尔·希特. 管理学中的伟大思想：经典理论的开发历程. 北京：北京大学出版社，2010：442.

三、投入和产出

任何一个经济为了生产产品或服务都需要投入，即生产中所使用（必需的和非必需的）的物品或劳务。产出（output）是指生产过程中产生的各种有用或无用甚至有害的物品或劳务，被人们愿意或不愿意地用于消费或用于进一步生产。给定投入，可以对应一定的产出。西方一些人把投入叫作生产要素（factor of production），而另外一些人则反对这种说法，认为它把人等同于物而贬低人了。把这个看法抛开不管，考虑如何得到一种产品的人，可以设想如下的生产函数：

$$Y = F(X_1, \cdots, X_i, \cdots, X_n) \tag{2.5}$$

其中：n 表示要素的种类的数量，X_i 表示第 i 个要素。这种模型来自实践的需要。比如，一个房地产企业的管理者或者老板可能这样考虑问题：为了建一个房子，他都需要什么东西。把这些列在纸上，就成为（2.5）式了。列出的东西的种类就是这里的 n。土地算 X_1，机器算 X_2，劳动力算 X_3，以此类推。这就是一个模型了。请你注意，这只是众多模型中的一种，而不是唯一的一种。这个 n 有多少呢？有研究经济增长的理论家认为，n 可以达到 240。因此，根据你的需要，你所建立的模型中的变量的数量 n 可能是 1 或 2，或更多。

用这个办法，你可以思考你期末考试得个好分数需要什么条件。比如，假设你的分数已经足够好了，这时，你的问题只是从第五名提升到第一名，那么，你的问题与一个分数很差的学生要提高自己的分数的问题是不一样的。比如，对你来讲，你不需要父母督促你保证学习时间；对于那个分数差的学生，保证学习时间就可能是第一位重要的事情了。没有一成不变的公式！这意味着你要建立不同的模型。实际上，优秀的将军打仗也是这样辩证地思考问题的。

不光是选择什么变量进入你的模型很重要，对于所选定的变量赋予怎样的内涵也很重要。西方人常常把土地用来代表自然资源要素，随着环境污染，也把原来没有视为要素的清新的空气和适合饮用的水视为一种要素了。劳动是指人们花费在生产过程中的时间和精力，还是指劳动者人数，是要根据所研究的问题来处理的。马克思对资本一词的用法和西方许多学者的用法有根本的差异。在西方学者的理论中，资本品包括机器、道路、计算机、铁锤、卡车、钢铁、汽车、洗衣机和建筑物等，后来又被认为包括受过教育的人力资本、社会关系、声誉等。资本的一个属性是它是生产出来的。于是，资本就有各种各样的性质了，比如可以分为耐用和非耐用、有形或无形。但是，他们都没有如马克思那样把资本看成一种社会关系、生产关系。马克思当然不否定资本会体现在物中，但他坚决地反对把资本只看作物的观点。马克思的观点是正确的，而且是极为重要的。

请注意，即使你选定了变量，为变量赋予了内涵，使得这个模型是可用的，也不能随意延伸。西方一种长期占据主导地位的理论认为，各种要素都对称地提供了生产性服务，因此，也就应该对称地获得收入，这就是随意引申了。

四、机会成本和效率

人们总是希望尽可能地提高效率（生产本来可以生产的产品、以更低的成本生产），但效率提高不是无限的，也不是无代价的。于是，一个社会的生产存在一个平衡点：提高效率所得到的收益等于提高效率所付出的成本。如果提高效率所得到的收益可以大于提高效率所付出的成本，却没有提高效率，就构成一个生产活动的机会成本。在这种意义上，机会成本是可避免成本。如果一个社会的可避免成本太多、太高，这个社会的效率无疑也就低下了。

（一）机会成本

人们进行生产总是要使用资源，但使用该资源可能得到的收益却并不仅仅是所生产的产品带来的收益。有时，一项资源所能得到的收益接近于无穷大。比如，一项事后证明是关键的技术发明（如指南针、造纸术、火药）就是这样的。从物质财富的角度看，一个现代社会如果没有这样的技术，其丧失的收益几乎是无限大的。尽管这种收益并不一定表现为货币。又如，你作为劳动力，每个月只能赚几千元吗？为什么有的人平均每个小时赚几千元呢？中国人平均每人每年只能得8 000美元吗？本来可以每年得到多少美元呢？是否12 000美元呢？是否45 000美元呢？很显然，8 000美元并不是衡量中国人平均每人收入的可靠指标。

机会成本的概念有许多应用。马克思在《资本论》中所说的个别厂商的技术进步使得自身生产一种商品所需要的劳动时间降低从而利润增加，就构成其他厂商使用传统技术生产的机会成本。而且，马克思的这种表述并不排除生产差异性产品的情况。比如，从事固定电话经营的企业在移动电话业务产生之后，利润就逐渐萎缩，移动电话公司的利润总额则不断增加。不断增加的移动电话公司的利润总额就是固定电话经营企业继续从事原有业务的机会成本。在网络通讯技术发展之后，移动电话的利润也可能萎缩，于是，网络通讯企业的利润就构成固定电话企业和移动电话企业的机会成本。

为了衡量机会成本，需要一种价值的概念。市场价格是一种价值的概念，但太不可靠了。工人的机会成本只是他们的工资吗？显然不是的。工人的机会成本应该比工资大很多。反过来，一些人得到了巨额的收入，实际上不应该得到这些收入。所以，用市场价格来衡量机会成本常常是错误的。

特别是，马克思和其他一些人采用了劳动时间这个概念来对产品价值下定义。生产一种商品所耗费的劳动时间无论怎样定义，都不可能是绝对精确的，但在许多情况下，由社会必要劳动时间决定的商品价值，乘以某个数来换算成货币单位，作为衡量一种商品的价格是足够精确的。① 这个价格又不一定等于市场价格。因此，用市场价格来衡量机会成本也是不妥的。我们将在第三章详细讨论这个问题。我们这里的分析表明，机会成本不是一个确定的概念，如何使用它是一门艺术。

（二）效率

如果一个人、一个经济体耗尽了所有的机会成本或可避免成本，那么，这个人或这个经济就是有效率的。然而，并不是所有人都是有效率的，经济才可能是有效率的。有时候，整体效率的获得可能依赖于局部承担效率的损失。特别是衡量整体效率的概念和衡量

---

① 王今朝、龙斧在2012的一篇文章里证明：在一定条件下，价值和价格之间只差一个常数。他们所假设的条件是学术研究中的合理假设。也见本书第三章。

微观经济主体的效率的概念可能不同。比如，一个人认为亿万富翁代表着效率，但这种人多了，整个国家的效率就必然低下了，因为不可能人人都是亿万富翁，而且当少数人成为了亿万富翁之后，其他人就无法得到本来可以得到的收入了。这个时候宏观上的内需不足就会产生。生产中的相当比例就成了单纯的追求利润，而不是满足人民的物质生活、精神生活和生产的需要了，这样的经济不可能是有效率的。这就说明，个体效率和整体效率不是一回事！

请注意，耗尽所有的可避免成本说起来简单，做起来可能非常复杂。它要求至少考虑很多种可能。① 即使是这样，仍然无法肯定地说耗尽了所有的可避免成本。实际上，只要达到某种满意的程度就可以了。当然，不同人的满意程度是不一样的。

五、生产组织

经济怎样组织是经济学的一个基本问题。围绕这个问题，还存在许多争论。所有基本争论都是围绕经济组织到底以什么样的所有制为基础以及国家在经济中的作用展开的。因此，形成了经济组织的两个维度。

经济组织的第一个维度是主要生产资料的所有权。任何企业都是生产力和生产关系的统一体。企业的所有制性质无疑是企业的最根本性质，因为无论企业规模多大、生产什么、产品价格高低、区域边界怎样，都无法回避主要由生产资料的所有制决定的利润和工资的比例及其所产生的激励问题和宏观经济平衡问题。那么，企业究竟配以怎样的生产关系才能最适合生产力的发展呢？资本主义私有制企业无疑创造了巨大生产力，但它是所有企业所有制形式中能够创造出最大生产力的企业形式吗？如果是，那为什么苏联和中国使用公有制的企业形式在几十年中实现了资本主义在几百年里所实现的经济发展呢？为什么苏联解体后出现经济增长率和国民产出的剧烈下降呢？根据马克思主义者的观点，一个社会如果有机会进入社会主义社会却没有进入就必然产生巨大的可避免成本。这种成本在新制度经济学中被称为交易成本或制度成本。

经济组织的另一个维度是国家在经济生活中的作用。法国国王路易十四（1638年9月5日至1715年9月1日），曾言"朕即国家"，接替他统治的他的曾孙路易十五（1710年2月15日至1774年5月10日）则说"我死之后，哪管洪水滔天"（对此说法有不同版本）。18世纪，英国人常说：国王是不会犯错误的，王权是完美的权力。这反映了即使在晚近时代，西方人依然是大政府。随着自由放任经济理论在西方的出现，西方国家的政府在经济中的作用发生了一些变化。美国作为一个移民国家，其政府权力相对其他西方国家可能更小一些。但是，这决不意味着西方国家实行的就是小政府。美国政府所支配的社会资源就从1900年的5%左右上升到1945年的30%左右，并保持至今。当然，美国发生的经济危机和欧洲发生的债务危机确实显示，它们今天的政府没有起到应有的大作用。这在西方被称为政府失灵现象。

这两个维度并不是绝对独立的。生产资料私有制下也有大政府。"普天之下，莫非王

---

① 粟裕将军在指挥淮海战役时曾经几乎有7天7夜没有睡觉，并因此罹患严重的神经性疾病。他因为考虑了各种各样的可能性而取得了战役的伟大胜利。

土；率土之滨，莫非王臣"的观点直到清末都被统治者所采用，慈禧（1835年11月29日至1908年11月15日）甚至不惜卑言"量中华之物力，结与国之欢心"。西方重商主义时代也是大政府。但总的来说，社会主义国家应该是一个大政府。

其他的维度也是可以设想的。在大数据广泛应用的情况下，一些学者重新提出了计划经济的可能性。然而，计划经济不一定要与这种大数据联系起来！为什么？因为这种大数据基本上是企业的事情。企业内部本身就是计划经济，有了大数据，企业可以更好地计划。国家层面的计划经济能够与大量企业所拥有的大数据结合吗？私人企业会向政府及时、准确地提供这些数据吗？国家层面唯一可行的计划经济就是要与社会重大矛盾结合起来，而这根本不需要什么数据。谁不知道中国房价高？需要数据吗？不需要！谁不知道中国收入差距大？需要数据吗？不需要！特别是，任何数据都是在一定的制度和结构下产生的。当一个国家根据发展计划设定了制度和结构之后，所产生的数据再多再大，也很可能只是冗余信息，对于国家计划的帮助即使有，也不可能是充分的（对这里的分析你还能增加什么？）。

第二节 消费行为

一般而言，一个国家的生产为该国的消费提供了可能性。但现实的消费本身不一定都是可取的，所以，消费分为合理消费和不合理消费。不合理的消费应该尽力地限制，合理的消费应该尽力地满足。在这个基本认识下，我们来研究消费。

一、合理消费和不合理消费

全球的环境问题显示出这个世界存在着大量的不合理消费。这部分可以看作反映了消费主义在世界的支配性的影响，而消费主义的产生是与这个世界中生产秩序紧密联系在一起的。

许多国家都存在着严重的收入分配不平等。这是因为有一些人能够得到利润，而绝大多数人只能依靠工资来生活。利润与工资之比可能高达天文数字。即使那些拿到天文数字利润的富人并不是把利润全部用于消费，也可以想见，一般来说，他们的消费要远远大于拿工资并把全部工资作为生活费的人。另外还有一些人得到了比一般工人工资更多的工资。西方的白领工人和蓝领工人的概念反映了这种工资水平上的差别。西方还有管理权与所有权分离的概念，一些掌握着管理权的人可能拿数百万美元甚至更高的工资。中国古诗词"朱门酒肉臭，路有冻死骨"反映了严重的收入分配不平等所导致的消费上的差异。在收入分配不平等的格局下，一些中低收入家庭也难免受消费主义的影响。一些企业也依靠这种消费主义获得利润。

承认不合理消费的存在，对于管理经济是极为必要的。这就如承认非自愿失业的存在，是西方宏观经济学诞生的前提之一一样。当然，对于许多人而言，承认这一点是很难的。西方教科书一直避而不谈不合理消费的问题。确实，当他们在他们所编的教科书的第一章里就区分实证经济学和规范经济学并以一种暗示的语气来贬低规范经济学的时候，他们就拒绝讨论不合理消费问题了。一旦承认不合理消费的存在，那种理性消费者理论的可信性就降低了。一旦承认不合理消费的存在,那些依靠生产不合理消费品获取利润的企业也就至少部分失去了其存在的合理性。但既然不合理消费现在成为了一个大问题,它当然应该成为经济学关心的问题。

这样看来,消费是生产的最终目的的说法是不严谨的:只有合理消费才可能成为生产的最终目的。西方学者所谓的消费者主权,也应该是具有理性思维能力的消费者的主权,而不是非理性消费者的主权。当一个国家伴随消费占 GDP 比例过低出现内需不足时,一些人可能提出扩大消费内需的主张;但如果这种主张实施时扩大了不合理消费,这种主张的政策效应就要大打折扣了。

在经济学中有一种理性假说。所谓理性假说,在消费领域就是,假设消费者对所有消费组合的好坏都是可以辨别的(这被称为可比性);假设消费者喜欢消费组合 A 胜于消费组合 B,喜欢消费组合 B 胜于消费组合 C,这个消费者就喜欢消费组合 A 胜于消费组合 C(这被称为可传递性)。不同的消费组合既可能是对消费者无差异的(这被称作等效用或无差异曲线),也可能有好坏之别。按照这种理性假说,你可能下意识地认为世界上根本没有不合理消费,或者即使有,也无伤大雅!你的这种下意识将会阻碍社会重大问题的解决。假如你是领导,这不言自明;假如你是普通人,你将通过无动于衷纵容这种事情的发生。

阅读材料:消费的外部性和消费的不合理性

定义合理消费和不合理消费是分类法这一基本研究方法的一个应用。西方学者原来把消费看作个人的事情。后来,他们终于有人意识到,消费不是个人的事情,于是,提出了消费外部性的概念。但是,消费外部性的概念还是没有能够揭示出消费领域所存在的重大问题。我们也不知道,消费的外部性概念和哪个概念构成一种完整的分类。与之相比,不合理消费的概念来得更为直接。2012 年制定并开始执行的"八项规定"消除了中国许多不合理消费。它显示,分类研究是具有重大价值的。下面的分析会让你更加认识这一点。

二、消费函数:消费对政治制度、伦理等的依赖

从经济学上看,消费不是一个纯经济问题,而是与政治制度、伦理有着密切的关系。即使是一个小孩子的吃饭穿衣,都会对别的孩子产生影响,如引起攀比行为。

一旦承认不合理消费的存在,就不能不承认消费存在伦理问题。这是因为一个人(A)认为是不合理的,另外一个人(B)可能并不认为是不合理的,甚至可能认为是非常合理的。这又分为几种情况。一是 A 不了解不合理消费发生的具体情况,如果了解了,就会同意看似不合理的消费其实是合理的,即同意 B 的观点。二是 A 在真实地了解了不合理消费发生的全部具体情况后,依然认为不合理消费确实是不合理的,即不同意 B。对于第二种情况,又可以分为四种情况。(1) B 实际上是同意 A 的,但口头上并不同意,这是道德问题了。(2) B 无论是口头上还是实际上都不同意 A,这就是伦理使然了。(3)

B 口头上和实际上都同意 A 的观点。(4) B 口头上同意但实际上不同意 A 的观点。中共中央政治局 2012 年 12 月 4 日召开会议确定的关于改进工作作风、密切联系群众的八项规定一举扭转了盛行中国多年的奢靡之风。这既证实了本节所提出的不合理消费的概念,又证实了政治制度、伦理对消费具有影响作用。①

一种常见的西方消费品分类把消费品分成耐用消费品、非耐用消费品和服务。应该注意的是,这个表面上根据消费品的自然属性所进行的分类,实际上也有社会属性隐含于其中。这是因为耐用消费品平均来说比非耐用消费品价格更高,所以,更可能先被富人享用。一种与政策、阶级联系更加明显的消费品分类是核心消费、日常消费和边际消费的划分。这是由龙斧、王今朝 2009 年在一系列文章中基于中国情况提出的一种消费品分类。核心消费指的是住房、教育、医疗和社会保障。很显然,如果没有住房市场化、医疗市场化、教育市场化、社会保障市场化,中国消费者在这四项消费领域的支出金额是比较低的。然而,市场化使得它们的价格太高了。核心消费作为一种刚性的支出,已经通过影响人们花费在日常消费上的支出从而直接影响日常消费的数量了,这使得日常消费品市场没有出现伴随经济增长本来应该出现的增长。这充分显示,市场化是一种制度安排。中国社会中的家庭核心消费可以用如下公式表示:

$$CC = CC(SD, P_1, \cdot) \tag{2.6}$$

其中:CC 表示家庭在核心消费上的货币支出,SD 表示中国社会分配(如市场化程度的高低)的平等性、公平性和正义性,P_1 表示核心消费品的价格,$\cdot$ 表示影响核心消费的其他变量。这个公式可以非常复杂。比如,在 20 世纪 90 年代,由于 P_1 相对较低,那个时期的消费者可以购买第 1 套房子。当他们有了一定积累之后,可以买第 2 套房子、第 3 套房子,只要有资金,或者只要能够出租,或只要能够转手,中国少数人就可以肆无忌惮地积累起巨额数量的住房和资产。这是因为在经济不断发展的中国,将会有 $CC' > 0$,也就是说,吉芬商品现象(价格越高,需求越大的低水平现象)将会出现。当房价形成今天北京市中心那样的水平时,一个人不需要几百套房子,只要拥有这样价格的几套房子,他就已经在短短数年积累了普通百姓几辈子、甚至几十辈子都无法积累起来的货币财富。对于那些没有房子的人而言,承受这种价格无疑就是让他成为奴隶。这种制度与奴隶社会的奴隶制度相比的优越性在于,这个奴隶他还不知道自己是谁的奴隶,奴隶主也不知道是谁的奴隶主,在奴隶主与奴隶之间存在的产权不如奴隶社会明晰。②

在教育领域,当中国 20 世纪 90 年代通过"民办"高校的办法"大力发展高等教育"事业时,21 世纪第二个 10 年中的政府没有压缩高教"产能",而是在扩充这种"产能"。众多的"民办"、合作办学高校所提供的教育服务质量没有公立大学的教育服务质量高,学费却比后者的高得多。中外合作办学高校所提供的教育服务质量也许比公立大学的教育

---

① 经济学家智库(EIU)的报告指出,中国人均可支配收入超过 1 万美元的人口已达到 1.32 亿,2030 年可能会达到 4.8 亿人。见: http://mp.weixin.qq.com/s/OSp0smgYzIWW_IPKdH36gg。

② 这个分析表明,产权明晰并不一定代表制度的科学性。由此推测,曾被指责的公有制的产权不明晰可能只不过是一个更加高明的产权制度而已。有华裔学者标榜,是他向中国政府推荐了住房私有化制度。

服务质量高，但学费却比后者学费高很多，中国人值得付出这种代价吗？

阅读材料：意想不到的消费品

这个世界，有许多意想不到的消费品：古巴的医疗、中外的雾霾和西方的高质量产品。

1. 医疗到底是商品还是公益品？古巴的答案和中国计划经济时期的答案是一样的：公益品。古巴今天初级医疗保健体系的最大亮点被认为主要包括两个部分：(1)全科家庭医生。(2) 社区联合诊所。古巴给每120至150个家庭配置一个家庭医生诊所，设在这些家庭附近，医生就住在诊所旁边。古巴能够构建这样的初级医疗保健体系，主要是因为它拥有充足的医务人员。古巴是世界上人均拥有医生数量最高的国家，2010年古巴每千人有6.7名医生，美国有2.4名，中国只有1.4名。古巴的医疗建设是遵循科学规律，而不是遵循市场规律。古巴丰富的医务人力资源使其可以"出口医疗"，它向委内瑞拉派出了20 000名医生，换取了大量石油。古巴还发展了"医疗旅行"，吸引很多外国人到古巴来接受治疗，赚到了大量外汇。古巴的家庭医生制度还使古巴的制药业受惠，帮助药物研发进行了高质量、高效率的临床试验。目前古巴的制药业已成为龙头产业，使国家的出口产品结构从低端向高端升级。据外媒报道，古巴能生产的自需药物比例超过70%。① 但最令人称道的一个特征是，古巴的医疗收费是很低的。

2. 你消费的不仅有商品（goods），还可能有劣品（bads）。古巴的医疗是一种政府提供的消费品，雾霾则可能是全民消费所造成的消费衍生品。雾霾既是一种生产外部性产品，又是一种消费外部性产品。北京、石家庄重霾，充斥着好莱坞明星和科学家的洛杉矶也是曾经的霾都。在洛杉矶的一边，几个精炼厂每天处理成千上万吨石油。洛杉矶公路上行驶着近50万辆汽车，每天大约消耗12 000吨汽油。即使燃烧率高达99%，仍有120吨未燃烧的汽油被释放到大气中。西方的雾霾意味着刺鼻的气味，眼睛红肿、看不清方向、认不出景物，喉咙嘶哑、脸上灼烧一般的刺痛；哮喘、气管炎、咽喉炎、心脏病和一些过敏性疾病开始爆发。雾霾据说来自汽车尾气与阳光发生光化学反应产生的臭氧以及其他剧毒物质。汽车安装催化转换器和提高汽车汽油质量成为洛杉矶治理雾霾的关键。在过度工业化的环境中，雾霾可能是你不想消费，却难以避免的消费品。

3. 在企业战略和贸易领域，人们可能会关心高质量和低质量消费品的分类。消费者的偏好空间并不是只由消费品数量构成，而是包含消费品质量的维度。价格越低固然可能导致消费数量越多，但如果价格低成为低质量的信号和标志，那么，已经处于餍足状态的消费者依然会放弃低价格产品，而同时，却表现出对高质量产品的情有独钟。随着一个国家的收入的提高，特别是在两极分化的增长格局下，对高质量高价格产品可能有一种狂热的偏好。当这种偏好很重要时，你只用消费品数量空间来进行

---

① 摘自环球视野网站文章，见 http://www.globalview.cn/m/show.php?classid=16&id=15610。

三、制度和伦理给定下消费对价格和收入的依赖①

在消费外部性不严重、不合理消费不严重、收入分配平等的环境中，可以建立如下的模型考察消费对价格和收入的依赖。

假设在这种情况下，并且只在这种情况下，消费者有一个确定的效用函数，并且是效用最大化的人。明确这个假设使得这样的模型、理论不会被初学者滥用，或者使初学者不被欺骗。确定的效用函数一般可以被认为来自人类偏好（口味、需要或选择）。当然，它也来自人类可得的物质资源与技术及其基础上形成的生产能力。没有生产能力，人就不知道要消费什么，更谈不上有确定的效用函数了。

（一）假设

首先，假设这时的个人都能够以一种一致的方式对他或她今天或未来可能面对的所有可想象的商品和服务组合进行偏好程度排序。也就是说，消费者总是知道，并且通过选择那种他想买和消费的商品来表达在两种不同的物品和/或服务（或两种不同的它们的组合）中他更喜欢哪种（或可能同样喜欢）。这被称为可比性。如果一个人在可选择组合 B 时选择了 A，在可选择 C 时选择了 B，那么在面对 A、C 两种选择时，他或她将会选择 A，就说这种可比性具有可传递性。如果每个人对商品和服务总是想要或偏爱更多而不是更少，这被称作非饱和假设。再假设一个消费者从一个消费品中所得到的效用随着消费品的数量的增加而增加，但这种增加幅度是递减的，这被称为边际效用递减。毫无疑问，上述理性不是内在的，而是需要后天培养。它既可以随个人所受教育而变化，也可能随着经济的变化而变化。简言之，它是内生的。

个人为了保持同样的总体满足程度，有时可以用一种产品去替代另一种商品。当一个消费者放弃一定数量的某种商品 A 的时候，他或她必须增加另一种商品 B 的消费数量，这个变化数量的比率叫作这两种商品的"边际替代率"。边际替代率是递减的。这是因为随着放弃的 A 越来越多，因之放弃的边际效用越来越大，为了补足这个被放弃的边际效用，在 B 的数量已经变多因而边际效用下降后就需要增加更多的 B。

图 2.3 显示的一组无差异曲线表示了上述已经形成的偏好。（1）向东北方向的移动，即移向更高的偏好曲线代表一个人得到了更高水平的满足（由非饱和性假设推出）；（2）所有曲线都是负斜率的（同样由非饱和性假设推出）；（3）曲线没有间断点（需要一个技术性的连续性假设）；（4）曲线不会相交或相切（来自一致性行为假设）；（5）所有曲线凸向原点（来自边际替代率递减假设）。证明何时以及为什么能够有这些曲线可能会使得某些人感兴趣，你可以在一些西方人的高级教科书里看到相关的内容。

图 2.3 或者其他图形可能有数学表达式上的对应。比如，上述图形对应着数学上的双曲线。这在经济学中被称为柯布-道格拉斯效用函数。柯布是一个数学家，道格拉斯是一

---

① 本部分的内容参考了编著者所翻译的美国经济学家沃尔夫等人的《相互竞争的经济理论：新古典主义、凯恩斯主义和马克思主义》中的部分内容，但一些表述比它更为准确。

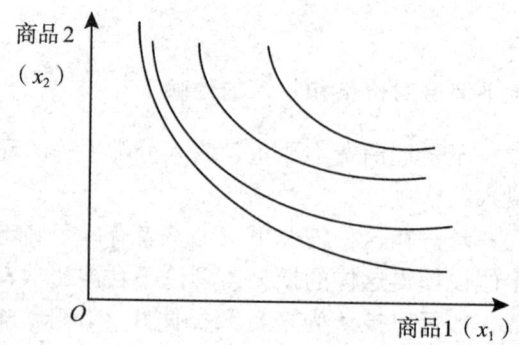

图 2.3　显示一个人对两种商品的偏好的无差异曲线

个经济学家。具体地，这个函数可以写为如下形式：

$$U(x_1, x_2) = x_1^\alpha x_2^\beta \tag{2.7}$$

上述构造只是揭示了主观上的选择集，而人们会关心消费者究竟如何做出这样的选择。最好的选择当然是唯一的。于是，需要如下的假设：

第一，假设经济中每一个人的收入（m）都是已知的。每个人把因拥有的土地、劳动力、资本等经济资源所产生的一定数量的租金、工资、利润作为收入。这里产生了经济学中一些最为基本的问题，即为什么不同的人得到的收入是不同的？他们得到不同范畴的收入是独立的、对称的吗？他们得到不同的范畴的收入是必然的吗？对于这些问题，不同的经济学将会给出极为不同的回答，不同的社会也有过极为不同的实践（参见第八章）。

第二，它假设每个人都把商品的价格视为给定的。换句话说，每个人都拥有一定数量的货币收入可以花费在他所想要花费的商品上面，而对这些商品的价格没有影响，他们因而被称为价格的接受者（price taker）。这样的市场结构被称为完全竞争市场。在第六章第二节我们将会进一步阐述完全竞争市场这个问题。

有了这些关于收入和价格的额外假设，就有了它的一个关键图形图 2.4 来解释消费者的行为。

对此方程，可以设立一个拉格朗日方程求解。为了明确这个解的经济学含义，我们需要做如下的分析。这个分析也避免了使用拉格朗日求极值方法，但得到的结果是一样的。

（二）模型

在图 2.4 两种商品的情形中，用 p_1、p_2 表示两种商品的市场价格。于是，图 2.4 所展示的消费者问题可以用如下的较 (2.7) 式更为一般的最优化问题来表示：

$$\max U(x_1, x_2)$$
$$\text{s.t.} \quad p_1 x_1 + p_2 x_2 = m \tag{2.8}$$

其中，$U(x_1, x_2)$ 代表消费者的主观所需，而 $p_1 x_1 + p_2 x_2 = m$ 代表消费者的约束。这一约束因为表现为一条直线，所以也被称为预算线。它的经济学含义是：一个人的货币收入 m 可以花在商品和服务上。设商品 1 和商品 2 的价格和购买它们的数量分别是 p_1、p_2，x_1、x_2，于是这个人在这个问题中的消费总支出为 $p_1 x_1 + p_2 x_2$。图 2.4 中直线 AB 的方程

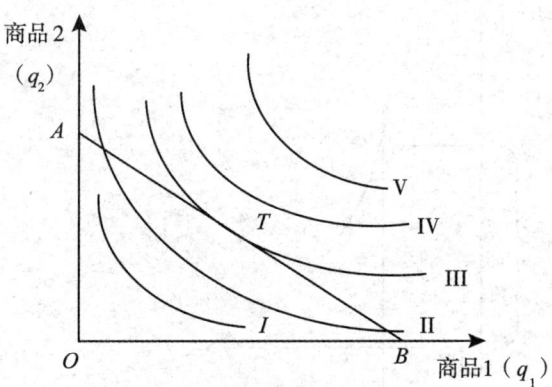

图 2.4 消费者的最优解

为 $x_2 = m/p_2 - p_1 x_1 / p_2$。$p_1/p_2$ 代表了这条线的斜率。即

$$\frac{\Delta x_2}{\Delta x_1} = \frac{p_1}{p_2} \tag{2.9}$$

在图 2.4 中，消费者最优点是点 T。在该点，它代表了两种商品在市场上的交换率和替代率，在收入约束（$p_1 x_1 + p_2 x_2 = m$，图中由 AB 代表）下消费者达到的最高的偏好曲线（Ⅲ）最大化了他或她的效用或满足。给定所拥有的收入对这个人的花费所形成的约束，点 T 就是每一个人努力去最大化使用他或她的市场机会来达到最大可能的偏好（满足）水平的结果。这个理论假设每个理性的个人都会并且只会那样做。

要求解的变量是 x_1 和 x_2。在上面，我们已经有了一个关于它们的（微分）方程（$\Delta x_2 / \Delta x_1 = p_1 / p_2$）。不用担心，预算约束的线性形式使得这种微分方程并不可怕。但为了解两个自变量，通常需要两个方程。另一个方程来自无差异曲线的概念。图 2.5 显示了一条无差异曲线。我们在这条无差异曲线上标注了 A、B 两个点。相对点 A，点 B 表示更多的 x_1 和更少的 x_2。

由于是无差异曲线，我们可以说，从 A 点移动到 B 点，这个消费者的效用并没有变化。这意味着，减少第二种商品的消费所产生的效用损失可以通过增加第一种商品的消费来弥补，结果产生了这样一种数学关系：

$$\underbrace{-\Delta x_2 \cdot mu_2}_{\text{"损失"}} = \underbrace{+\Delta x_1 \cdot mu_1}_{\text{"收益"}}$$

其中：mu_1 和 mu_2 分别表示商品的边际效用，负号表明消费者失去了一些 x_2；把 x_1 的增加写作 $+\Delta x_1$，正号表明消费者额外消费了 x_1。消费者在效用上的损失通常写作 $-\Delta x_2 \cdot mu_2$，而效用上的增加通常写作 $+\Delta q_1 \cdot mu_1$。于是，沿着同一条无差异曲线，根据定义，这两项必须总是相等。

现在我们拥有准确衡量沿着一条给定的偏好曲线用一种产品去替代另外一种产品的个人能力的方法了。从以上方程可以求解 $\Delta q_2 / \Delta q_1$，我们得到

$$\frac{\Delta q_2}{\Delta q_1} = -\frac{mu_1}{mu_2} \tag{2.10}$$

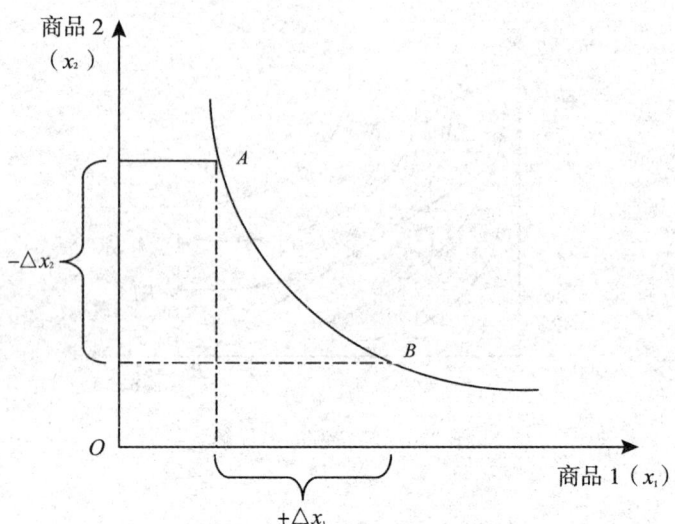

图 2.5 消费组合沿着无差异曲线变动不改变效用

令 $\mathrm{MRS}_{12} \equiv \dfrac{\Delta q_2}{\Delta q_1}$,即每次见到 MRS_{12} 时,它都代表等号后面的东西。MRS_{12} 被称为商品 1 和商品 2 之间的边际替代率。式(2.10)与式(2.9)联立,可以得到描述个人的最优点(图 2.4 中的点 T)的数学条件:

$$\frac{mu_1}{mu_2} = \frac{p_1}{p_2} \tag{2.11}$$

它表明,由边际效用比率来衡量的从商品中进行理性选择的个人主观能力等于由价格比例来衡量的社会生产上的替代能力。在达到这一点时,个人以一种有效率的个人理性的方式采取消费行动:在给定市场价格和收入约束下,他或她达到了最大可能的效用结果。这就是图 2.4 中的 T 点。

从图 2.5 得出需求曲线只需要很小的一步。通过多次改变一种商品的价格,比如 p_1,我们可以预测一个人的需求行为,即在不同价格下她愿意购买的商品的数量。图 2.6 显示了这个步骤。图 2.6(a)中,商品 1 的价格相对于商品 2 的价格多次下降了;AC、AD、AE 表示商品 1 价格下降之后形成的新价格线。当这个人所面对的约束随着价格的下降发生改变之后,个人与社会的商品替代能力的全新对应关系就产生了。这个理论的逻辑断言,人类达到最大可能水平满足程度的本质性努力,将会保证这些新的对应点将会被达到。

这些新得到的平衡点为均衡点。在图 2.6(a)中,字母 T、U、V、W 都代表均衡。当所有这样的点被连接起来,价格-消费量轨迹,在图 2.6(a)中由 $\widehat{TW}$ 表示,就产生了。这个轨迹上面的每一个均衡点都意味着边际效用比率与相应的价格比率相等。

图 2.6(b)显示了在图 2.6(a)中所推导出来的商品 1 的需求曲线。这两个图的横

第二节 消费行为   29

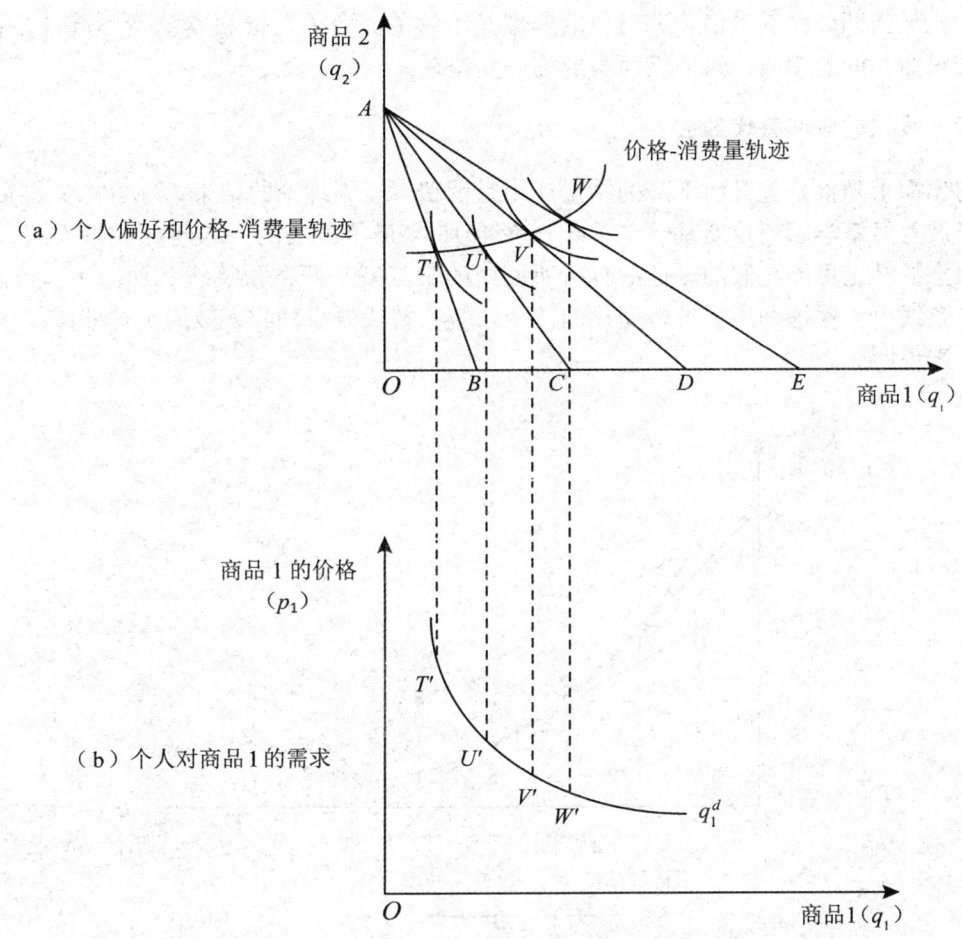

图 2.6 从个人的价格-消费量轨迹推导个人对商品 1 的需求曲线

轴被对齐了，因为它们都衡量了对商品 1 的需求。图 2.6（a）价格-消费量轨迹$\widehat{TW}$上面的每一个点都被投射到图 2.6（b）的需求曲线上。沿着从图 2.6（a）的虚线到图 2.6（b），我们在图 2.6（b）发现了 T'、U'、V'、W'；这些点构成了对商品 1 的需求曲线。我们知道那些点将会沿着东南方向下降，因为我们先前早已假设 x_1 相对 p_2 多次下降和对 x_1 的需求的上升。

（三）延伸和应用

就这样，在图 2.6（b）中，我们得到了一条向下倾斜的需求曲线。按照同样的程序，我们可以得到一个人对任何一种商品的需求曲线。理论上说，把所有个人的那些需求曲线加起来，我们就可以得到在这个社会中对每一种商品的总需求曲线。

注意，上面的分析隐含了一种比较不同商品的方法。这种方法从商品满足消费者需要的角度来比较不同商品。正如我们将在第三章看到的，马克思以极其不同的方式回答这个平行问题。他使用"抽象劳动时间"而不是"效用"作为商品的共同属性，在此基础上建立了自己对经济的理解。不同经济理论产生了比较不同商品的不同标准。在阶级分化的社会中，只强调商品满足消费者需要的属性是不够的，穷人可能根本消费不起许多商品。这就使得商品的效用属性对他们而言成为一句空话。

四、收入效应和替代效应

得出需求随价格上升而下降的结论还不是消费者行为理论的结束。你可能觉得它了无新意。波兰经济学家斯拉斯基（Slutsky）在1915年最早发表的一项研究成果表明，这个了无新意的结论可能是假的。他的分析所使用的工具就是两条预算线和两条无差异曲线。从这4条线里，他挖掘出了价格变化的两个效应：替代效应和收入效应。这些结果可以用图2.7来说明。

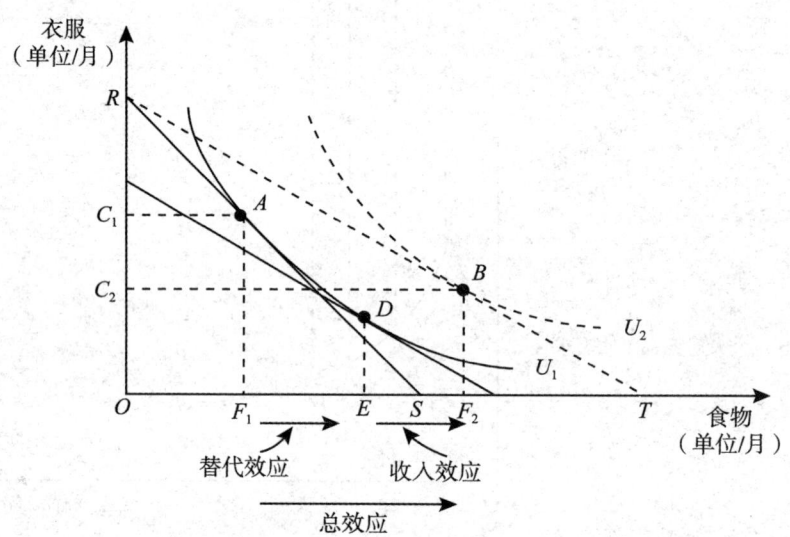

图 2.7 价格变化的收入效应和替代效应：正常品情形

假设消费者原来的预算线是 RS，无差异曲线是 U_1，现在，食物的价格下降，使得预算线变化到 RT。做一条平行于 RT 与原来的无差异曲线 U_1 相切的辅助预算线，把切点记为 D。所谓替代效应，就是点 A、点 D 在横轴上的投影 F_1E；这个变化没有引起效用水平的变化，所以被认为是纯粹由于价格变化所导致的消费量变化，是消费者沿着同一条无差异曲线 U_1 用便宜的食物替代衣服的结果。所谓收入效应，就是点 D、点 B 在横轴上的投影 EF_2。这时新的相对价格保持不变，但消费者由于收入的变化移向了更高的无差异曲线 U_2 上。

提出替代效应和收入效应并不是事物的完结，因为还可以分析其大小和方向。替代效应可以正式地定义为 $\dfrac{\Delta x^s}{\Delta p}$，其中，$\Delta x^s$ 对应着图2.7中的 F_1E，它是沿着同一条无差异曲线的消费量的变化。Δp 表示价格的变化。由于价格下降无疑引起了需求的增加，所以，$\dfrac{\Delta x^s}{\Delta p}$

总是负的。

价格下降还引起了实际收入的增加,表现在图 2.7 中预算线的向右的平移,使得消费者的均衡选择从 D 移动到了 B。这个效应(即 EF_2)可以正式地定义为 $\frac{\Delta x^m}{\Delta m}\frac{\Delta m}{\Delta p}$。$\frac{\Delta m}{\Delta p}$ 表示价格变化引起的收入的变化,这个效应总是负的。$\frac{\Delta x^m}{\Delta m}$ 表示单位收入变化引起的消费量的变化,这个效应可能为正,也可能为负。这个效应为正的商品叫做正常品,这个效应为负的商品叫做劣品。

于是,价格变化的总的需求效应

$$\frac{\Delta x}{\Delta p} = \frac{\Delta x^s}{\Delta p} + \frac{\Delta x^m}{\Delta m}\frac{\Delta m}{\Delta p} \tag{2.12}$$

(1)当价格变化的商品为正常品的时候,(2.12)式的右边都是负的,所以,价格变化的总效应也总是负的。即我们总有 $\frac{\Delta x}{\Delta p} < 0$。

(2)当价格变化的商品为劣品的时候,(2.12)式的右边 $\frac{\Delta x^s}{\Delta p}$、$\frac{\Delta x^m}{\Delta m}$、$\frac{\Delta m}{\Delta p}$ 都是负的,因此我们既可能有 $\frac{\Delta x}{\Delta p} < 0$,也可能有 $\frac{\Delta x}{\Delta p} > 0$。$\frac{\Delta x}{\Delta p} > 0$ 的商品被称为吉芬商品。它是吉芬这个人发现爱尔兰的土豆作为日常必需品在爱尔兰因干旱土豆价格上升后消费反而增加命名的。从数学上看,吉芬商品出现是因为 $\frac{\Delta x^m}{\Delta m}\frac{\Delta m}{\Delta p}$(为正)大于 $\frac{\Delta x^s}{\Delta p}$(为负)的绝对值。

五、显示偏好和偏好塑造

(一)显示偏好

严格地说,无差异曲线和效用函数都是理论上的构建物(theoretical construction),即理论上所想象的,现实中根本不存在。然而,可以把它作为一种研究工具,处理一些在某些情况下比较重要的问题。由于这个原因,一些西方学者试图从理论上论证,何时这种无差异曲线或效用函数会存在。还有其他学者另辟蹊径,从数据来反推这样的一条曲线。这被称为显示偏好(revealed preference)理论。限于篇幅,本书不再介绍这个理论,感兴趣者可以参考范里安(Hal Ronald Varian)的《微观经济学:现代观点》中的相关章节。应该指出的是,显示偏好理论不一定真的能够帮助你做多少经济学研究,但它可以启发你意识到,你可以从许多公开信息中得到许多你意想不到的东西。老实说,许多人强调现代社会是信息时代,但他们都没有强调,你可以大胆地扔掉许多冗余信息,有效地利用信息才是你着力要做的。当然,你也完全可能通过其他方式在这方面获得有用的经验。

(二)偏好塑造

显示出来的偏好代表着传统的力量。但偏好也不是不变的,而是可以塑造的。几年或十几年后的偏好到底是什么样子,对于一个社会可能是极为重要的事情。中国共产党在中华人民共和国成立后非常注重移风易俗,这是非常英明的,今天中国农村的一些封建习俗死灰复燃,显示这种移风易俗仍有必要。

偏好塑造对于个人也是非常重要的。比如,中国绝大多数儿童都应该有学好数学的潜力。然而,如果在他们成长过程中没有形成对数学的喜爱,而是害怕数学,甚至厌恶数学,他们将来的数学能力就会很差。学好数学并不一定要做数学家,对做数学家也还不够。但是,学好数学能够让一个人培养出严密的逻辑思维能力。事实上,本书的编著就是在数学的严密的逻辑支配下完成的。

偏好塑造的重要性可以从错误的偏好可能导致什么后果来证明。中国古人有"楚王好细腰,宫娥多饿死"的诗句,既反映了楚王的偏好,又反映了宫娥的偏好。今天,即使是中国一些地级城市,大家也可以看到打扮与大城市女孩子没有多少差别的女孩子。这也反映偏好。如果中国有许多有钱人喜欢高档品,就会有许多高档品的进口。在农村,如果人们偏好大操大办红白事,就会给奸商提供赢利机会。

阅读材料:关于效用函数的争论

在分析一些世俗生活的时候,使用效用函数是方便的。为了了解一些西方文献,也需要了解这个概念。效用等同于使用价值。很多时候,人们关心的不是价值,而是使用价值。比如,为了保障一个人到外地工作需要补贴多少,这时,可以选定一个指标,进行补贴,使其达到某个效用指标从而生活状况不至于变坏。在等同于使用价值的意义上,效用可以成为马克思的劳动价值论的一个基础。

马克思主义者曾批判西方效用函数的主观性。其实,作为一种理论的构建物,效用函数可以用,只不过不能过度使用罢了。比如,不可能用边际效用去定义价格。因为效用是因条件而变的,而且,它变化所因的条件太多,以至于效用根本不是可信地度量价值的因素。比如,你怎样准确确定房子的边际效用?这是不可能的。在某些重大问题的分析上,效用函数的引进确实并不必要。[①] 所以,在经济学说史上曾经有不少学者攻击把效用函数做过分使用的新古典经济学理论是有道理的。

应该注意的是,当你设定了一个效用函数的时候,你就可以根据效用函数来为商品确定价格。但问题是,你为什么要设定这个效用函数呢!?你怎样用效用函数来解释房子和黄瓜的相对价格呢!?用一个抽象的效用来解释价值是障眼法,既是启发式代表性思维,又是用个别替代一般。

为了避免商品拜物教的印象,福利的概念最好由间接效用函数来表示。根据这个函数,一个人的福利是由他所面对的产品价格和他的收入来共同决定的。间接效用函数有力地揭示了一个人的福利不是由他个人决定的,而是由社会关系决定的。这样看

---

① 王今朝,许晨,龙斧. 构建以国有企业为微观基础的经济运行新常态机制. 福建论坛·人文社会科学版,2015(9).

来，直接效用函数应该也能揭示一个人的福利不是由他个人决定的本质。把个人的福利表达成他所消费的商品数量的函数的直接效用函数与它构成对偶关系，即二者在逻辑上是等价的。但在历史上，直接效用函数确实具有掩盖福利决定的社会关系本质的功效。

有数据显示，美国的中产阶级从20世纪80年代的70%滑落到了49%。而目前，美国有70%的人，存款不到1 000美元。有的人甚至已经开始遭遇营养不良了！你很难想象在发达的资本主义国家会发生这些事情。然而，这是现实。20世纪80年代新自由主义实行之后，美国人的工资就没有涨过。但工人总要消费啊！怎么办呢？金融界说，你们可以借债消费。你们可以把你们的房子抵押出去。房子涨价了，还可以继续抵押。于是，借债成了拉动消费的方式，工人又有了钱，资本家又能把东西卖出去了。但是，发生了2007年的金融危机后，许多人失去了房子，不得不住在帐篷里。他们有多少收入可以消费呢？这是值得思考的。

关 键 词

生产的两个维度　生产函数　产品构成　产品结构优化　战略性新产品　投入和产出　生产要素　机会成本　可避免成本　效率　个体效率和整体效率　经济组织　生产资料所有制　交易成本（制度成本）　政府失灵　消费主义　生产秩序　合理消费　不合理消费　理性假说　消费外部性　消费的伦理问题　核心消费　日常消费和边际消费　偏好　边际替代率　柯布-道格拉斯效用函数　预算线　无差异曲线　边际效用　边际替代率　价格-消费量轨迹　替代效应和收入效应　正常品　劣品　价格变化的总需求效应　显示偏好　偏好塑造　福利　间接效用函数和直接效用函数

思考题与练习题

1. 在你学习了本章上述所有内容后，假设你家的年收入为10万元。请问，你家根据上述消费者行为选择了最优的消费组合后所达到的效用大，还是把你家的收入提高到20万元并且你家的消费组合并没有达到最优时的效用大？对于这两种情形你会偏爱哪一种？这个思考题让你认识到，比例关系可能比最优化是否实现要重要得多！这会进一步启发你思考：经济学究竟是研究什么的？这时，你可能会理解本书第一章第二部分所讨论的内容了。

2. 黄金碗有价值吗？有使用价值吗？答案是，它因为没有使用价值所以没有价值。它所有的价值也就是黄金的价值。所以，没有企业会生产黄金碗。当然，这个答案可能不会令你满意。许多富豪可能没有用黄金碗，但有报道说有富豪用黄金装饰厕所。那些所谓豪宅算不算另外一种形式的黄金碗呢？

3. 从小到大，你的偏好有没有发生变化？你的偏好的变化是由什么引起的？是市场引起的吗？你的偏好变化使你得到怎样的益处呢？你有没有通过其他办法得到同样大的益处呢？你是否意识到，你的偏好的变化就是你的文化素养的形成呢？你能否叫它一种文化革命呢？你认为这种个体行为对于一个社会具有什么启发意义吗？

4. 产品结构对于经济落后国家和经济发达国家具有怎样不同的意义？

5. 有人说，中国国有企业效率低下。请用本章的内容简单批驳这一理论。你认为，这个观点只是一个纯粹的学术问题吗？

第二编　分析经济运行和发展的基本框架

　　生产和消费是基本的经济行为。那么，怎样研究复杂的生产和消费行为呢？有什么共性的因素贯穿其中呢？这种共性的因素又会受到什么因素的影响呢？第三章和第四章的分析会给出回答。它们构成了分析经济运行和发展的基本框架。

第三章 价值的决定、变动和微观机理

价格是一个贯穿于所有经济行为的社会现象，与之相比，作为理论构建物（这点类似于第二章中的效用）的价值看起来虚无缥缈。然而，如果不透过价格现象看本质，就无法真正把握价格现象，就会被纷繁复杂的价格现象裹挟而去。在哲学上确实有多因一果现象，这引起了张冠李戴、移花接木现象的可能性。如果本来 B 应该是 A（高房价）的原因，一些理论家偏要说 C 才是 A 的原因，你该怎么去找到 B 并论证 B 是 A 的原因呢？美国企业科技发达，但到 20 世纪 80 年代，美国轰炸机的价格是第二次世界大战时的 200 倍，战斗机是 100 倍，航母和坦克是 20 倍和 15 倍，三叉戟飞机平均每吨耗费 160 万美元，而第二次世界大战时的 G 级潜水艇是每吨成本 5 500 美元①。这种价格会让政治决策部门避免购买军火，以至于肯尼迪认为美国军事工业的利益在摧毁美国的国家能力。更有学者指出，美国已经形成了军事经济体制。② 这又如何解释？中国军事工业的发展又如何避免美国的这种模式呢？诸如这样的问题充满了这个世界！

在过去的 150 年中（自马克思《资本论》第一卷于 1867 年出版以来），价格决定理论基本上就是马克思的劳动价值论和西方的供求决定论这两种。西方的供求决定论认为供求决定价格。或者说，至少它给人以强烈的印象，它主张供求决定价值。马克思认为是价值决定价格，价值概念本身已经包含了供给和需求方面的因素。马克思的看法是对的。我们先叙述价值的决定，然后叙述西方的供求理论，再由这个理论反推出在语义上、逻辑上、严格意义上，供求不可能决定价格。刚刚接触经济学原理的你可能难以理解这里的东西。当我们展示了后者不可能成立的时候，从两分法看，前者就成为了唯一的选择了。当然，前者作为唯一的选择还有其他理由，比如，利用供求决定论很难去解释中国当前的房价的不合理性。利用供求决定论很难去解释美国军事工业的不合理性。

第一节 价值的决定

人类很早就对价格决定感兴趣。中国很早就有物以稀为贵的理念。西方则在近代形成了供求决定价格的理论。马克思在否定庸俗经济学供求决定价格作为基本规律可能性的基础上，提出了价格是对象化在商品内的劳动的货币名称、"价值规律支配着价格的运动"、"价格是价值的货币表现"的命题。③

---

① 保罗·肯尼迪. 大国的兴衰. 天津编译中心，译. 成都：四川人民出版社，1988：537.
② 亨特. 经济思想史. 上海：上海财经大学出版社，2007：352-354.
③ 马克思. 资本论. 第一卷. 第 2 版. 北京：人民出版社，2004：119, 128, 200, 397.

一、"价值决定价格,价格反映价值"

如标题所示的命题基本上是对的,但还有有待澄清之处。

(一) 价值存在的优先性和它对价格的支配性

首先,价值本身是一个客观存在。马克思用社会必要劳动时间来定义产品价值,这就使得产品价格建立在一个客观变量的基础上。给定技术条件,给定劳动者的经验,给定劳动者的人口分布,社会必要劳动时间是一个相当确定的变量。这里,社会必要劳动时间可以与需求没有直接关系,与是否与其他商品发生交换也没有关系,纯然是生产一种商品所必需花费的时间,它"依其他任何与之对立商品来表现,总是一样的"。马克思寻找这样一个变量作为价格的基础体现了他的唯物主义哲学,体现了他的方法论与理论的高度统一。

其次,价值决定交换价值。价值既然作为一个"客体"而存在,就必然对其载体的交换价值产生影响。马克思根据扩大的相对价值形态推论出"不是交换调节商品的价值量,恰好相反,是商品的价值量调节商品的交换关系",[1] 就是在科学区分价值与交换价值基础上对价格理论做出的科学因果分析。没有对二者先后关系、因果关系的确立,也就没有分析价格问题的科学基础。价格分析就会陷入主观分析的窠臼中。当然,交换价值还是一个比值,而不是一个通常意义上的价格。

再次,从以时间为单位的价值转换到以货币(如美元、人民币)为单位的价格。价值与价格分属不同的量纲,劳动价值是用时间来衡量的,而价格是用货币来衡量的,二者无法直接比较,把价值理论作为价格理论就需要在价格与价值之间架一座从客观的时间本位(standard)转换到社会性的货币本位的桥梁。从数学上看,这个转换是一个函数关系。我们将在下面的命题中展示这座桥梁。为了清楚起见,把价值记为 V,把价值 V 按照这个函数关系所对应的价格记为 p^*,把市场(不管是垄断市场还是竞争市场)价格记为 p_M^t。因为市场价格是一个随时间变动的价格,所以,我们给它加了一个表示时间的上标 t。很显然,通常我们有 $p_M^t \neq p^*$,p_M^t 与 V 之间的关系部分取决于 p^* 与 V 的关系。比如,按照马克思的观点,在竞争的条件下,我们有 $\lim_{t\to\infty} p_M^t = p^*$。

最后,p_M^t 与 p^* 间的数量关系。如果 p^* 确实存在,那么,马克思所说的价值决定价格就可以理解为是 p^* 决定 p_M^t;他所说的价格反映价值就是 p_M^t 反映 p^*。那么,这种决定和反映是什么意思呢?p^*(代表价值)既可能构成市场价格 p_M^t 围绕波动的中心(对接近竞争的经济而言),也可能稳定地低于市场价格(对接近垄断的经济而言)。这点马克思也有所观察[2]。不管经济属于竞争还是垄断,马克思都把价值或 p^* 看成了衡量市场价格 p_M^t "适当性"的标尺。[3] 当市场价格等于劳动价值时,经济处于一种"中性"状态。当市场价格 p_M^t 不等于 p^* 时,在完全竞争的情况下,前者都有回复到后者所规定的水平上的趋势。在垄断情况下,前者与后者的差距可以作为衡量垄断影响力的一种指标。因此,p^*

---

[1] 马克思. 资本论. 第一卷. 第2版. 北京:人民出版社,2004:79.
[2] 马克思. 资本论. 第三卷. 第2版. 北京:人民出版社,2004:973.
[3] 在新古典经济学中,也存在衡量市场价格的标尺。这种标尺在那里是边际成本。

或者价值本身的存在性以及 p'_M 与它的差就构成了对价格进行管理的风向标。比如，今天中国的房价远远高于劳动价值所预测的水平，无可置疑的一个结论就是，采取一切办法把它降下来，使之降到与劳动价值相适应的水平。这才是价格管理的真谛所要求的。

那么，V 和 p^* 之间的转换是否存在呢？如果存在，具有怎样的性质呢？马克思在《资本论》中，分两步对价值决定价格进行了论述。第一步，他抽象掉了不同企业之间资本构成的差异，第二步再考虑这种差异对价值决定价格的影响。第二步的关键是提出了生产价格的概念。两步的共同之处在于，马克思都是针对实体经济而不是货币经济进行论述。

（二）资本有机构成完全相同经济中价值向价格的转换

马克思认为，一定时期内一个企业所生产的产品的价值等于 $\lambda c + L$，其中，c 是这段时期里预付的不变资本（包括原材料的价值转移和工具、厂房的价值），λ 表示折旧率。原材料、工具、厂房的历史价值是不变的，也不会额外增加他们所用以生产的产品的价值，因此称它们为不变资本。L 是在这段时期内平均技能和生产力水平下的劳动时间的数量。马克思把 L 又分为两个部分：工人所得工资（必要劳动、可变资本）和剩余价值，于是，$L=v+s$。① 在下面的分析中，我们沿用这些记号以及含义。

假设价值与价格之间存在一一映射，即同一个价值量只对应一个价格，而且，每一个价值量都对应一个价格。这个假设是必需的，也是自然的。那么，这个映射是一个任意的映射还是具有特定的性质呢？

在价值转变为价格之后，我们自然希望，（3.1）式以劳动价值所定义的利润率等于以货币价格所定义的利润率：

$$\rho = s/(c+v) \tag{3.1}$$

这种情况可以看成古典经济学所关注的货币中性的情形。在现实中，当引入货币之后，因为货币投机即可以得到某种收益，所以，货币的引入会产生各种各样的非中性，但这不是属于社会生产活动所遵循的规律。为了对社会性生产进行纯粹的研究，应该假设一种货币中性经济。在这些命题的基础上，可以证明以下命题：

定理 1： 如果价值与价格（这里指 p^*）之间存在一一映射，并且以劳动价值所定义的利润率恒等于以货币价格所定义的利润率，那么，价值与价格之间的这个一一映射必是截距为 0 的仿射。

设一一映射 $V \to f(V)$ 把价值 V 变为价格 $p^* = f(V)$。$f(1)$ 为一非 0 常数，即价值 1 所对应的价格。上述命题可以表述为

$$p^* = Vf(1) \tag{3.2}$$

其中 $f(1)$ 是自由变量，它究竟取怎样的常数数值取决于货币供给数量等诸多因素。

定理 1 的结论保证了价值与价格之间的互通性，从而价值与价格之间也就具有了可比性。这里，价格指的是 p^*。如果我们通过控制货币供给数量等办法，使得 $f(1)=1$，那

---

① 劳动时间就如一个尺度，如果没有一个固定的尺度，就无法衡量价值的多少。用供求来决定价格，那么，市场价格与合理价格的差如何衡量呢？如果无法衡量这个，价格管理就会陷入无所适从的境地。当然，劳动的复杂程度是另一个影响价值的变量。

么，价格在数量上就等于价值，即 $p^* = V$。这里，价值是自变量，是导致价格 p^* 变化的决定性变量；而货币等其他因素是一些扰动性因素，它们决定价值与价格之间的比例。很显然，马克思并没有认为，p_M^t 与 V 之间有正比关系。

定理 2：如果价格 p^* 是通过对价值进行截距为 0 的仿射变换而得到，那么，价值与价格之间是一一映射，且分别根据它们得到的两个利润率相等。

定理 2 是定理 1 的反命题，它的成立是明显的。这个定理就反驳了所有关于马克思的利润率概念错误的"指控"。

这样，单个生产者所生产出的产品的价值与价格，在仿射变换下就是一致的：价格就是价值，价值就是价格。在微观经济学中，效用函数经过正的仿射变换之后，所代表的偏好是与原效用函数一样的，从这种意义上说，效用函数具有仿射的不变性。这里的情形是类似的，价格和价值在仿射变换下也是没有差别的。

以上分析为马克思关于价值决定价格、价格反映价值的论述提供了坚实的数学基础。

按照上述理论，我们可以说，价值优先于价格而存在。价值为价格的确定提供了科学的参照。在马克思看来，没有价值的确定，就无从判断价格高低的合理性。由此，一系列的问题都无法解决。比如，如果没有价值理论，也就没有一个科学的利润率计算。马克思认为，劳动价值论使得我们不需要知道商品的相对价格都可以计算出利润率来，使得这一公式不管有没有价格都成立。

有了以上的定理，我们就可以让经济思想史上的一个不太清晰的地方清晰起来了。马克思在说商品市场价格（即 p_M^t，这也是微观经济学所关心的那个价格）提高到它的价值（V）以上的时候，应该是指 $p_M^t > p^*$。当然，马克思还考察了价值转型对价值的影响。由于本书只是原理，就不再探讨这些问题的含义了。

从实践角度看，马克思的劳动价值论的不可或缺，在于它是分析现代资本主义社会和社会主义社会价格现象的基本工具。没有这一工具，任何产品的价格的合理性无法判断，这些价格包括工资、利息、利润、地租等收入范畴，也包括各种中间和最终产品的价格。按照马克思《资本论》的逻辑，商品的价值是首先决定的，雇佣劳动者工资由生活资料的价值决定，而生活资料作为产品，其价值已经确定。当资本主义社会生产出来的价值在劳动者工资、利润和利息、地租之间进行分解时，利润、利息和地租是随后决定的变量。社会主义社会就是不承认私人利润、私人利息、地租这些收入范畴的合理性。它们的不合理性是建立在违背劳动价值论的基础上的。①②

马克思的劳动价值论看似没有考虑需求（即消费者的竞争对价值/价格所产生的影响），但实际上，它的成立以一个合理的需求为前提，以生产者与消费者之间地位的对称性为前提。至于价格与价值是前者围绕后者波动还是前者稳定地偏离后者则属于一个次要问题——对于处于自由竞争的企业而言，劳动价值确实可以构成市场价格围绕波动的中心；对于垄断企业而言，产品价值则可以长期地低于市场价格。关键的问题是，有了劳动

---

① 一个人自娱自乐所耗费的劳动没有价值，因为这只是个人所需，社会必要劳动时间无法定义。
② 当然，劳动的复杂程度是另一个影响价值的变量。

价值，就可以对价格水平进行判断，一个社会的价格管理，必须建立在劳动价值论的基础之上，违此，就不可能是平等、公平和正义的社会。

二、使用价值如何影响价格

正如我们前面所阐述的，商品的价格是由价值决定的，而商品的价值是由凝结在商品中的无差别的一般人类劳动来定义的，并用生产商品的社会必要劳动时间来表示。这种无差别的一般人类劳动的客观存在性决定了商品价值本身是一种客观存在。给定技术条件、劳动者经验和劳动者的人口分布，社会必要劳动时间就是一个确定的变量，可以与市场供求没有直接关系，与是否同其他商品发生交换也没有关系。

商品的使用价值是用来定义"物的有用性"的，"物的有用性使物成为使用价值"。商品的使用价值与人们获得它所耗费的劳动量的多少没有关系，并且只能在获得这种使用价值的人使用或消费中才能得到实现。通常情况下，同一商品对于同一使用者而言，在不同使用时间或不同的环境条件下可以表现出不同的使用价值。

商品的使用价值可能会由于某种原因发生变化，使用价值的变化会进一步影响消费者的需求，从而改变市场的供求关系，影响商品的市场价格。在生产技术条件不变的情况下，商品的价值却不会随之发生改变。在这种情况下，商品的市场价格便与价值产生了偏离。例如，汽车的使用会带来环境污染问题，那么，在刚开始使用汽车和使用汽车带来环境污染问题后，汽车使用价值可能会发生变化。当汽车的使用价值发生变化时，汽车所有者对汽车的偏好就有可能发生改变。假如他是一个环保主义者，那么，当使用汽车造成环境污染问题后，他可能就不是那么偏好汽车了，而这就会进一步影响他对汽车的需求。如果市场上这类汽车消费者占据的比例较大，就会影响市场上汽车的需求。与此同时，汽车制造商更加注重的是从汽车销售中获取利润的问题，因此对汽车的供给并没有发生改变。这样一来，由于汽车使用价值的变化导致汽车市场的供求关系发生了变化，汽车的市场均衡价格也会随之发生相应的变化而偏离初始水平。对于汽车制造商来说，若这一时期内的汽车制造工艺没有发生变化，并且厂商也没有因为增产等各种可能的原因要求加大员工的劳动强度，那么生产汽车的社会必要劳动时间就不会发生改变，也就是说，汽车的价值保持不变。在这种情况下，汽车的市场价格便与价值发生了偏离。

三、劳动价值论的应用

在《资本论》中，劳动价值论是作为一种分配理论来使用的，即马克思用它来分析利润和工资的关系。马克思这样做的合理性在于，通过劳动来获得产品是经济中最为普遍的现象。[①] 在这些普遍现象中，有一个基本的关系：假如劳动者每天工作 8 小时，并且这 8 小时的劳动成果都作为工资给予了劳动者，那么，产品就没有剩余来被其他人所拥有。

---

① 有的自然资源可能市场价格极高，远远超过了采掘它所耗费的劳动力。这些自然资源的价格是由畸高的社会需求产生的。

反过来，如果其他人以远高于别人的劳动与工资比例的比例拥有了价值，那么，就一定是劳动者的劳动成果中有剩余被这些人拿走了。

基于同样理由，劳动价值论也能用来定价。

马克思的《资本论》在提出价值和生产价格的概念后，就用它们研究自己所关心的问题了。马克思把价值和生产价格与市场价格直接等同起来。如果你用一种"理论-经验"的思维模式对马克思的劳动价值论作为市场价格理论进行检验，就会因其不总是具有经验上的可验证性而抛弃它。这种思维模式认为，如果马克思的理论适用于资本主义，就应该观察到价格与价值的一致性，以及相关变量（如利润率）的一致性。把这种建立在西方社会科学发展基础上的方法论盲目地运用于检验马克思理论的科学性就会得出错误的结论。马克思的劳动价值论并不简单地是一个对价格进行长期预测的公式。西方的庸俗经济学也做不到这点。比如，一价定律旨在提出一个对长期汇率进行预测的公式，但它是不准确的。① 因此，如果说，对于后者而言，不可能存在简单的理论与实践的一致性，那么，对于前者，就更不能期待这个结果了。

然而，劳动价值论确实可以帮助解决一个社会的重大问题。比如，防止发生经济危机，至少是部分危机，也可能是全部危机。在市场投机繁荣时期，购房者对接下来 10 年间价格增长期望值的中间值是每年 9%。如果所有人都形成同样的预期，这种预期就会成为现实，但这种现实并不具有坚实的经济社会基础。利率最低的时候，往往是房屋价格上涨的最快的时期。发放的针对次级抵押贷款借款人的可调利率按揭在利率下降时反应更快。这是低收入者的收入效应，也可能有门槛效应的作用。更何况他们把到手的房产作为财富，作为对他们的应付利息的增加的一种绰绰有余的补偿。监管者对于采取措施制止泡沫需要通过充分协商来取得共识，而这就耽误了宝贵的时间。很多人的预期建立在静态基础上，无法做出有效的应对。而只要想到，房屋的劳动价值不可能这样上升，你就知道，房地产里面一定出了问题，一定不仅存在泡，而且存在沫。

"人口不断增长，经济持续发展，可供利用土地资源减少，地产价格的总体趋势必定随着时间的推移而强劲上涨。"这可能是你经常听到的说法。上述说法实际上存在着似是而非之处。在 2000 年的美国，城市地区土地面积只占美国国土总面积的 2.6%。在西方，现有城市区域的价值的增加，根本就没有表现出任何让投资者变得富有的趋势。我们不仅有能力用增加的收入购买更大更多更好的房子，而且能够用原本用来买房的钱来改善其他方面的生活质量（如智慧和健康）。判断住房价格上升的成本基础应该是看长期趋势。而从长期看，这些成本应该是下降的。住房所用的钢材、水泥、玻璃甚至劳动力都不是稀缺的。中国的住房据说已经足够中国人使用，即使现在依然不够，在不远的将来也必将满足。让住房成为社会危机的源泉，只能理解为社会安排的结果。用劳动价值论来分析可以减少一个社会的很多麻烦。

---

① 参阅克鲁格曼和奥伯斯法尔德对购买力平价和一价定律的经验证明的分析。

没有劳动价值论的指导,你听到的关于重要价格和价格的上涨的来自权威人士的说法可能是:"尽管在这些领域投机活动有所抬头,但从全国范围来看,价格的增长主要反映了国家强大的经济基本面,包括就业和收入的强劲增长、极低的按揭利率、稳定的住房构成比例以及某些地区对住房供应过快增长的限制。"有权威人士可能把事后证明导致危机了的泡沫在事前说成是只有泡而没有沫,或者说,泡沫还没有大到必须对政策进行调整的程度。当危机发生后,政策调整已经错失良机,更大的政策出台不仅可能无济于事,反而可能错上加错。

不仅房产价格被说成是趋于上涨,石油、黄金价格的总体趋势也由于同样的原因被说成必定随着时间的推移而强劲上涨。这为劳动价值论的应用又提供了新的场所。根据劳动价值论,任何价格的异动都应该首先考察是否某个或某些集团操纵的结果。

四、价格指数

有时候,考虑价格水平是必要的。价格水平是经济中最重要的指标之一。由于没有任何一个单一指标,能够满足人们所有重要需要,人们开发了各种各样的价格指数。这里介绍两种:消费物价指数和住房价格指数。认识到人们需要多种价格指数对于宏观经济管理是非常重要的,因为导致经济危机的一些因素可能在某些广为关注的价格指数上并不能表现出来。

(一) 消费物价指数

消费物价指数(CPI)是对普通消费者所购买的产品和劳务的价格的衡量指数。在中国,普通消费者主要是指城市消费者,因为城市的消费者的消费品主要是通过购买得到的,而农村的消费者有许多消费品,如粮食、蔬菜和住房,是自给自足的。

普通消费者消费的商品多种多样,任何一个价格指数都不可能包括所有的商品。所以,为了计算消费者物价指数,首先需要确定关注什么消费品。用术语来说,就是首先要确定商品篮子,即消费者所购买的主要的消费品。这些消费品被分成几大类:交通、住房、食物和饮料、教育和通信、医疗、服装、娱乐以及其他产品和服务。其次,确定出这个篮子里这几类商品的价格。CPI作为一个国家水平的指标,它所包含的这几类商品的价格可能不是任何一个城市的价格,而是许多城市的价格的平均值,因为没有一个城市对全国具有代表性。比如北京的价格和上海的价格不同,它们也无法代表武汉的价格。再次,确定这个篮子中每一类商品支出占整个篮子商品总支出的权重(weight)。这个比重又取决于每一类商品的数量(一种可能的权重分配见图3.1)。再其次,把所有类的商品的支出权重与其价格相乘得到的乘积加起来,就得到了某一年的价格水平了。最后,选定一个基年,令其价格水平对应着100。然后用以后的每一年的价格水平去除以这个基年的价格水平再乘以100就得到这一年的CPI指数了。

用CPI所计算的某一年的通货膨胀率=该年的CPI指数−上一年的CPI指数

其他的通货膨胀率指标也都类似地制定。

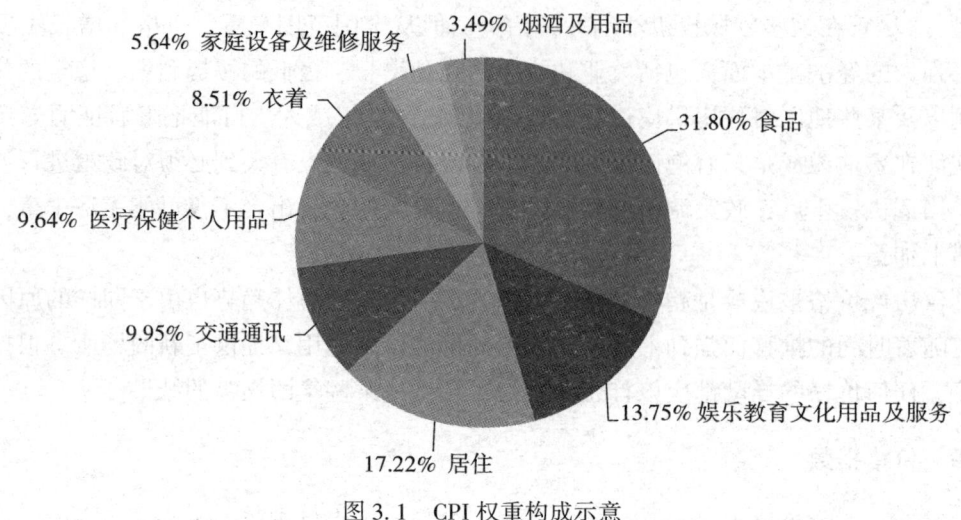

图 3.1　CPI 权重构成示意

阅读材料：美国核心个人消费支出物价指数
（Core Personal Consumption Expenditure Price Index，CPCE）

　　CPCE 物价指数是更为强调个人消费作用而设计的衡量通胀的指标。它比计算消费者物价指数所使用的那个商品篮子要小，因为它排除了容易受自然气候或国际政治经济因素的影响而出现剧烈波动的商品，如食物和能源。排除了这些商品之后所剩下的商品被称为核心消费品。没有排除这些商品影响的 CPI 过于敏感，并不代表市场的总供需发生实质性变动。

　　CPCE 平减被认为能更稳定地衡量美国通胀，而在 2002 年被美联储联邦公开市场委员会采纳为衡量通货膨胀的一个主要指标。

　　注意：这个指数中的核心消费品与第二章第二节中的核心消费品不是同一个概念，因为它们所指的事物不同。这里的概念允许价格上下剧烈波动，而第二章的概念是指价格上升过高并且长期居高不下。有关部门也可以基于第二章的概念构造一个价格指数。下面介绍的住房价格指数就是其中的一种。它本身又可以分为三种。

（二）三种住房价格指数

　　消费者物价指数是远远不够的。比如，它难以反映越来越重要的住房价格的变化。这引起了一些错误的理解。一个生于 1962 年的武汉大学毕业生可能在 1995 年的时候，就有一定的经济实力和机会在武汉买到第一套房子，之后再买第二套、第三套，……那么，到了今天，在武汉房价达到上万元的水平的时候，他就可能拥有价值上千万的房子资产了。这使得在统计局的指标里，很难包括住房价格的这样的上涨。理由是 CPI 指标太引人注目了。这时，设计一种合理的住房价格指数就成为必要的了。

1. 房租指数

如果私人很难建造住房，或者一个国家的住房主要是租住，而不是购买居住，那么，房租指数就是比较合适的价格指数。租房制度可以有效地避免房价泡沫。中国雄安新区可能主要采取这种制度来提供住房保障了。

2. 新房价格指数

这是基于新发售的住房的价格所计算的指数。它可以描述购买这些房子的人所承担的成本。对于中国而言，这主要是年轻人及其家庭的负担。比如，一个大学生如果考虑在北京工作，压力就太大了。这些指数的缺点是，它对于某些短期目的而言（如预测2007年的金融危机）就失真太厉害了，因为价格没有一个固定的标准（基底）。大型或高质量的房子会集中在某一个月卖出，小型或品质较低的房子销售又会集中在另一个月。因此，当把它们在图形上连接起来看上去就会非常杂乱。

3. 固定住房价格指数

一旦一个新房子销售出去，就变成旧房了。如果这种旧房的价格出现大幅度的上升，就意味着买房者有了巨额的财富。由于房价的普遍上升，中国城市居民拥有了许多以房产表示的财富。形成这种财富到底有无必要，是一个可以考虑的问题。这涉及中国城市住房制度究竟如何设计的问题。一个人或许可以轻松地说，城市住房价格的上升是中国经济发展的必然现象。然而，这个观点过于简单了。

在美国，也有房价具有财富效应的理论。然而，一位经济学家对此表示怀疑。他绘制了美国从1890年到2016年的固定住房的价格指数图，见图3.2。该图显示在长达100多年的时间里，美国住房价格相当稳定。由于房价是经过通货膨胀调整的，房价的上升幅度就与通货膨胀速度是一致的。而且，房价也没有因人口的增长而表现出上升的趋势。这否认了买房子能够保值的理论观点。

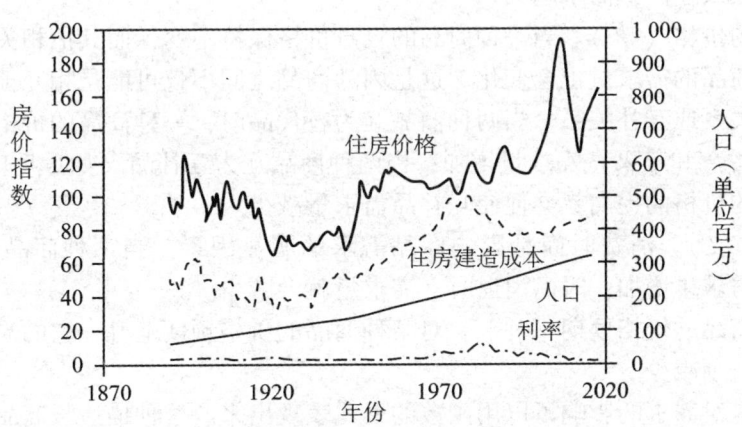

图 3.2 美国政府价格指数：基于固定住房

资料来源：http://www.econ.yale.edu/~shiller/data.htm。点击该网页中的"：US Home Prices 1890-Present"链接即可看到该图。

第二节 价值表现的变动：供给与需求

供给和需求无疑是存在的，但如果给这两个词后面加上一个词——曲线——所造的新词"供给曲线"、"需求曲线"就不一定存在了。让我们在这里先假设供给和需求曲线存在，来探讨它们该是什么样子以及具有什么样的意蕴。

一、需求曲线

产品的使用价值创造了对产品的需求。基于不同的角度对需求曲线的理解是不同的。一个刚刚起步的厂商对于需求的理解和一个拥有雄厚实力的厂商的理解是不同的。

（一）需求量和需求函数

对一种商品的需求量指的是一定时期内，消费者在任一给定的价格水平上愿意购买并且能够购买的该商品的数量。根据定义，如果消费者对某种商品只有购买的欲望而没有购买的能力，就不能算作需求，不能计算在需求量里面。这个定义告诉我们，需求必须是指消费者既有购买欲望又有购买能力的有效需求。从这里也可以看出，这种需求和需求量的定义是基于生产者的立场来设定的。穷人可能被排除在某些商品的需求之外。

对一种商品的需求量是由多种因素共同决定的。其中，主要的因素有：商品的自身价格、消费者的收入水平、相关商品的价格、消费时尚和消费者对商品价格的预期等。在西方，这些因素是资本家决策的必备因素。它们与商品的需求量的关系如下：

商品的自身价格（P）。对于正常品和非吉芬品的劣品来说，它们的价格越高，人们对它们的需求量就会越小；相反，价格越低，需求量就会越大。

消费者的收入水平（m）。对于正常品来说，商品的需求量与消费者的收入水平呈正相关关系。对于劣品则相反。但一般经济中正常品的比重远远大于劣品，这使得从社会整体上看，国民收入越高，需求越大。

相关商品的价格（p'）。当一种商品的自身价格保持不变，而其他相关商品价格发生变化时，这种商品的需求量也会变化。这是因为商品之间不仅可能是相互独立的，而且可能是存在替代关系或互补关系。当两种商品互为替代品时，一种商品的价格的提高就会促使替代品（如香蕉和苹果）需求量增加，当两种商品互为互补品（如乒乓球拍和乒乓球）时，一种商品的价格的提高就会促使互补品需求量减少。

消费时尚（I）。消费时尚是影响商品需求的明显因素。当某种商品形成一种时尚时，该商品的需求量增加；时尚消退时，需求量就会减少。

消费者对商品的价格预期（p^e）。对某种商品的价格预期上升，它的当期需求就会立刻增加；相反，则减少。

以上各因素对需求的影响可以用函数的形式表现出来。这种描述某商品的需求量与影响因素之间相互关系的函数就是需求函数。需求函数表示的是一种商品的需求量与其所有影响因素之间的相互关系。一种商品的需求量是其所有影响因素的函数，这种函数关系可以表达为：

$$D = D(P, m, p', I, p^e, \cdots) \tag{3.3}$$

第二节 价值表现的变动：供给与需求

这就是广义的需求函数。正如我们从中所看到的，一种商品的需求量是由多种因素共同决定的，其中任何一个因素都可能在某些情况下比其他因素对需求量的影响更大。把商品自身价格（P）以外的其他所有影响因素记为（A），上式可写为：

$$D = D(P, A) \tag{3.4}$$

这样看起来仿佛只有两个变量影响需求，其实根本不是。如果我们把焦点放在市场机制运行上，那么，商品价格对需求的影响就成为一种主要的关系了。商品价格上升通常引起对该商品的需求减少；价格下降通常引起对该商品的需求增加，这种关系被称为需求定理。这是一个经验规律。注意，在这个时候，也只有在这个时候，需求定理可以表示为：

$$D = D(P)，\quad D'(P) < 0 \tag{3.5}$$

（二）需求表和需求曲线

需求函数 $D = D(P)$ 表示商品的需求量与该商品的价格之间存在的对应关系。它可以写成表格的形式。表 3.1 表示的是在不同的价格水平下，消费者对某种商品的需求量。这种描述其他因素不变的情况下，一种商品的价格水平与其需求量之间关系的表格就是需求表。

表 3.1　　　　　　　　　　某商品的价格和对应的需求量

价格（元）	1	2	3	4	5	6	7
需求量（单位数）	700	600	500	400	300	200	100

根据表 3.1，我们可以在价格-需求量（P-Q^d）构成的平面坐标图中绘制一个散点图。可以设想一条平滑的需求曲线，穿过所有的散点，这就是该商品的需求曲线。见图 3.3，它被画成一条直线的样子。

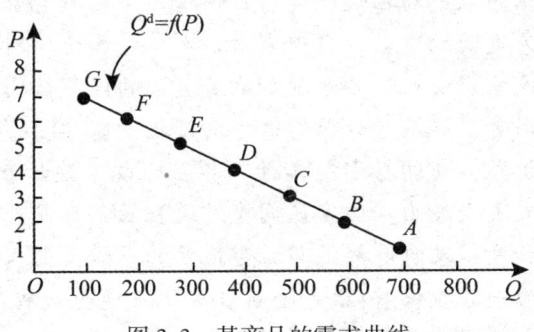

图 3.3　某商品的需求曲线

这样的需求曲线通常被说成是向右下方倾斜的，即需求曲线的斜率为负值，表示商品的需求量和价格之间成反方向变动的关系。它们表示正常品和一般劣品的需求曲线。吉芬品则对应于正斜率的需求曲线。

二、人口规模对需求的影响

价格对需求有影响不假，但其他因素的影响可能更大更为重要。相对上述因素，实力雄厚的厂商可能更为关注人口规模。图3.4（见彩色插图）显示了中国由于人口规模而在诸多消费领域产生的增长效应。中国这种人口规模吸引了来自世界各地企业的注意力。只要你想做生意，这种人口规模永远意味着商机，而且是对许多种类的产品的商机。一个国家拥有这样的人口规模，可以不用太担心经济增长了。

当然，人口规模并不是越大越好。中国成为世界第一人口大国后，似乎并没有什么必要让人口继续快速增长了。将来，如果中国人口数量降低到很低的数量，那么，经济政策的变革（而不是放松人口政策）就足以让人口恢复增长，似乎并不需要在现在进一步放松计划生育政策。[①]

阅读材料：人口规模的其他影响

人口规模不仅对需求有影响，还有其他的影响。有人说经济学是显学，但最重大的经济变化却不一定是经济内部的，而是外部的，比如是人口统计上的。人口统计因素确实一般不被看作经济因素，而是被看作经济以外的因素。据报导，有美国人担心，美国人口结构变化已经危及国家认同。[②] 人口结构的这种变化是因为美国少数族裔的人口规模变大了。

外交学院国际关系研究所教授李海东2017年1月12日在《环球时报》发表文章说，美国人口结构变化问题近年来越来越受关注。非洲裔、拉丁裔、亚裔等族群的人数在美国总体人口中占比越来越高；来自亚非拉等区域的移民潮也在继续，以至于相关报告得出结论说，再过二三十年，白人人口在美国总人口中的占比将下降到50%以下。尽管目前依然占总人口的多数，但预见到"国内少数族群正在变成多数"的前景，美国白人群体的焦虑与担忧还是与日俱增。亨廷顿也曾有所预言，到2040年，非拉丁裔白人将成为美国的少数。目前来看，人口结构变化所带来的人群分化、传统价值观边缘化、公民意识淡化，导致并加剧着美国的国家认同危机。随着移民结构沿非白人、非英语使用者、非基督教信仰者方向泛化，自20世纪60年代以来，多元文化论在学术界、知识界、新闻界渐趋盛行，甚至已成为政治正确的观点而不容挑战。美国传统价值观正失去凝聚力，国家认同塑造进程面临日趋严峻的挑战。面对就业机会流向少数族裔和移民以及自身经济与社会地位的下降，白人群体明显感到，以往美国引以为傲的化众为一的盎格鲁-撒克逊新教文化正遭受严重冲击，英语在美国社会中的唯一主导地位也正因更多语种的采用而弱化。为确保自身在美国社会中的优势地

[①] 强制结扎术看似与现代伦理不符，但罚款的办法让计划生育部门收取巨额的金钱，使之构成一个利益集团。如果没有行政惩罚作为威慑措施，计划生育部门不可能依靠罚款来很好地控制生育。即使罚款数量极大，低收入阶层由于害怕被罚而只生一胎，中国有钱人却依然可以多生。

[②] http://www.globalview.cn/html/global/info_15762.html。

位，缺乏安全感的美国白人群体对拉丁裔、非洲裔、外来移民排斥倾向越来越明显，历史上因人种、族裔等因素而不断出现的"白人本土文化保护主义"再次出现，并与当下盛行的多元文化发生激烈碰撞。当选总统特朗普将把美国带向何处还需继续观察。

三、供给曲线

（一）供给和供给函数

一种商品的供给指的是一定时期内，生产者在各种可能的价格水平上愿意出售并且可供出售的该商品的数量。根据上述定义，如果生产者对某种商品只有出售的愿望，而没有可供出售的能力，则不能形成有效供给，也就不能算作供给。许多企业家看着其他企业家的生意兴隆，干着急没有办法。

一个有能力供给的厂商对一种商品的供给量也是由多种因素共同决定的。其中，主要的因素有：商品的自身价格、生产者的生产成本、生产的技术水平、相关商品的价格和生产者对商品未来价格的预期等。以上各因素对商品的供给量影响如下：

商品的自身价格（P）。一般说来，一种商品的价格越高，对生产者的生产激励作用就越大，生产者提供的产量也就越大；相反，商品的价格越低，生产者提供的产量就越小。

生产者的生产成本（c），**亦即投入要素的价格**。在商品价格不变的条件下，厂商生产一定量的商品，生产成本上升会减少利润，这就使得追求利润的生产者减少对该商品的生产，从而使得商品的供给量减少；相反，生产成本下降会增加利润，生产者会增加对该商品的生产，从而使得商品的供给量增加。

生产的技术水平（T）。这是决定生产者对某种商品供给量的重要因素。一般情况下，生产的技术水平提高可以降低生产成本，增加生产者的利润，生产者会提供更多的产量。在其他情况下，生产技术提高代表着新产品，甚至是具有战略意义的新产品的出现。[①]

相关商品的价格（p'）。当一种商品的自身价格保持不变，而与它相关的其他商品价格发生变化时，这种商品本身的供给量也会发生变化。例如：对某个生产小麦和玉米的农户来说，在其他条件不变的前提下，当小麦的价格不变而玉米的价格上升时，该农户就会增加玉米的耕种面积而减少小麦的耕种面积，从而使得玉米的供给量上升而小麦的供给量下降。

生产者对商品未来价格的预期（p^e）。生产者对未来的预期同样会影响现期对商品的供给。例如：如果生产者对未来的预期看好，如预期商品的价格会上涨，那么，生产者往往会扩大现期生产，并将现期生产出来的商品留到价格相对较高的下期出售，从而增加未来商品的供给，同时，生产者也有可能会将现期生产的部分商品储存起来，留到下期再进行出售，这样一来，对未来的预期看好就会减少现期的供给量而增加未来的供给量；相反，如果生产者对未来的预期是悲观的，如预期商品的价格会下跌，那么，生产者往往会

---

① 参见本书第六章、第七章、第十三章对创新和技术进步的讨论。对概念的内涵及其与其他事物的联系的敏感是一个好学生、好学者应有的素养。

缩减现期生产，并且会将现期生产的商品尽可能多地在价格相对较高的现期出售而不会留到下期，这样一来就会增加现期供给量而减少未来供给量。①

政府部门的经济政策（G）。当政府部门对某种商品征税时，税负会增加厂商的生产成本，于是厂商就会减少对这种商品的供给。反过来，政府部门对某种商品补贴时，供给就倾向于增加。这个效应主要适用于私人企业。

环境因素（N）。例如，某一年该地区发生了旱灾，那么农产品的产量会显著下降，由此农产品的供给量会显著降低。

关于以上各因素对供给的影响作用，我们也可以用函数的形式表现出来，与需求曲线类似，这种描述某商品的供给量与影响该供给量的各种因素之间相互关系的函数就是供给函数。也就是说，在以上分析中，影响供给量的各个因素是自变量，供给量是因变量，一种商品的供给量是其所有影响因素的函数，这种函数关系用公式可以表达为：

$$S = S(P, c, T, p', p^e, G, N, \cdots) \tag{3.6}$$

这就是广义的供给函数。

在有些情况下，我们考虑一种商品的价格是影响其供给量的最主要的因素，我们将该商品的自身价格用 P 表示，除该商品自身价格以外的其他所有影响因素用 B 表示，则广义的供给函数可以表示为：

$$S = S(P, B) \tag{3.7}$$

假定除商品自身价格（P）以外的其他所有影响因素（B）保持不变，仅分析商品的价格对该商品供给量的影响，即把一种商品的供给量仅仅看成是这种商品价格的函数，于是，供给函数就可以用以下特殊形式表示：

$$S = S(P) \tag{3.8}$$

一般而言，如果一种商品的价格上升，生产者就会扩大对该商品的生产；相反，如果该商品的价格下降，生产者就会缩减生产。价格与供给量之间的这种同向关系被称为供给定理。请注意，这种定理是有很大局限性的。

（二）供给表和供给曲线

供给函数 $S = S(P)$ 表示一种商品的供给量与该商品的价格之间存在的对应关系。表3.2 表示的是在不同的价格水平下，生产者对某种商品的供给量。这种描述其他因素不变的情况下，一种商品的价格水平与其供给量之间关系的表格就是供给表。

表 3.2　　　　　　　　　某商品的价格和对应的供给量

价格（元）	2	3	4	5	6
供给量（单位数）	0	200	400	600	800

---

① 这里需要特别注意的是，生产者对某种商品的生产量并不等同于供给量，这从供给的定义中也可以看出。厂商对某种商品的产量并不全部构成有效供给，因为其中可能存在有能力提供出售却不愿意出售的部分，而这一部分则不能算作供给。

根据供给表 3-2，我们可以将表中不同的价格-供给量（$P-Q^s$）组合点在平面坐标图中绘制出来，并由此得到该商品的供给曲线（图 3.5）。同平滑的需求曲线一样，我们也能由供给表中离散的组合点得到一条平滑的供给曲线。

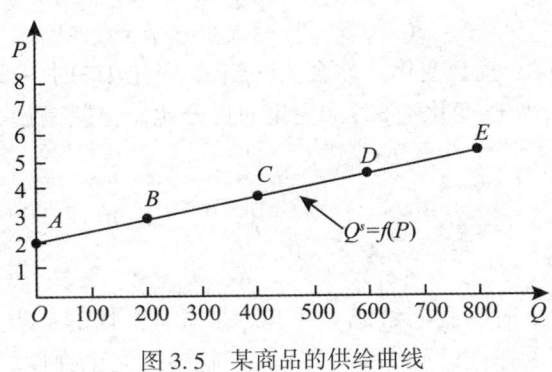

图 3.5　某商品的供给曲线

图 3.5 中的供给曲线也具有一个明显的特征，它是向右上方倾斜的，即供给曲线的斜率为正值。向右上方倾斜的供给曲线表示商品的供给量和价格之间成同方向变动的关系。假设一个企业是追求利润的，那么当其产品价格上升时，企业可能愿意生产并销售更多的这种物品，就会形成这样一条向上倾斜的供给曲线。这被说成是供给规律。注意，我们这里说是可能，意味着供给规律并不一定总是成立。产品价格的上升不会引起企业供给的立刻变化。供给的变化是缓慢的，而价格的变化可能很快。从价格的变化到企业注意到、分析价格的变化、作出相应的决策、实施这个决策可能需要很长时间。一个环节出现纰漏就会导致供给曲线实际上并不能符合企业追求利润的目的。比如，当价格只是偶然地上升了，企业增加了它的产品供给，就有可能出现商品积压而损失利润。所以，"在分析许多问题时，供给规律是你了解企业行为所需要的一切"的说法，是在供给规律作用上的夸大其词。

任何一个人提出一条供给曲线或需求曲线，都无法证明，这就是那条真正的曲线。所以，它们只是一种理论的构建物，只是一种对现实的近似，而且这种近似有时误差很大。把这两种误差极大的理论构建物组合在一起，到底为了什么（是否为资本主义社会辩护）目的？供给和需求的概念最早产生在股票市场上。① 西方后来把这个产生于股票市场并用于股票市场的概念体系移植到普通的商品市场上。商品市场和股票市场具有根本不同的性质。在股票市场上，价格影响供给和需求，而在商品市场上，价格对于供给和需求的作用极为有限，供给和需求对于价格的作用也极为有限。

四、弹性

对一个因素的变化所造成的另一个因素的变化（表现为函数）的研究兴趣导致了弹

---

① 约翰·洛克（John Locke）在 1691 年的《关于利息降低和货币价值上涨的后果的一些思考》一文中就涉及了供给和需求的概念。

性概念的出现。

假设有一个令你感兴趣的经济事物,并且可以用 y 来表示它的数量。再假设 y 可以认为取决于 x_1, x_2, $\cdots$, x_n。在你确信 y 和这些 x_i ($i=1, 2, \cdots, n$) 之间确实有你可以信赖的因果关系后,那么,你可以写出如下的多元函数:

$$y = y(x_1, x_2, \cdots, x_i, \cdots, x_n) \tag{3.9}$$

于是,当 x_i 变化时,y 就会变化。你会关心当 x_i 变化 1% 时,y 变化的百分比是多少。弹性的数值 ε_i 就是表示当 x_i 变化 1% 时 y 变化的百分比。也就是说,

$$\varepsilon_i = \frac{\frac{\Delta y}{y}}{\frac{\Delta x_i}{x_i}} \quad i = 1, 2, \cdots, n \tag{3.10}$$

当 ε_i 的绝对值大于 1 时,我们就说 y 对于 x_i 是富有弹性的;当 ε_i 的绝对值小于 1 时,我们就说 y 对于 x_i 是缺乏弹性的。如果 $\varepsilon_i \to \infty$,就说是完全弹性。如果 $\varepsilon_i \to 0$,就说是完全无弹性。

如图 3.6 所示,完全弹性的需求曲线是一条水平的直线,而完全无弹性的需求曲线则是一条垂直的直线。对于一条水平的需求曲线来说,$\Delta Q/\Delta P$ 为无穷大,这意味着价格的一个微小变动将引起需求的无穷大变动,因此需求的弹性无穷大;而对于一条垂直的需求曲线来说,$\Delta Q/\Delta P$ 为零,这意味着无论价格怎样变动,需求始终保持不变,所以需求的弹性为零。

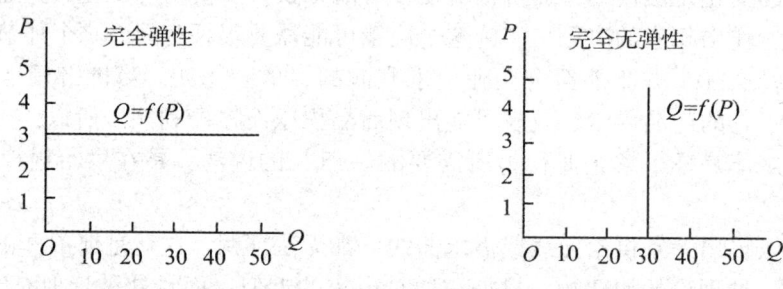

图 3.6 完全弹性的需求(a)和完全无弹性的需求(b)

请注意:弹性只是一个依情况或准确或不准确的估计。在上述的定义中,我们假设存在 $y = y(x_1, x_i, \cdots, x_n)$。如果这个函数存在当然好,但不存在也没有关系,只要有 y 和 x_i 的一些离散的观察值,就可以计算弹性。但是,请注意,从哲学上看,在数学上具有弹性关系的两个变量之间可能并无必然性的因果关系。一种情况是,你观察到的 x_i 引起 y 的变化其实是由于其他变量的变动引起的。

阅读材料:不同人考虑的弹性不同

假如 $n = 2$,x_1、x_2 分别表示收入和某种商品(如住房)的价格。假如你的父母

收入比较低，但你想在大学毕业后的 10 年内就住上自己拥有的住房，那么，你关心的是住房的价格弹性还是收入弹性呢？很显然，你这时关心的问题是你的收入如何变化，才能让你的住房消费从 0 变为 1。你对于住房的价格无能为力，但你可以想办法（如通过努力工作）提高你的收入。如果你是房地产商老板呢？你关注的可能是收入弹性和价格弹性之间的平衡。你既想利用价格弹性，通过提高价格以获得更高的利润，也不想由于收入弹性的限制导致价格弹性太低。对这个问题的回答还取决于生产者需要的是消费者数量微小提高还是较大提升的问题。

第三节　供求不决定价格

一、为什么供求不决定价格

将前面一节的需求曲线和供给曲线的概念联合起来，容易让你得到一个理论：供求均衡决定价格。这实际上也是许多其他教科书给以前历届的大学一年级学生的印象。确实，如果需求如式（3.5）所示的那样只取决于价格，供给如式（3.8）所示的那样也只取决于价格，那么，价格就仿佛是由供给和需求的相等（即供求均衡）决定了。图 3.7 展示了其中的逻辑。

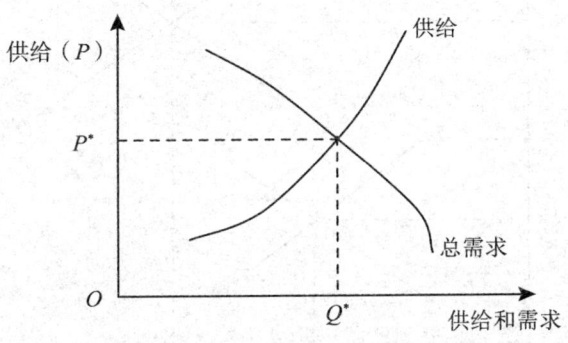

图 3.7　均衡价格和市场调节

然而，图 3.7 只是一个假象。联立（3.4）和（3.7）并让供给和需求相等就得出以下一般性公式：

$$D(P, A) = S(P, B) \tag{3.11}$$

式（3.11）只是涉及变量之间的映射关系，我们并没有要求需求、供给作为价格的函数。式（3.11）可以写成以下形式：

$$P = P(A, B) \tag{3.12}$$

无论式（3.12）定义的是从 A、B 到 P 的集值映射（correspondence）还是函数，它都表明，价格不是由供求决定的，而是由 A、B 决定的。因此，它都否定了所谓供求决定价格的观点。

那么，A、B应该包含什么变量呢？这样的变量很多，其中，社会的基本制度和发展阶段（Ins，Ds）对价格的影响是关键性的。基本制度确实是存在的，而且是可以变化的（想想苏联解体），而不同制度之间，社会主义和资本主义作为基本制度当然是有差异的，分别记为 soc，cap。相对收入、天气或者预期之类，社会基本制度对价格的影响要显著得多，影响普遍性要大得多，甚至也是其他所有社会科学变量的最根本决定、影响因素。制度决定了剥削关系是否存在，决定了给定剥削制度下或无剥削制度下独立的经济行为者的选择范围（如能否买房子以及是否有按揭）。于是，ins ∈ {soc, cap} ⊂ {A, B}。于是，式（3.12）变为：

$$P = P(\text{Ins}, \text{Ds}, \cdot) \tag{3.13}$$

式（3.13）揭示了价格在不同制度和同一制度不同阶段中存在差异的可能性。① 在社会主义条件下，如果让市场自发地决定价格，由于自由竞争发展到垄断的必然性，就一定会出现资本支配市场的结果。这也说明，姓社姓资是你想回避也无法回避的问题。

二、价值决定价格和所谓供求决定价格的差别

对于上面的分析，许多人还是不清楚。为了进一步展示为什么供求决定价格的理论要不得，我们可以看图 3.8。

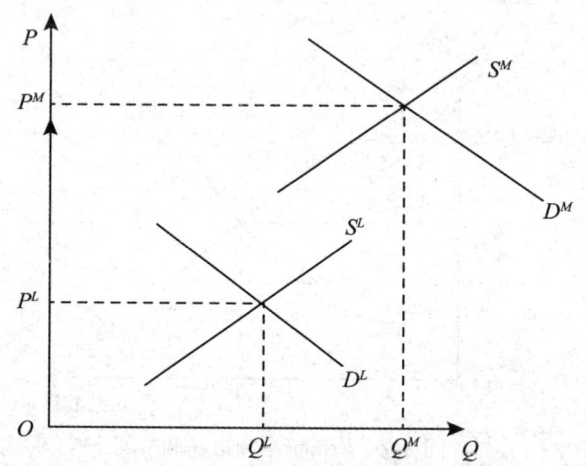

图 3.8　区别劳动价值论基础上定价的均衡和所谓市场均衡

在其中，S^M 和 D^M 分别表示所谓市场机制下的住房供给和住房需求，S^L 和 D^L 分别表示建筑企业在劳动价值论支配下的房价水平附近的住房供给和住房需求。前者决定了所谓市

---

① 这里并不否定两种制度也可能具有一些共性。比如，无论在哪种制度下，由于交易的复杂性以及度量和监督其属性的成本很高，都不可能对全部属性进行定价。化工厂使用煤炭等同时生产出化工产品和粉煤灰（尽管是作为副产品）。这里，煤炭就具有多种属性。因为粉煤灰可以用于制砖，它如何定价将会影响煤炭定价。按照制度经济学的交易成本理论，由于很难确定属性，粉煤灰将具有公共产品的性质。

场价格,但后者也有一个市场价格。很显然,这两个价格是不同的,它们之间的差异极大。你可以设想前者相当于北京、上海、深圳的房价,而后者是你心目中这三个地方应该的价格,与你的劳动价值匹配的价格。比如,这个价格是你的年收入的10倍。那么,从国家的角度看,应该确定哪个价格为合理的呢?只能是左边的。按照劳动价值论,许多商品的价格不可能出现巨幅的上升。这可以让你在市场不稳定时稳住自己的心态,而不是追涨杀跌。

图3.8还告诉你,如果你对一个可能的状态感兴趣,那么,均衡或许是你愿意使用的概念。但永远记住,不能未加检验就把均衡当作是真实世界的常态。均衡可以是你所假想的理想世界的常态,但你所假想的理想世界和真实世界可能相去甚远。如果你做出了纯粹虚构的假设,你不能用所假想的理想世界去逼近真实世界。比如当一个社会存在阶级的时候,你却忽视了阶级的存在而假设阶级不存在,那么如果阶级对于你所分析的问题产生重大的作用,你忽略了阶级的模型就无法让你去理解真实世界。类似的纯粹虚构的假设还很多。比如你认为没有垄断、公共物品、不对称信息、交易成本、政府,你认为所有人都相同,等等,都属于纯粹虚构的假设。有时候,这些纯粹虚构的假设可以用来对抗另外的纯粹虚构的假设。但是,为什么不去抓真实世界中主要的真实问题呢?

第四节 消费者剩余和消费者收入的提高:消费者更关心哪个?

一、消费者剩余

消费者剩余指的是消费者为购买某种商品所愿意支付的数额与实际支付的数额之间的差额。消费者为购买某种商品所愿意支付的最高价格称为支付意愿。因为不同的消费者对某一特定商品的价值评价不同,他们的支付意愿也不相同,所以,消费者剩余可以用来度量所有消费者在市场上购买商品后的境况改善程度。

消费者剩余与某种商品的需求曲线密切相关,在图形上可以用需求曲线以下和市场价格线以上的这部分面积来表示。

图3.9表示的是消费者对每1单位数量的某种商品的支付意愿。我们假设这里的商品是甜筒,从图中可以看出,消费者为购买第1个甜筒所愿意支付的最高价格为7,为购买第2个甜筒所愿意支付的最高价格为6,以此类推。随着购买甜筒数量的增加,消费者对甜筒的支付意愿逐渐降低,因为当他购买第一个甜筒的时候,可能肚子特别饿,他愿意花高价来购买甜筒,而吃完第1个甜筒之后,他已经不那么饿了,第2个甜筒对他的吸引力就不如第一个大,所以他会降低第2个甜筒的支付意愿……当他吃到第7个甜筒的时候,他可能已经很撑了,再也吃不下第8个甜筒,所以他不会再花钱来购买第8个甜筒,这时候,第8个甜筒的支付意愿就为零了。

根据我们对商品的价格和相应需求量的变化具有无限分割性的假定,上述消费者的支付意愿可以用平滑的需求曲线来表示,如图3.10所示。假设此时甜筒的市场价格为3元,那么该消费者会花3元来购买第1个甜筒,因为他愿意为第1个甜筒支付的最高价格是7元,而甜筒的实际价格只要3元,低于他的支付意愿,所以他会毫不犹豫的购买第1个甜

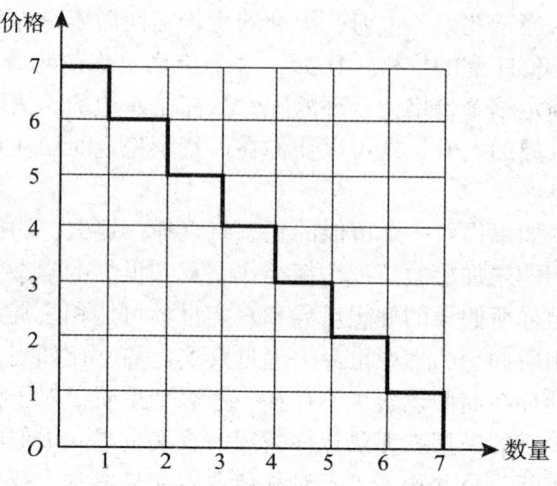

图 3.9 消费者对某种商品的支付意愿

筒,并且在购买第 1 个甜筒的成本之外获得了 4 元的剩余。第 2 个甜筒也值得购买,因为它产生了 3 元(=6 元-3 元)的剩余,第 3 个甜筒也产生了 2 元的剩余,而第 4 个甜筒的剩余只有 1 元。该消费者再没有兴趣购买第 5 个甜筒了(因为它的剩余为 0),也不会去购买第 5 个以上的甜筒,因为每个额外甜筒的支付意愿都低于市场价格。

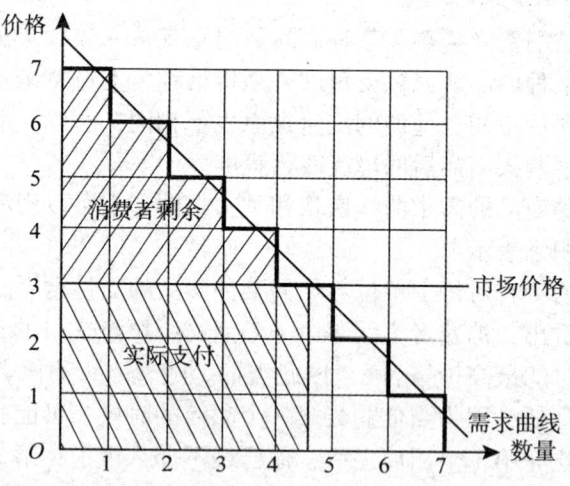

图 3.10 用需求曲线衡量消费者剩余

在图 3.10 中,将购买每 1 单位的剩余加总起来就得到了消费者剩余。在上述例子中,该消费者购买甜筒的消费者剩余为:

$$4 \text{ 元} + 3 \text{ 元} + 2 \text{ 元} + 1 \text{ 元} = 10 \text{ 元}$$

不难看出,这一消费者剩余恰好就是消费者的需求曲线以下、市场价格线以上的那部分区域的面积。

当然，需求曲线并不总是直线，但这并不影响我们用需求曲线来衡量消费者剩余。无论需求曲线是何种形状，我们都可以用需求曲线以下、市场价格线以上区域的面积来度量消费者剩余。

二、消费者剩余是衡量福利的良好指标吗？

消费者剩余概念的提出是为了考察买者从参与市场所得到的利益，其目的是对市场结果的合意性做出规范性判断。既然我们已经了解了什么是消费者剩余，那么我们再来进一步分析，消费者剩余是不是衡量经济福利的一个良好指标。

设想你是一个决策者，正努力设计一种好的经济制度。你会关心消费者剩余的量吗？既然消费者剩余衡量的是买者从一种物品中获得的自己感觉到的利益，那么如果决策者想尊重买者的偏好，消费者剩余将不失为一个良好的经济福利衡量指标。

然而，在某些情况下，决策者可能选择不关心消费者剩余，因为可能有许多人根本没有多少在市场上购买商品的能力。杜甫有诗："朱门酒肉臭，路有冻死骨"。你可能认为，现在社会没有上述现象了。即使现代社会没有上述现象，也有下述现象：房价太高，你根本买不起。你如果用消费者剩余这个概念去分析那些买了很多套房子的有钱人，每买一套，得到多少消费者剩余，你可能被人视为疯子。

考虑到以上内容，你应该认识到，消费者从自己购买的物品中究竟得到了多少利益，是一个不容易回答的问题。许多情况下，恐怕消费者自己并不清楚。

关 键 词

价值　交换价值　使用价值　剩余价值　社会必要劳动时间　价格管理　市场价格　生产价格　实体经济　货币经济　货币中性　产品价值　不变资本　可变资本　劳动价值论　消费物价指数　住房价格指数　通货膨胀率　需求　需求量　需求函数　需求定理　需求曲线　替代品和互补品　供给　供给量　供给函数　供给定理　供给曲线　弹性　完全弹性和完全无弹性　均衡　供求不决定价格　消费者剩余　支付意愿

思考题与练习题

1. 课本中的分析带有较强的抽象性。由于这种抽象性，你在现实中会观察到一些与课本中分析不吻合的现象。这是必然的，不值得大惊小怪，因为抽象意味着在分析中去掉了一些不重要的因素，这是学术研究所必需的方法。然而，好的抽象也为进一步研究提供了前进的基础。比如，在课本中的分析的基础上，考虑 $f(1)$ 决定的复杂性以及社会必要劳动时间决定的复杂性（生产消费品与生产资本品在社会必要劳动时间上的差别、简单劳动和复杂劳动的差别）能够让分析与现实的吻合程度更高一些。你能得出什么结果呢？

2. 有西方著名学者说，假设的真实性不重要，预测好坏才重要。从必须用抽象法进行研究的事实来看，假设的绝对真实性确实是不可能的，但说假设的真实性不重要，就言过其实了,就可能误导你做出荒谬的假设。在经济学中,常会有一个荒谬的结论需要荒谬的假设去支持。你能找到一些例子吗?读到这里,你就可能意识到,前面的分析涉及的问题还挺复杂的。你的头脑这时可能有点儿缺氧了。这时,你应该休息一下。对这些问题的充分思考不是短时间能完成的。

第四章 社会结构、博弈和政府

第二、第三章没有涉及社会结构和社会的相互作用。这对于某些研究目的是足够的，但对于另外一些研究目的可能就不足了。任何一个社会都由人构成，也按照不同标准（肤色、性别、地域、专业、组织）分为不同但相互交叉的人群。任何一个人群都可以看作一些人以某种方式暂时性或永久性的结合、联合。这种结合、联合是既斗争又统一的关系。这种既斗争又统一且存在时间或长或短的结合、联合对一个国家的经济产生着巨大的影响。因此，本章从阶级对立的角度来介绍一些分析工具和一些社会结构领域的基础知识。

第一节 人类社会的组织

一、有阶级的社会和无阶级的社会

当代世界的一个突出特征是，它沿袭了人类长期以来就有的阶级结构，即不同的人根据在社会中所处的收入地位的不同划分为不同的阶级。更具体说，一部分人凭借生产资料所有权得到利润、利息、租金，得到生产资料所有权的方法可能是诈骗，而另一部分人只能依靠工资生活。由于他们的收入来源、收入数量不同，他们的生活也不同。对于前者，投资是他们的生活一个重要部分，而后者没有多少投资活动的可能。马克思认为，利息、租金是利润的一种形式，是从利润中分割出来的，而利润主要来自剩余价值。实际上，本书第三章就蕴含着这个结论：如果产品价值是由所包含的劳动创造的，那么，除去工资、折旧、原材料价值转移之外，就是剩余价值了。所以，利润实际上来自劳动，而被资本家无偿占有。在资产阶级和工人阶级所构成的资本主义社会里，还有一些手工业者、"自由职业者"、白领阶层，也进行一些投资活动，但他们的投资在整个社会中的比例、作用很小，在经济分析中可以忽略不计。① 马克思早在《共产党宣言》中说过，世界日益分裂为两大对立的阶级。这两大对立的阶级作为一种客观存在，难道不会对微观、宏观经济现象产生影响吗？对微观、宏观经济现象的解释还能只从个体主义方法论的角度加以理解吗？当然不能。个体凭借个体的理性所能达到的极限很难逃脱其阶级地位所施加的限制。比如，资产阶级中尽管不乏有人坠落入无产阶级，但在资产阶级队伍中的人不得不受资产阶级的身份的约束。无产阶级中很少有人能跻身于资产阶级。

1917年的十月革命开辟了人类历史的新纪元，32年后的1949年又有中华人民共和国

---

① 这并不是说他们的社会功能不重要。比如，医生、律师在西方国家发挥着重要作用。

的成立。这种社会变化的历史意义无论如何都是不能低估的，因为它们产生了一种新型的社会关系，是人类从刀耕火种的原始社会步入阶级社会之后向无阶级社会的过渡。一些理论（如"集体行动的逻辑"）把社会说成是静止的，把对既得利益集团（远比统治阶级的地位容易撼动）的撼动说成是很难的，而社会主义国家的建立再次证明，统治阶级是可以撼动的。当然，从全世界的角度看，社会主义国家自建立起的一百年中总体上处于防御、守势。但正如井冈山上的红色政权能够存在一样，在一些国家，无产阶级可以建立自己的政治统治，并利用自己的统治，把一切生产工具集中在国家即组织成为统治阶级的无产阶级手里，并且尽可能快地增加生产力的总量。苏联和东欧社会主义国家的剧变只是表明，这种社会主义国家的经济发展、运行的道路不是一帆风顺而已。① 马克思设想，工人阶级在发展进程中将创造一个消除了阶级和阶级对立的联合体来代替旧的资产阶级社会，这是很对的。毛泽东主席曾多次说过：道路是曲折的，前途是光明的。马克思主义者的预测力、预见力确实很高。

在"把全部国家机器放到古物陈列馆去"（《马克思恩格斯全集》第 21 卷第 195 页）、阶级消亡还很遥远的情况下，重要的经济分析不能忽略不同阶级经济行为的不同。马克思主义者曾设想取消支付给官吏的一切办公费和一切金钱上的特权，把国家所有公职人员的薪金减到"工人工资"的水平，一切公职人员毫无例外地完全由选举产生并可以随时撤换。把他们的薪金减到普通的"工人工资"的水平，这显然是一种完全新型的社会结构运作，它也必然影响一切重大的经济关系。

西方国家的精英都承认，克服高收入阶级拿到过高的收入是西方国家都面临的重大问题。美联储前主席格林斯潘曾撰文指出，国际金融危机后，"美国已经分裂成两个：一个是超级富人的美国，他们在经济复苏中赚到了高额的奖金；另一个则是大量中产阶级、中小企业主的美国，他们仍在艰难地挣扎"。由于国际金融危机的影响，美国普通家庭在 3 年内平均收入缩水近 40%，大致回到了 1992 年的生活水平。据美国皮尤公司的调查，美国中产阶级（收入中值为 5.4 万美元）在美国总人口中所占比重从 20 世纪 70 年代的 62%，降至目前的 43%；家庭债务从 1980 年的 9 300 美元提高到 2015 年的 6.5 万美元。2015 年华尔街 6 家银行高管分红 1.3 亿美元，而半数美国家庭拿不出 400 美元现钞，必须借钱或变卖东西。② 这种情况不应该在美国出现！更不能在将来的中国出现！

二、中心-外围结构

可能主要是由于自身所处社会制度的限制，拉美和印度学者在研究经济发展时没有采用马克思主义的阶级分析方法来分析一个国家的内部结构，而是着眼于国际经济关系提出了一种中心-外围结构理论。这种理论比较准确地刻画了现代的国际经济体系或这个体系的重要方面：中心国家（即发达资本主义国家、富国）专门从事高技能、资本密集型生产，外围国家（穷国）主要从事低技能、劳动密集型生产和原材料采掘。这种国际分工

---

① 因为希望控制社会主义国家的"现代的代议制的国家"通过收买其他国家的官吏，甚至注资成立企业（联盟）来削弱甚至颠覆社会主义国家。

② 丁原洪. 如何看待西方资本主义世界的新变化. 红旗文稿, 2017 (6).

模式不断加强中心国家的主导性。外围国家只有发生技术革命或政治革命才可能获得中心或半中心国家的地位①，否则，就处于依附的地位。这种理论即使不是马克思主义的，也与马克思主义相通，因为它也是从矛盾、对立的观点看问题。

世界之所以出现这样的结构，是因为中心国家拥有强大的中央政府（控制着广泛的官僚机构和强大的军队）、拥有强大的和更加复杂的国家制度来管理国内国际经济事务、拥有充足的财政收入、高度工业化、金融和服务部门发展、生产方式先进，能够对外围国家施加强大的影响（特别是榨取外围国家剩余）；而外围国家的政府、制度相对较弱，经济较为单一，小农经济普遍，生产初级产品，工业部门不发达，普遍贫穷，受教育程度低，税基相对较小，社会不平等，被跨国公司掠夺廉价的非熟练劳动力，受到中心国家和跨国公司的强大影响，常常采用资助中心国家和有害于自身的经济政策。

中心-外围理论既是一种关于全球财富分配的理论，又是一种关于国贫国富的理论。它认为，在由富国所主导的世界体系中，贫穷的或欠发达的外围国家的资源（原材料、熟练或非熟练劳动力、利润、市场）会流向富裕的中心国家，以自身为代价富了后者。也就是说，穷国之所以穷是因为它的资源流向了富国。按照这种观点，穷国不可能用富国的办法或富国所主张的办法（投资、技术转让和融入世界市场）实现富裕或现代化。穷国自身所具有的特征和结构，特别是其人民在种族、民族与富国统治阶级的差异，使得富国统治阶级根本不可能希望穷国变富。富国想要尽可能维持自己的中心地位，不希望自己的中心地位受到外围国家兴起的损害。

自资本主义出现以来，贸易就是世界经济生活中的重要内容。中心-外围结构的理论家们实际上认为对于经济落后国家而言，贸易越少越好。他们提出了一个观点，即如果进行西方国家所宣扬的自由贸易，那么，穷国相对富国的贸易条件通常会随着时间恶化。这被称作普雷维什-辛格命题（Prebisch-Singer thesis）。普雷维什、辛格分别是阿根廷和印度的经济学家。他们断言，穷国一定要运用一定程度的贸易保护主义才能走上一条自我持续发展的道路，因此，进口替代的工业化战略而不是贸易出口导向型战略对于欠发达国家才是更好的战略。

经济落后国家能够借助外国投资获得经济发展吗？在资源流向中心国家等条件下，外围国家无法产生一种自动的和动态的技术革新过程。在中心国家控制技术和技术产生的系统（the systems for generating technology）的条件下，引进技术无法产生革新的过程，也无法有效进行资本积累，更无法有效地在全国利用资本和技术。如果不改变既有的殖民地半殖民地、封建半封建、帝国主义掠夺的社会结构，少数有钱人就会把经济产生的剩余大量花费在外国所生产的奢侈型消费品（豪车、游艇）上，而不是尽可能地用来进行生产性投资。穷国即使有现代化的生产，也很单一，甚至可能被外国人控制，而外国人又把从中得到的利润汇回国内。政治革命是打破这种模式的必要条件。

---

① 半外围国家（semi-peripheral nations）是处在核心和外围国家中间的一类国家。它们既可能是由原来的核心国家坠落而成，也可能是由原来的外围国家上升而成。它们倾向于更具有保护主义的政策，它们的经济往往已经开始多元化，还没有在国际贸易中居主导地位，它们既能够影响一些国家，又受其他国家影响。

中心-外围结构并不稳定,到目前为止,这主要表现在中心国家的变化上。力量的消长已经使得中心国从荷兰转移到英国再转移到美国,而美国自20世纪50年代就处在衰落之中。这充分说明,中心国的生产率优势(从而有产品的价格优势、贸易优势、金融优势)、军事优势并不是决定性的。① 关于外围国家所处的状态,可以从如下的阅读材料得到一些最近的信息。

阅读材料:外媒认为特朗普将让中国"再次伟大"

中心-外围理论尽管不是以中国为背景而提出,中国的实践受该理论的影响也小,但不妨在这里把中国也想像为一个外围国家。世界的中心-外围体系可能出现新的突变。2017年2月6日《参考消息》报道,英国《卫报》网站2月3日刊发题为《特朗普使中国再次伟大》的文章称,两年前,一些欧洲和美国专家聚在一起讨论中国问题,中国是否可能成功时,气氛压抑。当时,考虑到中国在世界上的影响力大大增强,美中在制度、价值观和准则方面的全球性冲突似乎不可避免。这些专家没有讨论的一种可能性是,美国撕毁自己制定的规则,听任中国巩固其对亚太地区的支配地位并扩大其全球影响力。没有人想像过这样一种不太可能出现的可能性。特朗普当上总统没几天就已取得的一大功绩是,将美国的软实力资产弃如敝屣,让中国看上去不那么令人讨厌。在特朗普当上总统前,西方国家虽然争相进入中国市场,但对北京是有怀疑的。美国《新闻周刊》网站2月3日刊发题为《特朗普正在疏远盟友,让中国再次伟大》的文章称,特朗普就任美国总统后做出的首批决定之一,就是正式抛弃跨太平洋伙伴关系协定(TPP),这是一项涵盖12个亚太国家的贸易协定。但如今,我们要开始质疑美国了。对北京来说,现在的问题是,取代美国影响力的努力在多大程度上是可能成功或可取的。特朗普的行为令北京大感惊讶,正如美国盟友对此大为惊恐一样。

就国际外交而言,情况良好。事实上,这是中国领导人今年1月在联合国日内瓦总部发表的演讲。中国领导人称,中国致力于"构建人类命运共同体","实现共赢共享"。以前,这种论调可能会遭到有礼貌的怀疑。但如今,它受到了几乎不加任何批判的欢迎。

三、内部人-外部人结构②

如果进一步观察人类社会的组织,就可以发现,即使在同一个阶级内部,也可能存在分化。西方有一个内部人-外部人理论讨论了这类问题。这个理论建立在对同一类人细分的基础上。这种细分不仅发生在劳动者内部,也发生在统治者内部。在同一个阶级、阶层

---

① 这些优势之间的关系是复杂的。比如,军事优势和经济优势的因果关系就很复杂。

② Assar Lindbeck, Dennis Snower (2002) *The Insider-Outsider Theory: A Survey*. IZA Discussion paper series, No. 534, http://hdl.handle.net/10419/2860.

内部，某些人相对其他人拥有某些有利的位置（privileged positions），这些人被称作内部人，而其他想获得这些有利位置的人被称为外部人。从方法上看，划分内部人与外部人的方法与物理中物体分为分子和原子，原子又分为电子和核的方法是完全一样的。

这个模型原来是基于劳动经济学而产生的。其中的内部人是指已经就业的劳动力，或已经就业的劳动力中的少数劳动力，由于干中学等积累了较多的人力资本，相对于失业者或其他劳动力在雇佣关系中享受着更为有利的就业机会。比如，解雇他们会带来高昂的劳动力转换成本（labor turnover costs）；解雇后，他们的工作也难以被外部人替代。由于这个原因，内部人可能试图得到也确实能够得到一种租金。

内部人-外部人结构并不仅仅限于劳动力市场，而是普遍存在于整个社会结构之中。比如，利益集团、官僚集团都可以被看作内部人，他们对外部人产生着社会排斥（比如通过选拔标准的设定），使得后者处于不利的经济地位（比如，使得他们不能得到工资更高、安全性更好的工作）。公务员所构成的队伍可以被理解为一种内部人，其中腐败的官员更是构成一种攫取了重要权力的内部人。寺庙里的僧侣相对于普罗大众就是内部人。外部人得到更少、更糟糕的社会服务、教育机会、安全保护，而且可能价格更高。

当然，内部人并不是一个完全封闭的系统，作为一个有形或无形的组织，它也需要招募新人。这些新人可以被称为进入者（entrants）。内部人-外部人结构的存在阻碍了有利的社会网络的形成。中国古代的统治者非常强调登科取士。社会的领导集团应该非常注意打破这种社会存在的内部与外部人结构。

第二节　博弈论

博弈论曾被用于分析军备竞赛。一些教科书给人的印象却仿佛博弈论都是方法论个人主义的研究。实际上，真正重要的博弈主要的是社会人群的博弈。博弈论是描述社会人群既斗争又统一关系的有力框架。

一、博弈是什么

博弈是对在一个策略性相互作用环境中一些经济行为主体相互作用的格局的一种正式描述。这种相互作用指的是一个行为主体的决策、行为会受到其他行为主体决策和行为的影响，其背后的驱动力可能是经济利益考虑，也可能是其他方面的考虑。

博弈是由下面的因素构成的：

（1）博弈选手：谁参与了这种博弈？

（2）博弈规则：谁在何时行动？他们在行动时知道什么？能够做什么？

（3）博弈结果：对于博弈选手的任何一个可能的行为集合，这个博弈给各位选手带来的结果是什么？

（4）博弈结果的排序：博弈选手对博弈结果如何作出评价？这时就需要一个函数。不同的函数对博弈所做出的排序很显然是可能不同的。

现实世界中的博弈分为合作博弈和非合作博弈。合作博弈是博弈双方能够"谈判"并签订具有约束力的共同策略行为的"契约"的博弈。这里我们在谈判一词上打上引号，是因为谈判通常都是多少对等的双方之间的行为。在合作博弈中，双方既可能是地位对等的，也可能地位差别悬殊。比如，我们可以把一个企业看作一个合作博弈，雇佣劳动者和雇主之间地位差别悬殊。这种悬殊的差别在整个博弈过程中都会持续存在，也可能正是它导致了合作博弈的终结。

非合作博弈是博弈方之间不能相互谈判，不能达成具有约束力的共同策略行为的契约的博弈。非合作博弈又分为负和博弈、零和博弈、正和博弈。但更进一步的问题是讨价还价博弈。谁能分得更大蛋糕，如何防止某个博弈选手分得过大的蛋糕。中国一些大型企业在思考这类博弈。

下面一些例子提供了博弈这个正式化的概念在现实生活中所对应的原型。前面两个是合作博弈的例子，第三个是非合作博弈的例子。

例1：资本主义企业博弈

博弈选手：雇主和被雇佣者；

博弈规则：资本主义企业内部的各种规章制度、行为规范、习俗、惯例；

博弈结果：工人得到工资，资本家得到利润；

博弈结果的排序：在资本主义经济制度的限度内，在微观上，它取决于工人的工资是否能够满足支出的需要；在宏观上，它取决于工人的福利是否在发生经济危机时能够得到保障。

例2：革命博弈

博弈选手：领袖和普通革命者；

博弈规则：革命队伍（党政军）内部的各种规章制度、行为规范、习俗、惯例；

博弈结果：革命过程中革命队伍的内部分配以及革命成功与否；

博弈结果的排序：它取决于战略战术上的成功与否。例如，毛泽东建立了井冈山根据地，并成功地指挥了三次反围剿；但在第五次反围剿时彻底失去了军事指挥权，直到遵义会议召开才得到实质的恢复。

你可以把一切造反行动都可以描述为革命博弈。如果你把革命看成一种生产行为，革命博弈和企业博弈之间是存在许多相似之处的。

例3：鹰鸽博弈

博弈选手：鹰（派人物）、鸽（派人物）；

博弈规则：鹰（派人物）采取强势行动，鸽（派人物）采取弱势行动；

博弈结果：鹰（派人物）与鹰（派人物）相争两败俱伤而鸽（派人物）得到利益；鹰（派人物）与鸽（派人物）博弈得到了更大利益；鸽（派人物）与鸽（派人物）博弈均分所得利益；

博弈结果的排序：两个选手应该都厌恶（鹰，鹰）的结果，都希望得到更大的份额，但得到平等份额的结果也不坏。

上面对博弈的介绍还没有展示许多应该展示的信息。策略（strategy）是选手的行动规则或计划。比如，工人在某个时刻的计划是罢工还是合作。最优策略是根据某种标准（常常用函数来表示）使博弈选手收益最大的策略。支付矩阵是一个矩阵，其每一个单元格都表示了每个选手在他们选择各自的策略后所得到的收益。

现在，我们可以正式地展示鹰鸽博弈了，见表4.1。在这个类似老鹰抓小鸡的游戏的博弈中，行为主体必须在是扮鹰还是扮鸽之间做出策略选择。它们要就一个利益（馅饼）进行分割，谁得到馅饼的多少取决于它和它对手的策略，如果都选择鹰式行为，他们就破坏了众所周知的馅饼（在左上方中的格子中两个数均为0/4）；如果二者都选择鸽式行为，他们就会分享这个馅饼（每个人都达到了右下方格子中的2/4）。

表 4.1　　　　　　　　　　　　　鹰鸽博弈

		选手2	
		鹰	鸽
选手1	鹰	0/4, 0/4	3/4, 1/4
	鸽	1/4, 3/4	2/4, 2/4

让我们集中注意力于两个纯策略均衡和它们之间的选择。每一个行为主体都不知道另外一个将会选择什么，但是选择所得到的收益是相互独立的。如果选手1是鹰，选手2将会选择鸽。如果选手2选择鸽，选手1将会选择鹰。同样的推理适用于其他情况：如果选手1选择鸽，选手2将选择鹰。如果选手2选择鹰，选手1会选择鸽。选择鹰的选手将会获得3/4的馅饼，而选择鸽子的选手将会得到份量较少的1/4的馅饼。在选手之间没有交流的一次性博弈中，这两个结果中的哪一个将是这个博弈的结果呢？在没有额外信息的情况下，这是没有答案的。

即使加了这些内容，表4.1依然没有能够完整地描述（鹰鸽）博弈。比如，它没有描述如下在现实生活中的情形：如果鹰派的角色多了，它们之间就会发生频繁而激烈的争斗，并因此死亡，这时，扮演鸽派角色可能是无比明智的选择，因为鹰（派人物）在战斗中死亡，鸽（派人物）生存压力自然而然地减轻了，而得到更多的存活机会。因此，鹰式行为可能并不是明智的。

二、博弈的形成

对经济学而言，最重要的问题可能是形成一种博弈，而不是在既定的博弈中选择什么策略、达到什么均衡。资本主义的产生就是一种博弈的形成。当西方发达后，经济落后的国家想要实现经济发展，就不能不创建一个博弈。代表实业救国的洋务运动和代表改良救国的戊戌变法试图用西方的博弈来对抗西方的博弈。戊戌变法的失败本来就证明，用官僚之间的合作博弈来应对千年之变局即使不是绝无可能，也风险极大。孙中山上书李鸿章失败使他认识到，不可能与清朝大官僚形成一种合作博弈。毛泽东经过发动一段时间的湖南自治运动就很快意识到，湖南问题不可能独自地、和平地解决，后来就提出枪杆子里面出政权和建立新型军队。在这个军队基础上形成的根据地政权和国家政权又作为博弈选手形成了与国民党、日本、美国、苏联的博弈，如抗日战争、抗美援朝和中国的建设，并取得了伟大的成功！

上述意义上的博弈构成了其他博弈的框架和制度基础。中国共产党的诞生预示了新的博弈的出现，它是在旧社会的土壤中产生出来的新事物。今天中国的经济里，小农、私企中那些无效的博弈主体被更有效的经济主体所代替，也预示了新博弈的出现。

三、占优策略

占优策略（dominant strategy）是指博弈一方所选择的"不管与其博弈的对手选择什么策略，这个策略都是它的最优策略"的策略。

占优策略是一种极为重要的"实施机制"，而且其存在性足够广泛，从而为其可实施性提供了基础。中国俗语"以不变应万变"就是相关行为人把一种既定的策略作为了自己的占优策略。毛泽东曾总结出"你打你的，我打我的"策略原则，也是一种占优策略。1927—1953年，中国共产党在"事前"处于人数劣势、装备劣势、训练劣势等不利情况下，却最终取得了彻底打败国民党和对日本、美帝的决定性胜利的绝对优势（"事后"）。1949—1976年，中国在资本、技术、劳动力素质极为落后的条件下，建立起西方（如Robinson，1973）所认可的现代工业基础设施和经济体制。这种结果上的绝对优势不是亚当·斯密的绝对优势。亚当·斯密绝对优势的概念只是指两个国家中一个国家的所有相关产品的价格都低于另一个国家相应产品的价格的事前优势，而不是指结果优势，也不是指策略优势。在本书中，除非明确指明，绝对优势一词是与占优策略、占优优势相连的，是结果意义上的，是占优优势所产生的结果。

当马克思在《共产党宣言》中说"资产阶级在它不到一百年的阶级统治中所创造的生产力比过去一切世代创造的全部生产力还要多，还要大"的时候，他就是在说资本主义是占优于封建主义的经济发展策略了。这样看来，占优策略就有可能创造出优势中的优势了。当然，马克思在《共产党宣言》中同时也指出这种占优性只是一个历史现象。由于资本主义生产力和生产关系的内在的不可消除、不断发展的矛盾，"资产阶级再不能做社会的统治阶级了，再不能把自己阶级的生存条件当作支配一切的规律强加于社会了。资产阶级不能统治下去了"，也就是资本主义将要被占优了。

从社会发展的角度看，确实有一些国家在某些理论，甚至是所谓主流理论所划定的主要要素绝对劣势的情况下依靠一些被忽视的因素的强大作用产生出结果上的绝对优势。社会主义国家首先在穷国得到实现，并在与资本主义强国的军事对抗中多次取得辉煌的胜利，显示出穷国选择社会主义是它们的占优策略。确实，在社会主义社会，有根本不同于资本主义社会的东西。比如，公有制社会制度就根本地改变了企业的竞争态势：它避免了公有制企业遭受新加入者的威胁，它使得购买者和供应商的议价变得并不重要，它消除了竞争，使得对于企业的唯一威胁就是替代产品的威胁（罗宾斯、库尔特，2004，第217-218页），它从而使得波特的竞争战略失去了针对性。

在一个既定的博弈中，占优策略并不总是存在。比如，在上面鹰鸽博弈以及其他许多博弈中都不存在占优策略。

四、最优反应和纳什均衡

考虑这样一种情形：有甲乙两个选手，他们的策略（如定价）分别用S_1、S_2来表示。S_1、S_2分别定义在一个连续或非连续的集合上，但是甲乙双方不能互相影响对方的策略选择。他们关心的目标变量分别用 B_1、B_2 来表示，但是 B_1、B_2 同时取决于 S_1、S_2。于是，我们有如下公式：

$$B_1 = B_1(S_1, S_2) \tag{4.1}$$
$$B_2 = B_2(S_1, S_2) \tag{4.2}$$

甲的决策问题是，给定 S_2，选择 S_1 使得 B_1 达到最优；乙的决策问题是，给定 S_1，选择 S_2 使得 B_2 达到最优。把它们表示成最优化问题就是：

$$\underset{S_1}{\text{optimization}} B_1(S_1, S_2) \tag{4.3}$$

和

$$\underset{S_2}{\text{optimization}} B_2(S_1, S_2) \tag{4.4}$$

其中的 optimization，即最优化，既可能是最大化也可能是最小化，这依赖于所求解的问题是最大化（如收益）问题还是最小化（如成本）问题。

求解（4.3）式，你可能会得到一个函数：

$$S_1 = S_1(S_2) \tag{4.5}$$

求解（4.4）式，你可能也会得到一个函数：

$$S_2 = S_2(S_1) \tag{4.6}$$

如果式（4.5）、式（4.6）确实存在，它们就是最优反应函数。这时的 S_1、S_2 就是甲乙两个选手的最优反应了。注意，这里继续使用的 S_1、S_2 已经与本节开始的 S_1、S_2 有所不同了。这里作为最优反应的 S_1、S_2 比定义域所包含的 S_1、S_2 在数量上要少了。画个斯塔克伯格模型图就比较清楚了。

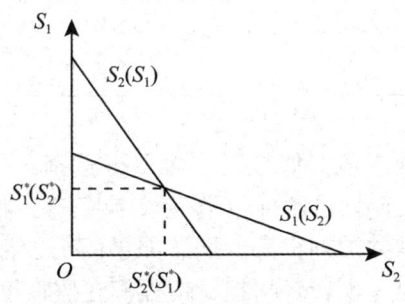

图 4.1　最优反应图

最优反应的概念准确但非精确地反映了博弈的思想。有的时候，博弈的双方的最优反应并不是能够定义的。比如，中国象棋开局有许多开法。不同级别的象棋选手所做出的最优反应也是不同的。由于主客观的差异，博弈选手有可能错误地理解对方的行动，这时实际的最优反应就与理想的最优反应不同了！有兴趣者参见罗伯特·杰维斯《国际政治中的知觉与错误知觉》（世界知识出版社 2003 年版）。

假设式（4.5）和式（4.6）联立有解，就会产生一种比较稳定的结果。这个结果被称为纳什均衡。所谓纳什均衡，就是这样一个策略的组合：一个选手选择的一个策略使得这个策略成为自己所面对的另一个选手所选择的最优策略下的最优策略。假如 $S_1 = S_1^*$，这时，选手 2 有一个最优策略 $S_2^* = S_2(S_1^*)$，如果对于这个策略，选手 1 的最优策略也是 S_1^*，那么，我们就说（S_1^*, S_2^*）是纳什均衡纯策略。纳什均衡纯策略足够一般，能够出现在许多博弈中，如果允许随机地采用策略，并把概率作为一种决策变量，纳什均衡的混合策略几乎可以出现在所有你感兴趣的博弈中，而且可以存在多个纳什均衡。混合策略指博弈选手以某种概率来选择两种或多种。

在上面的鹰鸽博弈中，存在三种不同的纳什均衡。两个纳什均衡属于纯策略均衡：两个主体采取不同策略（即一个若选鹰，另一个就选鸽，反之亦然）的格子。纯策略均衡是行为主体在两个或多个策略中仅仅选择一个而形成的均衡。第三个纳什均衡是当主体采取一种混合策略的时候所形成的。

现在让我们考虑"囚徒困境"博弈（表 4.2）。这个博弈开始于两个犯罪嫌疑人被审讯是否犯了一项重罪。他们确实已经犯了重罪，只是还没有被警察完全确认。假如他们都不承认犯罪，他们就会被判一个很短的刑期。他们分别被审讯，没有机会互相交流。他们更加愿意协调他们的行动，没有人承认犯罪（把这个称为"合作"或"否认"犯罪），这对他们是最有利的。然而，审讯者也很聪明：他们建立了一个收益结构，为每个嫌疑人承认那项重罪（就那项罪名指控"背叛"或"坦白"）提供一种激励，其中的数字表示刑期。

表 4.2　　　　　　　　　　　　囚徒困境博弈

		嫌疑人 2	
		背叛	合作
嫌疑人 1	背叛	3, 3	0, 5
	合作	5, 0	0.5, 0.5

每个嫌疑人都面临着一种困境。如果一个嫌疑人选择背叛（承认犯罪）而另一个人选择合作（否认犯罪），背叛者就将脱罪（作为交换条件，他要指证另外一个人犯罪），而那个合作者将会被送进监狱并被判全部刑期。如果两个人都合作（否认犯罪指控），沮丧的审讯者将会对嫌疑人提出一项较轻指控，使他们在监狱里呆一段相对较短的时间。但是由于激励结构迫使这些具有工具理性的嫌疑人选择背叛（坦白），他们两个人都会这样做，因而在监狱里呆的时间相对最高刑期较少，但这个刑期又比他们都选择合作（两个人都否认犯罪）时所得刑期更长。因此，协调他们的决策从而使两个人都否认那项犯罪符合嫌疑人的利益，但是因为他们不能合作，就只有唯一一个合理选择，那就是坦白。坦白是唯一选择，因为每个人都知道，如果他或她否认了那项犯罪，他或她的犯罪伙伴就可以因坦白而无罪释放。

在表 4.2 中，我们可以把收益解释成蹲监狱的时间。在这个收益对称设定的特殊博弈中，两个嫌疑人都有一个占优策略：背叛（承认犯罪）占优于合作（否认犯罪）。如果成对地比较，就可以发现这一点（3 < 5 和 0 < 0.5）。在这个博弈中，占优策略（纳什均衡）（背叛，背叛）相对于两个人都选择合作所产生的结果，刚好又是"帕累托次优"

（请参考第七章第四节第三部分）的。该博弈出现这种情形的原因是，如果两个选手之间没有沟通、信任，或没有可信威胁，工具理性就无法产生合作即蹲监狱更少时间（帕累托最优）的结果。这就是这个博弈被称为囚徒困境的原因。因为纳什均衡并不是选手所能得到的最好结果，这个博弈让亚当·斯密关于个人自利（在这里，就是两个嫌疑人都承认犯罪）行为将会产生社会乌托邦的愿景变得不可信了。

囚徒困境博弈特别有趣，因为尽管均衡结果是唯一的和稳定的，但它也是帕累托次优的；并且与上面所讨论的纯粹合作博弈类似，工具理性并不足以保证达到合作这一帕累托最优结果。为了达到这种帕累托最优结果，选手们不得不进行沟通并协调他们的行动。如果博弈可以无限重复，并且选手们可以看到合作的激励，合作就能成为可能。例如，考虑选手们是一个不原谅背叛者的犯罪组织中的一部分。这就把这个博弈转变为一个重复博弈（因为在背叛者脱罪后，博弈还将进行下去），它提供了一个针对嫌疑人偏离合作策略的可信威胁（犯罪组织将报复这个嫌疑人）。

"囚徒困境"博弈的存在比较普遍。首先考虑一个拥有若干名学生的宿舍楼。每个学生都有个人的卧室，所有人共同使用一个厨房、洗澡间和其他生活区域。如果公共区域被定期扫除并保持清洁，每个人都将从中获益。清洁是一个"公共物品"：没有成员可以被排除在它之外。打扫公共区域需要付出努力。如果每一个成员都把清洁视为一个负效用（放弃休息时间而没有为此得到补偿性收入），于是那个理论预测，每个成员都将最小化他们的清洁努力，而搭其他成员清洁努力的便车。

如果每个成员都这样进行推理，结果就将是，均衡尽管唯一和稳定，公共区域的清洁度却处于帕累托次优水平。日渐增加的油污和生活垃圾所导致的紧张局面可能会导致这个宿舍管理的失败。然而清洁的宿舍确实存在着。学生们通过召集在一起开会和沟通，就可以意识到他们协调行动安排的必要性。这样的活动通过把一个非合作博弈转变为一个合作博弈来解决他们的公共物品问题。

当问题中的公共物品从宿舍的层面（此层面上面对面的互动、开会和沟通是可行的和有效的）上升到镇、州或国家层面时，其他种类的集体机制将会被设计出来。比如，这类公共物品可以由政府来决定和生产，并由税收提供必要的资金。个中原理是一样的：某种协调的和有组织的社会或政府努力，是达到对所有人更好的结果所必需的。当然，有些人可能从这种更好的结果中获益比别人大。

第三节 政府和集体行动

在西方，长期存在着小政府的政治哲学。特别是，它的市场经济的理论体系特别崇尚个人行动。实际上，政府和集体行动可以达到个人行动无法达到的效率。

一、大政府还是小政府

亚当·斯密的政府守夜人观点经常见诸中国的报纸杂志。从形式上看，中国和西欧国家在近代都受大政府之害。"普天之下，莫非王土；率土之滨，莫非王臣"的观点直到清末都被统治者所采用。慈禧甚至不惜卑言"量中华之物力，结与国之欢心"。西欧的国王们也不逊色。法国国王路易十四曾言"朕即国家",接替他统治的他的曾孙路易十五则说"我死之后,哪管洪水滔天"。① 18 世纪,英国人常说:国王是不会犯错误的,王权是完美的权力。总体而言,在近代,中国受大政府的哲学之害远比西欧为甚。但是,中国没有产生小政府哲学,而小政府哲学在西欧却一代一代往下传。

亚当·斯密的政府只能作为守夜人的小政府观点正是在英法等国饱受封建大政府之害这个背景下才显得具有革命性、戏剧性,才为西方的后人津津乐道。然而,当斯密提出守夜人的观点的时候,斯密所设想的政府是自高自大的封建政府。就是对于这个封建政府,斯密的守夜人的观点也与英国政府在英国资本主义发展史上的功绩是不符的。英国如果不在早期获得众多殖民地,不半路抢劫西班牙所掠夺的财物,自身可能难以实现原始资本积累。毕竟,它还要支付与法国等国长期战争的巨额军费,而其人口只有法国的 1/3。所以,无论如何,斯密的小政府的观点与历史是不符的,与其较为细密的文风也是不符的,也是不符合英国国家利益的需要的。如果政府只是守夜人,英国人就不会发动鸦片战争这种侵略性的行动。所以,实际上英国的统治者只是给予了斯密口头的称赞,并没有认真对待斯密的学说。这大概也解释了斯密这个经济思想史上的"巨人"为什么终其一生只是官居苏格兰的海关和盐税专员。得到此项任命时,他已 64 岁了。很显然,他并未得到重用。

中国更不能接受小政府的理论了。慈禧统治时期的中国,已经比西方落后一二百年了。西方不可能希望出现一个强大的中国,就连苏联也不希望。中国为了强大,更不可能不组织起来,利用国家的力量与西方对抗。因此,无论是国民党还是共产党都要组成较为强大的国家政权,尽管这两个政权的性质不同、在革命性上有根本的差异。实际上,如果国民党的统治并不强大,中国新民主主义革命只需要城市暴动就可能成功,而因为国民党的统治强大,所以,共产党才花了 28 年时间通过起始于农村的革命取得了政权。也正是因为花了这样多的时间,所以,共产党所建立的政权十分强大。如果不用这个强大的政权发展经济,尽快取得对西方的超越,那就是画地为牢了。因此,小政府哲学在斯密那里实际上是夺权哲学,这位道德情操学教授对此应该是心知肚明的,这种哲学到了今天,不仅是夺权哲学,而且是反发展的哲学,比斯密的观点更差。毕竟,斯密的夺权哲学还是为了给 200 多年前代表先进生产力的资产阶级张目。现在,这样的代表先进生产力的资产阶级存在吗?答案是否定的。

与小政府哲学在西欧的显著地位相比,中国的历史渊源更强调集权。皇权高于一切,这看似封建,实际上符合马克思、列宁关于国家是阶级斗争产物的基本原则,运用得当(摒弃皇权思想,但强调民主和集中的辩证统一),能够有效地进行阶级斗争。中国在不少方面依然处于劣势,进行阶级斗争,特别是国际斗争依然需要强大的国家机器。如果经济发展培植了与中央权力对抗的可能勾结外国的私人势力(中国资产阶级具有软弱性),那不是国家之福、民族之福、人民之福。因为这样一来,中国的内政外交权力实际上将再次至少部分上被外国掌控。

后发的直到 1870 年才从 300 个诸侯国合并统一因而极少殖民地的德国却在 1914 年、

---

① 对此说法有不同版本。

1939 年有能力两次发起挑战英国地位的世界大战，显示德国经验更值得中国重视。第二次世界大战后，欧洲人更是试图建立统一的欧洲，但这可能失去了许多条件。秦始皇统一六国比德国和欧洲各国寻求统一早了 2 000 年。① 即便这样，仍然需要认识到，欧洲人建立统一的欧洲的努力是由来已久的。比如，1945 年以后的法德关税同盟实际上早有先例：关税同盟起始于 1818 年的德意志诸侯国（金德尔伯格，2010：133）。就是在美国，以私营企业为其主要的经济基础也是有其殖民地经济体历史的渊源（建国者本身就意图控制国家权力，并以三权分立来限制）的，即便这样，也有研究表明，美国政府控制了接近 40% 的社会经济资源。

二、社会主义国家的政府必然是大政府

根据宪法，中华人民共和国政府是工人阶级领导的以工农联盟为基础的政府。有一种政府和市场的两分法流行于世界。更有一种西方理论认为，市场是配置资源的有效机制。中国共产党第十八届四中全会提出让市场在资源配置中起决定性作用。怎样理解这些观点和表述呢？实际上，只要我们的政府不忘初心，坚持全心全意为人民服务的宗旨，"更好发挥政府作用"和"市场决定资源配置"是基本等价的说法，只是侧重点不同而已。"市场决定资源配置"完全可以解释为，而且只能解释为根据社会经济自身规律办事（西方自然法概念体系也具有类似主张），而"更好发挥政府作用"着眼于实际存在的政府和人民所希望的政府之间还存在一定的距离的实际主张应该尽力缩小这个距离。从经济学角度看，只要中国共产党坚持工人阶级先锋队的政治属性，真正代表中华民族和全中国最广大人民，特别是工人和农民的根本利益，那么，不仅应该"更好发挥政府作用"，而且完全能够做到"更好发挥政府作用"，而且加强党的领导和"更好发挥政府作用"也是完全一致的。

中国政府由于其先进的属性，为更好发挥政府作用提供了西方国家政府无法享有的空间。那么，究竟怎样实现"更好发挥政府作用"呢？有两种"更好发挥政府作用"，一种是防护型的，一种是进取型的。

如果某些人打着市场化的名义推行私有化，而政府有力地阻止了这种倒行逆施（如把大中小型国企以各种名义贱卖给少数私人），就是防护型的更好发挥政府的作用；如果有房地产商把农民辛辛苦苦积累 30 年赚的二三十万元一夜之间骗走，而政府阻止了、防范了，就是防护型的更好发挥政府的作用了；如果中国在关键产品领域被西方攻占了，而政府想办法把它们夺回来，就是防护型的更好发挥政府的作用了。总之，防护型的更好发挥政府作用就是要解除中国人民由于各种内外部因素所遭受的痛苦。

除了防护型的"更好发挥政府作用"，还有进取型的"更好发挥政府作用"。如果政

---

① 秦始皇统一六国，比西欧和美国早了 2 000 年。这个功绩无论怎么评价都不过分。集权制国家实际上已经成为中国的法统。维护这个法统是当代中国的重大课题，因为它已经被来自西方的哈耶克等思维给破坏了，而毛泽东早就注意到这一倾向。他的《读〈封建论〉呈郭老》这样写道："劝君少骂秦始皇，焚坑事业要商量。祖龙魂死秦犹在，孔学名高实秕糠。百代都行秦政法，十批不是好文章。熟读唐人封建论，莫从子厚返文王。"

府积极地做大做强做优做多国有企业、集体企业，就是进取型的更好发挥政府的作用；如果政府在促进民生方面取得了世界认可的成就，就是进取型的更好发挥政府的作用；如果政府在创新重大产品方面走在了世界其他各国特别是所谓发达国家的前面，就是进取型的更好发挥政府的作用。进取型的"更好发挥政府作用"是为了获得中国本来可以获得的更大的利益。

当然，也有兼具以上两种属性的更好发挥政府作用。比如，中国飞机的生产就要求中国政府既能抵御来自西方的市场侵蚀，也能整合力量，在飞机的生产、销售领域取得整体突破。由此可以看出，那种否定政府在经济发展和经济运行中的作用的观点是站不住脚的。

中共中央政治局常委、中央纪委书记王岐山在 2017 年 3 月 5 日下午参加他所在的北京代表团审议时强调，全面从严治党要善于从习近平总书记系列重要讲话里找答案，深刻理解依规治党与依法治国的关系。王岐山指出，在中国历史传统中，"政府"历来是广义的，承担着无限责任。党的机关、人大机关、行政机关、政协机关以及法院和检察院，在广大群众眼里都是政府。在党的领导下，只有党政分工、没有党政分开。①

阅读材料：美国是小政府吗？

美国是一个自认"担负着为自由奋斗的特殊使命"的国家。它充当世界警察，并企图强加"华盛顿共识"，让所有国家都站到它的身后。它花费巨资把它的实力投射到新的地区，甚至越过如大西洋、太平洋那样的大片水域，却没能解决国内的那些紧迫需求；它让那些新富起来的人把财富据为己有，却没有把巨大的国家财富用于建设一流的教育、医疗和其他公共服务；它这样做不是实施不可或缺的领导，而是在引发战争、导致难民潮和恐怖主义行动。这些行动是失败的，但也证明美国不是小政府。美国曾全力阻止德意志帝国、纳粹德国及苏联支配欧洲，阻止日本支配亚洲，它成功了。这也不是小政府能做到的。

三、政府可能失败，但并不必然失败

中国和西方古代都把统治者看作超凡入圣的人。统治者当然不能超凡入圣，然而，政府也并不必然失败。

政府不是被动的无所作为的机构。相反，政府可以是非常主动的，而且因其信息、资源、资金、组织优势完全可以有所作为。许多国家的很多实践证明，政府可能成功，而且政府所取得的成功可能是巨大的，只要有系统的组织和做出系统的努力。首先，对于重大决策，必须有足够权威的领导人的科学决策。只有权威领导人的决策是不够的，还要有科学决策，否则，就会从一开始埋下失败的种子。其次，决策的实施自始至终都要有足够级别的国家机关的组织。这是因为复杂的计划、基建、教育、保卫、设计、建筑、安装、研

---

① http://www.rmzxb.com.cn/c/2017-03-14/1415175.shtml.

究、试验、规划等工作需要组织和协调。最后，人力、物力、财力要能及时到位，决策的实施才能有条不紊地进行。

之所以需要有系统的组织和做出系统的努力，是因为政治决策存在着诸多困难、障碍或制约因素。第一，公共利益不易确定。在中国研制原子弹时，存在着严重的争论。第二，即使正确地确定了公共利益，实施过程也十分复杂。决策层和实施层的委托代理结构可能阻碍决策层的意志的实施。比如，大跃进在理论上是成立的，但在具体实施中出现了严重偏差（过度投资）。第三，决策信息的不完全性。获取决策信息总是存在诸多困难而且需要支付一定成本，甚至不可能完全获得，大部分公共政策是在信息不充分的基础上作出的，这就很容易导致决策失误（因此有必要反复检验政策的有效性并进行相应调整）。第四，政府工作机构之间的协调困难。这种协调困难往往表现为政府工作机构官僚主义作风严重。

由于存在上述困难、障碍，如果没有最小的临界努力，政府失败就成为可能。但应该指出的是，首先，政府失败（government failure）理论是在西方理论中出现了市场失败（market failure）理论后出现的。因此，提出者主观上是可能带有对抗市场失败理论的成分。因为一般而言，如果承认市场失败，就必然推导出政府干预的结论。这个结论在西方是不受一些人欢迎的。所以，政府失败论可能只是一种反对政府干预的理论，而且是夸大其词的理论。其次，西方所谓政府失败主要是指财政赤字与日俱增、大量政府开支落入特殊利益集团的私囊、政府刺激经济没有产生增长却导致通货膨胀等西方现象，而不是指资产阶级的政府的完全无能，更不是指社会主义国家政府必然失败。简言之，政府失败是指个人对公共物品的需求得不到很好满足，公共部门在提供公共物品时趋向于浪费和滥用资源，致使公共支出规模过大或者效率降低，预算上出现偏差，政府的活动并不总像应该的那样或像理论上所说能够做到的那样"有效"。也就是说，政府失败论主要是一种财政学观点。所谓"市场的缺陷并不是把问题交给政府去处理的充分条件"[1]、"政府的缺陷至少和市场一样严重"[2] 的观点只是在财政学角度才是成立的。再次，即使西方政府在财政上的失败也是因为这个政府是私人资本控制下的政府。这样的政府的政策制定者（政治家、政府官员等）可能更容易成为追求自己最大化利益的理性人、经济人。最后，西方学者提出的解决政府失败的办法，比如，引进利润动机、私有化（将一些公共服务移交给私人盈利性企业生产）、PPP（Public-Private Partnership，即将一些公共服务交由私人盈利性企业和公共部门共同生产）、重复设立部门来增加竞争性压力、提高社会民主程度，将使得私人资本力量增强，它不是解决政府失败，而是用市场失败替代政府失败。

实际上，就是在财政学领域，也不能否定政府的有效性。因为公共物品的生产主要还是由政府来进行的。公共物品同时具有两个特征：非竞争性和非排他性。非竞争性是指一个商品供额外的消费者消费的成本为零。换句话说，一个人的消费对其他人的消费不产生影响。比如，非拥堵的公路上面多行驶一辆车的额外成本是零。这时的公路就是非竞争性的。非排他性是指一种商品的消费不能把某些人排除在外。比如，一个国家的国防就让所

---

[1] Buchanan, J. The Theory of Public Choice. Ann Arbor: The University of Michigan Press, 1972: 19.
[2] 布坎南. 自由、市场和国家. 北京：北京经济学院出版社，1988：28.

有公民都能享受到它的好处。一个国家的空气，无论清洁与否，也具有非排他性。事实上，国防和空气同时具有非竞争性和非排他性，也就是说，它们是公共物品。在许多国家，政府或集体在提供着绝大多数公共物品。

政府不仅在公共物品提供领域发挥着不可替代的作用，它们在一些关键的民用品生产部门也拥有相当比例的股份。有消息说，德国大众由其州政府所持有的股份占总股份的20%，美国波音公司由其州政府所持有的股份占总股份的比例则达到70%。这样的股权结构出现在资本主义国家里是令人惊讶的。

四、集体行动的有效性：公共池塘资源的有效治理

一些重要的事情离不开政府，但政府也无需包办一切。2009年诺贝尔奖得主、新制度经济学家奥斯特罗姆（E. Ostrom）的公共池塘资源研究说明，集体行动可能是有效的，可以用来解决一些问题。

公共池塘资源不仅包括公共池塘，也包括城市服务、近海渔场、较小的牧场、地下水流域、灌溉系统、公共森林、集体农业等。它们是可再生的、稀缺的、内部具有竞争性的，对外部不产生影响。受其影响的人数在50人到15 000人之间。这样的资源在许多国家广泛存在着。受其影响的人的经济收益极大地依赖着公共池塘。在公共池塘资源的使用中，影响个人策略选择的有4个内部变量：预期收益、预期成本、内在规范和贴现率。如果占用者独立行动，他们获得的净收益总合通常会低于他们以某种方式协调他们的策略所获得的收益。在最糟的情况下，独立决策进行的资源占用活动可能摧毁公共池塘资源本身。然而，奥斯特罗姆发现，世界许多国家对这些公共资源的集体治理是高度有效的。奥斯特罗姆的这个研究让她获得诺贝尔经济学奖。

资源单位的可分性和资源系统的共享性的区别使得公共池塘资源与公共物品区别开来。拥挤效应和过度使用问题在公共池塘资源中长期存在，在纯粹的公共物品中却不存在。公共物品具有不可分性。公共池塘、集体所有的森林、地下水资源至少对某一个集体内的所有成员是非排他性的，但却具有竞争性。在公共池塘资源中，一些成员捕的鱼越多，其他成员所能捕到的鱼就越少。

公共池塘资源治理是一种特殊的即可再生资源下的集体经济。在许多国家都存在着公共池塘资源。这是一种特殊的集体所有制形式。早在奥斯特罗姆做出这些研究之前的二三十年中，中国在全国各地就建立了许多并非基于可再生资源的集体企业，并且有效地运转着。从逻辑上看，奥斯特罗姆的公共池塘有效治理理论可能启发了她的另一个理论，即多中心治理模式，并且这个理论是反对政府和市场的二分法的（所谓二分法，就是非此即彼）。

阅读材料：鉴别反对集体行动的几个理论

有一首歌唱到，"一个和尚挑水喝，两个和尚抬水喝，三个和尚没水喝"。你可能没有根据这个歌词做如下推理，假如"三个和尚没水喝"，世界上就没有一个庙、教堂，甚至也不会有政府了。因此，你不难理解，这个歌词所描述的现象是可能的，

但在理论上是荒谬的。如果你把这个现象当成规律（即理论），你就必然太过悲观，而不相信任何公共利益和公共行动了。你可能认为，把这个事情拿出来谈可能小题大做了。不！决不是！西方相似的理论太多了。下面介绍六个理论，它们的共同特点是把现象当成规律，或者把一个小规律当成了大规律。

（1）公地悲剧。这个理论由英国学者哈丁（G. Hardin）1968年发表在现在炙手可热的《科学》杂志上。根据现代的解释：公地作为一项资源或财产有许多拥有者，他们中的每一个都有使用权，但没有权利阻止其他人使用，而每一个人都倾向于过度使用，从而造成资源的枯竭。过度砍伐的森林、过度捕捞的渔业资源及污染严重的河流和空气，都是"公地悲剧"的典型例子。之所以叫悲剧，是因为每个当事人都知道资源将由于过度使用而枯竭，但每个人对阻止事态的继续恶化都感到无能为力；而且都抱着"及时捞一把"的心态加剧事态的恶化。公共物品因产权难以界定而被竞争性地过度使用或侵占是必然的结果。这种解释可以见于几乎所有谈到公地悲剧的教科书和网络材料。然而，这种解释人为夸大了公地悲剧理论的适用范围与程度。而且，这种理论实质上描述的是极端的个人利己主义者对公地的使用所造成的悲剧。也就是说，其中的逻辑是 A（公地）+B（极端利己的个人）= C（悲剧）。那么，请问，是公地（A）造成的悲剧，还是极端利己的个人（B）造成的悲剧呢？如果答案是后者，你从这个理论得出的结论就不是把公地私有化，而是要改造人。其实，哈丁本人的文章对于公地悲剧的解释是与当代西方经济学教科书的解释有差别的。介绍哈丁理论的西方学者用断章取义的办法阉割了哈丁的理论。①

（2）集体行动逻辑。该理论由美国著名经济学家曼瑟尔·奥尔森（M. Olson）提出。其基本主张是：除非一个集团中的人数很少，存在强制或某些其他特殊手段促使个人按照他们的共同利益行动，否则理性的、自利的个人将不会采取行动以实现他们共同的或集团的利益。该理论认为，个人理性不是实现集体理性的充分条件，理性的个人在实现集体目标时往往具有搭便车的倾向。这个现象仿佛可以解释生活中的许多现象，但有一个根本性现象无法解释：革命！1921年，虽然人数不多，也有数百名共产主义小组成员，并推举了十余位先进分子冒着生命危险到上海创立了中国共产党。这些人中有些人后来叛变，使革命遭受了巨大损失。就是到1927年井冈山时期，依然有人提出"红旗到底能够打多久"的问题。然而，共产党成立本身即说明，在一个由众多人口所构成的社会中，集体行动是完全可能的。井冈山时期革命队伍的不断壮大更说明集体行动是可能的。为什么？因为奥尔森的集体行动理论忽略了另外一种强制力：剥削和压迫。被剥削和被压迫的人们一旦认识到他们遭受的剥削和压迫多么深重，他们就会自愿地组织起来，以暴力的手段取得自由这个共同利益。所以，还是马克思说得对："无产阶级失去的只是锁链，得到的却是全世界"。毛泽东说得也对："星星之火，可以燎原"！因此，在许多重要场合，集体行动逻辑理论是不合逻辑的。

（3）寻租理论。该理论被认为源于1967年戈登·图洛克（Gordon Tullock）的

---

① 是否了解这个行动的原因可以用来检验你了解社会的程度。

《关于税、垄断和偷窃的福利成本》一文,但作为一个理论概念则是由克鲁格(Krueger,1974)提出,后来被布坎南发展。寻租是通过非生产性活动得到额外利益的行为。比如,"套利"就是一种寻租。政府对出租汽车数量进行限制,只发放一定数量的执照。这时,谁得到执照,谁就可能得到租金。理论上,这种租金可以通过竞争性拍卖执照的方式来消除。① 又如,政府部门可能待遇优厚。比如,公务员考试很热门,实际上是大家对公务员职位的追捧。又如,得到别人趋之若鹜的生意也是寻租。然而,由于寻租活动经常与政府联系起来,寻租经常与腐败混淆起来!即使按照封建法律制度,"三年清知府,十万雪花银"的情况也是腐败,而不是寻租。

(4) 不完全信息。现在,不完全信息被用于描述公司和个人之间的关系。原来,不完全信息被用于描述政府和社会之间的关系,进而推导出计划经济无效的结论。那个理论认为,政府不可能得到社会所有成员(包括企业和个人)的信息,因此,不可能有效地管理、干预经济。然而,当这种理论拒绝了政府管理、政府干预之后,它无法回答这个问题:一个收入分配两极分化的社会,政府还需要了解所有社会成员的信息吗?在本书即将完成之际,美国否定了全球在气候变暖上的国际协议。全球变暖的信息即使是真的、重要的,也可能不为政府所关注。这不能用不完全信息来解释。

综合考虑了上述理论之后,你对政府的作用就不会简单地质疑了。你可能也会意识到社会主义国家的政府与资本主义国家的政府的本质差异了。当西方人质疑政府的时候,他们质疑的是他们的政府。你对社会主义国家的政府的态度可能应该与这些西方人对他们的政府的态度正好相反。实际上,中国共产党领导中国革命成功的最重要经验之一就是要组织起来,而不能一盘散沙!

第四节 政府预算

任何政府运转都必须耗费资金、资源,而它们也必须有所支出。所谓预算,就是关于收入和支出的计划。了解政府预算对于了解许多重要问题是不可或缺的。直到今天,都有一些国家遭受着入不敷出的痛苦。它们想尽一切办法来筹资,但是,由于耗费太大,或者收入来源实在有限,以至于它们陷入了持续的赤字之中,这是西方政府频繁更迭的一个重要原因。

一、政府预算的原则

预算自身有其规律性,但在不同的情况下有不同的规律。所有社会形态下的政府都面临的一个共性问题是:能否筹集到足够多的收入?就连美国也不能幸免。只是美国由于其特殊的国际地位,能够至少暂时避免其他赤字国家所面临的尴尬。

除去对其他国家显性或隐性的掠夺这个方法之外,从生产中获取部分剩余收入成为一些主要国家的主要收入来源。从统计的角度看,在和平年代,开源节流、量入为出、预算平衡,甚至是预算盈余是许多国家政府财政管理的基本原则。资本主义国家,在凯恩斯主

---

① 中国出租车司机对出租车公司怨声载道显示,政府竞争性拍卖执照的说法只是一种假设。

义出现之前，也实行年度预算平衡的政策。年度预算平衡虽然并不排除浪费，但可能确实排除了更多的浪费。这个原则对于维持一个国家的预算平衡确实也是非常重要的。

但也有一些情况下，年度预算平衡的原则被其他更为优先的考虑（比如战争需要）打破。战争会使得财政恶化。以第二次世界大战中的英国政府为例。英国政府的财政在第二次世界大战中遭受的打击极其沉重。英国国民生产总值的一半被用于军费开支仍然不够满足战争的需要。为了筹措军费，英国被迫出售它的海外资产和在海外的若干军事基地。结果它的海外投资减少了25%，并丧失了在太平洋和大西洋上的一部分战略立足点。尽管如此，英国国内的黄金储备仍然消耗殆尽，出口贸易下降了40%左右，工业总产值下降了20%。英国被迫承认了印度、巴基斯坦、缅甸、爱尔兰等国的独立。不得不说，英国从那时就结束了它的全球霸权。英国的例子充分说明，短期借债过多，也有危险，不仅是增加对外国的依赖，而且可能是国力的巨大消耗和永久性的下降。所以，那种基于短期观点认为政府债务无足轻重的看法是极其危险的。凯恩斯在提出用财政赤字刺激经济的政策时，似乎从来没有明确说，哪个债务比率是最优的。凯恩斯并不主张过大的赤字，他预计短期的赤字在后来能够得到弥补。中国的财政传统（撇开蒋介石政府）自古以来可以说一直是预算平衡政策。

现在，让我们来研究预算公式的形式。

二、预算平衡公式

如果你检验一个政府的预算报告，发现政府收入>政府支出，你认为这就是政府预算盈余，或者相反，发现政府收入<政府支出，你认为这就是政府预算赤字。你可能是对的，也可能是错的。你的对错取决于你对政府收入的理解。考察政府预算平衡公式，简单说，就是政府收入=政府支出，这有助于你对政府预算的理解。政府预算公式可以写为如下形式：

$$G_t + V_t/P_t = T_t/P_t + (BM_t - BM_{t-1})/P_t + (B_t - B_{t-1})/P_t \qquad (4.7)$$

其中，(4.7) 式左边表示政府实际支出，它由政府购买（G_t，如政府花钱修路）和转移支付构成（V_t）构成。P_t是物价指数。V_t/P_t代表实际转移支付，指政府为解决财政失衡（比如，支付的国债利息）或解决社会福利问题（如支付养老金）的支出的活动。

右边表示政府收入，它由实际税收（T_t/P_t）（本身可以看作有不同形式）、实际的基础货币供给（BM）增量（即$(BM_t - BM_{t-1})/P_t$）和政府新发行的实际债务（$(B_t - B_{t-1})/P_t$）所构成。这里，税收是广义的，它既包括一般意义上的政府征税，也包括政府要求企业上缴的利润以及其他款项。$(BM_t - BM_{t-1})$是一个国家新发行的货币，经常被称为货币税。$(B_t - B_{t-1})$是一个国家新发行的债务，即第t期的债务总额减去第$t-1$期的债务总额。

值得注意的是，虽然 (4.7) 式中的各项在数学上是对称的，但在经济意义上是非对称的。这是因为不同项对于同一用途的可靠性是不同的。比如，政府在短期可以依靠借贷获得收入，在长期就不可能。政府在短期无法依靠税收来解决政府支出的一时的突然增加，在长期却只能依靠税收（或利润上缴）来获得收入。当你说政府预算盈余时，一般至少意味着$B_t - B_{t-1} < 0$，可能还意味着$BM_t - BM_{t-1}$趋近于0。

下面我们对它们依次讨论。

(一) 征税、利润上缴和卖官、卖地

卖官、卖地也是政府收入的来源。因此，我们不妨设 T_t/P_t 包含征税、利润上缴和卖官、卖地这四种取得收入的机制所取得的收入。下面分别介绍。

1. 征税

西方有一种说法："税收这种技术，就是拔最多的鹅毛，听最少的鹅叫"。这个说法流传至今，其实并不准确，征税比拔鹅毛复杂得多。征税的核心问题有的时候表现为是否征收到足够的数量，有的时候则表现为究竟是穷人和穷地区缴纳更多的税还是富人和富地区缴纳更多的税，即西方所说的"税收分担"问题。同时，中央政府和地方政府的税权和事务责任配置问题也十分重要，它决定了征税的效率和税收使用的效率。美国实行三级政府体制，不同级别的政府拥有不同的征税权（以及事权）。中国由于人口众多，实行五级政府体制，很显然，即使实行税收分权，也要有自己的独特方法。更何况，对国有企业征税有无必要，也是有不同意见的。

(1) 征税机制

现代国家一般都设置征税机关来征税。中央政府和地方政府不同的事权划分应对应不同的征税权，这使得中央与地方之间都能合理地展开征税工作，以及合理地支配税收。税基上对货物征税还是对土地征税还和税务管理相联系。美国的房地产税由县政府征收和使用。货物税由州政府征收。企业和个人的所得税由联邦政府征收。这被称为税收分权。

设置征税机关征税的制度在中国古已有之，但其中也可能难以避免西方包税制度的因素。包税制是承包制在税收领域的应用，它是把收税权力卖给或以其他条件交给私人。私人上缴给政府一定金额的税收，而留下剩余部分。在上缴税收之前，可以挪用。总的来看，包税制使得公共权力掌握在私人手里，即使在英法都受到很强的质疑。荷兰由于土地有限，贵族阶层弱小，中产阶级并不谋求通过买官而成为贵族，这使得包税制没有产生类似法国那样的问题。在中国封建社会里，虽然建立了征税机关，但征税的官吏通过附加苛捐杂税或弄虚作假的办法获得私人利益。

(2) 税率

对一些西欧和北欧国家，个人所得税率很高，如德国，边际税率从百分之二十几到百分之五十几不等。所谓边际税率，就是指你的收入在哪一档所纳税的税率。比如，你的年收入是 21 万元。法律规定，你的收入在 10 万元以下的部分是免税的，这相当于 0 税率；在 10 万~20 万元的部分的税率为 15%；在 20 万元以上部分的税率是 20%。你所缴纳的税额除以你的总收入就是你的平均税率。平均税率和边际税率有差别，是因为存在税收减免以及不同档次的收入缴纳不同税率的规定。上述例子中，你所处的边际税率就是 20%，你的平均税率约为 8%，远低于 20%，甚至也低于 15%。

(3) 税基

所谓税基，就是被课税的标的物。比如，消费税的税基就是消费者所购买的消费品，收入税的税基就是个人或企业所得到的收入、利润。对于不同的税基，可能有不同的税收免除部分。

在给定税务机关效率、税率的前提下，税基越大，税源就越丰富，所征的税就越多。

这个看似是显而易见的。然而，把它与税率的作用结合起来，就有了中国古代的"供给经济学"，即税率越低，征税越多。这是因为税率降低后，可能导致税基以更大的速度增长。

（4）财政收入的保管

现在，税收收入都放在国库里，而一个国家的央行可能代理国库。这并非必然。1786年的普鲁士有一大笔财富，这笔财富是根据财政学理论筹集的战争基金，存放在皇宫和重要堡垒里，而不是存放在普鲁士银行（金德尔伯格，2010：132）。

2. 利润上缴

中华人民共和国建立后前20多年，采取一种全民所有制企业利润上缴的办法获得政府收入，其占比曾达到政府收入的一半。这种办法有巨大的优点。不足之处是企业缺乏自主权。部分由于这个原因（这个原因的充分度到底有多大是一个好问题），后来的利改税把这个制度改变了很多。目前国有独资企业应交利润比例分为四类，即：第一类企业为25%；第二类企业为20%；第三类企业为15%；第四类企业为10%。① 前两类一般是高利润行业，如烟草、电力、电信、石化等行业。国有企业未上缴的利润一般会用于企业再发展或者提高员工福利。在形式上，利润上缴制度是基于税后利润，可以看作征收100%的利润税（"税"的概念是西方所普遍使用的，为了避免混淆，也许不称其为利润税更好）。

3. 卖官

卖官鬻爵曾是中国和欧洲的一些国王、皇帝、高官获得收入的重要来源。从统治者的角度看，卖官鬻爵帮助筹集到了他所需要的收入，是有一定道理的。② 在家天下的时代，统治者安排官员普遍使用世袭制。卖官鬻爵比世袭制可能更为优越。一是因为它帮助筹集到了所需要的收入，二是因为它可以在官员中引进新鲜血液。当然卖官鬻爵也可能会产生巨大的副作用。因为这些"新鲜血液"反过来可能通过政府的行政权力获得更多的收入，"三年清知府，十万雪花银"，会严重威胁到政权的稳定。

4. 卖地

香港回归前，港英当局就采取卖地政策取得收入。后来，中国地方政府也通过卖地（而房地产又会产生相应税收）而产生收入，卖地也成了一些地方政府的重要财政收入，被称为土地财政。土地财政和私有房地产商制度综合作用，使得房地产严重透支了国民的消费能力，导致国民消费疲软。③ 从国际对比看，德国自有房率仅43%，租房率占57%，房价也控制在合理水平，德国富豪榜前50名几乎看不到房地产商、金融从业者，大多从事制造业、食品工业。中国似乎应该考虑让卖地政策彻底退出历史舞台。

阅读材料：供给经济学在中国古已有之

20世纪80年代，在美国产生了一种看似非常重要的供给经济学。它主张，减税

---

① 参见：《关于进一步提高中央企业国有资本收益收取比例的通知》。
② "和珅跌倒，嘉靖吃饱"说明，即使是个人卖官收入也可以转化为财政收入。
③ 有实业界人士指出，毛泽东时代把土地公有才为土地成为财源提供了制度基础。然而，土地公有完全可以为其他财政模式提供基础。

能够增加税收收入。这种经济学最终失败了。然而,早在近2000年前的中国,早已有这样的经济学,并且成功了。

从长远看,轻徭薄赋都会让政府在十几年、几十年后的收入大大增加。如经过汉高祖、吕后称制时代的轻徭薄赋,到文景时,"太仓有不食之粟,都内有朽贯之钱"。至汉武帝即位时,国家财政又上了新台阶:"都鄙廪庾皆满,而府库余货财,京师之钱累巨万,贯朽而不可校,太仓之粟,陈陈相因,充溢露积于外,至腐败不可食"。这比美国的供给经济学的减税理论早了近2000年,而且更为科学。隋朝开皇十二年(592年),国家积蓄充溢、库藏皆满,隋文帝问:"我既薄赋於人,又大赐将相,为何有这么多租税?"大臣对曰:"用处常出,纳处常入,略计每年赐用至数百万段,曾无减损。"中国封建社会的开国之君往往采取轻徭薄赋、奖励生产、与民休息的办法来开辟财源。轻徭薄赋看起来会让政府收入减少,但也是不得已,因为政府拿走太多收入,国家实际上就会衰败,甚至逐步或快速走上灭亡(秦朝、隋朝亡国都与此有关)。

用数学来表示,假设 Y 表示税基,t 表示平均税率,$Y = Y(t)$,$Y'(t) < 0$。如果供给经济学是正确的,那么,只有在 Y 对 t 的弹性绝对值大于1的时候,供给经济学的减税导致税收增加的命题才能被证真。

那么,Y 对 t 的弹性绝对值怎样才能大于1呢?中国封建社会的政府曾经采用"贵粟"的办法,即提高农作物的价格来激励农民的生产。看起来,这确实起到了作用。当皇帝节制自己的消费行为,都可以看作"贵粟"政策。当然,在降低税率刺激生产的同时,既然要节流,就要省用,厉行节约,禁止浪费。①

轻徭薄赋固然对一般百姓有利,但对地主的利益更大。因为豪强地主占有的土地多,轻徭薄赋政策使他们获利最多。就汉朝的例子而言,在轻徭薄赋的同时,豪强巨商一天天膨胀起来,社会上形成了拥有政治优势的汉初军功集团、桀骜不驯的巨族土霸和财力日益雄厚的商人三股势力。文景二帝开始采取了重要策臣贾谊等提出的一些抑制豪强的措施,如移风易俗、反对豪强淫侈、禁止豪强私自铸钱、重农抑商、逐步分化诸侯、加强储备以防灾荒等。这对于今天的中国也是有启发的。

(二)基础货币发行

许多国家的政府都能够通过发行货币来取得收入,所取得的收入等于发行货币的金额与发行成本之差。这有时被称为货币税。货币发行可以向财政部划拨货币或以向大的企业集团或银行贴现、贷款的方式进行。

不同国家基础货币发行的筹款功能强弱不同。美国作为超级大国,将美元打造成世界货币,从某种程度上来说,它可以征"世界货币税"。由于美元是结算货币,所以各国在国际贸易中大多数情况下都使用美元,有很多美元外汇储备。如果美国发行货币,这无疑会使得各国手中的外汇缩水。因此说,美国发行美元不仅是在向国内征税,也是在向世界

---

① 古代中国和西欧的皇帝们有自己的采邑,作为自己家庭收入的来源,不能轻易动用国家的财政收入,后者在原则上只能用于公共事务。

征税。一些小国由于政府力量弱小，甚至难以发行自己的货币，曾经出现过美元化现象，也就是用美元替换了本国的货币。

（三）向国内或国外发行国债

发行的国债分为永久性国债和有限期国债。① 向外国发行永久性国债对发债国最为有利，也因此一般不会出现。国债发行一般要有特殊的原因。它往往是战争或者筹集紧急发展资金的产物。如果是后者，它有可能能保证储蓄率达到一定水平，并使储蓄用于最具有生产性的领域。但在很多情况下，发行国债的理由并不是非常充分，而且有着巨大的后遗症。在发达资本主义国家，一般认为，国债发行过多会导致利率上升，会挤出私人投资。但这个效应一般很小，可以忽略不计。因为发达资本主义国家的投资已经非常充分，挤出效应即使存在，也无足轻重。反倒是，公债利息本身构成国家向富人集团的巨大的收入转移。一些经济落后国家发行大量国债试图发展经济，结果，往往由于发展经济的效果欠佳，反而使得政府债务沉重，加重了人民负担。拉美国家曾经在低利率情况下大量向发达国家借款，最后出现无法还本付息的债务危机，而且通常这种援助、贷款伴随着国家间的协议，后遗症往往很大。

（四）政府购买

在公式（4.7）的左边，有两项，一是政府购买，一是政府转移支付。

政府购买是产生各种各样的公共物品或公共服务的财政支出，比如，投入到基础设施建设（如修公路、修高铁）或聘请公务员、教师等为社会提供服务的支出，亦或投入国防建设为社会提供稳定环境等的支出。社会主义国家的政府财政支出除了这些职能外，还出资建立和支持国有企业发展。

现在，在西方作为社会总需求一部分的政府购买在中国是政府进行宏观调控（在西方是政府干预经济）的一种方法。② 2008年，中国政府为了应对金融危机后的经济增长回落，也推出了4万亿元投资扩大内需的政策，当然，其中仅有一部分是政府购买。当政府出资建立和支持国有企业发展时，这种政府购买就不再仅仅是构成总需求，而且构成总供给了。1949—1976年，政府购买除了支持政府和社会运转外，主要是承担国家建设职能，而不是扩张总需求，因为总需求很大，根本无需扩张。

（五）转移支付

转移支付又称无偿支付，是一种对急需救济并满足某些条件的人的救济方法。最常见的形式是福利支出，如养老金、救济金、失业补助、农产品价格补贴等。因为它相当于把财政收入给予个人，所以相当于一种负税收。在执行不力的时候，一些满足条件得到转移支付的人实际上并不需要救济，而那些急需救济的人反而没有得到应有的救济。政府对国债持有者所支付的大量利息其实也是一种转移支付。

---

① 在财政学中有一种"李嘉图等价"的观点，认为政府发放债券的行为是一种延期收税的行为，因为有理性的消费者可以预见政府当期发行债券会在下期通过增税还债，会把未来额外增收的税储蓄起来。所以，政府通过发行债券和增税来获得资金是等价的。但是，李嘉图等价基本上只是一种理论的可能性。

② 调控和干预意思似乎差不多，实际上还是有差别。前者意味着政府的作用更强、更主动。

阅读材料

需要灵活地掌握公式（4.7）。无论是税收、货币税（见第九章），还是发行债券，都是政府取得剩余的办法（参看第八章）。按照这个观点，你更容易理解灵活运用那个公式的必要性。有时，政府得到收入的方法不是取得国内剩余，而是榨取外国资源或者向大自然索取。

如在战争状态下，从敌人那里无偿地得到物资和货币，是极为重要的筹资办法，而且，看起来没有后遗症。《孙子兵法》说："因粮于敌"。

从更广阔的视野看，经济可能构成对财政的替代。在航海殖民时代，殖民国家从被殖民国家掠夺自然资源、人力资源，这是早期西方国家积累资本的重要方式，但这种行为已经随着文明的发展不复存在。当然也会出现另一种形式的掠夺，西方发达国家将工厂建在劳动力成本低廉的第三世界国家，在本国可以轻松买到几欧元几美元的衣服，他们一方面保护本国工人的最低工资、福利待遇，另一方面又享受着压榨其他国家劳动力、牺牲其他国家环境、健康而得来的廉价商品。

还有另一种情况是发现自然资源。据说，英国伦敦从1821年开始就着手治理雾霾，但100多年并没有什么效果，1952年伦敦烟雾事件中还死亡了10 000多人。直到1965年英国人发现了北海油田（油气储量世界第三，供给英国能源绰绰有余），用清洁能源石油、天然气代替了煤炭，伦敦雾霾问题才逐渐得到解决。不得不说发现自然资源对政府来说是一笔巨大的财富。中东国家也是典型的例子。

三、减税不一定带来税收的增加

大规模减税是美国供给经济学的主张，代表人物是拉弗。他提出了著名的"拉弗曲线"，作为美国大规模减税政策主张的理论支撑。拉弗曲线刻画了减税政策的核心思想（如图4.2所示）：总存在带来相同税收的两种税率，减税会增加税收促进生产发展，过高的税率会造成生产的萎缩；而当税收到达100%时，生产停滞，政府的税收降为零。

那么，以拉弗曲线为理论基础的减税政策真地实现了美国政府刺激生产、增加税收的预期了吗？一位西方学者通过计量方法画出了美国实际的拉弗曲线，如图4.3所示。可以看出，实际的拉弗曲线右偏，最高税收所对应的税率为75%。这说明现有的税率并非处于税收禁区，因此减税政策必然会降低税收，减少财政收入。事实上，美国政府确实在实施减税后出现了巨额的财政赤字。同时，图4.3也不能用于刻画我国税收和税率之间的关系。由于我国实行社会主义制度，财政收入并不取决于税收和税率（2014年全国一般公共预算收入140 370.03亿元，其中税收收入119 175.31亿元，非税收入21 194.72亿元；作为非税收入的重要组成部分，十八届三中全会提出提高国有资本收益上缴公共财政比例，2020年提到30%，更多用于保障和改善民生），因此图4.3与中国不具有相关性。基于以公有制为主体、多种所有制并存的经济制度，我国国有企业的生产活动并不追逐私人利润，利润归全社会所有（相当于税率达到100%，国

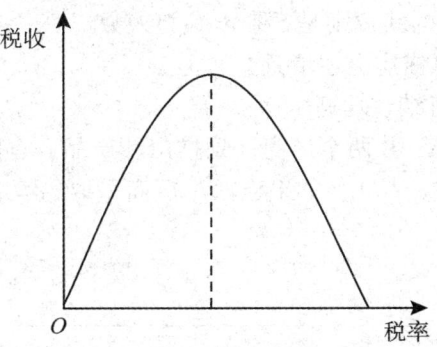

图 4.2　拉弗所设想的拉弗曲线图

家的税收也并不为零），这就无所谓税前利润和税后利润的差异。同时这里也无所谓积极性的问题，因为当前中国已经是低技术水平条件下重复性产能过剩。这一点也构成对西方供给经济学理论的认识基础。

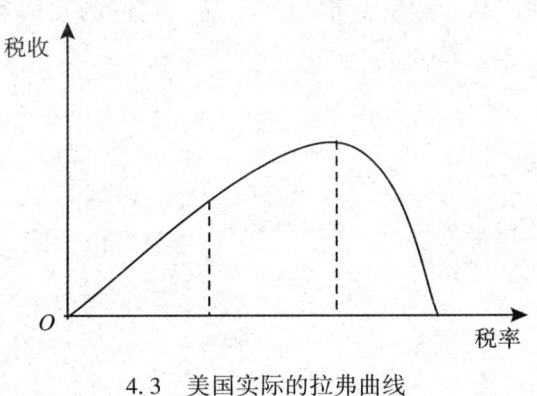

4.3　美国实际的拉弗曲线

关　键　词

中心-外围结构　内部人-外部人结构　博弈　占优策略　最优反应　纳什均衡　大政府与小政府　公地悲剧　囚徒困境　寻租理论　不完全信息　政府购买　转移支付　拉弗曲线

思考题与练习题

1. 什么是占优策略？为什么一个占优策略的均衡是稳定的？
2. 什么是纳什均衡？纳什均衡一定是最优的吗？
3. 什么是大政府与小政府？为什么社会主义国家政府必然是大政府？

4. 甲、乙两个学生决定是否打扫宿舍。无论对方是否参与，每个参与人的打扫成本都是 8；而每个人从打扫中的获益则是 5 乘以参与人数。

（1）请用一个博弈简单描述上述情景。

（2）找出该博弈的所有纳什均衡。

5. 假定一寡头市场有 A、B 两个厂商计划推出新产品，有两种产品可供选择：一为高品质产品 H，另一为低品质产品 L，如果这两个厂商采取的策略与其利润的关系为：

		B策略	
		L	H
A策略	L	40，40	10，80
	H	80，10	20，20

式中每格前一个数字为 A 利润，第二个数字为 B 利润。

（1）若这两个厂商同时推出新产品，它们利润会是多少？

（2）若 A 先推出新产品，然后 B 推出新产品，它们的利润各为多少？若 B 先推出呢？

第三编 生产理论

在本编中,我们以矛盾的观点来看待一个国家的生产发展。这是因为某种严格的均衡状态即使能够达到,也只是暂时的,总是会被打破。

第五章　生产、成本和企业

第四章说，整个社会具有结构性。社会结构不同，要求企业结构不同，而企业也是在一种结构中进行生产的。表面上看，这种结构是一种雇主-雇工之间的分工、合作的关系，其实有更为严酷的内容。

在本章中，我们从企业的目标开始。为了解企业作出什么决策，我们必须了解它们想做什么。企业并不都是为了利润而生产，但企业总是在某些时候要讲究利润。企业总是要处理收益、成本、利润（或亏损）。让我们理解一下假如企业的目标是利润最大化，企业一般会怎么考虑问题。由此所得出的结论常常与实际不一致，但里面的一些思想还是有用的。

企业成本是生产和定价决策的关键决定因素。但是，确定什么是企业的成本并不像看起来那么简单。在第六、第七章中，我们更详细地考察孤立的企业的行为和考虑其他企业存在的条件下企业的有关价格、数量、质量的行为。

第一节　同时作为物和社会关系的生产资料

从企业的生产功能看，从人类出现的第一天起，企业就有了。但在之后的几千、几万年中，人类的企业并不知道要追求利润。理解了这一点，你就能明白，一些学者，特别是西方学者在谈及企业时，往往是指资本主义国家的私人企业。这种企业运作的特点是，它所雇用的劳动力不仅再生产出劳动力自身的价值，而且可能会生产出一个剩余价值：产品价值超过消耗掉的产品形成要素即生产资料和劳动力的价值而形成的余额，而企业的所有者凭借资本的所有权得到这个余额。在社会主义国家，由全体人民来享有这个余额！至少在理论上是必须这样的。

一、作为物的生产资料

企业的管理者一般不会关心资本的社会关系属性，尽管这种属性每时每刻都在发挥着作用。管理者如果仅仅从完成生产任务的角度去思考问题，就不是把生产资料当作社会关系，而是把它当作企业有目的、有计划的生产活动的手段和材料。

让我们从这个较为典型的企业管理者的角度来考虑飞机生产。并不是任何国家都有能力生产飞机，有的国家的统治者甚至都不能组织生产飞机，这就使得能够生产飞机的国家占有垄断地位，使得飞机生产非常有利可图。让我们假设技术已经没有问题，然后思考为了生产飞机，需要什么物力条件，以及这些物力条件与产量之间的关系。

你应该会同意，生产飞机需要以下物力条件：

（1）厂房（用于生产、检测和试验）、办公楼、食堂、机场等一系列与土地有关的生产条件。

（2）机器设备：包括焊接、锻压、铣削、铸造、热处理和表面处理、检测等方面。

（3）各种原料、材料和辅料。

很显然，飞机制造厂没有这些物力，就没有办法进行生产。这些物力条件越多，企业生产就可能越多。

为了简化分析，考虑一个只使用劳动力和一种机器的飞机制造厂。假设劳动力数量和质量是给定的，并且是充足的，工厂只能通过改变机器这种生产资料的数量来改变飞机生产数量。当有 10 亿元生产资料时，它一年生产 50 架飞机。当有 20 亿元生产资料时，它一年生产 110 架飞机，有 30 元亿生产资料时，生产 150 架飞机，等等。投入量（生产资料）与产量（飞机）之间的这种关系就是生产函数的一种形式。而且，这时产生了一个这样的关系：

第一个 10 亿元生产资料的边际产量：50 架；

第二个 10 亿元生产资料的边际产量：60 架；

第三个 10 亿元生产资料的边际产量：40 架；

……

图 5.1 描绘了飞机生产函数。横轴是生产资料的数量，纵轴是所生产的飞机的数量。它描述了劳动投入固定不变条件下实际产出与可变生产资料投入数量的关系。① 在图中，生产函数中的给定劳动力数量用 $\bar{L}$ 表示。在生产中投入的生产资料越多，得到的产出就越多。当生产资料数量从 10 亿元增加到 20 亿元时，飞机产量从 50 架增加到 110 架，因此，第二个 10 亿元生产资料的边际产量是 60 架飞机。当生产资料数量从 20 亿元增加到 30 亿元时，飞机产量从 110 架增加到 150 架，因此，第三个 10 亿元生产资料的边际产量是 40 架飞机。随着生产资料数量的增加，边际产量减少。这个特征被称为边际产量递减。生产函数的斜率代表着每一个生产资料的边际增加（以 10 亿元为单位）所带来的飞机产量的增加，即它衡量了生产资料的边际产量。当只有少数生产资料时，劳动力只有很少的机器可以使用。随着生产资料数量增加，每个人能够使用更多数量的厂房、机器、设备，因此，有可能增加产量。但当生产资料越来越多时，增加的生产资料对飞机产量增加的贡献就越来越小，趋于零（在图中过点 $(K)_1$ 了。边际产量递减也反映在图 5.1 上。随着生产资料数量增加，边际产量减少，生产函数越来越平坦。

图 5.2 描绘了由图 5.1 衍生的生产资料的边际产品曲线。劳动力资源的增加会导致图 5.1 中生产函数曲线和与之相联系的图 5.2 中边际生产力曲线向上移动。初始技术的改进也能导致同样的变化。因此生产资料的边际生产力，包括它的形状和与原点的距离，同时取决于背后的生产函数和其他资源——在这一例子中，即为劳动力——的可得性。

应该说，马克思主义者也承认有上述关系。马克思主义者所不承认的是，上述关系代表着所有的关系，也不承认上述关系决定分配关系。这是马克思经济学理论与一些西方经

---

① 可以建立把产出与一个可变数量的资本投入和一个假设不变数量的劳动投入联系起来的类似图形。

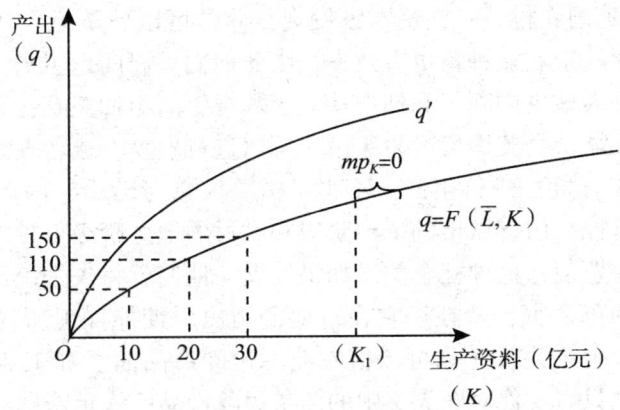

图 5.1　描述可得资源与所能获得的最大可能产出（q）之间组合关系的生产函数：资本投入可变（K）、劳动投入固定的情形

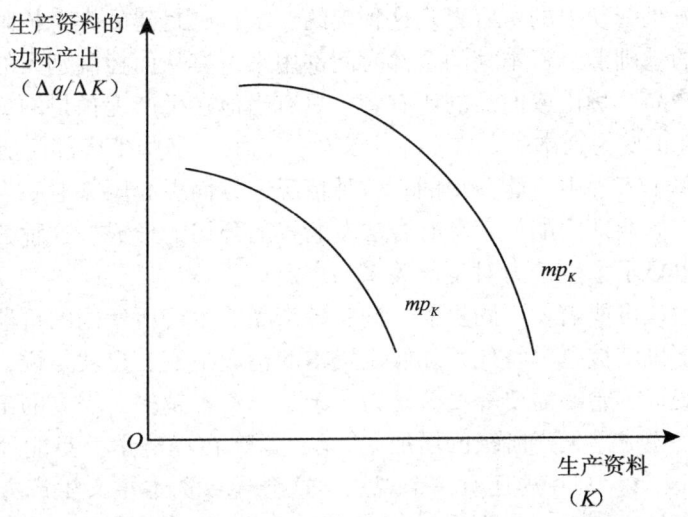

图 5.2　从图 5.1 推出资本边际产品曲线：劳动力资源变动或技术变动会使这条曲线移动

济学理论迥然不同的地方之一。

二、作为社会关系的生产资料

在上面的理论中，假设工人把生产资料作为工具。从所有者角度看，生产资料作为进行生产活动的手段和材料只是一个过程而不是目的，在这个过程结束后，生产资料转化为所有者吮吸他人劳动的手段。从这个角度看，问题就不再是工人使用生产资料，而是所有者借助生产资料使用工人了，也就是剥削工人了。为了达到这个目的，所有者需要有一定的货币，让货币转化为生产过程的物质因素，转化为生产资料，就使生产资料变成了榨取他人劳动和剩余劳动的可能合法的但又具有残酷强制性的工具。

生产资料永远代表着某种社会关系。生产资料在资本主义社会诞生时就是一种社会关系。早在16世纪的英国农村，一些资本家发现，养羊可以剪羊毛，从而向纺织业供应原材料。这个生意远比从事农业种植更有效率，因此他们可以向地主支付更高的租金。在更高租金的诱惑下，许多地主中断了和佃农持续了数百年的租佃关系，于是农村产生了过剩的农业人口供给。在城市，英国资产阶级由于可以进行贸易，或者逐渐可以使用新发明的机器（如蒸汽机、织布机）进行生产，不得不需要大量劳动力，因此迫切需要农业人口从农村转移出来。这样，仿佛城市的资产阶级和农村的地主阶级一拍即合了。然而，地主阶级的统治阶层很快发现，这种社会关系如果发展，他们就将失去统治地位。马克思称蒸汽机是更危险万分的革命家，就在于它在重要的历史时期能如上所描述的那样系统、深刻、广泛地改变社会生产关系（你可以把农业的边际产品曲线和工业的边际产品曲线画在一张图里分析，这只需要你对图 5.2 中的两条边际产品曲线重新解释）。

生产机器所费的劳动远比使用它所节省的劳动为少。二者之间的差额可以定义为机器的生产率。① 机器从根本上使资本关系的形式表现（劳资契约）发生了革命。它要求资本家和工人作为"自由人"，作为独立的商品所有者而互相对立：一方是货币和生产资料的所有者，另一方是劳动力的所有者。这种契约要求打破封建的人身依附关系。在打破这种人身依附关系的基础上，资本家的全部时间都用来占有从而控制别人的劳动，用来出售这种劳动生产的产品。货币或商品的所有者，只有当他在生产上预付的最低限额达到一个临界点时，② 才真正变为资本家。在资本主义生产初期，某些生产部门所需要的最低限额的资本就不是在单个人手中所能获得的。这种情况一方面引起国家对私人的补助；另一方面，促使对某些工商业部门的经营享有合法垄断权的公司的形成，这种公司就是现代股份公司的先驱。这也显示了生产力对生产关系的决定！

不同产品的生产可能需要不同机器，同一种产品的生产所使用的机器也可能发生显著变化。比如，打字机就被电脑替代了。假定资本的构成不变，也就是说，为了推动一定量的生产资料或不变资本始终需要等量劳动力，于是，资本越多，需要的工人就越多。马克思把资本的积累就说成是无产阶级的增加。"无产者"在经济学上只能理解为生产和增殖"资本"的雇用工人③。马克思还有一个观点，这会导致资本主义生产方式的覆灭。从一种极端情况看，假如人工智能替代了几乎所有的劳动力，那么人工智能生产出来的产品被谁消费呢？在走向这种极端情况的过程中，资本主义就将崩溃！

资本家并不是只有残酷的一面，而是还有理性的一面。机器支配劳动是有条件的，并不总是生产出来就会被使用。由于资本家付给劳动者的工资是它所使用的劳动力的价值，只有在机器的价值小于它所代替的劳动力的价值的时候，才会使用机器。而且可能一些机器的使用阻碍了另一些机器的使用。比如，如果一种机器在某些产业部门的使用替代了劳

---

① 关于工具和机器的差别，参见马克思．资本论．第一卷．第 2 版．北京：人民出版社，2004：428．

② 中世纪的行会力图用强制的办法防止手工业师傅变为资本家，限定每个师傅可以雇用的劳动者的人数不得超过一个极小的最高限额。

③ 马克思．资本论．第一卷．第 2 版．北京：人民出版社，2004：709．

动,造成劳动供给过剩,以致其他部门的工资降到劳动力价值以下(有酬劳动减少),这时,其他部门的机器的应用就会遭到阻碍,因为购买机器进行生产会降低私人利润。与前面一段描述的情形相比,这种情形甚至更有利于保持资本主义。

资本利润的增加不是靠减少所使用的劳动得来,而是靠减少有酬劳动得来。① 福特为了获得更多的无酬劳动,发明了移动装配线,并把它设置得速度很快。为了使工人有动机不跳槽、不迟到早退,配合装配线,他还给予工人两倍于当时流行工资的日工资——每天5美元。结果,福特造出了大量的价格越来越低的汽车,② 为此,他赚得了数百万美元。作为资本家的福特,看起来比中国的个别房地产商道德要高尚得多。后者没有付出多少类似福特那样的管理努力,只是凭借不断上升的房价获得了可与福特比拟的财富。

作为别人辛勤劳动的制造者,作为剩余劳动的榨取者和劳动力的剥削者,资本在精力、贪婪和效率方面,远远超过了以往一切以直接强制劳动为基础的生产制度。资本消耗劳动力是如此迅速,以致工人到了中年通常就已经多少有些衰老了(大工业中的工人寿命最短)。与劳动力的悲惨状况相比,资产阶级享受着高档的生活。他们在实现了巨额积累之后,把继续从事实业生产就看成倒霉事了,他们希望通过投机来快速盈利。投机的主要对象包括出口商品、进口商品、海内外的农业用地、城市建筑、新银行、票据贴现所、股票、债券、财团、购物中心、办公楼。当一个产业,无论是实业还是金融业,享受着高额的资本利得时,管理中将盛行愚蠢、疏忽、营私舞弊和挥霍浪费,哪怕有些管理者可能是兢兢业业的。

无论残酷也好,理性也好,对于所有企业,都可以抽象出一个基本公式。企业从销售其产品中得到的货币量称为总收益。企业为购买投入(比如,大学需要配置教师、教室、工人、教学和研究设备)所支付的货币量称为总成本。企业能够保留不必用于弥补成本的任何收入就是利润(见表5.1)。我们把利润定义为企业总收益减其总成本。也就是:

$$利润=总收益-总成本$$

社会中企业利润归谁支配反映着这个社会的基本制度。

表 5.1　　　　　　　　　　　　　**利润的计算**

一、营业收入
减:营业成本、营业税金及附加、销售费用、管理费用、财务费用、资产减值损失
加:公允价值变动收益、投资收益
二、营业利润
加:营业外收入
减:营业外支出

---

① 历史上,禁止使用女工和童工曾导致机器使用的增加。
② 1990年T型车价格为900美元,1914年降到440美元,1916年降到360美元。销售量从1909年的5.8万辆上升到1916年的73万辆。见:斯蒂格利茨.经济学.第二版.上册.北京:中国人民大学出版社,2000:4.

三、利润总额	
减：所得税费用	
四、净利润	

资料来源：余玉苗. 中级财务会计. 北京：清华大学出版社，2009：212-214.

第二节 企业的技术构成和价值构成：有机构成

为了解企业的成本，本节我们讨论企业的技术基础上的资本有机构成和资本家的理性。

企业的技术结构不仅包括反映在物质上的自然科学、工程领域的技术，而且包括管理领域的技术。在技术的这个物质基础上，也有着它的价值构成。

一、有机构成的形式化表述

假设有一个企业家（或资本家）取得了一笔资金 C（称为年预付资本总数量），并用这笔资金来买开办企业所需要的所有人力、物力。因为为了得到利润（即马克思所说的资本本身的价值增值），需要执行许多不同职能，因此产生了技术基础上的价值构成问题。这被马克思称为资本的有机构成。

根据对利润的贡献的不同，C 被分成两部分：用于雇用劳动力的可变资本和用于购买机器（K_1）、设备（K_2）、原料（K_3）、辅助材料（K_4）等生产资料的不变资本（K）。这些资本和劳动力之间的结合是由技术关系决定的，反映技术关系。从物质的角度看，它们各自的寿命是不一样的。设雇用的劳动力数量为 L，向每个劳动力支付 w 的年工资。为了简单，不妨设年预付的可变资本就是 Lw。假如 K_1、K_2、K_3、K_4、Lw 达到了一种最优的比例，它是由企业的技术水平（反映在一系列的技术资料上）决定的，就反映了技术构成。机器总是全部地进入劳动过程，始终只是部分地进入价值增值过程。它加进的价值，决不会大于它由于磨损而平均丧失的价值。①

假设为了生产一种产品，需要上述五种条件，于是，有一个列昂惕夫的生产函数：

$$Q = f(\min\{K_1, K_2, K_3, K_4, Lw\}) \tag{5.1}$$

它表示，在给定的技术条件下，一个企业所生产的产量取决于 K_1、K_2、K_3、K_4、Lw 中的最小的那个；而超出了最小值的变量就成为多余的，这时，就可能出现资金在不同的不变资本或可变资本之间的转移。K_1、K_2、K_3、K_4、Lw 作为一个整体，是否有多余则可能取决于经济管理的水平和社会制度。比如，资本主义国家的垄断企业经常保留过度的生产能力，以阻碍可能的进入者。这依赖于企业对自己所处的环境的分析。这时，出现

---

① 一个企业买了一台机器后，这个机器的价值可能由于新的更好的机器的出现而贬值。比如，新一代的电脑出现后，旧一代的电脑就降价了。这就会影响旧一代的电脑的价值转移。

的多余的投资就不会转移。

有时候，可以忽略掉 K_1、K_2、K_3、K_4 的差别，考虑把它们的价值加起来的 $K_1 + K_2 + K_3 + K_4$ 有什么性质。其中一个特别的问题就是 K 与 L_W 的比例有提高的倾向。这被马克思称为资本有机构成提高的规律。① 纺纱厂主使用的不变资本较多，可变资本较少，面包房老板则相反。在西方的历史上，先有面包房，再有纺纱厂。实际上，纺纱方式的变革是产业革命的内容。1999 年，生产一部轿车平均需要 0.1 个劳动力，但是 2014 年这一数字减少到 0.07，这意味着机械和机器人的发展夺走了汽车制造业的就业机会。这样，就不难理解美国吸纳劳动力的传统行业（如汽车制造、机械和化工等产业）增长日益缓慢甚至出现下滑了。②

请注意，尽管我们在式 (5.1) 中使得 K_1、K_2、K_3、K_4、L_W 看似是地位对称、平等的，而实际上，在资本主义社会，劳动力需求是受资本推动的。这使得掌握资本的一方（个人或国家）具有支配的力量。支配资本的主体的不同（是个人还是代表社会的国家）会影响分配制度和分配格局。如果由私人来支配资本，就必然建立这样的理论：把生产资料的支配权解释为生产资料（土地、工具、皮革等）在劳动过程中提供"生产服务"，并从中引出剩余价值（利息、利润、地租）归于支配资本的个人的结论。如果由国家来支配资本，这些剩余价值就由全社会所拥有和使用。二者具有分配和增长上的重大差异。假定资本的构成不变，也就是说，为了推动一定量的生产资料或不变资本始终需要同量劳动力，同时其他情况也不变，那么，对劳动的需求和工人的生存基金，显然按照资本增长的比例而增长，而且资本增长得越快，它们也增长得越快。如果由国家来支配资本，这种增长就是一种远比由私人来支配资本的增长更好的增长。

对于上述有机构成概念所涉及的问题，可以用马克思的话这样总结：社会劳动生产力的发展怎样以大规模的协作为前提，怎样组织劳动的分工和结合，以节约生产资料怎样产生那些按其物质属性来说只适于共同使用的劳动资料，如机器体系等，以使巨大的自然力为生产服务，使生产过程变为科学在工艺上的应用。

二、技术变化引起的价值构成的变化

可以认为，有两种技术变化。一种是改变现有的产品生产过程的技术变化，一种是创造了新产品的技术变化。

由 (5.1) 式所决定的 K_1、K_2、K_3、K_4、L_W 的最优组合不是固定不变的。每一个发明都有可能改变 K_1、K_2、K_3、K_4，它也因此有可能改变它们的组合（这是熊彼特所说的创新的一种）。特别是，许多企业在生产经营中总是在不断地有意识地寻找改变它们组合的发明，这使得这些组合的改变更快、更大。你可以设想这样的情况，过去 10 个工人用 10 件价值很小的工具只能加工比较少量的原料，现在 1 个工人用 1 台昂贵的机器就能加工 100 倍的原料。比如，福特的装配线就是如此。不难想象，这是一个创造性破坏或破坏性创造的过程。英国历史上，工人捣毁机器就是因为出现了机器对劳动的替代。

---

① 请注意，在现实中，资本有被高估或低估的情形。
② http://mp.weixin.qq.com/s/OSp0smgYzIWW_IPKdH36gg。

一个新的发明还有可能创造一个新的产业，推动新的劳动力需求的形成。找到可能改变这种比例关系的发明成为一个国家经济发展的重大活动。创新型国家就是在这些方面取得了显著成功的国家。当然，一个国家是否能够永远保持为创新型国家，可能是有疑问的。马克思主义认为，事物的发展是曲折的，所以，一个国家暂时的创新上的落后可能不是太大的问题。中国的企业在发展过程中经常面临这样的现象：不仅是生产产品，就是完成一个工序，也可能要求很高的精度，进口生产装备生产可能简单，但要价有好几千万元，而实际上可能只要采购几百万元的国产装备，然后对装备进行改造升级，就可能在简陋的条件下做出达到国际水准的产品。

从技术发展的社会学角度看，技术的革新可能将会强化资本的力量。从劳动过程看，在西方，机器本身往往由工程师、工具制造工和公司制造，并且包含控制操作工操纵的目的。从社会关系看，在西方，科学家有一种倾向，即除了与自己同行之外，通常与握有权柄的人，比如高级经理、高级军官、高级官员而不是工人和农民具有相同的观念、走在一起。从社会后果看，技术发展导致劳动者权利受限是一个西方普遍现象，而且与其经济的内需不足、经济危机有关。西方的这个模式一旦形成，就会出现恶性循环、累积因果，很难打破。于是，怎样限制科学技术人员与经理、军官的强势群体的结合①，怎样使得科学技术人员在设计一种工作系统时候，考虑工人、农民的感受，尊重他们的需要，而不是做对劳动者不利的事情，怎样使科学技术的发展服务于整个社会的稳定，就是一个关键的问题了。② 中国在设计自己的发展模式时应该吸取西方的这个教训。

马克思是这样看待西方资本主义模式的：在商品生产中，生产资料归私人所有，因而劳动者或者分散地、独立地生产商品，或者由于缺乏自己经营的资料而把自己的劳动力当作商品来出卖。在这种生产关系的基础上，大规模生产的前提只有通过单个资本的增长来实现，或者说，随着社会生产资料和生活资料转化为资本家的私有财产来实现。

第三节 在既定技术和资本基础上的企业个体理性

为了说明企业如何实现利润最大化，我们必须全面考虑如何衡量总收益和总成本。

总收益是简单的：它等于生产产量乘以它出卖这些产量时的价格。比较复杂的是成本。

当（企业创立者）在一定技术基础上解决了预付资本的问题后，接下来，要考虑的问题就是预付资本的有效使用的问题了。这时，资本的折旧率（δ）、利息率（r）就进

---

① 特别是当美国在全世界驻扎和部署以空前的速度和毁灭力为标志的军事力量时，军事命令就遇到了巨大的通讯和控制难题，这就与管理规模庞大的公司有所类似了。

② 有西方学者指出，在美国的技术-资本-政府三位一体的格局下，少数人可以像鸟儿一样自由飞翔，像鱼一样自由游泳，但人民大众只是作为一种通过劳动力市场贴上价格标签的商品。由于自动化，罢工不再能够迫使工厂关闭，从而无法施加足够的压力来赢得他们要求的满足。产业界和科学界可能会对工人阶级形成工会抱有深深的忧虑：工会组织可能会影响政治，影响中央政府和地方政府的选举。

入决策视野了。节约资本和资本的使用是一个社会生产合理化的要求。代表资本的使用成本。企业的成本结构是由资本"技术构成"基础上的"价值构成"来表示的,它又是由 r 和 w 决定的。

劳动力的价值就是实际工资。企业的可变资本的(年)价值,等于一个劳动力的平均(年)价值乘以所使用的劳动力的数量。因此,在已知劳动力价值的情况下,可变资本的量与同时雇用的工人人数成正比。所生产的剩余价值量,等于预付的可变资本量乘以剩余价值率。

技术构成是由所使用的各种生产资料量(以机器种类、数量为单位)和为使用这些生产资料而必需的劳动量(以劳动力数量为单位)之间的比率来决定的。用公式表示就是:$\theta_1 = K^R/L$。$K^R(=K/P_K)$ 表示实际的资本数量。它是一个重大的决策变量。

一、固定成本与可变成本

在现代社会,即使在社会主义社会,企业管理者在运行这个企业时也关心与产量变化有无关系的两个成本:固定成本和可变成本。不随着生产的产量变动而变动的成本被称为固定成本。随着企业改变产量而变动的成本,称为可变成本。这个定义看起来很清楚,但遇到实际问题,究竟怎样判断什么成本是固定成本、什么成本是可变成本并不是一个简单的问题。

首先,由于固定资产有折旧,而且一般是发生在产品生产过程中的,因此,这种折旧(一般每年的折旧达到原资产的 10%)应该看作一种可变成本。许多西方微观经济学教科书都忽视了这一点:把折旧作为可变成本来看待,则固定资产就不固定了。这可能是许多西方微观经济学教科书都不谈折旧的原因。① 但我们可以把固定成本叫作可变的固定成本。由于这个原因,所以边际成本也与其他一些教科书不同了。

其次,在其他情况下,固定成本和可变成本的区分要看时间长短。如果时间足够长,所有成本都可变了。

最后,在一个具体的时间里,判断一个成本是固定还是可变,要考虑具体情况。比如,一般一个企业要营业,总是需要场地,因而可能需要事先支付租金。这时,租金构成一个企业的固定成本,因为无论它生产多少产品,这种成本都是相同的。实际上,按照法律,只要进行工商登记,就需要确定和支付这个成本了。再如,有的企业即使没有安排工人劳动,也向工人支付工资,这时,工资也成为固定成本,尽管在很多情况下,工资成本会随产量增加而增加。总之,在实际应用时,必须根据实际来确定哪些成本是固定的,哪些成本是可变的。

二、总成本曲线

按照固定成本与可变成本的分类,企业总成本是固定成本与可变成本之和。你可能把固定成本错划为可变成本或者相反,但这种错误不影响企业总成本。很显然,总成本与产

---

① 由此可以理解,马克思主义者会认为固定成本和可变成本的划分是一种形而上学。

量之间存在着函数关系，否则，企业就可能无本万利或一本万利地生产了。某个人可能一夜暴富，但整个社会不可能。所以，我们可以把总成本 TC 写为如下函数：

$$TC = TC(Q) \tag{5.2}$$

其中：Q 代表产量，TC 代表总成本。图 5.3 展示了许多教科书所论述的该式产生的原理。

把所有的资本都抽象记为 K，所有的劳动力也认为都相同，记为 L。设资本使用的影子成本（或价格）为 r（可以理解为利率），劳动力的工资为 w，给定企业的预算，于是，可以有一个和预算线类似的等成本线。不同的 K 和 L 的组合产生相同或不同的产量。把在一定技术条件下生产出相同产量的 K 和 L 的组合的轨迹称为等产量线。于是，企业的最优要素组合就是等成本线与等产量线的切点。这个切点对应的成本，即 $rK + wL$，就是总成本。

该图还显示，产量一变，$rK + wL$ 就变化了。因此，产生了图 5.3 中的右图。

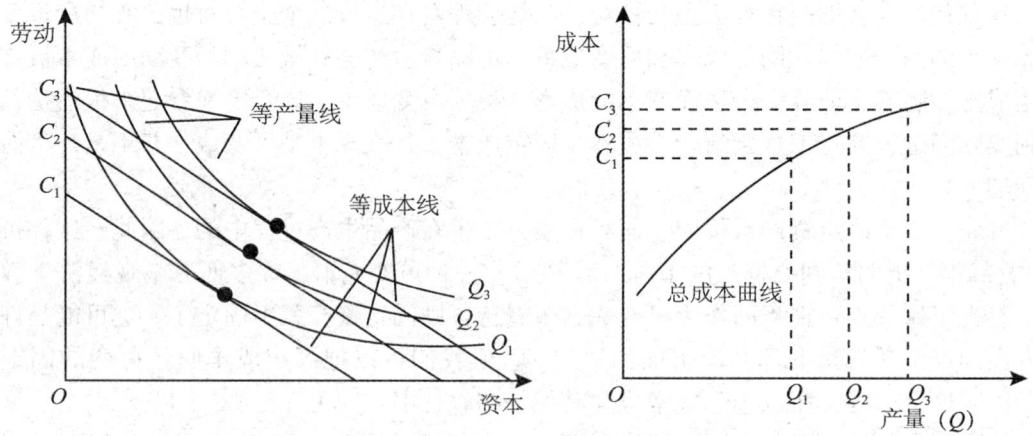

图 5.3　总成本曲线的推导

原理往往都是太抽象的，有时就不能应用了。图 5.3 所示的原理就不能适用于战争时期。你能想象在第二次世界大战期间，苏联高级领导人会怎样决定坦克工厂、飞机工厂的建设吗？他们与德国相比的是数量，而不是电子性能、舒适度。通过这个决策，苏联争得了数量优势和战争胜利的结果。而且，苏联的军工生产不受私人企业预算那样的限制。① 在第二次世界大战结束时，在战场上继续战斗的苏联和德国的坦克和飞机的数量的比例已经大大逆转了战争开始时的格局，尽管在电子性能、舒适度等方面的质量苏联可能依然逊于德国。

我们前面说，折旧也是资本使用成本。把折旧考虑进去，大致相当于把 r 变成了 $r + \delta$，也就是它使得物质资源更昂贵了！

---

① 英国的军事工业在战争时期可能在原则上也不受私人企业预算那样的限制。但问题是，战争一来，英国的整个国家的资源就被切断不少。

三、平均成本、边际成本

在作出生产决策时，企业管理者要了解两个关于生产成本的问题：原来生产 Q 单位的产品需要多少成本？增加生产 ΔQ 单位产品需要多少成本？ΔQ 就是边际产量。这两个问题显然并不相同。这两个答案对于了解企业如何作出生产决策十分重要。

总成本除以产量称为平均总成本。几乎所有教科书都忽略了折旧，都把总成本说成固定成本与可变成本之和，所以平均总成本表示为平均固定成本与平均可变成本之和。平均固定成本是固定成本除以产量，平均可变成本是可变成本除以产量。

如果 ATC 代表平均总成本，那么，我们可以写出：

$$\text{ATC} = \frac{\text{TC}}{Q} = \frac{\text{TFC}}{Q} + \frac{\text{TVC}}{Q} \tag{5.3}$$

平均成本告诉我们，如果总成本在所生产的所有单位中平均分摊时，普通 1 单位产量的成本。

在经济学中，生产额外 1 单位产品的成本叫作边际成本（MC）。这个额外 1 单位就是边际。边际的定义取决于研究者的研究对象、研究目的。有时，1 个单位的产品可以称为 1 个边际。比如，1 本书、1 件衣服。有时，企业管理者把几百本书、几百件衣服作为 1 个边际来考虑。企业所有者在决定生产多少时，往往并不是考虑是否额外生产 1 本书、1 件衣服，而是考虑是否额外生产 1 批书、1 批衣服。这个概念的关键是它抓住了生产成本如何随着产量水平的变动而变动。用公式表示，它是

$$\text{MC} = \frac{\Delta \text{TC}}{\Delta Q} \tag{5.4}$$

在这里，希腊字母 Δ（德尔塔）表示其后的变量变动的多少。边际成本告诉我们，生产额外 1 单位产量引起的总成本变动。式中的分子 ΔTC 可以被称为 ΔQ 这个边际产量的边际成本。经济学家在做出产量决策时，结合市场需求分析平均成本和边际成本的概念是必不可少的。

这些概念并没有提供生产成本的额外信息，而只是用新工具，即把总产本与总产量以除法连接起来和把成本的变动与引起这种变动的产量的变量以除法连接起来，表示了已经包含在企业总成本数据集合中的信息，即它们是对既有信息的一种处理。这种方法为许多研究所必用。

在理论研究中，由于可以假想产品的增加是无穷小量，这时（5.4）式就以极限的形式出现，即它是总成本函数对产量的导数：

$$\text{MC} = \text{TC}'(Q) \tag{5.5}$$

为了理解上述概念，列一个表格是有用的，见表 5.2。我们把理解这个表的任务留给读者自己。

表 5.2 企业成本

产出 (单位/年)	固定成本 (元/年) FC	可变成本 (元/年) VC	总成本 (元/年) TC	边际成本 (元/年) MC	平均固定成本 (元/单位) AFC	平均可变成本 (元/单位) AVC	平均总成本 (元/单位) ATC
0	100	0	100	—	—	—	—
1	100	78	178	78	100	78	178
2	100	98	198	20	100	49	99
3	100	112	212	14	100	37.3	70.6
4	100	130	230	18	100	32.5	57.5

注意：该表中没有考虑折旧。你可以试着计算假设折旧率为10%时的平均固定成本和平均可变成本。

马克思早就有了边际成本的概念，而且是基于现代信息经济学的观点提出的。他说："电流作用范围内的磁针偏离规律，或电流绕铁通过而使铁磁化的规律一经发现，就不费分文了"。[1] 也就是说，科学发现的再次发现的边际成本等于0。中国古代也有边际的概念。比如，"鞭长莫及"、"功亏一篑"这两个成语中就都有体现。鞭子虽长，但只差那么一点时，边际就重要了，就具有决定性的作用了。

四、短期总成本曲线、平均成本曲线和边际成本曲线

在其他情况（如质量和销售前景）给定的条件下，平均成本和边际成本之间的关系对于一个企业是否生产以及应该生产的产量具有决定性作用。图5.4画出了产量连续的一个企业的成本曲线。你可以把它想象为一些散点的光滑化的连接。横轴代表企业产量，纵轴代表边际成本和平均成本。

有了总成本（TC），就可以得出平均总成本（TC/Q）。如果还有固定成本的信息，就可以得出平均可变成本。它们各自具有怎样的特征和有怎样的关系呢？

该图有如下几个特征：

1. 递增的边际成本曲线。即当产量达到一定水平后，边际成本随着产量增加而上升。这反映了边际产量递减的性质。一个企业建立时，投资往往具有不可分的性质。也就是它需要大量的投入来获得生产所必需的厂房、机器、设备和劳动力。当企业建立了这样的生产能力后，如果企业只生产少量产品，它使用的工人少，而闲置的设备多。闲置的设备构成一种不带来收益的成本。只要有需求，它就希望通过使用更多的劳动力把这些闲置的资源投入使用，这时，增加产量只需要增加人工成本，结果，边际成本递减。与此相比，当企业生产大量产品后，工人相对不足，设备也可能不敷使用，结果生产额外的一批产品的成本更高。这个规律是量变引起质变的一种反映。请注意，一般而言，如果边际成本是递减的，企业就有动力增加生产。

---

[1] 马克思.资本论.第一卷.第2版.北京：人民出版社，2004：424.

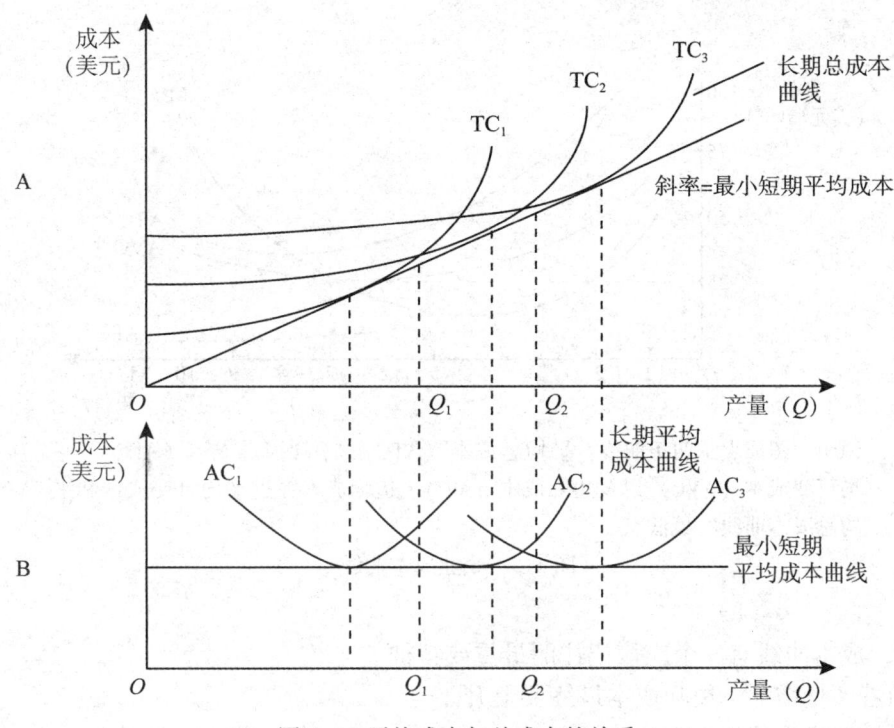

图 5.4 平均成本与总成本的关系

2. U 形平均总成本曲线。平均总成本曲线是 U 形的。为了理解为什么是这样,要记住平均总成本是平均固定成本与平均可变成本之和。平均固定成本随着产量的增加总是下降的,因为固定成本被分摊到更多的产量上。平均可变成本由于边际产量递减一般随着产量增加而增加。平均总成本反映平均固定成本和平均可变成本的形状。在产量水平极低时,平均总成本高是因为固定成本只分摊在少数几个单位产品上。然后随着产量上升直至企业产量达到某个值为止,平均总成本下降,并在某个产量水平或区间上达到最低。这种产量被称为企业的有效规模。在比这个产量更高的产量上,平均总成本由于边际成本超过平均可变成本,平均可变成本又开始增加。

3. 边际成本曲线与平均总成本曲线交于后者的最低点。如果你看图 5.5,你将发现乍一看会令人惊讶的东西。只要边际成本小于平均总成本,平均总成本就下降。只要边际成本大于平均总成本,平均总成本就上升。为了说明其原因,考虑一个类比。平均总成本像你的平均成绩。边际成本像你一门课将得到的成绩。如果你下一门课的成绩小于你的平均成绩,你的平均成绩就下降。如果你下一门课的成绩高于你的平均成绩,你的平均成绩就上升。平均与边际成本的数学和平均与边际成绩的数学完全相同。平均总成本和边际成本之间的这种关系有一个重要的推论:边际成本曲线与平均总成本曲线相交于有效规模时。为什么?在产量水平低时,边际成本低于平均总成本,因此平均总成本减少。但在这两条曲线相交以后,边际成本增加到高于平均总成本。由于我们已经讨论过的原因,在这种产量水平时,平均总成本必然开始上升。因此,这个交点是最低平均总成本。正如你将在下一章看到的，这个平均总成本最低点在竞争企业分析中起着关键作用。

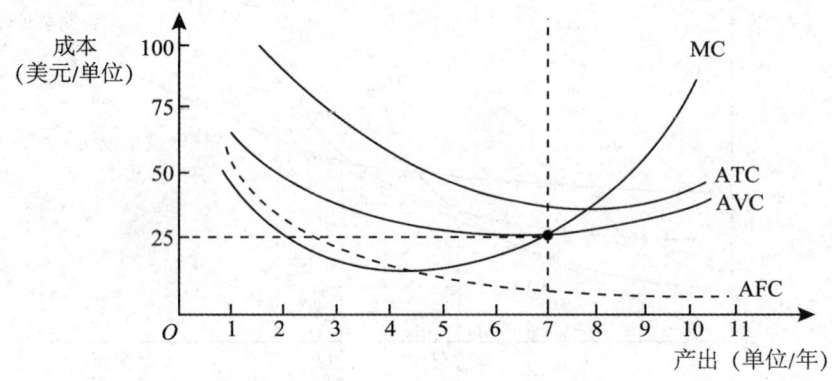

说明：图形表示四条曲线：平均总成本（ATC）、平均固定成本（AFC）、平均可变成本（AVC）以及边际成本（MC）。边际成本穿过平均可变成本和平均总成本曲线的最低点。

图 5.5　企业成本曲线

总之，成本曲线有三个应该记住的最重要特征：
- 随着产量增加，边际成本最终要上升。
- 平均总成本曲线大致是 U 形的。
- 边际成本曲线与平均总成本曲线在平均总成本曲线最低点相交。

五、长期成本曲线

我们前面说过，如果时间足够长，所有成本都是可变的。例如，考虑一个汽车公司。在只有几个月的时间里，它不能调整工厂的数量与规模。它这时生产额外一辆或几十辆、上百辆汽车的唯一方法是，多雇用工人，使劳动分工更多更细，来更有效地使用既有的机器、设备、厂房。因此，这些成本大都是固定成本。与此相比，在几年的时间里，它就可以增加厂房、机器、设备，扩大工厂规模，甚至建立新工厂。关闭旧工厂也是耗费时间的，因为需要处理许多后续事宜。因此，这时考虑的成本就是可变成本。由于许多成本在短期固定，在长期内可变，企业的长期成本曲线就不同于短期成本曲线了。

然而，任何长期状态的形成都必然是通过某个短期来实现的。图 5.6 表明了长期成本和短期成本之间的关系。这个图有 3 条短期平均总成本曲线——一个小型工厂、中型工厂与大型工厂。它还有长期平均总成本曲线。长期曲线位于所有短期曲线之下，并且二者总有一个切点（代表实现长期的短期）。在 SAC_1 与 LAC 切点上，短期平均成本和长期平均成本都在下降。它无论是短期还是长期，都不是一个最优的生产点。如果产量足够大，那么，长期的最优点将是 LAC 的最低点所对应的产量。如果产量过小，那么，SAC_1 将是最优的技术和规模。这个特点的产生，是因为企业在长期中有更大的灵活性。当汽车公司想把每天的产量从 1 000 辆汽车增加到 1 200 辆时，在短期中除了在现有工厂中多雇工人之外别无选择。由于边际产量递减,每辆汽车的平均总成本从 5 万元人民币增加到 6 万元。但是,在长期中,汽车公司可以扩大工厂和车间的规模,而平均总成本仍保持在 5 万元的水平上。

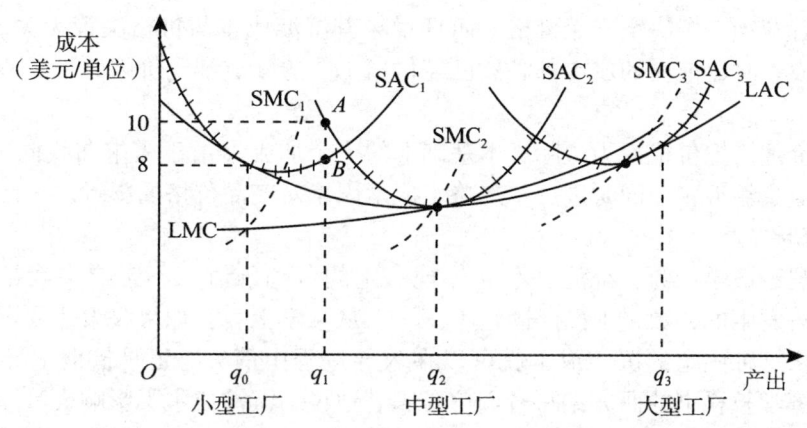

图 5.6　规模经济和规模不经济下的长期成本曲线

长期平均总成本曲线是比短期平均总成本曲线平坦得多的 U 形。U 形的左边部分表示,长期平均总成本随着产量增加而减少(这时,我们可以说存在规模经济)。规模经济的产生可能是由于现代化装配线要求大量的工人,每人专门从事某种工作。所以,随着产量的增加,平均成本下降了。如果汽车公司只生产少量汽车,它就不能利用这种方法,因此平均总成本较高。

U 形的右边部分表示,长期平均总成本随着产量增加而增加(这时我们可以说存在规模不经济)。企业管理者难以控制一个大型组织,生产的汽车量越多,管理团队变得越庞大,管理者压低成本的效率越低。这可以引起规模不经济。

当长期平均总成本不随着产量变动而变动时,可以说存在规模收益不变。在这个例子中,汽车公司在产量水平低时有规模经济,产量处于中等水平时规模收益不变,在产量水平高时有规模不经济。

六、几个成本概念的比较

前面介绍了边际成本的概念,还有沉淀成本、机会成本概念。那么如何看待这几个成本概念呢?

(一)边际成本

西方经济学认为,在完全竞争的条件下,产品的价格应该等于生产产品的边际成本。从边际主义革命发起人的角度看,这似乎是一个方法创新和理论创新。边际意味着短期。在短期内,西方微观经济学一般假设资本是不变的,劳动投入是可变的,这样看来,额外生产一单位的产品就只耗费生产这一单位产品所需要的劳动的成本。完全竞争的假设还意味着这个劳动是一个具有社会平均生产能力的劳动。再考虑到任何长期都是由短期构成的,而在长期内完全竞争厂商的利润等于零。这意味着在长期背景下所考虑的额外生产一单位产品的价格等于生产这一单位产品所耗费的劳动成本。因此，这种情形下的产品的边际成本定价法则实质上就是劳动工资决定论。劳动价值当然是大于劳动工资的。而且，边际成本的概念把固定资本的折旧视为沉淀成本而否认其对产品的价格具有影响。这意味着西方经济学的完全竞争理论认为产品是以低于劳动价值定价的。然而，边际成本定价的法则不仅意味着劳动工资决定产品价格，而且意味着沉淀成本与价格决策无关。这是因为，当考虑边际成本时，前面的成本都必然已经付出了。边际成本定价因此是与劳动价值论相抵触的。

垄断定价理论把价格视为边际成本基础上的一个加成（由于需求曲线向下倾斜），看似与劳动价值论靠近，但同时进一步忽略了成本因素对产品价格的影响。

（二）沉淀成本

西方微观经济学认为，沉淀成本（体现一定的劳动价值）不影响决策。这是因为沉淀成本是过去发生的，数量上已经固定不变了。从数学上看，如果决策过程可以用最优化来表示，那么这种固定的沉淀成本就可以在求导过程中消失。正是借助求导这个数学技术，微观经济学教科书的西方编写者们信心满满地说，沉淀成本不影响决策。比如，曼昆在他的《经济学原理》中提出这样的问题：一个人去看电影，但到达电影院后发现中途丢失了电影票，这个人是否还看这部电影呢？曼昆的答案是肯定的。

曼昆提出这个问题的方式具有一种诱导答案的框架效应。通常情况下，一张电影票在价值上是微不足道的。一个拥有非看这部电影不可的强烈动机的人并不会因为丢失一张电影票就不看这部电影了。这使得曼昆的答案和沉淀成本不影响决策的观点看起来并不那么反常，这使得读者，特别是年轻的学生，把曼昆所给出的这个答案视为必然，视为科学的经济学原理支配下必然得出的结论。那么，马克思会怎么看呢？马克思会回答说："这取决于所考察问题的具体情况"。

假如这张电影票非常昂贵，高达几百元甚至上千元，那么，这种价格使得这个人在消费这部电影之后的消费者剩余接近于零。这时，你很难相信这个人会继续买票看这部电影了。毕竟，人生的遗憾多多。不看这部电影并不会令人抱憾终生。也许这个人在丢失这张电影票后会反过来思考：自己花那么多钱去买这种电影票是否合适呢？当沉淀成本对于一个决策者产生这种影响时，决策就必然发生改变。①

这样看来，在《资本论》对劳动价值的讨论中，不包含沉淀成本这一概念，未提出沉淀成本不影响决策这种命题，是马克思的经济学理论严谨性、科学性的体现，尽管这同时也是因为这个问题不是马克思所关心的问题。马克思既然认为，不变资本的价值只是逐步转移到产品的价值中，他就不可能认为沉淀成本不影响决策。

---

① 如果沉淀成本不影响决策的命题成立，就很难理解一些重大的历史史实。从中国共产党的历史看，如果没有第五次反围剿的失败，如果没有血染湘江的教训，遵义会议就可能难以召开，红军的领导权就可能难以变更。正是由于第五次反围剿失败和湘江战役的巨大的沉淀成本改变了红军将领对领导层的看法。这样看来，沉淀成本是可能影响决策的。实际上，这是马克思的量变引起质变的哲学思想在经济学中的一种反映。在西方经济思想中，强调历史重要的观点，实际上也是承认沉淀成本可能发挥作用；而马克思唯物辨证法的普遍联系的思想更是构成对沉淀成本不影响决策的命题的哲学否定。

（三）机会成本

机会成本的概念被认为是维塞尔（Friedrich von Wieser）在 1914 年提出的。[①] 在西方经济理论中，所有的经济成本都被认为是机会成本。一个资源的机会成本被定义为使用该资源所得到的最大的收益。根据机会成本的这个定义，任何一项资源的机会成本都应该是无穷大。比如，比尔·盖茨是世界亿万富翁。比尔·盖茨放弃了在哈佛大学完成学业的机会，而开始了自己的微软事业。那么，比尔·盖茨在哈佛大学完成学业的机会成本是多少呢？百亿美元的财富对许多人来讲可以说是无穷大了。但如果我们承认任何一项资源的机会成本都应该是无穷大，那么，机会成本就不是一个在经济学上可以使用的概念了。这使得机会成本的概念看起来有道理，而实际上不过是一个修辞性说法而已。为了使机会成本的概念可以使用，西方学者又认为，在完善的市场经济中，市场价格就是机会成本。问题是，根本不存在完善的市场经济，对于实际的市场经济，市场价格也并不是成本的完美反映（见第一部分分析）。所以，西方经济学中的机会成本概念是不科学的。

其实，马克思《资本论》第一卷中的劳动价值论早已包含了一个更科学的机会成本概念。他所说的由社会必要劳动时间决定的商品价值，可以是一个流行的市场价格[②]；而他所讲的个别厂商的技术进步使得自身生产一种商品所需要的劳动时间降低从而利润增加，就构成其他厂商使用传统技术生产的机会成本。很显然，这个意义上的机会成本也可以是无穷大。而且，马克思的这种表述并不排除生产差异性产品的情况。比如，从事固定电话经营的企业在移动电话业务产生之后，利润就逐渐萎缩，移动电话公司的利润总额则不断增加。不断增加的移动电话公司的利润总额就是固定电话经营企业继续从事原有业务的机会成本。在网络通讯技术发展之后，移动电话的利润也可能萎缩，于是，网络通讯企业的利润就构成固定电话企业和移动电话企业的机会成本。马克思《资本论》还包含另外一个机会成本的概念：一个社会如果有机会进入社会主义社会却没有进入就必然产生巨大机会成本。这种成本在新制度经济学中被称为交易成本或制度成本。

与西方经济学用市场价格作为机会成本的衡量尺度相比，马克思用劳动价值作为实际成本的衡量尺度反映了马克思的唯物主义的哲学思想。机会成本的概念本质上是与需求决定价值的主观价值论相一致的，是一种富人的哲学。

在做了以上讨论之后，我们把不同成本之间的数量关系用图 5.7 来表示。

在图 5.7 中，CK>FC，是因为不变资本中有折旧和原材料、辅料等，属于可变资本。

专栏：企业的预算是硬的还是软的

在西方微观经济理论中有个预算概念。你在第三章也见过这个概念。你可能认为，预算就是预算，是确定无疑的。你想像不到，有经济学家会提出软预算的概念。而且，当你初次遇到这个概念时，你也没有意识到，这是一个资本主义国家经济学家

[①] https://en.wikipedia.org/wiki/Opportunity_cost.
[②] 王今朝、龙斧（2012）证明在一定条件下，价值和价格之间只差一个常数。他们所假设的条件是学术研究中的合理假设。

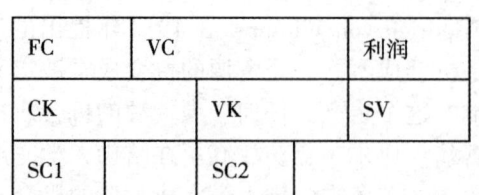

图 5.7　基本的成本概念的比较

对社会主义的国有企业提出的一个污蔑性的概念。

社会主义国家企业由于是公有制企业，企业是国家的，因此从理论上看，只要这个国家需要建立这样一个企业，企业可以从整个国家得到资源。按照西方标准，这个企业的预算到底有没有约束呢？是有的。因为这里有一个前提，就是这个国家需要建立这样一个企业，或者需要这个企业把规模做大。这位经济学家实际上把这种情况歪曲成，社会主义国家公有制企业的预算软约束，这个观点构成了后来社会主义国有企业效率效益低下论的一个基础。

退一步讲，即使社会主义国家国有企业有预算软约束的现象，那么，资本主义国家的企业的预算是否就是硬的呢？也根本不是。资本主义国家企业有许多过剩的产能。这种过剩的产能难道不是用多余的预算所建立起来的吗？即使资本主义国家企业的预算是硬的，它们是否就是有效率的呢？也不是！许多资本主义国家的企业采取了种种办法，让自己的会计报表看起来更加漂亮①。结果却在机关算尽之后破产倒闭。资本主义国家在那些大企业出现倒闭危机时也往往会采取注资的救助政策。这表明，社会主义国家国有企业预算软约束理论是把局部现象当成了整体的规律！这是始作俑者的别有用心。这个始作俑者后来被哈佛大学聘为经济学教授！

关　键　词

生产资料　有机构成　固定成本　可变成本　平均成本　边际成本　沉淀成本　机会成本　剩余价值

思考题与练习题

1. 什么是有机构成？影响有机构成的因素有哪些？
2. 什么是固定成本与可变成本？二者有何不同？
3. 试证明：当平均成本等于边际成本时，平均成本最低。
4. 证明一般行业短期边际成本曲线 MC 与平均总成本曲线 ATC、平均可变成本曲线 AVC 相交，且交点为 ATC 和 AVC 的最低点。

---

①　会计学知识会告诉你一些人是怎样让企业的会计报表在外行人眼里看起来更漂亮的。

5. 试画图从短期边际成本曲线推导长期边际成本曲线，并说明长期边际成本曲线的经济含义。

6. 一个企业正在考虑建造两个工厂中的一个，工厂 A 的短期成本函数为 $TC_A = 80 + 2Q_A + 0.5Q_A^2$，工厂 B 的短期成本函数为 $TC_B = 50 + Q_B^2$。

（1）如果产出为 8 个单位，应该建造哪个工厂？

（2）如果建造工厂 A，需要产出量为多少？

（3）假设企业已经建造了这两个工厂，计划产出 22 个单位，如何在这两个工厂间分配产量从而使得总成本最低？

7. 对于生产函数 $Q = \dfrac{4KL}{K+L}$，在短期中，令 $P_L = 1$，$P_K = 2$，$K = 2$。

（1）推导出短期总成本、平均成本、平均可变成本及边际成本函数。

（2）当短期平均成本最小时，求此时的短期平均成本值。

第六章 企业运行：垄断、竞争和中间情形

在考察生产时，首先要遵守的一个原则应该是社会利益优于企业利益，企业利益必须服从于社会利益。亚当·斯密提出的"看不见的手"表达了一种观点，企业利益与社会利益是完全一致的，前者越大，后者也越大。其实，并不是这么回事。假如生产的商品从一开始就是有问题的商品，那么生产从一开始就注定是扭曲的，这时，生产者越精明，对社会的危害越大。生产毒品以及生产过剩产品都是如此。生产者的利益应该服从于、服务于社会的利益。因此，必须对企业施加必要的限制！

新制度经济学把资本主义的产生解释为首先建立产权，从而建立激励体制的过程。然而，金融学家认为，在包税制下私人对政府收支的控制和财政官员的腐败严重地制约了17世纪英国、特别是18世纪法国的政府财政（金德尔伯格，2010：7）。资本主义企业不是从来就有的，也不会永远存在下去。事实上，99%以上的资本主义企业在存在若干年后就死去了，尽管死法不尽相同。最早的可以说最具有垄断性的东印度公司是奉英国国王的敕令建立的，也是由英国国王的敕令解散的。后来，西方国家逐渐下放了公司成立的权力，并以一种法律制度来规范它。

在本章中，你将从垄断企业这种最常见的企业形式来了解企业的行为：知道为什么一些市场只有一个卖者。它如何决定生产多少产量、如何决定什么时候暂时停产、了解使一个市场更具有竞争性的特点是什么、考察竞争性企业如何决定进入还是退出一个市场、说明什么样的企业才有短期与长期供给曲线。

第一节 垄断企业

不同人都谈论垄断，但他们所谈论的垄断可能不是一个意思。列宁从一个国家的国际经济策略的角度谈论垄断。本章是从微观的企业运行的角度讨论垄断。本章所讨论的内容在20世纪30年代中叶出现在英国和美国，比列宁的垄断理论出现晚了近20年。本章的内容不是对列宁的垄断理论的替代，更不是对它的否定。英美学者实际上长期对他们眼中的垄断也大多抱有强烈排斥态度。这种态度基于这样一点认识：垄断势力会对其社会构成严重威胁。列宁所研究的垄断则是英美学者所研究的这种垄断中那些足以与国家权力结合对其他国家构成威胁的政治经济垄断。

一、为什么会产生垄断

如果一个企业是其产品唯一的卖者，而且其产品并没有相近的替代品，这个企业就是垄断。垄断的基本原因是进入障碍：垄断者能保持唯一卖者的市场地位，是因为其他企业

不能进入市场并与之竞争。进入障碍又有三个来源：
- 关键资源由一家企业拥有。
- 政府给予一个企业排他性地生产某种产品的权利。
- 生产成本使一个生产者比更多生产者生产更有效率。

(一) 控制关键性资源

垄断产生的最简单方法是一个企业拥有至少一种关键资源。例如，至今已有 800 多年历史的中国茅台酒独产于中国贵州省遵义市仁怀市茅台镇。受海拔高度和岩石风化后的影响，茅台土壤广泛发育成紫色土，土层较厚、土质松软、渗透性良好、酸碱适度的特点十分有利于形成酿造白酒的宝贵水源。这种地理环境对茅台酒的生产用水的独特作用是其他地方所不具备的。茅台历代酒师在长期的生产实践中的创造和积累也不可多得，从而使得茅台酒成为与苏格兰威士忌、法国科涅克白兰地齐名的世界三大蒸馏名酒之一，是大曲酱香型白酒的鼻祖，更是中国的国酒。① 茅台的供应既少，价格一般也很高。

有时，关键性资源是人为造成的。比如，现在的电脑合成了语音输入功能和视频功能，这就使得原来的麦克风和视频装置企业失去了独立生存的许多空间。原来，它们可能更多的是独立地向消费者供货，而现在，它们则可能更多地向电脑生产企业和手机生产企业供货。这样，后者对于前者就产生了一种垄断作用。这种垄断的产生在于电脑生产企业和手机生产企业垄断了消费者所需要的一种关键性资源，从而使得麦克风和视频装置企业处于从属地位。

(二) 政府为关键产品创设垄断：经营牌照、专利和版税

在许多情况下，垄断产生于政府给予一个人或一个企业排他性地出售某种物品或劳务的权利。例如，英国国王曾经赋予东印度公司在印度排他性的经营许可证。在当代世界，电信、金融甚至出租车经营牌照都是由政府来发放的。政府设立专利和版权则是创设技术垄断和知识垄断。

有时，政府创设垄断被解释为公共利益的需要。其实不然。比如，就专利和版权而言，要考虑专利和版权为垄断者所创造的收益是不是获得公共利益的最小代价。当政府向一种新药授予 17 年专利保护期时就产生了一个问题：16 年的专利权保护是否也足以使新药发明出来呢？一般而言，答案是肯定的。否则，那意味着发明者在第 17 年才盈利！实际上，制药公司的股东可能在前面的 16 年就已经赚得盆满钵满了。只有把股东的巨额收益看作成本，这个制药公司在第 17 年才盈利的说法才可能成立。对于版权可以做同样分析。马克·吐温凭借版权收入曾经一度相当富有，但后来又返贫了。可见，有无版权对于马克·吐温的创作没有什么影响。因为返贫后的马克·吐温依然有权利享受政府的版权保护。所以，垄断造成的唯一肯定的后果就是使产品价格上升。马克·吐温年轻时出版那么好的作品，不是因为受到了政府版权保护的激励，而是因为他丰富的人生阅历和感悟。他同时代的年轻人太多了，怎么没有受到政府版权保护的激励而创作出伟大的作品呢？

就经营牌照而言，在本书写作的时候，中国的出租车司机们正在为是否应该由私人来设立出租车公司向他们收取租金而发出声音。中国的金融界也曝出私人财团被调查

---

① 陈兴唏，季克良. 茅台酒的独特性概述. 酿酒科技，2006 (5).

的消息。

(三) 自然垄断

新药和新书可以说是无中生有的商品。有些商品的物质形式自古以来就已经存在了，但其特点使得一个企业一旦进入，就自然地形成垄断，因为它能以低于两个或更多企业的成本为整个市场供给一种物品或劳务。因此，这被称为自然垄断。自然垄断的一个例子是供水。为了向城市居民供水，企业必须铺设遍及全城的水管网。如果两家或更多企业在提供这种服务中竞争，每个企业都必须支付铺设水管网的固定成本。因此，如果一家企业为整个市场服务，水的平均总成本就是最低了。图6.1表示有规模经济的企业的平均总成本。在这种情况下，一个企业可以最低的成本生产任何数量产品。规模经济导致分摊成本的降低。这就是说，在任何一种既定的产量，企业数量越多，每个企业的产量越少，平均总成本越高。一般而言，当一个企业是自然垄断时，它不太关心有损于其垄断力量的新进入者。但在中国，这条经验规律被打破了。中国多个城市的自来水供应被曝出被外国资本参股。

在古时候，由于技术、人口分布等原因，桥也是一种自然垄断。修桥有固定成本，而增加一个使用者的边际成本微乎其微，所以，过一次桥的平均总成本（总成本除以过桥人次）随着过桥人数增加而减少。因此，桥是一种自然垄断。但在现代社会，桥作为自然垄断的属性已经降低了。长江武汉段已经修建了近10座大桥，人们从武昌到位于汉口北边的天河机场已经拥有许多道路选择了。当然，某一座大桥对于位于该桥附近的人们依然具有自然垄断的属性。

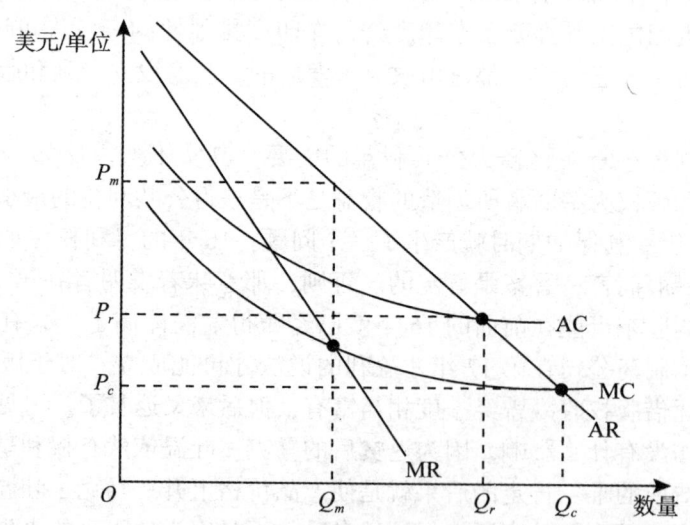

图6.1 自然垄断企业的边际成本、平均成本、边际收益和平均收益

有人说，除非有政府力量的支持，否则私人垄断不可能长期维持。垄断厂商产品价格的居高不下和有限服务常常引起顾客和政界人物的不满，成为打破垄断的社会基础。这一般应该是西方资本主义社会中的人的心态，而不应该是社会主义社会中的人的心态。

二、垄断的模型

我们已经知道垄断是如何产生的，如果企业只以一个价格销售其所有产品的话，现在就可以考虑一个垄断者如何决定生产多少产品以及对产品收取多高的价格。这一部分的目的是提出分析企业行为的一些概念工具，并用它们来描述垄断的行为。

用 Q 表示销售的产品的数量，用 P 表示产品的价格（元），于是厂商（不仅是垄断厂商）的总收益 TR 可以写为：

$$\text{TR} = P \times Q \tag{6.1}$$

人类进入资本主义社会以来，厂商生产商品的目的是为了通过交换获得利润。垄断厂商不仅不例外，而且更是如此。由于垄断者是其市场上的唯一卖者，所以，它的需求曲线，如果存在并且确定，就是市场需求曲线。这样，垄断者的需求曲线会由于所有的正常原因而向右下方倾斜。

如果垄断者提高其物品价格，消费者就少买这种物品。换个角度来看，如果垄断者减少它销售的产量，其产品价格就上升。市场需求曲线限制了垄断者由其市场势力得到利润的能力。一个垄断者愿意的话，只要有可能，就可以收取高价格，并以这种高价卖出大量产品。市场需求曲线使这种结果不可能。市场需求曲线 $P(Q)$ 具体地描述了垄断企业所能得到的价格和产量的组合。通过调整所生产的数量（或者调整所收取的价格），垄断者可以选择需求曲线上的任意一点，但它不能选择需求曲线外的任何一点。垄断者将选择需求曲线上的哪一点呢？这个决策和行为是由它的动机所决定的。我们假设垄断者的目标是利润最大化。由于企业的利润是总收益减去总成本，所以，我们可以得到垄断者的以产量作为决策变量的收益函数：

$$\text{TR}(Q) = P(Q) \times Q \tag{6.2}$$

这个函数建立了厂商收益与产品数量之间的数量对应关系。如果这个垄断厂商，不是以产量作为决策变量，而是以价格作为决策变量，它的收益函数就是：

$$\text{TR}(P) = P \times Q(P) \tag{6.3}$$

无论从数学表达式还是从图形上看，这两个定义都是一致的。一般所使用的定义是 (6.2)。这部分是因为从 (6.2) 式可以方便地定义如下两个较为常用的概念：

平均收益（元）AR 函数：

$$\text{AR} = \frac{\text{TR}(Q)}{Q} \tag{6.4}$$

和边际收益（元/产品单位）MR 函数：

$$\text{MR} = \frac{\Delta \text{TR}}{\Delta Q} \tag{6.5}$$

或者

$$\text{MR} = \text{TR}'(Q) = \frac{d\text{TR}(Q)}{dQ} \tag{6.6}$$

利润等于总收益减去总成本，写成函数就是：

$$\pi(Q) = \text{TR}(Q) - \text{TC}(Q) \tag{6.7}$$

根据高等数学上的最大化原理（罗尔定理），利润最大化的一阶条件是 $\pi'(Q) = 0$。这意味着

$$TR'(Q) - TC'(Q) = 0 \tag{6.8}$$

即

$$TR'(Q) = TC'(Q) \tag{6.9}$$

它的意思就是边际收益等于边际成本。因为 $TR'(Q)$ 就是边际收益，$TC'(Q)$ 就是边际成本。把它们视为一阶条件的原因有两个：一个是它是利润最大化需要满足的一个条件，另一个是它是利润函数求一次导数得到的。实际上为了保证利润最大化，还需要第二个条件，第二个条件需要对利润函数求两次导数。

推理进行到这里，还没有完结。因为（6.2）式让总收益函数更加具体化了，这个具体化使得（6.6）式有了更为具体化的余地。这样，就使得利润最大化这个假设下垄断厂商的行为的经济学含义还可以讲得更为清晰。

（6.9）式中的 $TR'(Q)$ 的形式意味着对（6.2）式等号右边求导，于是：

$$MR = \frac{dTR(Q)}{dQ} = \frac{d(P(Q) \times Q)}{dQ} = P(Q) + P'(Q)Q \tag{6.10}$$

（6.10）式依然不是最后的结果，依然还有进一步分析的余地（这句话启发你，在你将来写论文时，当写到某个地方时，你要问自己，是否写得彻底清楚了、到头了，是否依然要再写一些东西）。

$P(Q) + P'(Q)Q$ 是什么？

$P(Q)$ 是产量为 Q 的时候的价格。$P'(Q)Q$ 中的 $P'(Q)$ 与 $P(Q)$ 有一个重要差别。$P'(Q)$ 意味着 Q 有一个变化，并且引起了 P 的变化，而 $P(Q)$ 中的 Q 就是一个（待定的）数值，只对应一个 P。当然，$P'(Q)$ 是 $P(Q)$ 的导数，这也是二者的一个不同之处。

$P'(Q)$ 所对应的 Q 的变化所引起的 P 的变化乃是由于我们考虑的是垄断厂商，他所面对的需求曲线是向下倾斜的。这种价格的变化引起了这个厂商所销售的所有商品的价格的变化，从而引起了这个厂商的总收益的变化。总收益的这个变化值就是 $P'(Q)Q$。由于 $P'(Q) < 0$，所以 $P'(Q)Q < 0$。这被称为价格效应：价格下降，因此 TR 降低。当一个垄断者增加一单位生产时，它就必须降低它对所销售的每一单位产品收取的价格，而且，这种价格下降就减少了它已经卖出的各单位的收益。结果，垄断者的边际收益小于其价格。图 6.2 画出了一个垄断企业的需求曲线与边际收益曲线（由于企业的价格等于平均收益，需求曲线也是平均收益曲线）。这两条曲线总是从纵轴上的同一点出发，因为第一单位的边际收益等于商品价格。但是，由于我们刚刚讨论过的原因，垄断者的边际收益小于商品的价格。因此，垄断者的边际收益曲线位于需求曲线之下。在图中你还可以看到边际收益甚至可以是负的。当价格对收益的影响大于对产量的影响时，边际收益是负的。在这种情况下，当企业多生产一单位产品时，尽管企业销售了更多单位产品，但价格下降之大足以引起企业的总收益减少。

利润最大化

我们已经考虑了一个垄断企业的收益，现在可以考察这种企业如何实现利润最大化。
式（6.10）中的 $P(Q)$ 是厂商额外销售一单位商品的时候的收入，这被称作产量效应。

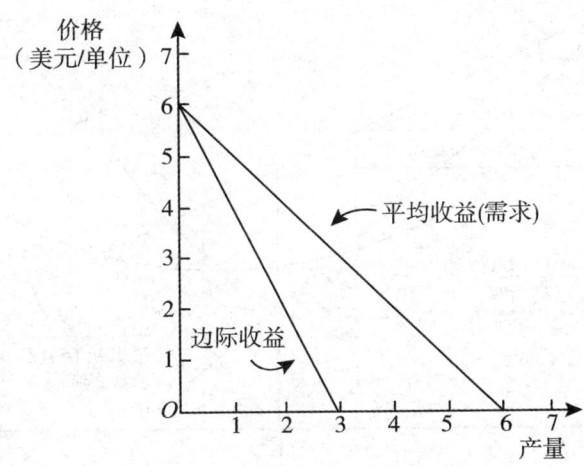

图 6.2 垄断企业的需求曲线与边际收益曲线

事情到了这里,依然还有进一步分析的余地。把等式(6.10)的右边提出一个公因子 $P(Q)$,右边变成 $P(Q)(1+P'(Q)Q/P(Q))$。$P'(Q)Q/P(Q)$ 是什么呢?它是我们前面定义的弹性的倒数,更明确地说,是需求曲线的弹性的倒数,记为 $1/\varepsilon_D$。

因此我们得到:

$$\mathrm{MR}=P(Q)\left(1+\frac{1}{\varepsilon_D}\right) \tag{6.11}$$

于是,垄断厂商的利润最大化条件就是:

$$P(Q)\left(1+\frac{1}{\varepsilon_D}\right)=\mathrm{MC} \tag{6.12}$$

这是我们在经济学原理里面就垄断厂商所得出的最后的数理理论了。到这里,你已经看得比较累了。但这时你也可以休息一下,下面的会比较轻松了。

图 6.3 画出了一个垄断企业的需求曲线、边际收益曲线和成本曲线。这些曲线包含了我们确定利润最大化垄断者选择产量水平所需要的全部信息。首先假设,企业在低产量水平上生产,例如 Q_1。在这种情况下,边际成本小于边际收益。如果企业增加一单位产量,增加的收益将大于增加的成本,利润将增加。因此,当边际成本小于边际收益时,企业可以生产更多单位产品来增加利润。同样的推理也可以用于高产量水平的情况,例如 Q_2。在这种情况下,边际成本大于边际收益。如果企业减少一单位生产,节省的成本将大于失去的收益。因此,如果边际成本大于边际收益,企业可以减少生产来增加利润。最后,企业调整其生产水平直至产量达到 Q^* 时为止,在这时边际收益等于边际成本。因此,垄断者的利润最大化产量是由边际收益曲线与边际成本曲线的相交决定的。

当垄断者增加它销售的数量时,这对总收益($P\times Q$)有两种效应:产量效应和价格效应。价格效应为负使得对于垄断厂商而言,并不是销售越多越好。

垄断的利润

垄断者会得到多少利润?利润等于总收益(TR)减总成本(TC):利润=TR-TC,这

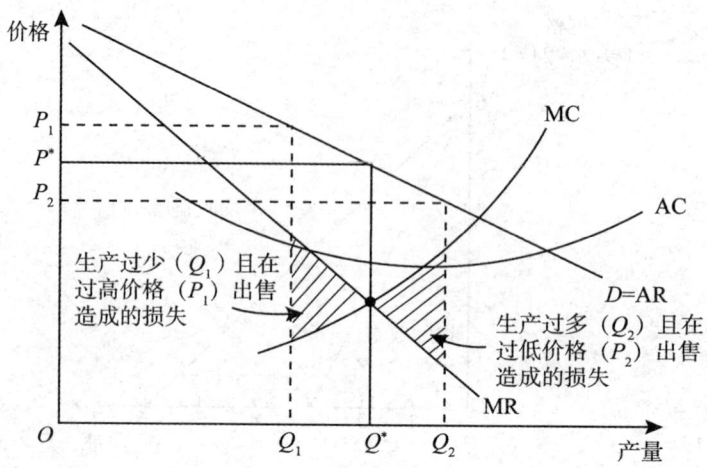

图 6.3 垄断者的利润最大化：边际收益等于边际成本

个式子可以改写为：利润 = (TR/Q - TC/Q) × Q。TR/Q 是平均收益，等于价格 P，而 TC/Q 是平均成本（ATC）。因此，利润 = (P - ATC) × Q 这个利润方程式（和竞争企业的利润方程式一样）使我们可以用图 6.4 来衡量垄断者的利润。考虑图 6.4 中画阴影的方框。方框的高是价格（30）减去平均成本（15），即 P - ATC，这是正常销售一单位的利润。方框的宽是销售量 Q^*（10）。因此，这个方框的面积是垄断企业的总利润。

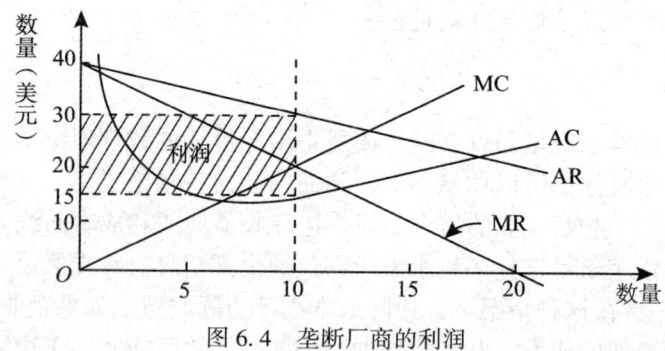

图 6.4 垄断厂商的利润

垄断的价格

垄断者的价格使得垄断者一般都能得到垄断利润。垄断者的价格通常会高于本书在第三章第一节中所讨论的应然价格。这并不奇怪，市场中的价格不会与应然价格完全相同。马克思也承认供给和需求会对价格产生影响。马克思没有去讨论产品的价格可能长期地永远地高于应然价格的情形。马克思当然知道，在他所生活的经济中，有些人得到了非常优厚的价格，发了大财。马克思是否会用垄断这个词来解释这种情形呢？可能会，也可能不会。英国对垄断理论作出重要贡献的得到世界认可的女经济学家琼·罗宾逊夫人后来后悔自己提出垄断理论。

我们已经说明了,垄断私人企业收取高于边际成本的价格。从消费者的角度来看,这种高价格使垄断是不合意的。但从企业所有者的角度看,高价格使垄断极为合意,企业从收取这种高价格中赚到了利润。

垄断厂商没有供给曲线

问垄断企业在任意一个既定价格生产多少是没有意义的,因为垄断者关于供给多少的决策不可能与它所面临的需求曲线分开。需求曲线的形状决定边际收益曲线的形状,边际收益曲线的形状又决定了垄断者的利润最大化产量。因此,垄断者不存在供给曲线。这使得市场机制有可能失去作用!

无谓损失

垄断企业的资源配置是否达到了最优呢?为了回答这个问题,必须找到一个参照系作为比较的基准。在文学作品中,垄断厂商具有阴险狡诈的自私自利的形象。那么,一个仁慈的、父爱主义的、体贴入微的管理者如何管理垄断企业呢?这种管理者不仅关心企业所有者赚到的利润,而且还关心消费者得到的利益,他试图使生产者剩余(利润)加消费者剩余的社会总剩余最大化。要记住总剩余等于物品对消费者的价值减垄断生产者生产该物品所引起的成本。图6.5分析仁慈的管理者将选择的产量水平。需求曲线反映物品对消费者的价值,即用他们对物品的支付意愿来衡量。边际成本曲线反映垄断者的成本。因此,可以在需求曲线与边际成本曲线相交之处找出社会有效率的产量。在这个产量之下,对消费者的价值大于提供物品的边际成本,因此,增加产量将增加总剩余。在这个产量之上,边际成本大于对消费者的价值,因此,减少产量增加了总剩余。仁慈的管理者通过收取需求曲线与边际成本曲线相交时的价格来达到这种有效率的结果。这与利润最大化的垄断者不同。因为这种价格将给消费者有关生产该物品成本的一种正确信号,消费者会购买效率产量。这说明,利润最大化垄断者生产的产量小于社会有效率的产量。这产生了无谓损失!

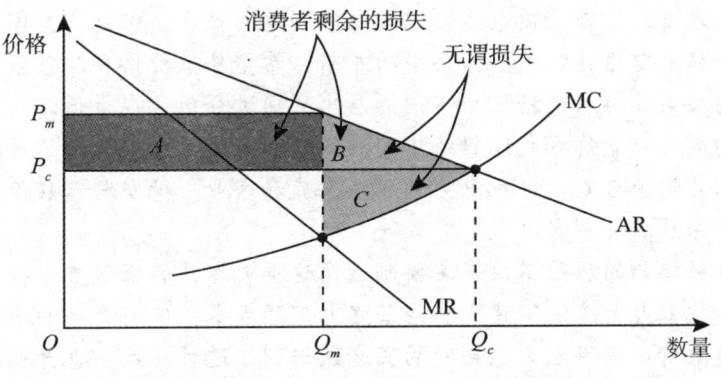

图 6.5 垄断造成的无谓福利损失

我们还可以从垄断者的价格来看垄断的无效率。由于市场需求曲线描述了价格和产量之间的负相关关系,所以,无效率的低的产量就相当于无效率的高的价格。当垄断者收取高于边际成本的价格时,一些潜在消费者对物品的评价高于其边际成本,但低于垄断者的价格。这些消费者无法购买物品。由于这些消费者对物品的评价大于生产这些物品的成本，这个结果是无效率的。因此，垄断定价使一些双方有益的交易无法进行。需求曲线反映消费者的评价，边际成本曲线反映垄断生产者的成本。因此，需求曲线和边际成本曲线之间的无谓损失三角形面积等于垄断定价引起的总剩余损失。由于垄断者通过收取高于边际成本的价格发挥其市场势力，它就在消费者支付意愿（反映在需求曲线上）和生产者成本（反映在供给曲线上）之间打入一个楔子。楔子使销售量低于社会最适水平。

垄断利润：一种社会代价吗？

对这个问题的回答部分地依赖于计算方式。的确，垄断企业利用市场势力稳定地赚到了垄断利润。如果把社会看作由生产者和消费者构成的，那么，垄断利润的产生是由于消费者的额外支付产生的。但消费者额外支付1元，生产者就得到1元，消费者的福利和生产者的福利的变化方向相反数量相等，因此，从物品消费者向垄断所有者的转移并不影响按照"消费者剩余+生产者剩余"定义的市场总剩余。然而，如果认为垄断厂商太富，而消费者太穷，即社会出现两极分化，这时就有充分理由认为消费者比生产者更重要，这时，消费者额外支付1元就应该乘以一个大于1的系数，而生产者所得到的1元就应该乘以一个小于1的系数。毕竟，1元钱在穷人和富人那里具有不同的重要性。所乘的系数的大小就反映这种重要性。这时，市场总剩余就定义为"$\lambda CS + \mu PS$"了，其中$\lambda > 1$，$\mu < 1$。这种系数的选择并没有超出经济学的范围。许多西方学者的分析正在把收入分配带到经济学的核心问题之中。

案例分析：社会对自然垄断企业的管理

中国电力在进行改革。下面的故事让你感到中国的电力改革可能是在参照美国的模式。

电力系统已经出现百余年了。在许多国家，电力公司控制了从头到尾的电力供给，即建立发电厂、经营输电线路以及每家的电表服务。但是，美国自20世纪90年代许多州开始采取措施打破电力公司的垄断，希望降低价格和改善服务。措施的核心在于将电力公司分拆为包括三个不同的层次。通过分拆，在最低端的发电公司A，将把其生产的电力以竞价方式销售给中间的线路公司B。B再把电力传输到目的地，卖给电力的零售供给者C。C把电力销售给家庭和企业。批发与零售价格将由市场力量确定，而不由政府管制者决定。

造成这种格局的原因不仅是主要制造商这类大客户的强烈要求，而且是较低的燃料成本和新技术大大降低了建立和经营发电厂的成本，使新开创的小规模公司能比旧电力公司更廉价地提供电力。精明的买者认识到了这种发展，也开始要求得到向独立的供给者购买电力的许可。更低的电力价格使得原来的电力企业的电力价格显得过高了，以至于立法机构和政府部门都热中于放松该行业的管制。但生产生活的消费者最终得到的电力价格是否会降低呢？即使降低，分拆电力企业是不是价格降低的必要条件呢？目前还没有见到有关的定论性的分析。

美国20世纪90年代的上述电力改革似乎对中国21世纪的电力体制改革也产生

了样板作用。即使美国采取那样的改革是正确的，放在中国是否就是正确的呢？这个问题似乎同样没有定论性的回答。

案例分析：公有制企业、国有企业和私有企业的制度差异

公有制企业和国有企业的制度安排使得国有企业垄断优于私有企业垄断。这种制度安排就是，没有人能够依靠公有制企业和国有企业赚取巨额私人利润。我们区分国有企业和公有制企业，原因在于，历史上公有制企业的利润不会分配给企业的管理者，哪怕一个微小的比例；而在过去30多年中，中国所实施的改革允许从利润中拿出一个10%以下的比例激励国有企业的管理者。中国有的国有企业为此还发展了相对完善的管理制度。比如，他们规定，奖金由"经济效益奖"、"管理奖"和"倍增奖"三部分构成，即总奖金=经济效益奖+管理奖+倍增奖。经济效益奖基数=利润总额×提取系数Ⅰ+利润总额增加值×提取系数Ⅱ。依赖于净资产收益率的提取系数最高只有2.3%。依赖利润总额增幅的提取系数Ⅱ最高只有6%。管理奖由管理奖奖金基数（如70万元）乘以管理考核（由一个加权平均过程得到）得分（10分制）除以10。倍增奖则等于100万元加上（当年利润总额−当年利润总额预算数）×3%得到。又如，由于资本充足情况不同以及会计核算存在个别差异等原因导致各部门会计报表指标存在一定程度的不可比性，为尽量体现公平考核的原则，他们一般在年终对经营班子考核时根据设定规则（如考虑地区、资产差异、经营稳定性等）对企业年度各项指标进行模拟调整。一个资产有几亿元的企业拿出上述比例的利润进行奖励似乎不多。但是，这种奖励依然使得国有企业的管理者比政府公务员收入要高出几十倍。这种改革是否能够持续下去，还取决于许多其他因素。早就有经济学家以为，给管理者高额奖励的做法是不明智的。

三、价格歧视

前面的模型假设垄断企业采取固定定价战略，即对所有消费者收取同一价格。但在许多情况下，垄断企业可以实行价格歧视，即以不同价格把同一种物品卖给不同消费者。这既是一种市场权力，又是一种市场能力。

这种市场能力建立在垄断者能够区分不同的消费者的基础上。这意味着垄断厂商对低支付意愿的消费者索要较低的价格，不管这种支付意愿低是由于其收入较低还是由于其较为精明。苹果手机在中国热销，但苹果手机在推出新款手机时，都会对前面推出的手机降价销售。这就是一种在不同时期区分不同消费者的价格歧视行为。因为当它推出新款手机时，对旧手机的需求就会明显下降，如果价格不降低，其收益就会大大降低，甚至就会被其他手机厂商夺走市场份额。当然，即便苹果手机采取了这种战略，随着手机市场的饱和，苹果手机的战略也就不再像原来一样成功了——你应该自己设想在同一时期实行价格歧视的行为的例子。

价格歧视可以根据地域、年龄、收入、销售量等标准来实施，并且需要限制套利行为，即在一个市场上以低价购买一种物品在另一个市场上以高价出售的行为。如果套利行

为足够普遍，价格歧视就无法实施。价格歧视只是在某些商品上实施，而不是在所有商品上实施。比如，国际市场上的证券买卖通常都允许套利。在资金在国际间自由流动的条件下，这保证了一种股票、债券在美国和欧洲的价格趋于一致。当然，不同的国家应该根据不同的情况对资金流动实行不同的管理。

垄断厂商在实施价格歧视的能力上面也有差别。完全了解每个顾客的支付意愿并对每位顾客收取一种不同价格的行为被称为完全价格歧视。在这种情况下，垄断者对每位顾客收取的价格正好等于他的支付意愿，而且，垄断者得到每次交易中的全部剩余。图6.6表示有无价格歧视时的生产者剩余和消费者剩余。没有价格歧视时，企业收取高于边际成本的单一价格，如图中 P^* 所示。由于一些对物品评价高于边际成本的潜在顾客在这种高价格时没有购买，垄断引起了无谓损失。但当企业可以实行完全价格歧视时，如 P_c 所示，每位对物品评价大于边际成本的顾客都买到了物品，并收取了其支付意愿的价格。所有互惠的贸易都进行了，没有无谓损失，市场的全部剩余以利润的形式归于垄断生产者。当然，在世界上，没有一家垄断厂商能够实行完全价格歧视，因为为了实现完全价格歧视所需要的资源投入远远超过了完全价格歧视带给厂商的收益，所以一般的情况是介于固定定价和完全价格歧视中间的不完全价格歧视。

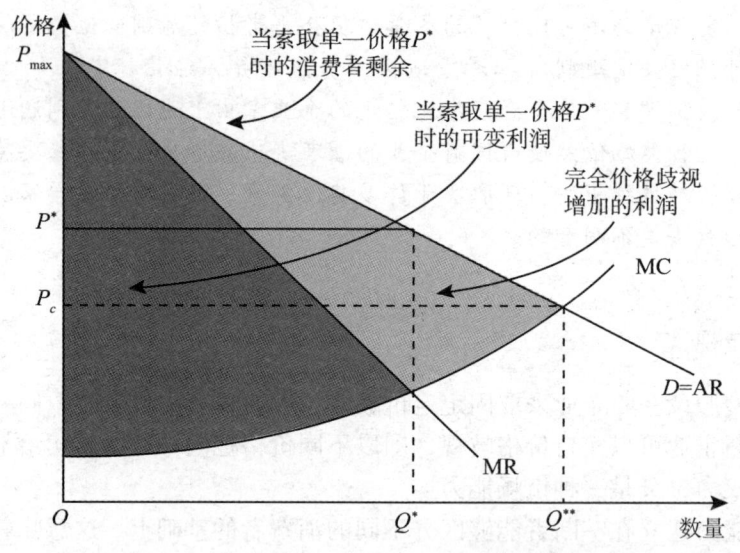

图6.6 完全价格歧视厂商：帕累托最优的利润最大化

价格歧视的例子：

电影票：许多电影院对儿童和老年人收取的价格低于其他观众。

飞机票价：飞机区分不同座位（经济舱、公务舱），同一座位在不同时间以许多不同价格出售。

折扣券：许多公司在报纸和杂志上向公众提供折扣券。并不是所有顾客都愿意花时间剪下折扣券。繁忙的人不大可能收集折扣券，常常愿意为许多物品支付较高价格。

数量折扣：通过对购买不同数量的同一顾客收取不同价格来实行价格歧视。

四、垄断的普遍性和可变性

本章讨论了对产品价格有控制力的企业的行为。我们已经说明了，由于垄断者生产的小于社会有效率的产量，并收取高于边际成本的价格，所以，它们引起了无谓损失。可以通过谨慎的公共政策，或者在某些情况下通过垄断者的价格歧视来减少这种无效率。垄断问题有多普遍呢？对这个问题有两个回答。在某种意义上说，垄断是常见的。许多企业对它们收取的价格都有某种控制，都有一定程度的垄断力量。但有相当大垄断势力的企业是很少的。很少有物品真正是独一无二的。大多数物品都有替代品，替代品即使不完全一样，也极为相似。所以，垄断力量是一个程度问题。那种极端地反垄断的态度是错误的，因为实际上不可能完全反掉。

（一）垄断的普遍性

亚当·斯密在他出版于1776年的著作中就提到了垄断。按照一种对商品的定义，任何企业都具有垄断性。住在中国湖北的武汉大学樱园的同学一般都在樱园食堂就餐，尽管桂园食堂不过远了四五百米。同学们通常把它理解为一种由于区位或权力所形成的垄断。其实，当你去订一个外卖，你偏向于去订麦当劳或肯德基时，它们也产生了一种对你的垄断。只不过这种垄断看起来是由于麦当劳和肯德基的产品性质（质量）所引起的。在这个世界上，聪明的生产者通过打造自己的产品品牌而对你形成一种控制。但当你吃一个著名的产品品牌供给的转基因产品时，你是否还对这种控制的看似无害的垄断无动于衷呢？

西方经济理论一度把垄断说成是坏的。实际上，垄断并不必然是坏的。表面上是坏的垄断，实际上可能并不坏；表面上是好的垄断，实际上可能并不好。垄断也不是为所欲为。垄断者不能达到他们所想要的任何利润水平，因为高价格减少了顾客的购买量。任何企业的垄断的好坏并不是必然的。

（二）垄断的可变性

本章开始提到"关键资源由一家企业拥有"可能产生垄断。一个企业所拥有的关键资源可能在一开始是难以观察的。正是在这种意义上，垄断无处不在。这个观点的形成可以帮助你克服一些学者过度宣扬完全竞争理论有好处的观点。

垄断无处不在，但垄断也不是一成不变。一旦某个企业开始形成一点垄断势力，就可能在一段时间里不断的累积这种垄断势力。在作者的家乡，河北省新乐市一个叫吴家庄的普通村子里，有许多人试图在村子里开一个餐馆。许多人都失败了。但现在有一家由家庭经营的饭店规模越来越大，吸引了越来越多的村民在那里就餐，形成了对本村居民餐饮消费的一种垄断。这个例子虽然特殊，但包含着所有资本的共性。这是一种马克思分析过的资本积累过程。资本积累到某个程度，还会产生集中。所谓资本集中，就是不同的小资本汇集成一个大资本。

资本越来越大，它所经营的规模就越来越大，领域就越来越多，规模经济和范围经济就产生了。资本也依靠规模经济和范围经济实现了进一步的增大。

1. 什么是规模经济？

按照字面来理解，规模经济就应该是企业规模越大，产品生产就更有效率。人们有时就是在这种意义上来使用规模经济这个概念的。在许多情况下，这种理解就够了。但在有时候，这种理解不太严格，因而不充分。更严格的规模经济定义是，随着产品数量的增加，产品的平均成本下降。这个定义实际上是用产品的平均成本下降来替代上面通俗定义中的生产效率（参见第五章第三节第五部分）。还有一种定义，所考虑的情况在现实生活中很少出现，甚至从来没有出现过。它假设企业投入增加到原来的 t 倍，看产出增加到原来的多少倍。于是我们可以写成如下的公式：

$$f(tx_1, \cdots, tx_n) = t^\varphi f(x_1, \cdots, x_n) \tag{6.13}$$

这个公式描述了所有投入同时增加到原来的 t 倍，产出增加到原来多少倍。这有三种情形：大于、等于、小于 t 倍。

如果对一个企业（或国家），其投入和产出的关系满足 $\varphi > 1$，我们就说它有规模经济，或者叫做规模报酬递增、规模收益递增。如果它们满足 $\varphi = 1$，叫它规模报酬不变、规模收益不变或不变规模报酬。如果它们满足 $\varphi < 1$，则叫它规模报酬递减，因为它反映了所有投入同时增加到原来的 t 倍，产出所增加的少于原来的 t 倍。很显然，φ 越大，企业的规模报酬就越高。

2. 什么是范围经济？

严格地说，所有企业都不可能只生产一种产品。也就是说，所有企业生产的都是联合产品（joint products）。比如，钢铁厂除生产出钢铁之外，还同时生产出废气、废渣和硫磺等。这是由铁矿石（含硫、含碳酸钙等）的性质、生产过程所必须使用的辅助资料（用煤、油）等所决定的。给定投入和生产工艺，联合产品是无法被减少的。

范围经济与上述的联合产品概念有关，但也有不同。一个钢铁厂能够生产出硫磺，为什么不对硫磺进行深加工，从而获得钢铁以外的其他的产品（如硫酸）呢？通过这样的扩大再生产，企业可以远较专门化生产硫酸的企业更有效率的方式生产。这就是范围经济。可以这样来正式定义范围经济：假如一个企业 A 生产两种产品，产量分别是 q_1 和 q_2，其成本函数写为 $C^A(q_1, q_2)$，假如 q_1 和 q_2 分别由两个独立的企业 B、D 在最优化条件下生产，生产成本函数分别是 $C^B(q_1)$、$C^D(q_2)$，如果 $C^A(q_1, q_2) < C^B(q_1) + C^D(q_2)$，那么，我们就说，企业 A 生产这两种产品具有范围经济。

范围经济程度 λ 的大小可以用如下的公式来衡量：

$$\lambda = \frac{C^B(q_1) + C^D(q_2) - C^A(q_1, q_2)}{C^A(q_1, q_2)} \tag{6.14}$$

规模经济或范围经济能够产生垄断。为什么？可能就是因为拥有规模经济或范围经济的企业能够向地方政府多交纳税收。对于一个地方政府而言，税收收入太重要了。西方国家的企业所生产的总产值有的超过了一些小的国家的 GDP。这些企业对于所在地的地方政府是否具有影响，答案是不言而喻的。这种现象在中国也存在。

规模经济和范围经济的发展不是一个无限的过程。随着企业规模的扩大和经营领域的增加，总是会遇到一个发展的上界。这是现实世界难以由一个企业构成的原因。但是，我们并不能先验地确定企业的规模和范围究竟在哪里。确定它们也是一个试错的过程。在这个试错过程中，可能会有政府的干预，政府认为，不宜把企业做得太大。在这个试错过程中，也可能产生经济危机，打断企业发展的进程。也可能企业由于一项重大投资的失败而破产。结果是，你在现实中观察到的巨型企业是很少的。它们成为巨型企业的经历是很独特的。在西方，很可能是充满了尔虞我诈和官商勾结的。一些企业为了获得更大的市场份额，进军海外市场，可能借助了政府乃至经济理论界的力量。关于此点的进一步的知识，你可以阅读列宁在 1916 年出版的《帝国主义论》。按照列宁的揭示，通过国家的对外扩张和侵略，垄断资本还想要控制国外资源、市场，甚至在世界范围内划分势力范围，来摆脱自身危机。这也是一些西方经济学家所说的资本主义在空间上的扩展。

你从这里介绍的知识应该能意识到，经济中的一些重要现象是可以用某些参数来表征的。但你也应该注意，这些参数并不总是非常准确。

（三）政府的政策

政府有四种主动方式对私人垄断作出反应：反托拉斯；管制垄断者的行为；国有化；暂时维持现状。

1. 反托拉斯（antitrust）：使垄断行业更有竞争性

就连在美国，许多高级知识分子都对资本主义的私有垄断有警惕之心。这就使得美国早在 19 世纪末就建立了反不正当竞争法来限制垄断，并且后来还增设了其他法律、法案。根据这些常常被称为反托拉斯法的法律，巨型企业的并购行为常常受到政府的严格审查。律师和经济学家会合作研究确认，并购是否会使市场的竞争性大大减弱，从而引起整个国家经济福利减少。如果结果是肯定的，司法部将在法庭上对合并提出诉讼，阻止公司合并的发生。这种办法曾阻止了微软在 1994 年购买图文公司。根据这些法律，政府还可能强制分拆某些巨型公司。比如，美国政府 1984 年把美国电话电报公司（AT&T）拆分为 8 个较小的公司。根据这些法律，公司高管以使市场竞争减弱的方法协调它们的活动可能会导致被捕入狱。

反不正当竞争法是一种私人企业与政府的博弈。在现实中，有的企业的合并被政府批准了，有的则被否决了。其实，即使反不正当竞争法被有效地实施，垄断也是存在的。这实际上导致垄断企业的所有者可以得到远远超过工人工资的收入，即利润。

2. 管制

政府的很多人会认为，分拆公司可能阻力太大，没有必要。于是，反对垄断的人就退而求其次，对垄断企业施加管制。例如，对自来水和电力公司这些处于自然垄断行业的企业，政府限制它们所收取的价格。然而，限制价格也有自身的问题。一些人主张，价格应该等于垄断者的边际成本（包含折旧）。但是，边际成本定价有两个问题。第一个问题是，根据定义，自然垄断是平均总成本递减。当平均总成本递减时，边际成本小于平均总成本。如果管制者要确定等于边际成本的价格，价格就将低于企业的平均总成本，企业将亏损。政府就需要对企业加以补贴。这时，又产生一个补贴多少的问题。要支付贴补，政府需要通过税收获取收入，这也可能会引起一些问题，比如，要么减少其他方面的支出，要么增加税收。

另外一些人主张，可以允许垄断者收取等于平均总成本的价格。但这时，垄断者可能故意提高成本。

3. 国有化

在英国和美国，都有一些人对私人企业比较厌恶。他们主张用国有化的办法来解决垄断问题或剥削问题。这就是说，政府自己成立企业经营。这种解决方法在欧洲国家是常见的。在这些国家政府拥有并经营公用事业，如电话、供水和电力公司。在美国，政府经营邮政服务和航天事业。普通一类邮件投递业务常常被认为是自然垄断。

4. 暂时维持现状

考虑到垄断的可变性，在某个阶段，政府对垄断的最优政策可能是按兵不动，等等看。

第二节 作为垄断的极限特例的完全竞争

垄断程度的可变性引申出来了一个问题：怎样认识不同程度的垄断呢？完全垄断作为企业组织的一种极端情形，与它对立的一极是怎样的呢？你可能没有意识到，与它对立的一极的情形正好可以用不同的假设从关于它的数理理论中推演出来。然后，所推演出来的这种对立的一极的情形和垄断这一极的情形按照不同的比例混合，就回答了不同垄断程度的企业组织特征的问题。

一、完全竞争模型

完全竞争企业与垄断企业之间的关键差别是单个完全竞争企业不拥有垄断者那样的影响其产品价格的能力。假如一个经济完全是由完全竞争企业构成的，那么，一个竞争企业只是它所处的市场上的一小部分，因此不得不接受在市场中所流行的其产品价格。这个西方100多年前的表述还可以在今天的改革开放30多年后的中国找到原型，比如，中国农村里承包着几亩地的农民。20世纪80年代，这些农民可能还会为自己得到几亩地"自由地"耕种而感到心满意足，可是，由于中国工业化和市场化的发展，农民已经无法仅仅依靠种粮来维持自己的家庭生活了。实际上，农民依靠农业仅仅维持了几年的生活，后来就不得不靠建筑业、运输业等来贴补自己的家用了。然而，30多年来，完全竞争企业的一个规定性特征——作为价格的接受者一直制约着他们。也就是说，他们只能接受市场上的价格 $\bar{P}$，以这个价格出售他们生产的粮食。这意味着，他们所面对的需求曲线可以用 $P = \bar{P}$ 来表示。在竞争市场上，有许多以市场价格出售同一种物品的企业。没有一个企业愿意向任何一个顾客收取低价格，因为企业可以市场价格出售它想出售的所有物品。而且，如果任何一个企业想向顾客收取高价格，顾客就会向另一个企业购买。这意味着完全竞争者没有实施价格歧视的能力。

把 $P = \bar{P}$ 与垄断厂商所面临的需求曲线 $P(Q)$ 做一比较，就会发现，完全竞争厂商所面对的价格与产量没有关系。由于完全竞争企业在市场价格时可以销售它想销售的数量，所以，没有价格效应。当它增加一单位产量时，它得到那种单位时的市场价格，而且，它从原来已经销售的数量得到的收益并不会因此有任何减少。这就是说，由于完全竞争企业是价格接受者，它的边际收益等于其物品的价格。因此，完全竞争需求曲线具有图6.7所示的形状。

你可以把该图的需求曲线想象为垄断厂商的需求曲线越来越平坦，而其极限就是一条水平线。这样你就能明白，为什么可以把完全竞争厂商这个看似与垄断厂商完全不同的东

第二节 作为垄断的极限特例的完全竞争

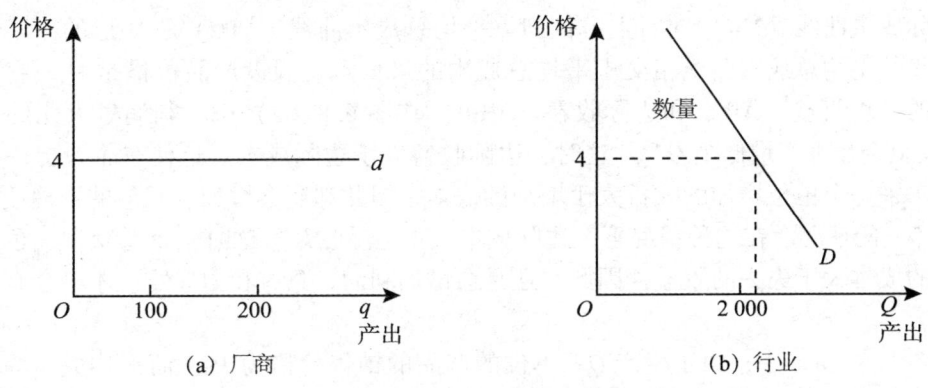

图 6.7 完全竞争厂商的需求曲线和行业需求曲线

西看成是垄断厂商的一种特殊情形了：它是垄断权力不断减弱以至于达到极端的厂商。

把完全竞争作为垄断厂商的一种特殊情形（假设二者都是使利润最大化），使得我们可以根据其特殊性而使用第一节的分析。

当 $P = \bar{P}$ 时，P 和 Q 没有关系，无论 Q 如何变化，P 都不变，因此 $P'(Q) = 0$，也因此，$\dfrac{1}{\varepsilon_D} = 0$。这个结论使得我们能够简化 (6.12) 式：$P(Q)\left(1 + \dfrac{1}{\varepsilon_D}\right) = \mathrm{MC}$。它变为：

$$P = (\bar{P} =) \mathrm{MC} \qquad (6.15)$$

或者简单写作 $P = \mathrm{MC}$。

当一个经济是由这样的企业所构成的时候，我们就称这是一个完全竞争的经济。这是一个假想的经济。它有时被说成具有两个特点：市场上有许多买者和许多卖者；各个卖者提供的物品大体上是相同的。由于这些条件，市场上任何一个买者或卖者的行动对市场价格的影响都是微不足道的。每一个买者和卖者都把市场价格作为既定的。然而，所有其他教材都没有指出的一点是，完全竞争厂商的产品价格是极其低廉的，这恐怕才是它的最具特征性的特征！

二、完全竞争企业的供给

垄断厂商是一种非常常见的企业组织形式。前面我们已经说明，垄断厂商没有供给曲线。严格意义上的完全竞争的企业在现实生活中从来没有存在过，它作为垄断厂商的一种极端情形，却可以说有供给曲线。这可以用在利润最大化产量水平时边际收益和边际成本正好相等这个一阶条件来说明。我们这里介绍这种厂商的决策不是因为它在现实中存在，而是它有时被用来构建一些抽象的模型。

（一）产量决策和短期供给曲线

产量决策是企业在给定价格下所确定的生产产量，而产品供给曲线是企业在不同价格下所对应的不同产量。产品供给曲线只是对产量决策做比较静态分析，即让外生的价格变动，然后考察变动的价格与产量之间的关系。

考虑图 6.8 中的成本曲线。正如我们在第五章中讨论的，这些曲线有三个典型性的特征：边际成本曲线（MC）向右上方倾斜，平均总成本曲线（ATC）是 U 形的，以及边际成本曲线与平均总成本曲线相交于平均总成本的最低点。假设产品价格是 P，它同时也是企业的平均收益（AR）和边际收益（MR）。在图 6.8（a）中，利润最大化的产量是 Q^*。设想企业生产量低于 Q^*，这时，边际收益大于边际成本。这使得企业提高其生产和销售水平一个单位增加的收益大于增加的成本，因此利润会增加。相似的推理适用于产量大于 Q^* 的情况。在这种情况下，边际成本大于边际收益。这时，企业减少一单位生产所节约的成本大于失去的收益，因此，还是会增加利润。只有在 Q^* 处，才不会有增加利润的机会。

在图 6.8（a）中，由于生产 Q^* 单位的产品的销售价格为 P，而平均成本为 D，所以，这个厂商得到了正的利润。这个正的利润就会吸引其他厂商进入（或者是这个企业选择更大规模来生产）。这时，就有可能有企业以更低的成本来生产了。这对应图 6.8（b）中的中间的平均成本曲线 AVC_2。这就是新企业进入的情形。新企业进入会导致成本趋于下降，这本身就会导致价格有下降的趋势。供给增多也有使价格下降的趋势。反过来，如果有企业退出市场，则会有使价格上升的趋势。

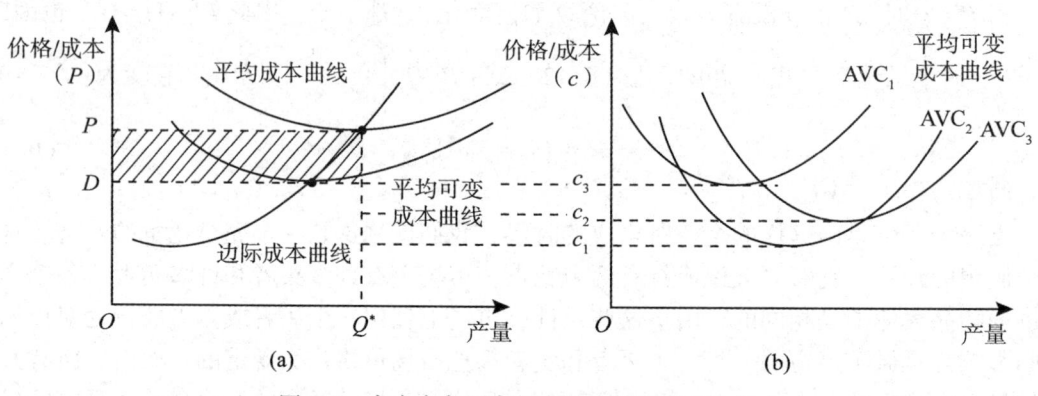

图 6.8 完全竞争厂商的产量决策和进出决策

那么，价格上升或下降会引起企业怎样的行为呢？图 6.9 表示一个完全竞争企业如何对价格上升作出反应。当价格为 p_1 时，企业生产产量 q_1，q_1 是使边际成本等于价格的产量。当价格上升到 p_2 时，企业发现，现在在以前的产量水平时边际收益大于边际成本，因此企业增加生产。新的利润最大化产量是 q_2，在这时边际成本等于新的更高的价格。然而，这不是故事的全部。因为很显然，受制于成本约束，企业产品的价格不可能无限降低。怎样表现这种约束呢？

任何企业都有一个盈亏平衡点。在短期，在价格处于盈亏平衡点之下，企业会选择暂时停止营业，即由于当前的市场条件而短期内不生产任何东西。在长期，价格处于盈亏平衡点之下，企业就会选择退出这个市场，即清算离开市场。长短期的盈亏平衡点是不同的，这是因为多数企业在短期暂时关门时不会处理它的固定资产，只是避免支付可变成本和折旧；而在长期退出这个市场时，就可能把固定资产卖出了。这就是说，暂时停止营业

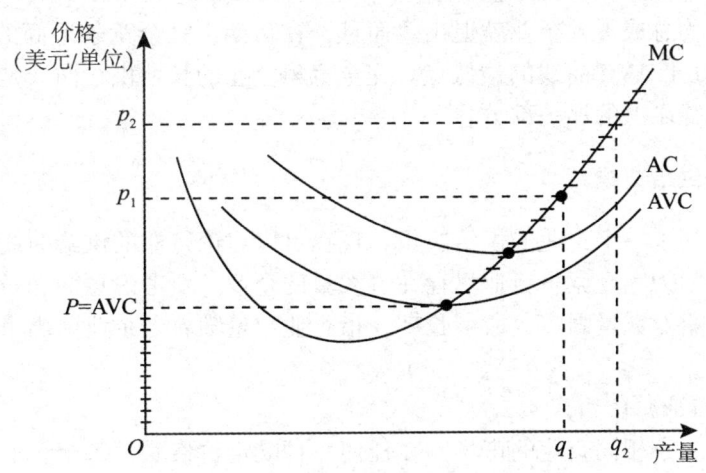

图 6.9 完全竞争企业的短期供给曲线

的企业仍然必须支付固定成本,而退出的企业既可以节省部分固定成本,又可以节省可变成本。例如,考虑一个农民面临的生产决策。土地租金是农民的固定成本之一。如果农民决定在一个季度不生产任何作物,土地被荒废,那么他就无法弥补地租。当作出是否在一个季度停止营业的短期决策时,地租成为了沉没成本。与此相比,这个农民如果决定完全离开农业,就可以出卖土地。当作出是否退出市场的长期决策时,销售土地的收入一般会包含接下来若干年内土地的租金总收入。当然,经营农业与经营工业和服务业有一个重要差别:前者在停止营业时土地没有折旧,反而因休耕而增加了土地肥力。

现在我们来总结一下什么决定企业的停止营业决策。如果企业停止营业,它就失去了出售自己产品的全部收益。同时,它节省了生产其产品的可变成本(但仍支付固定成本)。因此,如果生产能得到的收益小于生产的可变成本,企业就停止营业。这可以用数学表达式更清楚地说明。

用 TR 代表总收益,VC 代表可变成本,于是,企业的决策可以写为:如果 TR<VC,就停止营业。这个等式两边除以产量 Q,上式就变为:TR/Q < VC/Q。它说明,平均收益(等于产品价格)小于平均可变成本时,企业停止营业。这就是说,如果物品的价格低于生产的平均可变成本,企业就选择停止营业。这个标准是直观的:在选择生产时,企业比较一单位产品的价格与生产这一单位所耗费的平均可变成本。如果价格没有弥补平均可变成本,企业完全停止生产,状况会变好一些。如果条件改变,以致价格大于平均可变成本,企业可以重新开张。现在我们全面描述了竞争企业的利润最大化战略。如果企业生产什么东西,那么,它生产的产量在边际成本等于物品价格的水平上。但如果在那种产量时价格小于平均可变成本,企业停止营业比开工生产会更好一些。

(二) 企业长期供给曲线

长期供给曲线与短期供给曲线的唯一的差别就是,在长期,所有成本都是可变的,因此,在图 6.9 中就不再有 AVC 曲线了。相关的代数分析也就没有可变成本和平均可变成本,而只有总成本和平均总成本了。在长期,如果 TR<TC,即总收益小于总成本,就退

出。这个公式的两边除以数量 Q，我们可以把这个公式写为：TR/Q<TC/Q，即物品的价格小于生产的平均总成本，企业就退出。而且，在长期，完全竞争厂商的利润等于0，因此，TC/Q 一定处于 AVC 曲线的最低点。完全竞争企业的长期供给曲线是边际成本曲线位于平均总成本曲线之上的那一部分。

三、行业的供给曲线

我们已经考察了一个企业的供给决策，现在可以讨论行业的供给曲线。之所以需要引进这个概念，是因为完全竞争行业里存在着大量的企业。要考虑短期和长期两种情况。这里所谓短期，指企业数量固定，所谓长期，指企业数量随着老企业退出市场和新企业进入市场而变动。

（一）短期行业供给曲线

首先考虑有 n 家相同企业的市场。在任何一种既定价格时，每个企业供给使边际成本等于价格的产量。这就是说，只要价格高于平均可变成本，每个企业的边际成本曲线就是其供给曲线。市场供给量等于个别企业供给量之和。因此，为了推导出市场供给曲线，我们把市场上每个企业的供给量相加。由于企业是相同的，市场供给量是 n 乘以每个企业的供给量。

其次，假设企业的边际成本曲线并不相同，但它们又都处于完全竞争的市场上，即把价格 P 都看成是给定的。于是，每个企业都根据 $P = MC_i(Q_i^*)$ 来确定自己的产量。市场总供给就是所有由此确定的产量之和。

（二）行业长期供给曲线

这里，又分为几种情况。第一种是所有厂商的生产函数都一样的行业。这时，"长期"要求所有厂商都在最低平均成本处生产，价格等于最低平均成本。长期的行业供给曲线将是水平的。这种行业因此被称为成本不变的行业。进入与退出这种类型行业的决策取决于在位企业和新企业对未来利润的预期。如果在位企业正在获得超出一般利润率的利润，新企业就有进入市场的激励。这种进入将扩大企业数量，增加物品供给量，并使价格下降，利润率就会下降。相反，如果在位企业亏损，那么，一些已有企业将退出行业。它们的退出将减少企业的数量，减少物品的供给量，并使价格上升，利润率就会上升。回想一下我们可以把企业的利润写为：利润 = (P − ATC) × Q。这个公式表明，如果，而且只有如果物品的价格等于生产那种物品的平均总成本，一个正在经营的企业有零利润。如果价格高于平均总成本，利润是正的，这就鼓励了新企业进入。如果价格小于平均总成本，利润是负的，这就鼓励一些企业退出。只有当价格与平均总成本被逼向相等时，进入与退出过程才结束。这种分析有一个惊人的含义。我们在本章的前面提到，竞争企业的生产使价格等于边际成本。我们刚才又提到，自由进入与退出的力量迫使价格等于平均总成本。但如果价格既要等于边际成本又要等于平均总成本，那么，这两种成本应该相等。但是，只有当企业是在平均总成本最低时运营，边际成本和平均总成本才相等。因此，有自由进入与退出时，竞争市场长期均衡一定是企业在其有效规模运行。图6.10 表示这种长期均衡时的企业，在这个图上，价格 P 等于边际成本 MC，因此，企业利润最大化。价格还等于平均总成本 ATC，因此，利润是零。新企业没有进入市场的激励，现有企业也没有离开市场的激励。

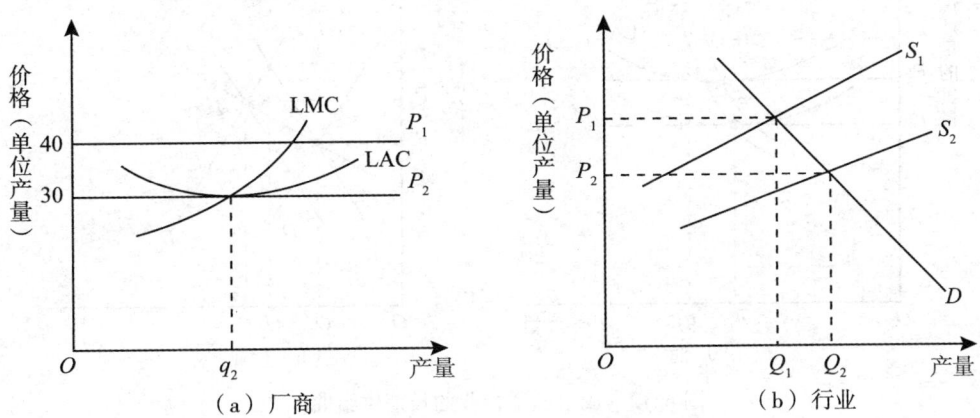

图 6.10 竞争厂商的长期均衡

根据企业行为的这种分析，我们可以确定市场长期供给曲线。在有自由进入与退出的市场上，只有一种价格与零利润一致——最低平均成本。因此，长期市场供给曲线必然是这种价格时的水平线，如图 6.11（a）所示。任何高于这种水平的价格都会引起利润，导致进入，并增加总供给量，图 6.11（b）所示。任何低于这种水平的价格都会引起亏损，导致退出，并减少总供给量。最后，市场中企业数量调整使价格等于最低的平均成本，在这种价格时，有足够的企业可以满足所有需求。

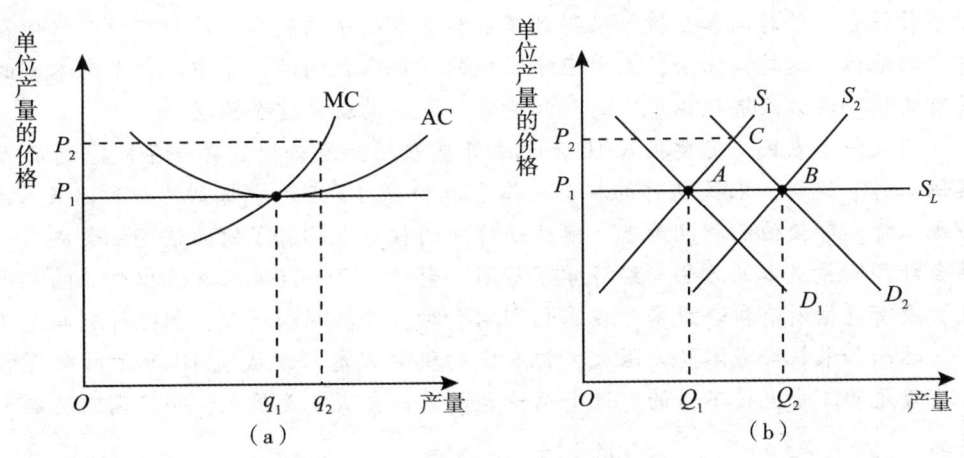

图 6.11 成本不变行业的长期供给

第二种是新进入的厂商的成本更大的行业，也就是新进入的企业生产效率更低。这时，长期的行业供给曲线将会是向上倾斜的。这种行业因此被称为成本递增的行业（请用图 6.12 来自行分析）。这时原来就已在这个行业中的企业就得到超过新进来企业的利润。

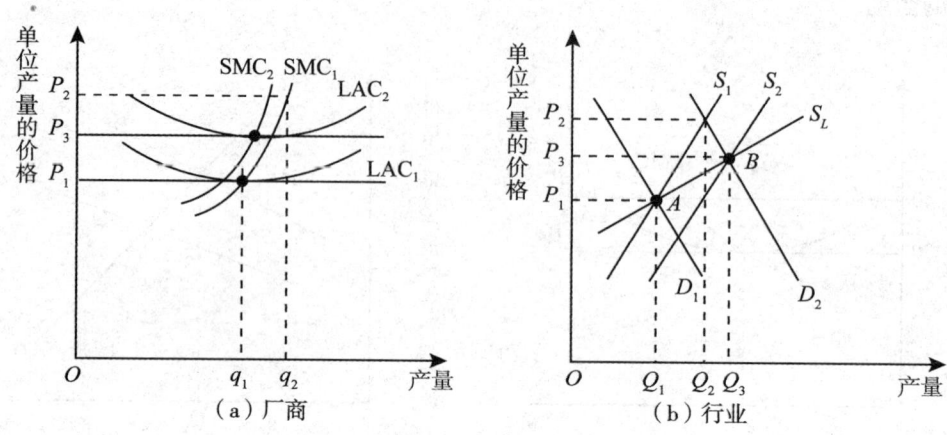

图 6.12 成本递增行业的长期供给曲线

第三种是新进入的厂商效率更高。这时，长期的行业供给曲线是向下倾斜的。这被称为成本递减的行业（请自行画图）。注意，就里的说法就相当于把一个行业抽象为一个企业了。

阅读资料：西方经济学的零利润等于马克思主义经济学的平均利润

就其本身而言，机会成本是无限大的。当在完全竞争模型中使用机会成本这个概念时，作为一种资源的最大化收益的机会成本就是一种市场价格了。企业的所有者用于经营该企业的时间和金钱如果得到了社会资本的平均利润，他就可以维持他在总资本中的地位。这就意味着，在大鱼吃小鱼的资本家之间的竞争中，这个资本家的地位没有变化。西方经济理论说它的利润为零，表达的就是这个意思。

假设一个农民一定要投入 10 万元去开垦农场，他必须放弃一年能赚到 2 万元的其他工作。这样，农民耕作的机会成本包括他从 10 万元中赚到的利息以及放弃的 2 万元工资。即使他的利润为零，他从耕作中的收益也弥补了他的这些机会成本。要记住会计师衡量成本的方法与经济学家不同。会计师只关注流入和流出企业的货币，因此，没有包括所有机会成本。在零利润均衡时，经济利润是零，但会计利润是正的。

然而如果机会成本是无限大，把农民的机会成本只说成是 10 万元所赚得的利息和 2 万元的工资也是不对的。这个结论也无需机会成本无限大，而只需它足够大就成立。

四、经济学家怎样用完全竞争模型

（一）考虑更多的实际因素

本节前面的分析表明，在所有企业都相同和没有资源限制的条件下，进入和退出使完全竞争产业的长期市场供给曲线是水平的。但你经常看到，一些教材常常画出的是向右上方倾斜的长期市场供给曲线。这有多个原因,下面只考虑两个。

第一个原因是放松企业相同的假设,允许企业有不同的成本。例如,考虑一个油漆工市场。任何一个人都可以进入油漆劳务市场,但并不是每一个人都有同样成本。成本不同部分是因为一些人干活比另一些人快,部分是因为一些人的时间比另一些人有更好的可供选择用途。在任何一种既定价格时,那些低成本的人比那些高成本的人更有可能进入。为了增加油漆劳务的供给量,就必须鼓励额外的进入者进入市场。由于这些新进入者成本高,要使进入市场对这些人有利,价格就必须上升。因此,甚至在自由进入市场时,油漆劳务的市场供给曲线也向右上方倾斜。要注意的是,如果企业有不同的成本,一些企业甚至在长期中也赚到了利润。在这种情况下,市场价格代表边际企业——如果价格有任何下降就退出市场的企业——的平均成本。这种企业赚到零利润,但成本低的企业赚到正利润。进入并没有消除这种利润,因为想要成为进入者的成本高于市场中已经有的企业。只有在价格上升,使市场对其有利时,高成本企业才将进入。

供给曲线向右上方倾斜的第二个原因是,生产产量扩大之后,可能会产生一些新的问题。比如环境污染,处理环境污染需要成本,这意味着产品的价格要上升。结果是甚至在自由进入时,长期市场供给曲线也向右上方倾斜。

由于这两个以及其他原因(请自行思考!如资源有限),市场上长期供给曲线会向右上方倾斜而不是水平的,这表明要引起较大供给量,较高的价格是必需的。因此,关于进入和退出的基本结论仍然是正确的。由于企业在长期中比在短期中更容易进入和退出,所以长期供给曲线一般比短期供给曲线富有弹性。

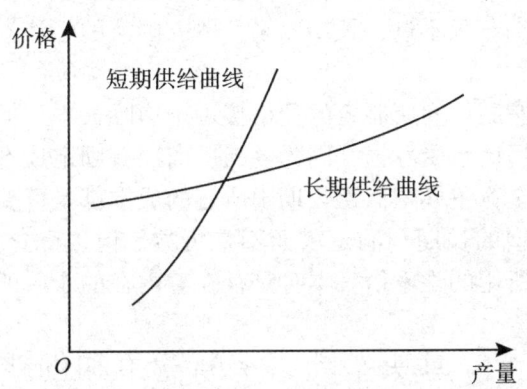

图 6.13 厂商的短期供给曲线和长期供给曲线的弹性

(二)用于意识形态的目的

本节的完全竞争理论是西方从类似的完全竞争概念所做出的进一步的抽象。第一章曾说,抽象是必需的,但这并不表明所有的抽象都是科学的。本节所介绍的理论看起来也是非常漂亮的、合乎逻辑的,但在西方经济理论体系中,这个理论其实被用来服务于一种特殊的非科学的目的。这可以从曾因产业组织研究获诺贝尔奖的芝加哥大学经济学教授乔治·斯蒂格勒(George Stigler)在《财富经济学百科全书》中写的一段话来说明。他说:

经济学中的一个著名定理认为，竞争性企业经济将从既定资源存量中产生最大可能的收入。没有一个现实经济完全满足这个定理的条件，而且，所有现实经济都与理想经济有差距——这种差距称为"市场失败"。但是，按我的观点，美国经济"市场失败"的程度远远小于植根于现实政治制度中经济政策不完善性所引起的"政治失败"。

这段话说明了什么呢？它说明了，西方学者承认，经济学中的完全竞争理论是虚假的，是与事实不符的，但它被斯蒂格勒用来否定政府对于经济的干预，而这是芝加哥大学经济学最核心的自由市场理念的一个自然的延伸。有人说，这段引文清楚地表明，决定经济中政府的适当作用需要有关政治学与经济学的判断。但是，把不完全竞争性企业经济的失败与经济政策不完善的失败相比，二者具有可比性吗？答案应该是没有。只有这个答案才能与盛行自由市场理念的1929年发生经济危机和自由市场理念自1980年后重新盛行却又在2007年发生深刻的经济危机的事实吻合起来。所以，完全竞争理论是一个好的理论吗？答案是否定的。这是本书把它作为垄断理论的一个极端特例来看待的主要原因。

五、结论

所有的生产者都相同的假设太强了。如果我们意识到这一点，那么，垄断应该比完全竞争更早出现在人们的生活中，更早被人们所意识到。你可以想一想，18世纪的英国一个普通的市民，不是福尔摩斯那样的人物，走到大街上去买东西，感觉到囊中羞涩，他是否应该会问自己，为什么自己不能够经营一个企业向市场供应商品呢？从这个角度看，垄断早就成为经济中的常态。只不过，长期以来，西方国家的经济学家没有研究这种经济常态。

竞争的作用是迫使垄断厂商所制定的价格接近于边际成本。但从短期看，价格接近于边际成本，等于让垄断厂商承受亏损，因为垄断厂商还有固定成本中的相当部分无法从销售收入中得到补偿。完全竞争模型假设长期中所有的成本都是可变的，因此固定成本就为零了，所以完全竞争模型的长期利润是零而不是负数。但边际这个概念必然对应的是短期，所以完全竞争模型所用的学术语言本身是存在着内在的矛盾的。

第三节 寡头垄断、垄断竞争和创新竞争

许多行业中的企业有竞争者，但又没有面临足够激烈的竞争，以至于其定价除了受制于市场需求外，还受制于其他企业的行为，这种状况就是不完全竞争。不完全竞争本身又根据竞争程度的不同分为两种情况：寡头垄断和垄断竞争。寡头垄断的本质特征是只有少数几个卖者。因此，市场上任何一个卖者的行动都对其他卖者的利润有重大影响。他们之间形成了相互依赖的关系。

一、双头垄断

双头垄断就是只有两个卖者的寡头垄断。我们这里考虑三个模型，它们分别代表不同

第三节 寡头垄断、垄断竞争和创新竞争

的相互依赖关系。

（一）古诺模型

古诺（Augustin Cournot）在其 1883 年的著作中考虑了这个模型。假设：（1）一个产品只有两个厂商生产。这意味着，在每一个价格下，市场需求是给定的。（2）两个厂商对市场总需求具有完全的信息。这意味着，一个厂商如果销售某个数量的商品，另外一个厂商只能卖出市场所需要的剩余数量。（3）两个厂商同时做出生产产量的决策。这意味着，两个厂商要考虑一个反应函数，而不是一个确定的数量关系。这时，两个厂商怎样做出决策呢？

进一步假设：（1）这两个厂商面临如下市场需求曲线：

$$P = a - Q \tag{6.16}$$

其中，Q 是两个厂商的总销售量，即 $Q = Q_1 + Q_2$。（2）两个厂商的边际成本都为固定值 c，都没有固定成本。这意味着每个厂商的总成本为 $Q_i c$。（3）两个厂商都遵循利润最大化的原则。

于是，第一个厂商将会最大化如下利润：

$$\pi_1 = PQ_1 - Q_1 c = (a - Q)Q_1 - Q_1 c \tag{6.17}$$

由于第一个厂商无法影响第二个厂商的产量，因此，它在最大化上述利润时，把 Q_2 作为常数来看待。求解 $\partial \pi / \partial Q_1 = 0$ 可得：

$$2Q_1 + Q_2 = a - c \tag{6.18}$$

同理，第二个厂商的行为方程则是：

$$Q_1 + 2Q_2 = a - c \tag{6.19}$$

为了使上述两式有意义，需要假设 $a > c$（请自行思考这具有怎样的合理性。提示：弄清 a 表示什么）。

上面两式联立所得的解就是两个厂商应该做出的决策。这可以用图 6.14 来说明。

值得注意的是，在实际经济中，古诺模型的解只是一种可能情况，而并非必然的情况。这是两个厂商未能协调行动的情况。如果两个厂商能够协调行动，就会出现协调解。对称的协调解就是两个厂商作为一个整体行动，然后平均分配产量。在西方经济学文献中，这被称为对称的合谋解。在中国，由于国有企业有上级领导部门，产量可以是由上级领导部门决定的。这时，称其为合谋解是不恰当的。

（二）斯塔克伯格模型

古诺模型关于两个厂商同时作出决策的假设多多少少是不符合实际的，更符合实际的情况是厂商 1 比厂商 2 先决定产量，这时各自的产出决策是什么呢？一种可能的情况是：这两个厂商的决策密切相关，互相决定。这就是斯塔克伯格模型。假设市场需求还是由 $P = a - Q$ 给出。再假设厂商 1 先决定产量 Q_1，厂商 2 根据厂商 1 的产量作出自己的产量决策，即 $Q_2 = Q_2(Q_1)$，这是厂商 2 的反应曲线。它是厂商 2 求解如下问题得出来的：

$$\pi_2 = PQ_2 - C(Q_2) = (a - Q_1 - Q_2)Q_2 - C(Q_2) \tag{6.20}$$

在求解上式时，厂商 2 把 Q_1 当成常数。所求出的解与古诺模型里的反应曲线是一样的，即 $Q_2 = \frac{1}{2}(a - c - Q_1)$。

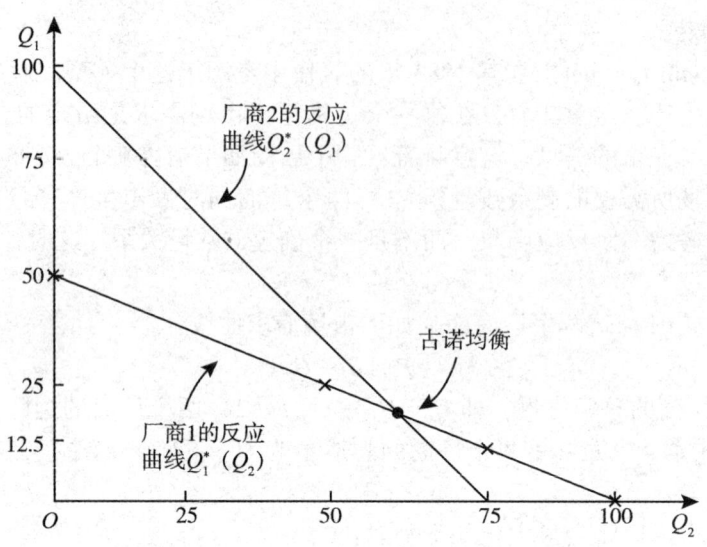

图 6.14　古诺模型的解（$a=30$，$c=0$ 的情形）

厂商 1 知道厂商 2 具有这种反应函数。于是，厂商 1 的利润函数可以写为：

$$\pi_1 = PQ_1 - C(Q_1) = (a - Q_1 - Q_2(Q_1))Q_1 - C(Q_1) \quad (6.21)$$

如果还假设两厂商的边际成本都为固定值 c，那么，厂商 1 的利润最大化条件就是：

$$(-1 - Q_2'(Q_1))Q_1 + (a - Q_1 - Q_2(Q_1)) = c \quad (6.22)$$

把 $Q_2 = \frac{1}{2}(a - c - Q_1)$ 代入上式，可以得到 $Q_1 = \frac{a-c}{2}$。为了使它有意义，需要要求 $a > c$（它的经济意义是什么？）。把 $Q_1 = \frac{a-c}{2}$ 代入 $Q_2 = Q_2(Q_1)$，即 $Q_2 = \frac{1}{2}(a - c - Q_1)$，得到 $Q_2 = \frac{1}{4}(a - c)$。可以看到，厂商 1 的产量是厂商 2 的产量的 2 倍。这可以被解释为厂商 1 的先行优势：厂商 2 把厂商 1 的产量作为给定的。这时，厂商 1 被称为主导者，而厂商 2 被称为跟随者。

阅读材料：领导者-跟随者结构

一个企业可能生产很多产品，但有些产品依然是它无法生产的。比如，一个汽车公司可能把生产刹车装置的任务交给另一个中小企业来生产，美国公司把软件交给印度的软件公司来生产。这就是生产外包（production outsourcing）。它与纵向一体化（vertical integration）是相反的企业模式操作。后者是企业自身自主经营或参股到上游或下游产品生产领域的行为。

一个企业可能只是外包自己生产中的某个部件，也可能是把整个产品的生产都外包给其他企业，而自己负责设计和销售（借此控制生产）。其实，外包早在资本主义诞生时就出现了。封建社会中，许多家庭制造自己所穿的鞋子，而资本主义诞生时，一些人发现，向农民家庭供应生产鞋子的原料和收购由这些家庭所制造的鞋子然后再销售出去能够获利。这就意味着一种新型的生产方式了，这是家庭手工业的阶段。①

相对外包模式，共同使用某些共同的生产条件（如建筑物等），比单个工人消耗分散的生产条件要节约，因而能使产品便宜一些。在机器生产中，不仅一个工作机的许多工具共同使用一个工作机，而且许多工作机共同使用同一个发动机和一部分传动机构。企业集中在一个地点具有与外包式的结构不同的成本。这不仅涉及签约成本、执行契约成本，还涉及生产分工复杂化的要求和专业化所带来的好处。当这样的企业很大时，它可能把其中一些业务外包生产。

当一个企业在某个地点设立后，如果这个地点足够好，往往就集中了许多类似的同行业和相关行业的企业，于是，企业集聚现象出现了。

然而，应该注意的是，企业现象的稳定性是通过老企业死亡、新企业兴起来达到的。有的企业也有地理上的迁移。中国曾经大力实施招商引资，人为地促进了企业的地理迁移。

（三）伯特兰（Bertrand）模型

在古诺模型和斯塔克伯格模型中，同一行业中的企业的决策空间是由产量构成的。但在有的时候，同一行业中的企业的决策空间是价格空间而不是产量空间。同一行业的假设蕴含着这两个厂商的产品是同质的（这反过来意味着不同质量的产品生产企业可以被认为是处于不同行业）。如果这两个厂商又在同一个市场上（如在同一个超市中）销售产品，那么，价格竞争将会迫使两个厂商以同一价格销售产品，无论谁先制定价格。否则，高价格的厂商就难以卖出产品，除非低价格的厂商的产品供不应求。

在产量充足（即生产能力巨大）的条件下，生产同质产品的两个厂商的价格竞争不仅使得二者定价相同，而且相同在其尽可能低的价格水平上。如果二者的边际成本是给定的，价格就会等于边际成本。这也意味着二者在最低平均成本的水平上定价。这是因为消费者总是在给定质量下买最便宜的。竞争驱使厂商不断地降价，直到降低到它们所忍受的极限。

假如你认为，同一行业中允许产品质量（设计、性能和耐用性等）有一定的差别，但又有竞争，这时的情况如何呢？这时，厂商不再拥有一个共同的需求曲线，而是分别拥有自己的需求曲线了。如果你假设两个厂商的需求曲线是对称的，比如，厂商1的需求是 $Q_1 = a - bP_1 + dP_2$，厂商2的需求是 $Q_2 = a - bP_2 + dP_1$，那么，只要把求利润最大化的决策变量定为价格，就可以求解出它们各自的价格反应曲线，而且二者的价格将会定在同样的水平上，只不过，这时它们可能分别赚得一些垄断的利润罢了。感兴趣者可以参见罗伯特·S. 平狄克和丹尼尔·L. 鲁宾费尔德的《微观经济学》（中国人民大学出版社2014年版）第427至430页的内容。

---

① 现代租赁业的雏形也包含在这种模式中。现代企业租赁动力设备、机器和原材料并不常见，但租赁店铺非常常见。

二、垄断竞争

垄断竞争描述一个有许多出售相似但不相同产品的企业的市场结构。这样的市场的例子包括小说、电影、CD 和电脑游戏机等市场。在这种市场结构中,由于企业的数量很多,就无法考虑这些企业之间的相互作用,而只能用单个企业所面临的需求曲线、它的成本特征来加以研究。由于这些企业具有一定的垄断性,所以都可以假设它们面临向下倾斜的需求曲线。由于这些厂商数量众多,所以不妨假设它们进入或退出这个市场都是自由的。由于这一点,当在位的企业得到高额利润时,就会吸引其他的企业进入。其他企业的进入就会影响到在位企业的需求曲线,使得在位企业的需求曲线向左下方移动,直到在位的企业得到一个平均的利润。

图 6.15 是一个标准的图形分析。P_{SR} 表示产品的短期价格,Q_{SR} 表示在这个价格下的利润最大化产量(由 MR = MC 决定)。由于在这个产量上销售的价格大于平均成本,所以这个垄断竞争厂商获得了短期的高于正常水平的利润。这个短期利润吸引其他的企业进入。这就使得这个企业所面对的长期需求曲线(图 6.15(b)中的 D_{LR})和短期需求曲线(图 6.15(a)中的 D_{SR})不同。这个长期需求曲线 D_{LR} 是由在长期垄断竞争厂商的利润为零所定义的。

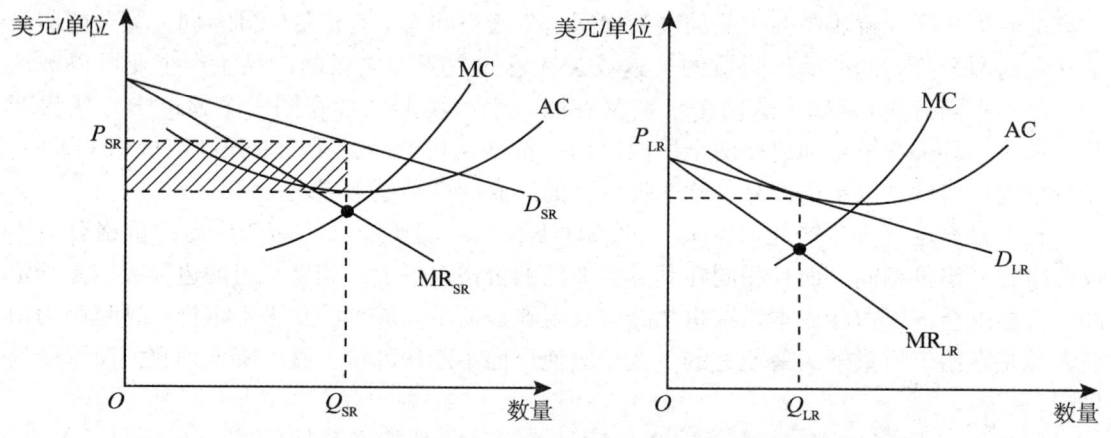

图 6.15　垄断竞争厂商的短期和长期状态

三、以创新来竞争

本章无论是垄断理论、完全竞争理论,还是寡头垄断、垄断竞争理论,都是假定存在某种企业,而没有讨论企业是如何产生的。它们也同时都是假定,已有的企业要么在产品价格空间中、要么在产品数量空间中决策,而企业的实践比这要复杂得多。特别是,新建的企业许多是以新产品来打开市场的。一些在位的企业开发出新产品实际上就使得这个企业浴火重生了。在当代西方国家,那些最重要的企业、进入到西方管理学案例文献中的企业,一般都是通过创新来谋求生存和发展,而不是在本来已经非常激烈的竞争中挣扎。也就是说，这些企业通过拓展竞争空间来实施竞争。

马克思主义认为，人是具有主观能动性的，也就是具有创造性。因此，资本家为了实现自己的利益，不是任由市场决定，而是试图创造性操纵市场就不足为奇了。约瑟夫·熊彼特较为系统地总结了资本家可能采取的五种策略。这位学者首先研究了类似于马克思所说的两部类的平衡性再生产，他称之为循环流转。然后，针对这种循环流转的静态经济，他提出了五种打破的方法：一是采用一种新的产品，就是消费者还不熟悉的产品，或一种产品的一种新的特性。二是采用一种新的生产方法或新的处理方式，哪怕这是尚未通过经验检定的方法、方式，或还没有什么科学基础的方法、方式。三是开辟一个新的市场，也就是有关国家的某制造部门以前不曾进入的市场，不管这个市场以前是否存在过。四是掠取或控制原材料或半制成品的一种新的供应来源，也不问这种来源是已经存在的，还是第一次创造出来的。五是实现任何一种工业的新的组织，比如造成一种垄断地位（例如通过"托拉斯化"），或打破一种垄断地位。[①] 他称之为"新组合"。而后人把这个新组合称为"创新"。请注意，他的这个创新概念与科学的重大发现和技术上的重大发明都可以没有关系。但不管怎样，有许多企业家可以凭借这些方式在一定时期内获得超过甚至远远超过同行的利润。要注意，他的创新只是资本家干的活。

现代西方资本主义已经把创新发挥到了极致。产业的空间转移是资本主义的一种创新。比如，纺织工业和制鞋工业就从新英格兰移到南部，然后到波多黎各（Puerto Rico）、墨西哥、日本、韩国、印度和中国。这种现象在国际经济学中被称为外国直接投资。请注意，这种空间的转移也有西方学者称之为资本主义的空间修复。意思是，资本主义在原来的空间里活不下去了，但是，它找到了另一个空间继续存活下去。用这个概念再去反照创新概念，你可能别有一番滋味在心头了。

关 键 词

自然垄断　无谓损失　市场总剩余　价格歧视　规模经济　范围经济　完全竞争模型　短期总供给曲线　长期总供给曲线　古诺模型　斯塔克伯格模型　伯特兰模型　领导者-跟随者结构

思考题与练习题

1. 解释垄断者如何选择生产的产量和收取的价格。垄断是组织市场的好方法吗？
2. 请用垄断厂商利润最大化图形证明价格歧视是利润最大化垄断者的理性战略，即通过对不同的顾客收取不同的价格，垄断者可以增加利润。请注意，这种垄断厂商的理性战略是建立在消费者利益损失的基础上的，尽管这个事实并不意味着应该打破垄断（为什么？考虑国家拿走垄断利润用于更重要目的的情形）。

[①] 约瑟夫·熊彼特. 经济发展理论——对于利润、资本、信贷、利息和经济周期的考察. 何畏，易家详，译. 北京：商务印书馆，1991：73-74.

3. 私人垄断与政府垄断的区别是什么？有人说，国有企业是垄断，中国的国有企业垄断与西方的私人企业垄断存在什么不同？孰优孰劣？

思考上面的问题有助于你回答下面的问题。假设一个国家是混合所有制经济，即既有私有经济成分，也有公有制经济成分。假设其中原材料、能源国有，公共设施、公益事业国有，高科技机构国有，因此都是由国家垄断。如果把这些领域私有化了，请问，对这个国家是好还是坏？使用这些资源的私有资本会怎样认为？请注意，私有化会大大提高这些资源的价格。

4. 在有自由进入与退出的长期中，市场价格等于边际成本，平均总成本等于这两者，还是不等于这两者？用图形解释。

5. 做老板有自由吗？在最纯粹的意义上，自由放任经济中的私人企业具有两大互相矛盾的特点：不受遏制和孤立无援。不受遏制是自由放任诉求的应有之义，孤立无援是这些企业的必然命运。

6. 已知生产相同商品的潜在生产者的生产成本函数都是 $C(q_i) = 25 + 10q_i$，市场需求为 $Q = 110 - p$，q_i 表示各生产者的产量，p 表示市场价格，假定各生产者组成的寡头市场满足古诺模型的要求，试求：

（1）若只有两个生产者组成古诺模型的寡头市场，产品市场的均衡价格等于多少？每个企业能获得多少垄断利润？

（2）若各潜在生产者在寡头市场展开竞争，从而形成垄断竞争市场，产品市场均衡价格等于多少？在垄断竞争市场上，最终可能存在几个生产者？

7. 生产差别产品的两厂商通过选择价格竞争，它们的需求曲线是：$Q_1 = 20 - p_1 + p_2$ 和 $Q_2 = 20 - p_2 + p_1$，式中，p_1 和 p_2 是两厂商的定价，Q_1 和 Q_2 则是相应的需求。假设成本为零。

（1）若两厂商同时决定价格，那么它们会定什么价格，销量和利润各为多少？

（2）设厂商1先定价格，然后厂商2定价，厂商1观测到了厂商2的反应曲线。这时各厂商将定价多少，销量和利润为多少？

8. 某产品的市场需求曲线为 $Q = 20 - p$，市场中有 n 个生产成本相同的厂商，单个厂商的成本函数为 $c = 2q^2 + 2$。问：

（1）若该市场为竞争性市场，市场均衡时的市场价格和单个企业的产量是多少？

（2）长期均衡时该市场中最多有几个厂商？

（3）若该市场为寡头垄断市场，古诺均衡时的市场价格和单个企业的产量是多少？

第七章 经济运行效率的衡量

在前面讲了基本经济行为和企业行为后，你可能对经济效率进行衡量感兴趣了。然而，效率是一个过于抽象的概念。许多人往往错误地使用这个概念。本章主要针对那种基于交换的观点而产生的效率理论和认为私有企业有效率的理论而设计。

第一节 生产对交换的占优

交换在当代西方经济理论中的地位太重了。通过交换，可以提高福利，并在既定生产力条件下耗尽所有的福利改善可能。马克思也绝不会否定这一点。但无论在马克思的理论中，还是在穆勒（J. S. Mill）的理论中，市场的地位决不会排到前三甲。他们都共同认为，市场是由生产决定的，所以市场如果决定资源配置，也是在生产决定资源配置之后。马克思和穆勒是对的。这里，我们用一个图形来简洁地加以说明。

一、生产可能性边界

任何一个经济主体（包括国家）在一定时间之内所能生产的商品都是有限度的，这是因为生产投入是有限的。然而，有限的生产投入可以产生出不同的产出组合。一个经济主体能够生产出的产品组合所构成的轨迹被称为它的生产可能性边界（production possibility frontier）。

图 7.1 就是一个生产可能性边界。在其中，C 点代表着军用品多而民用品少。A 点代表着民用品多，军用品也不少。将一个社会的产出分为民用品和军用品，是一种重要的分类。美国经济被视为带有很强的军事经济色彩的体制，因为它的军用品产出过多。在战争时期，军用品产出确实应该很多，但在和平时期，军用品产出就不应该那么多了。在第二次世界大战时，苏联的经济问题可以描述为是要更多的消费品还是要更多的军工产品。美国一个州立大学的经济系主任曾著书指出，苏联对这个问题的解决不是依靠市场，也不可能依靠市场。

尽管 A、C 在资源配置上有差别，但它们有一个共性，即它们都是帕累托最优的。所谓帕累托最优，就是对于涉及 n 个对象的场合，如果不损害其中一个对象的利益就不可能增加任何其他一个对象的利益。在这里，就意味着如果不减少民用品供给，就不可能增加军用品供给。

A、C 还有一个共性，即它们都可以被认为是社会已经实现了其潜在产出的资源配置。所谓社会潜在产出，指在给定生产函数和其初始资源禀赋的条件下，一个社会最大可能生产的商品总量。尽管这种充分利用在现实生活中应该并不是名副其实。在这个边界的里

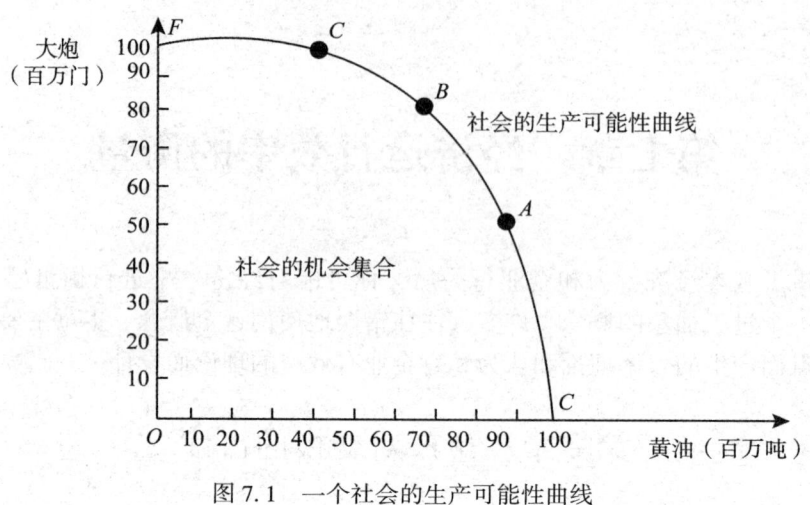

图 7.1 一个社会的生产可能性曲线

面,代表着这个经济没有达到资源的充分利用。

当然,在不同条件下,一个社会可能相对 C 更偏好 A,而在另一个条件下,可能正好相反。

沿着生产可能性曲线的两种商品在产量上的此消彼长关系,被称为"边际转换率"。它展示了商品 2(如图 7.1 中的大炮)的生产增加需要以商品 1(如图 7.1 中的黄油)的生产减少为代价。沿着曲线的任意点,都衡量了为拿出足够劳动力和资本资源来多生产一单位的商品 1 而要减少的商品 2 的数量。曾记否,生产商品 1 的边际成本是增加一单位这种商品的生产所需耗费的资源。如果商品 1 的生产增加一个单位,则这一耗费为 MC_1。按照这个逻辑,如果商品 2 的生产减少,则节省下来的资源的边际成本为 MC_2。MC_1 和 MC_2 的比率,将多生产额外一单位商品 1 所需的资源成本和少生产一单位商品 2 所节余的资源成本联系了起来。边际成本的比率因而和边际转换率是一样的,它们都衡量了沿着生产可能性边界,一个社会在增加一种商品生产而减少另一种商品生产时所面临的机会和成本。这两个概念是等价的。

图 7.1 有许多用途(所以值得记住)。这里,其重要的用途是,它可以用来说明一个基本的道理:对于福利的决定而言,生产比交换的作用更重要。这是我们下面要分析的。

二、国民福利决定:生产对交换的占优 (dominance)

交换既包括国内交换,也包括国际交换。许多经济学者的理论极为强调国际贸易的重要性,甚至极为强调比较优势理论的重要性。从经济学的观点看,这个强调是过分的、错误的。这可以用如下方法来证明。

图 7.2 中,凹向原点的曲线是一个国家的生产可能性边界(PPF)。假设 A 点是一个国家在封闭经济条件下的生产组合。在这种封闭经济条件下有一种价格体系,即贸易前的价格体系。在整个价格体系和生产组合上,这个国家所达到的效用水平是 U_1。假设这个国家与其他国家发生贸易,于是这个经济的生产产品组合由 A 点移动到 B 点。

在图中这种移动太夸张了。中国的进口或出口占 GDP 的比重最高时约 15%。一般而言，越大的国家，这种比例就越低。B 点的生产组合给这个国家带来的效用是 U_2。毫无疑问，通过贸易，这个国家的福利又增长为 U_3。但是，即使这个图夸张了贸易，也清楚地显示出（U_3-U_1）/U_1 是很小的。也就是说，这个国家的福利根本地取决于生产，而不是贸易。这个分析会让你思考，自由贸易在一个国家的经济政策中是否应该占据非常重要的地位呢！？

还没有考虑到的一件事情是，如果所谓的自由贸易阻碍了这个国家生产可能性边界的有效移动（比如，移动到图 7.2 中最外面的那条生产可能性边界曲线），那么采取所谓自由贸易的政策就是得不偿失的事情。所谓自由贸易的政策就是偏向外国人的政策了。这就成了穷国补贴富国了。

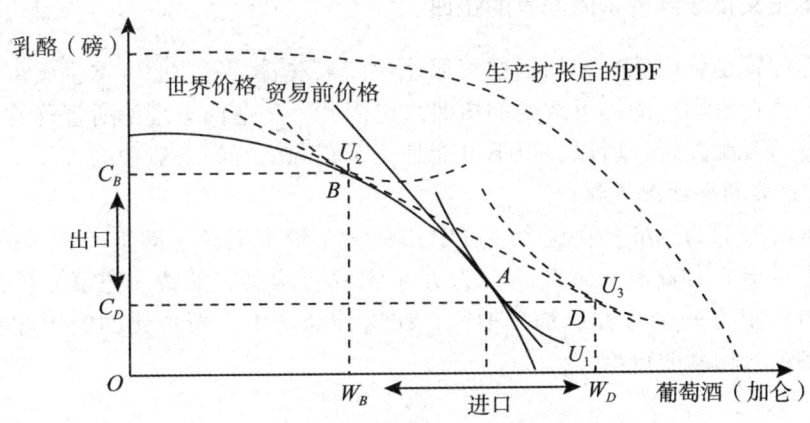

图 7.2　生产比交换对福利更具有决定性

实际上，只有很小的国家，贸易才对其福利具有决定性的意义，因为小国的国内生产较少，贸易占 GDP 比重很高。或者说，贸易就是它的主要的经济活动（之一），如新加坡。这显示，对于小国适用的经济规律并不一定适用于大国，并且一些由小国发现、发展的重要的经济规律一定不适用于大国。你知道吗，李嘉图在提出比较优势理论的时候，是以英国和葡萄牙为例。与 21 世纪的中国和美国 GDP 相比，这两个国家都是小国了。而且，英国和葡萄牙的关系之近可以说是兄弟般的国家，它们早在 12 世纪就开始发展联姻、联盟关系。中国和美国显然不是兄弟之国。

值得注意的是，生产可能性边界这个概念无法告诉你一个国家究竟是怎样生产和为谁生产的。这并不令人意外，因为一个概念不可能有这样多的用途。所以，PPF 曲线有用，但不是总有用。你不能在一辈子的研究中只关心它。如果一个国家的经济研究和你成为学者之后的研究只充斥着生产多少的问题（增长问题），而没有为怎样生产和为谁生产留下多少余地——今天世界的所谓增长理论家们干的主要就是这样的事情，你认为相关概念究竟起了怎样的作用呢？

第二节 私有企业制度安排的无效率

西方的经济理论一般是基于西方资本主义经济的实践而得出。有些理论具有与社会主义国家经济相适应的共性，有些则只是它的特性。人们可能会好奇，资本主义企业是有效率的吗？其实，这个问题还不对。应该问的问题是，资本主义企业的效率不能被超越吗？很显然，资本主义私人企业的形式也随着经济发展阶段的不同而不同。比如，它从一开始的个人企业发展到合伙制企业再发展到股份公司，一些企业的规模已经如此庞大，它包括了制造业、金融业，它所生产的产品的价值可能超过了一个小的国家的 GDP。世界 500 强曾经非常令人炫目！然而，这些现象不能用来代替我们下面的理论思考。

一、资本主义市场经济资源配置的扭曲

如果资源配置是你很感兴趣的话题，那让我们来看看，发达的资本主义市场经济资源配置为什么会存在着固有的不可改变的扭曲。也因此，一些西方理论所宣称的资源配置根本不是最重要的资源配置，所以，也不可能是关于资源配置的一般理论。

（一）新古典的资源配置概念

让我们考虑如下的经济：在这个经济中，有 F 个资本主义（即生产资料被私人占有）企业，它们生产出 G 种商品（或产品）为 H 个家庭所购买和消费。把第 g 种商品（或产品）的市场价格定为 P_G。于是，简单地说，在这种经济中，新古典的资源配置指的是这样一组让市场供求均衡的价格

$$\{P_1, \cdots, P_G\} \tag{7.1}$$

和在这组价格体系下的消费

$$\{C_{11}, \cdots, C_{1G}, \cdots, C_{H1}, \cdots, C_{HG}\} \tag{7.2}$$

以及这组价格体系下的投入组合

$$\{F_{11}, \cdots, F_{1G}, \cdots, F_{F1}, \cdots, F_{FG}\} \tag{7.3}$$

如果"引进市场机制"（即所谓市场化）不是私有化的代名词，我们就可以用"市场"这个术语来专指上述那个价格体系，即 $\{P_1, \cdots, P_G\}$。这个定义是合理的，因为它反映了家庭与企业之间的交换关系，而且，你不能把家庭叫作市场，也不能把企业叫作市场。我们称有了这样一个价格体系的经济为市场经济。

你认为，你的消费的多少，即 $\{C_{11}, \cdots, C_{1G}, \cdots, C_{H1}, \cdots, C_{HG}\}$，是重要的经济学问题吗？如果是，它在多大程度上正确呢？你自己和一个想把房子卖给你的房地产商可能非常关心你对房子的消费。但是，一个面临外敌入侵的国家领导人不关心。总体而言，在一个收入分配两极分化的社会，即使你假设所有市场同时达到均衡（即达到所谓一般均衡），即使整个经济达到充分就业状态，穷人的效用最大化也是无法达到令人满意的水平的。美国哲学家罗尔斯正是针对这个问题，提出了他的最大化最小的正义概念。

（二）马克思的资源配置概念

下面的分析让你清楚上面的资源配置概念不是重要概念，利润和工资之比才是重要的资源配置概念。让我们借用间接效用函数来表示福利。这个函数表示，人的效用取决于他

所面对的市场价格和他的收入，即 IU = IU（P, M）。其中，P =（P_1, …, P_G）表示价格，M 表示收入，IU 表示效用水平。$\partial IU/\partial P<0$，$\partial IU/\partial M>0$。而且，这个函数是零阶齐次函数①（Varian, 1992: 102）。为了使用这个函数来进行经济研究，应该假设这个函数对于自变量是高度敏感的②。值得指出的是，间接效用函数是被作为（直接）效用函数（见第二章）的对偶而存在的。③

对于作为社会最广大人群的工人来说，其收入就是他的名义工资，因而他的间接效用函数可以写为：

$$IU = IU（P, W） \tag{7.4}$$

其中：W 表示名义工资，IU 表示工人在给定市场价格和工资条件下所达到的效用水平。由于其零阶齐次性质，不妨把 P_1 作为计价物，式（7.4）可以改写为：

$$IU = IU（P_2/P_1, …, P_G/P_1, W/P_1） \tag{7.5}$$

它表明，按照新古典的理论，工人阶级的效用水平取决于实际工资。这里，为了符号的简单起见，我们没有改变表示效用的符号。由于所有工人的阶级地位类似，工资水平相差不大，因此，采用新古典经济学的同质人假设，我们可以得出所有工人的效用水平差不多的结论。

如果我们在前面采用新古典经济学的同质人假设，我们就应该一以贯之，即假设资本家和工人具有同一间接效用函数，他们的唯一不同是生产资料资本主义私有制基础上的收入的巨大差异：资本家取得的利润收入 Π 远远大于工资，即 $\Pi \gg W$。因为我们假设所有资本家都一样，所以，我们这里假设所有资本家虽然生产不同产品，但得到的利润都一样。既然我们假设效用函数是高度敏感的，我们就可以得出如下结论：

$$IU（P_2/P_1, …, P_G/P_1, \Pi/P_1） \gg IU（P_2/P_1, …, P_G/P_1, W/P_1） \tag{7.6}$$

即单个资本家的效用水平远远高于单个工人的效用水平。这样来看，只要我们假设效用函数对于实际收入是敏感的，我们就知道，一个资本家的福利和生活水平是工人所无法企及的。这样看来，在一个财富和收入两极分化的社会，抽象地谈论民生是没有意义的。除非推翻资产阶级的统治，否则，工人无论怎样理性，都不可能根本改善其民生。在资本主义私有制的作用下，公式（7.6）会永久性地成立下去。而且，那些失业的人或者永久性退出劳动力市场的人被马克思称为产业后备军的人，他们的福利水平更是低于就业的工人的福利水平。④

仔细审视公式（7.6），既然所有相对价格（P_i/P_1，其中，$i=2$, …, G）都相同，民生问题实质就是由 $\Pi \gg W$ 所决定的。特别是，如果间接效用函数 IU（P_2/P_1, …, P_G/P_1, M/P_1）对于 P_2/P_1, …, P_G/P_1 和 W/P_1 是加可分的，即 IU（P_2/P_1, …, P_G/P_1, M/P_1）

---

① 零阶齐次函数是指，当价格与收入变动相同比例时，效用水平不变。
② 函数对于自变量是高度敏感的，意味着自变量的微小变化就会使函数值产生较大变化。
③ A 和 B 具有对偶关系，意味着它们几乎是一种等价的表示方法。
④ 从这个角度看，新古典经济学的个人主义理性对于工人阶级是没有意义的。它只能是亚当·斯密和奥地利学派的经济学家们对那些发财的资产阶级的经验的总结。

可以写成 $f(P_2/P_1, \cdots, P_G/P_1) + G(M/P_1)$ 的形式①，则公式 (7.6) 就会变成

$$g(\Pi/P_1) \gg g(W/P_1) \tag{7.7}$$

如果我们令 $P_1 = 1$，上式就写成了 $g(\Pi) \gg g(W)$。这就最清晰地表明，所谓福利问题实际就是收入差距问题。

根据马克思主义关于阶级的定义，即资本家阶级和工人阶级由于在社会生产中的地位不同而获得不同数量的收入，从而具有不同的福利水平，福利问题也就是阶级问题。这样看来，阶级对立才是福利问题产生的根本原因。只要阶级对立不消除，福利问题就无法解决。因此，按照新古典的范式，纯粹从交换的角度看，所谓福利问题就与相对价格和绝对价格没有关系。价格无论高低，都对福利不产生根本性影响。② 这样一来，新古典理论所提出的带有心理因素的效用函数在经过一番迂回之后被证明是不需要的。同时，我们也就看到，马克思仅仅比较利润和工资来进行他的经济分析是多么简洁和伟大！③ 反过来，西方的效用函数充斥着教科书，又起到什么作用呢？

资本主义国家的基本制度是资本家拿走大部分利润，工人仅获得极低的工资。这个基本制度导致了资源配置的最大的扭曲。与这种扭曲相比，中国国有企业的制度安排是远为优化的方案。中国国企为了激励经营班子拓展业务、增加收入、控制成本、提高经济效益，同时鼓励倍增，实现企业可持续发展，也制定一些以经营班子为奖励对象的基于利润的奖励方案，一般而言，管理层所拿到的利润总额控制在 5% 以下。但这种激励是否有必要，依然是一个未定的问题。

案例分析：资本决定下的艺术家命运

通过读大学，许多人改变了自己的命运。一个中国人在 20 世纪在美国哈佛大学拿到博士学位，这个人的一生就基本在学者的圈子里生活了。然而，这是一个人的最好的生活吗？未必！下面的报道能够让你理解其中的因由。

参考消息网 2015 年 11 月 13 日报道，11 日在美国纽约苏富比（Sotheby）拍卖会上，已故美国抽象艺术家汤伯利（Twombly）的作品《黑板》（黑板上的就像小朋友涂鸦一样的 6 行连续圈圈），创下 7 053 万美元的高价，打破了他个人拍卖的最高纪录。汤伯利的创作方式只是坐在朋友的肩上，让对方随意晃动，然后他便顺着这个起伏，用粉笔在黑板上不间断地画出线条。你很难相信这是一种价值巨大的艺术。但为什么他的画作那么值钱呢？

这要与美国在 20 世纪 60 年代后夺取了西方艺术主控权联系起来才能解释。加拿

---

① 写成这种形式是可能的。比如柯布－道格拉斯函数所对应的间接效用函数就可以写成这样的形式。参见 Varian（1992，p.111）。

② 这个影响可以通过把 $[W/P_1, \Pi/P_1]$ 分割成若干个区间，然后在各个区间上进行泰勒展开来加以分析。

③ 无论是社会科学还是自然科学中，对于理论贡献的评价都有这样一个标准，即如果用简单的理论和复杂的理论都能说明同一个问题，那么，简单的理论更好。

大法裔艺术史家吉尔博（S. Gilbaut）1983年出版了《纽约是如何窃取现代艺术的概念的》一书，揭露了美国把抽象表现主义绘画捧炒为"典型的美国艺术"，然后将其推向欧洲确立为"国际艺术"，最后推崇为"普世性艺术"（American-international-universal）的三部曲。在将近30年的时间里，美国中央情报局动用马歇尔计划和160多个基金会（尤其是洛克菲勒基金、福特基金和卡内基基金）的巨额资金，全力在欧洲宣扬"美国文化"和"美国艺术"，首先把抽象表现主义，然后把流行艺术（Pop Art：最早起源于20世纪50年代的英国，之后因为以 Andy Warhol 为代表的一批明星级艺术家的影响力而在美国得到巨大发展，代表了20世纪60年代工业设计追求形式上的异化及娱乐化的表现主义倾向）、行为、极简、观念、装置、观念、影像等"美国式"艺术确立为国际当代艺术的主流，由此把世界艺术的中心从巴黎移到纽约。1950年美国中央情报局建立"文化自由大会"（Congress for Cultural Freedom），并在西方各国建立分会。艾森豪威尔专门设立的"心理战略委员会"（psychological Strategy Board, PSB）可能协调了所有这些行为。

  大概来说，汤伯利式的美国"当代艺术"产生于20世纪60年代，并确立于80年代。1964年美国人劳申伯格夺得威尼斯双年展大奖是"美国艺术"在欧洲确立并赢得国际地位的划时代标志。一时间，"美国"这个形容词满天飞："美国式绘画"、"美国行动绘画"、"新美国绘画"、"现代美国绘画和雕塑"、"美国绘画的胜利"，每个名词后面都至少有一位理论家。早在1949年，《艺术杂志》（*Magazine of Art*）就曾发问："存在一种美国艺术吗"，众多艺术评论家异口同声地表示肯定。

  美国甚至对其他资本主义国家也采取一种大国沙文主义的手法。西方最重要的威尼斯双年展和卡塞尔文献展、国际当代艺术市场、当代艺术博物馆、最重要的当代艺术杂志都处于美国的影响下或者就在美国和德国。于是，便出现了顺美者昌、逆美者亡的现象：搞"美国式艺术"的，就有机会参加大展，获得资助和成功，并进入艺术史。当时的巴黎，"没有一个艺术家，没有一个运动不向往得到纽约批评界的承认，不向往得到在美国市场出售的价值"，而坚持写实绘画的，就得不到支持，乃至受贬压。

  有分析人士认为，法国这个唯一能在文化上抵抗美国的西方国家，正在走向衰落，而中国负有一种文化使命。这就是，中国凭借自己数千年文化艺术的底蕴和优势，应该担当起某种文化职责，去抵抗美国主导的"当代国际艺术"，去创造真正中国的当代艺术。

  以上的内容能够帮助你明白，个人的命运是和社会需要紧密相连的。如果你的个人兴趣、专长和这个社会的需要发生了矛盾，你的一切努力可能就毁于一旦。

二、生产的多维性

  落后国家的人民容易认为生产越多越好！这个观念更为西方经济理论的 GDP 崇拜所加强。实际上，生产作为一个客观的事物，具有辩证性，即它的好坏不是一成不变的，而是随着时间、地点、数量的变化而变化的。

(一)"多产品生产"和生产负外部性

生产多维性的一个表现就是联合产品(joint product)的生产,也就是在主要产品之外都有附带产品,而不是只有一种产品,所有生产的产出都是联合产品。化学公司、可乐公司、炼油厂、面粉厂、采煤业、木材加工厂、天然气公司、牛奶厂、肉类加工厂以及众多的其他企业在制造和转化过程中都会生产出大量的副产品。

如果那些副产品所产生收益或代价不由经济主体享受或承担,就被称为生产外部性。从社会影响的显著性角度看,生产的负外部性越来越大,已经使得对于某些生产的价值产生了否定性的影响。这不光使环境污染成为全国性、全球性的问题,而且包括机器人的采用排斥劳动力,从而使得生产的目的越来越被利润追逐的动机所主导。有报道说,在中国,工业机器人的采用,在以20%的速度增长。如何分析这个问题呢?

有了外部性的概念,我们可以丰富第五章中的成本的定义。具体地说,我们可以提出两个新的边际成本概念:

边际外部成本(MEC):企业增加一单位产出给社会带来的未由该企业承担的成本。

边际社会成本(MSC):私人企业生产的边际成本和边际外部成本之和。

假设价格是由第三章和第六章所讨论的机理决定的。假设私人企业根据其中的 MC 来进行生产。考虑到社会的负外部性,企业的真实成本应该是 MSC。社会的负外部性越大,MSC 左移得越多,社会应该生产出来的产量相对于企业利润最大化的产量就越少。

图 7.3 分别反映了无限弹性需求和有限弹性需求下企业的可能的社会最优产量。它们分别是图中的 q^* 和 Q^*,也就是它们都比纯粹私人企业不考虑社会成本下的产量要少。

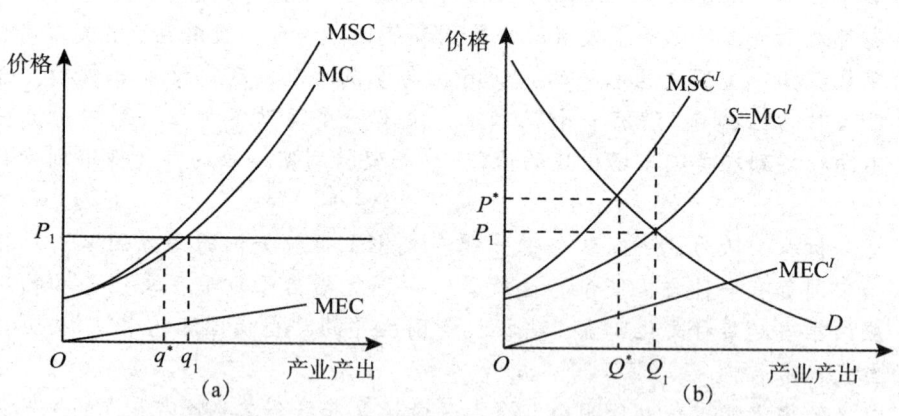

图 7.3 巨大的负外部成本对于企业产量的含义

阅读材料:酒香不怕巷子深、茅台酒与产品的奢侈性包装

中国古代不乏寓言故事。但是,好些家喻户晓的故事都是经得起考验的。比如,守株待兔、拔苗助长。中国古人有些说法则受到了现代人的质疑。比如,一种说法认为,酒香不怕巷子深。在西方营销学侵入中国后,这个说法渐渐不被人接受了。不被人接受的原因也是基于他们接受了另一个故事：一个茅台酒参展1915年"巴拿马万国博览会"荣获大奖的故事似乎说明酒香也怕巷子深。这个强调市场营销重要性的以讹传讹的说法是，在巴拿马参展多天后，茅台酒鲜有人问津，于是，一个中国代表灵机一动，故意把酒坛打碎，酒香四溢，从而使得茅台酒荣获金奖。

这个说法是简单化营销学的说法（真正的营销从产品设计就开始了）。其实，茅台酒获奖的因素有很多，而绝不止这个因素，甚至这个说法所描述的行动可能就没有存在过。这个说法的主要目的表面上是用茅台酒包装简陋来反衬好产品需要好包装，实际上是说营销有多重要。营销是一个复杂的系统工程。然而，这个故事向许多中国人所传达的信息是，要给产品做广告。山东一些酒厂花费巨资在中央电视台做广告，有的已经倒闭了，有的则只是在惨淡经营。在中国生产能力还较低、拜金主义却盛行的时候，广告、包装很重要的说法对许多企业管理者很有诱惑力。然而，在许多情况下，结果是，产品的包装质量上去了，广告费花了，产品质量却未有根本性的改进，而过度和不适当包装又造成了巨大的环境成本，以至于不仅管理者要检讨自己的营销理念，就连中国社会也要对过度和不适当包装采取行动了。

这个材料也警告你，作为读故事或听故事的你要对讲故事的人的动机抱有警惕之心！实际上，任何讲故事的人都有一个动机，而讲故事的人对他所讲的故事的理解不一定准确。在经济学界也有一个说法，写一篇论文就是要讲好一个故事。西方学者生活于资本主义国家，所讲的故事多半带有资本主义社会的根本属性的烙印。美国经济学教材在中国流行了近20年，中国许多人也接受了美国经济学教材中的故事。检讨这些故事的可信性也正成为中国经济学界的重大任务。习近平总书记提出构建中国特色社会主义政治经济学也至少包含了这个任务。

（二）生产者与消费者的不对称信息

生产的多维性除了某个生产过程生产出来的产品的多样性之外，还有某一具体产品的质量的不确定性问题。生产是一个专业化的过程，由专门的人来承担。然而，由于生产者和消费者的分离，资本主义社会会产生两个生产问题：逆向选择和道德风险。

1. 生产者的逆向选择

资本主义企业生产的目的是为了通过交换赚取利润。然而，消费者并不具有足够理性，因而可以被欺骗。一些人发现了通过欺骗消费者赚钱的机会。他们并不向消费者提供令人满意的质优价廉的商品，他们提供的商品往往是以次（成本低）充好（价格高）。消费者只有在购买并消费这些商品之后，才会发现这些产品的质量存在缺陷。这种现象被称为因消费者获得的信息不完全所产生的生产者和消费者之间的信息不对称。历史上，许多国家在一定的发展阶段，都充斥着假货生产者。当消费者意识到这一点时，就有理由怀疑任何产品的质量，这就会使生产真货、好货的企业受损失，最后破产，而劣质企业反而存活，这被称为生产者的逆向选择。正式地说，生产中的逆向选择就是由于存在不对称信息，市场上被过多的能力低劣的生产厂商所充斥的现象。

资本主义社会的企业的逆向选择现象向社会主义国家提出了这样一个问题，那些好的企业如何将自己与坏的企业区别开来呢？它的政策含义十分明确，即国家不能降低企业设立的门槛。只有符合必要的基本条件，有能力提供优质产品，并注重长久发展的企业才能够进入市场。创业是很艰难的。有些人即使创办了企业，可能也在创办几年之后，就关门大吉。这说明，依靠个人创业是不可靠的。德国在历史上就曾出现这种现象，中国也正在逐步摆脱这个问题的困扰！

2. 生产者的道德风险

一些符合条件的有能力的厂商是否就一定向消费者提供令人满意的商品呢？也不一定。在资本主义条件下，企业追逐利润的动机是非常强烈的，这时，产品质量往往成了企业决策中被牺牲的对象。于是，这时，产生了道德风险的概念，即厂商的行为不能被观察到时，厂商的行为就会更多地做出从私人利益出发的决策。其他经济行为主体也可能产生这种行为。比如，过度的在职消费现象也可以看作道德风险。贪污腐败的官员也是道德风险。反对贪污腐败是应该的，然而，应该注意的是，很多反对贪污腐败的人也有浑水摸鱼的道德风险，这是一个国家应该谨慎提防的。许多国家的颜色革命都是外国势力浑水摸鱼的结果。

第三节 市场供求调节机制和创新机制

市场只是在资本主义发展之后才出现的，在人类绝大多数的时间里并不存在。亚当·斯密的看不见的手的说法因认识到市场具有某种积极作用而极为著名，但这种著名并不保证斯密的这个说法总是科学，而且可能它越来越不科学了。特别是，把它作为一种具有超人般的自然秩序的力量是错误的。在20世纪70年代，西方出现了大量研究"市场失败"（market failure）的文献。"market failure"一词应该被翻译成市场失败，而不是市场失灵。这就让人们不再迷信市场了。

一、市场的价格调节机制

市场在过去30多年已经逐渐成为中国的一个高频词汇。中国许多人言必称市场。他们真的懂市场吗？他们的市场概念是受了科学训练的你应该接受的市场概念吗？用哲学的话语来说，他们主观上所以为的市场是客观的市场吗？下面的分析能够帮助你弄懂这个重大问题。

（一）市场均衡和市场调整

人们不能指望在某个价格水平上，市场上的供给和需求总是相等。实际上，二者相等是暂时的，二者不等则是常态。那么，二者不等时将会发生什么呢？答案是：如果没有其他的力量作用，那么，在供给和需求的力量的相互作用下，在多次反复之后，供给量趋于与需求量相等。这种状态被称为市场均衡，即供给和需求力量的平衡。在该点，买者所愿意购买的数量正好等于卖者所愿意出售的数量。当供求力量平衡时，只要其他条件保持不变，价格就没有理由继续波动。均衡概念是基于牛顿力学中的平衡概念得出的一个概念。

在图7.4中，当价格太低（如2元）时，需求量超过了供给量，出现短缺，就可能（只是可能）迫使价格上升到均衡水平。在存在着短缺的情况下，购买者为得到有限的物品而展开的竞争引起价格上升，如图中向上的箭头所示。在5元的价格水平下，则会发生供给量超过需求量的"过剩"。沿着两条曲线向下的箭头表示当市场存在着过剩时价格的可能运动方向。

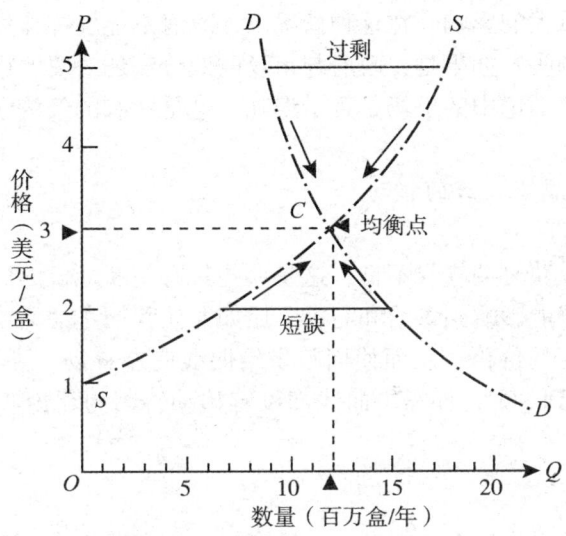

图 7.4 市场均衡：供求相等之点

请注意：（1）供求曲线如果确定，那么，它们确实能够告诉你，均衡是在 3 元的价格上，市场交易量由此也确定了。但是，它们无法告诉你为什么 3 元是均衡价格。也就是，它们只能让你知其然，而不能让你知其所以然。为什么这样说呢？按照本书第三章的劳动价值论的观点，如果 3 元大致和该产品所包含的劳动价值所对应的价格是相等的，它就是均衡的，如果 3 元和该产品所包含的劳动价值所对应的价格相差极大，它即使是供求均衡所对应的点，也一定是非均衡的。比如，中国的房价远远高于建房所需要耗费的劳动价值所对应的价格，因此，中国住房市场即使达到供求均衡，也一定是不均衡的。

（2）供求均衡分析还认为，只要达到均衡，社会剩余（消费者剩余和生产者剩余之和）就最大了。中国的住房市场告诉我们，这时，所谓供求均衡下的社会剩余达到最大可能没有意义。而且，在这样的高房价条件下，我们没有看到市场的调整。事实上，在购买房子的人中，有许多人是暴富者，而在望房兴叹的人中，有许多人是被高房价排除出了市场之外。这意味着即使一个市场达到所谓均衡，社会剩余也仅仅只能反映能够参与到交易中的大部分是富人的福利，而那些被排挤出房地产市场的人，往往是社会上真正贫困的人，并没有从社会剩余中分一杯羹。

（3）以上分析的市场的调整并不必然发生。供求机制的作用使得市场价格达到均衡，要求市场中除供求作用不存在其他力量，但现实社会却充斥各种外力。在房地产市场中，为谋取暴利的开发商和利用房地产来推动经济的政策制定者往往会通过各种途径阻止房价下降，即使住房需求并不足够多。当房价不会下跌的预期在人们心中广泛存在时，需求曲线会向右移动。这时，需求曲线还包括了投机需求，而不再是人们真实的住房需求了。这会导致市场调整背离真实的均衡，不是房价下降，而是房价持续上涨。

以上三点分析说明，市场机制发挥作用是需要条件的。其中一个重要条件是，任何经济主体（包括厂商、政府官员和其他个人）都不能为了任何与社会利益相悖的目的操纵市场。然而，在现实的世界里，有许多具有垄断地位的厂商和机构。这些经济主体的行为对市场的结构产生着重大的影响。在这种情况下，政府不能发挥作用吗？政府发挥作用后所形成的市场还是市场吗？如果是，政府与市场的两分法还对吗？市场究竟是什么？究竟该怎样定义？西方经济理论中的市场是否错误呢？这是所有的经济学学子、学人都应该回答的问题。

（二）供给曲线、需求曲线的移动

1. 供给曲线的移动

假设小麦生长和收获时期气候不良，这是那些具有垄断地位的厂商和机构所无能为力的。这时，这个因素就能影响到供给和需求。比如，让我们考虑面粉价格。气候不良提高了面粉的重要原料小麦的价格，从而使面粉供给曲线向左移动。在图7.5（a）中，面粉的供给曲线从 SS 移动到 $S'S'$，而需求曲线却没有移动，因为无论收成好坏，人们每天对面粉都有同样的需求。

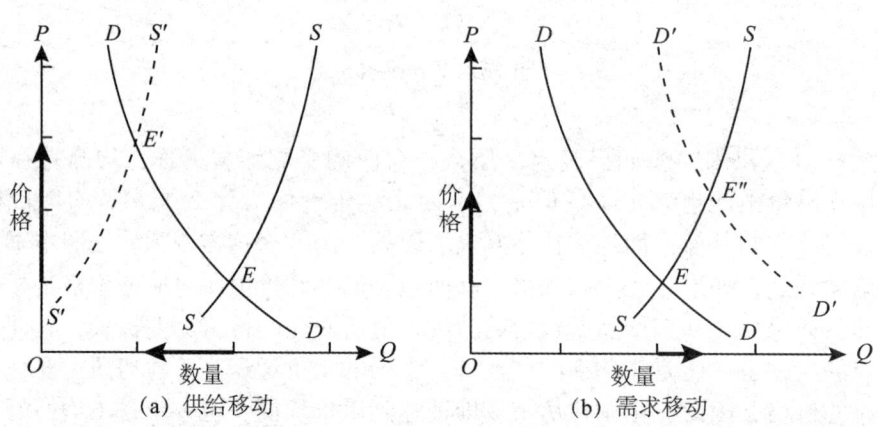

(a) 供给移动　　　　　　(b) 需求移动

（a）供给曲线向左移动，初始价格水平上就会出现短缺，价格将会上升，直到愿意购买和出售的数量在新的均衡点 E' 相等为止。(b) 需求曲线向右移动会导致超额需求。随着均衡价格和数量向 E'' 移动，价格将会上升。

图7.5　供给或需求的移动改变了均衡价格和数量

面粉市场会发生何种变化呢？在原价格水平上，恶劣的天气最终使得面粉商只能生产较少的面粉，从而导致需求量超过了供给量。价格会因此上升，生产会得到刺激，因而在抑制消费降低需求量的同时，也可能提高供给量。价格持续上升，直到需求量与供给量在新的均衡价格再次达到相等时为止。请注意，这个调整过程可能意味着在社会中有一些人陷入饥饿状态。当这种饥饿状态变得普遍时，饥荒就会发生。这时，市场机制就无能为力了——有的研究认为，即使粮食总供给充足，也可能发生饥荒，因为过高的价格让人们只能够望洋兴叹。

类似气候不良的不可抗拒或难以抗拒的因素还很多。比如，日本侵华后，把许多粮食移作军用，于是，市场上的粮食自然减少了，这自然会影响到中国的粮价。非要把日本赶出中国，这个问题才能解决。再如，当整个世界的大集团控制了石油供给，它们就会利用一切机会来造成石油需求旺盛的假象，以此推高石油价格，这种假象可以欺骗很多人，唯有用劳动价值论才能识破。

一个经济主体，无论是个人、企业还是政府机构，当面临着无法控制的因素的变动的时候，就可以用这些图形进行分析。这些分析展现了一种超越他们控制的力量的作用。一旦他们感觉他们能够对抗和反控制这些因素，上述分析就可能不成立了。

2. 需求曲线的移动（及其引起的供给曲线的移动）

我们也可以用供给与需求原理考察需求变化如何影响市场均衡：随着中国的经济发展，许多家庭收入急剧增加，因此想买更大、更多、更好的房子。这一变化在图 7.5（b）中表示为"需求的移动"。在这种情况下，在每一价格水平上，消费者都需要更多的房子。

一种可能的结果是，在原来的价格水平上，需求的移动会产生房子短缺，接着会发生房子抢购。价格上升，直到供给与需求在较高的价格水平上恢复平衡。从图形上看，在图 7.5（b）中，需求的增加导致市场均衡从 E 移动到 E''。

然而，上面的分析并不是全部的结果。当房价上升后，它会刺激房地产商供应更多的房子。当地方政府可以从卖地中得到巨额收入时，可能也愿意看到房价在供给曲线和需求曲线的同时右移中达到天价水平，直到某一天，房价崩溃（如 1991 年的日本房价崩溃和 2007 年的美国房价崩溃），或者直到有政府的领导人认为，这个过程应该结束了，那时房价的无限制上升也就停止了。这里，你看到了一个一般教科书里不会讲的事情：需求曲线会影响供给曲线。反过来，供给曲线也会影响需求曲线（"缠绕"现象）。

二、对市场的本体论认识

从历史角度看，任何具体的市场都不是从来就有的，都是在一定的生产力条件下产生的。比如，汽车市场、飞机市场、计算机市场都只是在 20 世纪才有。蒸汽机市场在 18 世纪才有，瓦特在改进了蒸汽机 10 年后才卖出第一台。玉米是印第安人首先种植的，很显然，中国的玉米市场也不是从来就有的。纸张市场可以说是在蔡伦改进造纸术之后才有的。这样的例子不胜枚举。

（一）供给方和需求方之间的非对称性

由上述的例子，不难用不完全归纳法得出一个基本的结论，那就是，如果没有生产力的发展，新产品的市场就不可能形成。任何一个既有市场中，都有供给方和需求方。需求方通常是分散的，而供给方通常是集中的。这就使得供给方在市场中可能起到决定性的作用。第六章的垄断理论就是对这种情况的一种反映。在现代资本主义社会，企业在产品制造出来之后甚至之前就大打广告，用来操纵需求。当供给者和需求者之间的信息不对称性影响产品的销售速度时，供给者可能采取各种各样的"促销"手段加以克服。由于生产力的发展，原始社会、奴隶社会和封建社会中原本偶然、分散、少量的，以满足特殊消费需要等为目的的交换，在资本主义社会变成了在固定场所集中起来批量进行的、以利润实现为动机的交换。

上述分析说明，市场是在供求双方的相互作用下形成的，而供给和需求不是如新古典经济学供求关系图所描述的那样类似剪刀的两刃，反而类似于动物界的雄性和雌性动物。有时候，雄性动物处于劣势，有时则相反（相当于供给决定需求或者相反）。它们的后代（相当于市场中的价格）既可能是正常的雄性或雌性，也可能是畸形的雄性或雌性。这些情况分别对应不同性质的市场（如这个或那个市场、成熟或非成熟市场、正常或危机中的市场）。为了保证后代的正常，就要保证父母都不受污染等的不利影响。在资本主义生产资料私有制下，市场价格无时无刻不受到生产资料所有者（股东）追逐利润、利息、股息的污染性影响。从这个角度看，西方市场经济已经是"非均衡"的了。把供给和需求比喻成剪刀的两刃，足以让人们用机械唯物论的方式去理解供求，即让他们忽视供求双方不是生活在由新古典经济学所划定的经济环境中，而是生活在私有制所决定的辩证运动的具体社会关系之中的事实①，从而接受它所提供的市场决定资源配置的假意识。

（二）市场本身被生产和上层建筑等所决定

商品生产和需求，因而市场的存在和发展，都依赖于一定的社会关系。这些社会关系不是从来就有的，而是在生产发展过程中逐步发展起来的。比如，从英国资本主义制度的起源看，资产阶级为了获得自己所需要的劳动力，就不得不把劳动力从佃农地位解放出来，因此劳动力市场的确立首先需要反抗地主阶级的统治，打破佃农阶级对地主阶级的人身依附关系。再如，任何一种商品的市场的存在首先依赖于商品所有权的确立。在封建社会的母体之中，当有一些人通过雇佣他人来生产产品而自己直接或间接销售它们的时候，就有一种新权力产生了，资本主义制度的确立不过是把这种权力固定下来而已。又如，金融市场的存在依赖于货币和债券的发行权、债券市场参与权、外汇交易制度的确立。这样看来，不仅是社会关系决定市场的存在和运行，而且每个具体的市场的发展都对应着一组具体的社会关系的兴起。② 第三章第三节的分析证明，即使根据新古典经济学分析框架，市场价格也不是由供求决定，而是由包括社会制度、技术在内的诸多社会经济变量决定。

（三）市场危机的必然性

无论市场均衡与否，在许多情况下（如没有政府补贴），对企业最关键的问题是：在一个合适的时期内，生产的产品是否能够卖出去并且能够补偿成本而有余？一个企业在很短的时期内能够忍受亏损，即收不抵支，但在长期，如果得不到外来的收入补偿，就无法维系。然而，也有一些企业，能够长时期（十几年、几十年）处于繁荣兴盛之中。通常，西方那些存活超过10年的企业都会经历至少一次经济衰退或者经济危机。经济衰退、经济危机就是市场无法实现令人满意的均衡的危机。为什么呢？市场不是具有调节机制吗？从根本上看，这是因为所谓市场机制，其实就是资本主义生产资料私有制的制度，具有根本的局限性。这个根本的局限性就是，在生产者和消费者分离的基础上，生产资料的所有

---

① 西方经济学教科书用对供求曲线斜率和位置的讨论将人们的注意力引向数理分析，从而避免人们对它的理论逻辑的质疑。

② 有人认为，新古典经济学把法治经济作为市场经济的本质特征，其实不然。在人类进入阶级社会以后，任何经济都是法治经济，离开法治，任何经济都不可能存在。所以，市场经济的本质不是一般的法治经济，而是特殊的法治经济。

者得到了过多的收入,而劳动者得到的收入太少,以至于在一个封闭的经济中,产品生产出来,不可能被销售出去。这种情况积累到一定程度,就会发生危机。当那些资本家或企业家发现未来盈利预期很低的时候,他们就不会投资建立新的工厂或者增加新的生产能力了,他们甚至转而变卖企业资产,解雇工人。当许多企业家这样做时,整个经济的收入-支出循环就出现了断裂。美国学者阿罗-德布鲁对一般均衡命题的数理证明表明,完美的市场经济只有在神话世界里(如没有垄断、没有外部性、没有公共物品、没有不对称信息、没有交易成本、没有规模报酬递增、没有不确定性,以及偏好的连续性、严格凸性、严格单调性)才存在。

在任何一个社会,都不可能只允许市场经济一种机制发挥作用。有的时候,甚至不能允许它发挥作用。比如,在著名的斯大林格勒保卫战期间,日常必需品供给减少,如果用价格来配置,那没钱的士兵就都饿死了,斯大林格勒保卫战就不可能胜利。在非战争的情况下,是否让市场机制发挥作用也应该视情况而定。比如,当中华人民共和国建立后,为了实现长足的经济发展,必须实行重工业优先发展战略,而为了实行这个战略,就不可能依靠所谓市场机制,因为当时,中国许多产品的生产能力根本没有,根本没有相应的市场(西方文献称这种情况为市场缺失)。如果过分相信私人自发力量,就必然使中国付出极大的发展滞后的代价,这是毫无疑问的。

三、创新机制

在这里,我们有必要更加深入地考虑第六章第三节第三部分考虑过的创新机制。在那里,我们看到,西方的企业家(资本家)可能做出五种打破常规的创新之举。创新是有可能成功的。比如,20世纪80年代,美国的一些有识之士看到日本人把美国创新出来的技术变成了产品,实现了价值,为此而忧心忡忡。虽然事后证明,日本人对于自己的创新能力估计过高[1],但日本毕竟也享受了很长时间的创新的利益。把创新作为提高经济运行效率的一种方法,需要意识到,创新并不一定带来经济利益,创新有风险。实际上,在西方,许多创新也失败了,至少不是那么成功。为了使创新成功,取得经济利益,就必须采取系统的行动。

对中国而言,西方已经耗尽了人类许多创新的可能性,留给中国的余地已经不多了。这是中国经济发展的重大障碍之一。在中国创新过程中,存在一种可能性,就是技术创新成功了,但不一定有市场。[2] 那么,中国有没有办法获得自己所需要的新产品市场呢?

图7.6可以用以说明中国或其他任何国家可能采取的办法。其中,横轴Q表示产量,纵轴表示平均成本和价格。两条曲线AC^D、AC^F分别表示中国(国有)企业和西方未得到政府支持的私人企业的平均成本曲线。假设国外企业为先行企业,其产品创新伊始,平均成本很高,但目前已经可以价格P^F销售产量Q^F。假设中国(国有)企业找到了一个生产该产品的新技术,并且平均成本曲线至少在产量达到P^F时都依然低于国外企业的平均成

---

[1] 森谷正规. 日本的技术:以最少的耗费取得最好的成就. 徐鸣,陈慧琴,译. 上海:上海翻译出版公司,1985.

[2] 参见:苏宁. 市场决定一切. 中国民用航空,2007(5).

本曲线。但如果中国的企业按照现有产量 Q^{DM} 定价在 P^{DM} 上，那么，由于 P^{DM} 大于 P^F，中国的（国有）企业就不会有市场，它所生产的产品就永远不可能被市场接受，它所进行的研发就永远不可能实现其价值，从而得不到价值补偿。但如果政府给予补贴、贷款、注资等资金支持，使其定价能够在 P^{DG} 上，那么，由于 P^{DG} 小于 P^F，中国的（国有）企业将会把外国企业赶出市场，取西方的企业而代之，从而实现自己的垄断。这样，这个企业就可以随后提高价格，弥补前面发生的利润损失。

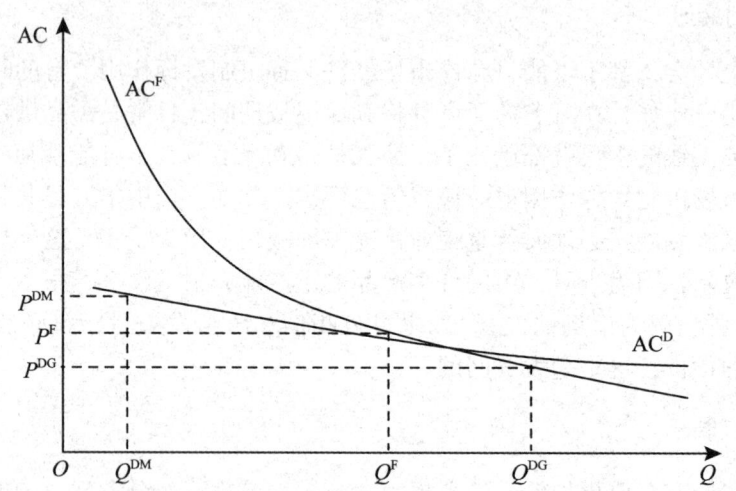

图 7.6　后发国家企业利用政府补贴或融资打破发达国家企业的先行优势

上述机制在理论上是可行的，在实践中可能受到阻碍。西方发达国家可能会使用反倾销法来反对这种竞争方法。然而，对抗反倾销法的办法也不是没有。问题的关键是：究竟什么是合理的价格？我们在本书中已经对此问题进行过讨论。市场价格并不一定是合理价格。所以，反倾销法执行起来也不是那么容易的。美国人就对农产品实行补贴，却没有遭到其他国家的反倾销对抗。

即使上述办法可行，也要注意，对创新的作用不能高估。现代社会的生产技术进步可能如此之快，以至于一个新产品不需要花费 10 年时间就会让市场达到饱和。比如中国 20 世纪 80 年代末的电视机市场还充斥着日本产品，但接下来的 10 年中，就已经被国产电视机充斥了。在这种情况下，生产能力相对需求如此之大，以至于如果没有计划控制，经济危机就必然爆发。这就说明，无论是市场机制还是创新机制，都不是经济良好稳定运行的万能药。

第四节　效率概念的复杂性

到这里，我们可以对效率做一总结了！你可能也会隐隐地感到，效率是个很复杂的概念。你有这个感觉是很好的。效率经常被一些人说成是经济学的一个核心概念，但如下的效率概念才是你真正需要掌握的。

一、效率总是相对的

当你在不同的客体（包括组织、体制、个体）之间比较效率高低时，你很容易犯一个错误，即忽视可比性问题。任何不同的客体之间总是存在着不可比的方面，如果这些不可比的方面影响了效率高低的比较，而你没有考虑，你就犯错误了。原因很简单。比如，你如果因为一个老年人的力气大于一个 10 岁的孩子的力气，或者因为前者的知识多于后者的知识，你就认为，老年人的效率比孩子高，那你就大错特错了。这个例子太简单，你可能认为没有意义。其实，并非如此。从许多指标来看，20 世纪 30 年代，中国共产党的军队都不可能比国民党的军队效率高，确实，第五次反围剿失败了。但是，中国共产党的军队最终取得了胜利。这是许多人没有想到的。这个历史事实启发你必须对效率概念做深入的思考，才有可能得出真正正确的答案。中华人民共和国建立了以全民所有制企业和集体所有制企业为主体的经济结构，但在改革开放后，这个结构逐渐被破坏了。在本身写作的时候，中国似乎正在开始新一轮的农村合作化、集体化改革。

二、利润不是衡量企业效率的可靠指标

对于许多经济界人士而言，追求利润似乎天经地义，但真实的答案却并非如此。

首先，许多企业确实会产生利润，但同时也会有许多企业在产生亏损。西方国家的许多企业在创办数年之后就倒闭了，原因就在于它们没有办法产生利润。也就是说，对于许多人来说，即使想追求利润，也可能是可望而不可即的。但是，倒闭的企业也不能说都是因为没有效率。

其次，由于利润等于总收益减去总成本，利润的多少不仅受到企业技术效率、管理效率的影响，也受到社会众多变量的影响①，利润高低并不是反映企业效率的科学指标。比如，如果工资降低，利润自然就多了。利润率高低因而可能成为反映剥削程度大小的变量。

第三，利润多可能是由于偷工减料、生态破坏、工资拖欠、扩张性财政和货币政策刺激、错误的产业政策、区域发展政策、贸易政策等优惠，而利润少可能是由于具有远见的产业政策（如重工业优先发展）或者国家效率的需要。

第四，对利润的追逐会导致企业、产业乃至国家经济结构的扭曲。从产业角度看，无论是在 1949—1976 时期的中国，还是今天的中国，以利润最大化为基础都会导致选择消费品生产而忽视重工业。从企业角度看，在对外开放的条件下，西方国家可以向一个企业伸出橄榄枝，诱使中国企业偏离其原来的战略方向，去追求短期的利润，而放弃长远的更大的利益。美国企业通过把生产外包给低工资国家而赚取了巨额的利润，却产生了大量社会经济问题，以至于可能成为这些国家的灾难。这可以作为利润挂帅的极端化恶果的一个例证。②

---

① 国有企业效率评价中必须考虑的五个变量. 现代国企研究, 2014 (13).
② 见保罗·克雷格·罗伯茨. 自由放任资本主义的失败：写给全世界的新经济学. 秦伟, 译. 北京：三联书店, 2014: 97.

最后，苏联解体后，原来的公有制企业一夜之间被私有化，对利润的追逐使得原来遍布各个地区、各个行业的企业不再承担维持经济增长的职能，导致了整个国家目标的不可达到（与生产关系的恶化密切相关）。

基于以上以及其他许多理由，如果一个企业讲效率，就应该去寻找一些具体的指标，而不是单纯地比较利润。在这方面，西方的管理学提供了很多有益的知识。总之，你需要记住，从理论上说，衡量效率的科学指标决不应该是一维的。如果你决意只用一种指标来衡量效率，那么，你必须确定你所选择的这个目标确确实实对于你所解决的问题具有关键作用。这是马克思主义的主要矛盾的观点所要求的。否则，你在理论上必然陷入伪科学之中，而用它来指导实践，必然导致失败。

三、帕累托效率：一种基本无效的分析工具

（一）帕累托最优

20世纪90年代以前，中国人几乎没有人听说过帕累托效率或帕累托最优一词。然而，这个概念见于许多西方经济学文献。现在，中国的许多经济学学子、学者也言必称帕累托效率了。它是指这样一种资源配置的状态：任何可能的生产资源重组都不能在不使其他人的情况变坏的条件下，使得任何一个人的福利变好。也就是说，在实现了帕累托最优配置效率的条件下，只有降低某个人的效用才能增加另一个人的效用。

图7.7显示了竞争经济中的粮食供给和需求均衡与帕累托最优的关系。我们用边际成本曲线MC表示该产品的行业供给曲线，因此，该图表示了MC=SS。同样，需求曲线DD是将完全相同的个人的边际效用（或粮食需求）曲线按水平方向加总而获得。它用粮食的阶梯形向下倾斜DD曲线来表示。

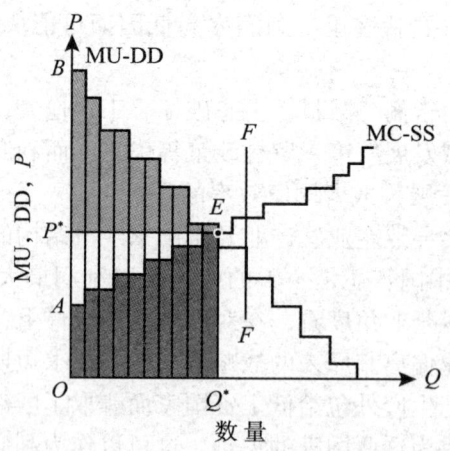

图7.7 在市场均衡时的帕累托最优状态

供求曲线的相交点是粮食业的竞争性均衡点。在E点，农民的供应量正好等于消费者在均衡的市场价格下想要购买的数量。此时，每个人都将使自己的劳动达到这一关键点，在这一点，递减的粮食消费的边际效用曲线与递增的粮食生产的边际成本曲

线相交。

图 7.7 还表明了经济剩余这个新概念，在图中为均衡时供给和需求曲线之间的部分。经济剩余是消费者剩余以及生产者剩余的总和，在图中，消费者剩余表现为需求曲线和价格线之间的部分，生产者剩余则表现为价格线和供给曲线之间的部分。生产者剩余包括企业和特殊投入所有者的租金和利润，它是超过生产成本的超额收入。经济剩余是从生产和消费某一种物品中所得到的福利或净效用，它等于消费者剩余与生产者剩余之和。竞争性均衡点 E 使产业中可能的经济剩余达到最大化。因此，它被说成是具有经济效率的。

（二）为什么帕累托最优是基本无用的概念

一个国家的资源配置即使达到帕累托有效也不说明它是有效的资源配置。新古典经济学家把帕累托效率定义为它所关心的唯一效率，其实并不是因为这个效率具有现实性，而是因为它的非现实性。因为只有在排除了许多具体的社会主体的抽象经济模型里，才存在找到帕累托改善的可能性。在现实世界里，由于事物之间的复杂关系，一个经济主体的任一改善都会损害至少一个其他经济主体，因此，不存在应用帕累托改善的场合。特别是，被压迫、被剥削阶级的解放必然通过推翻压迫、剥削阶级的统治（更不是帕累托改善）而达到。所以，把改革、改善措施仅仅限于帕累托改善，就是要把那些危害压迫、剥削阶级利益的改革、改善全部排除在经济学研究之外。因此，表面上看来具有合理性的帕累托效率实际上是非现实的。

更进一步看，早期的西方经济学家们通过研究资本主义经济是否具有这个非现实性的效率，并把它作为经济学研究的最主要问题，就把平等、公平这些资源配置的属性、维度排除在经济学范围之外了。现代的西方经济学家们有许多人早已跳出了帕累托效率的分析范式，去研究诸多重大的经济问题。这些问题构成国际经济学、金融经济学、发展经济学、宏观经济学、劳动经济学、制度经济学、信息经济学、管理学的诸多内容。你学习越深入，就会越相信这一点。

阅读材料：贫穷与帕累托改善

有人说，贫穷是万恶之源。这是个在某些情况下确实成立的似是而非的说法。总的来说，自鸦片战争以后的 100 年，中国许多人口是极度贫穷的。20 世纪 90 年代，在中国的西部山区，还有许多贫困人口。随着中国的改革开放，这些贫困人口中一部分走出大山，来到城市，许多在私人企业中找到了工作。有的人由此举家迁出了山区，改善了自己的福利。这是帕累托改善吗？这些穷人改善了生活，而资本家获得了利润，似乎符合帕累托改善的定义。但马克思主义者并不这样认为。这是因为，资本主义在西欧的出现和这个过程很类似，只不过后者是作为地主佃农的农民（不一定居住在山区）来到城市工作，从佃农奴隶转变为工资奴隶。

关 键 词

效率　生产可能性边界　帕累托最优　边际转换率　资源配置　生产多维性　生产外部性　逆向选择　道德风险　市场均衡　市场机制　创新机制　效率　帕累托最优

思考题与练习题

1. 试述生产对交换的效率占优性。
2. 简述生产可能性边界。
3. 简述马克思的资源配置概念。
4. 用供求图解释生产中负外部性的影响。
5. 简述生产与消费者的不对称信息。
6. 生产者技术的变动引起了沿着供给曲线的变化，还是供给曲线的移动？价格的变动引起了沿着供给曲线的变化，还是供给曲线的移动？
7. 简述市场危机的必然性。
8. 试述中国如何打破发达国家企业的先行优势，获得所需的新产品市场。
9. 简述帕累托最优及其基本无用性。
10. 设想一个生产军用品和消费品的社会，我们把这些物品称为"大炮"和"黄油"。

   A. 画出大炮和黄油的生产可能性边界。解释为什么这条边界的形状最有可能是向外凸出的。

   B. 标出这个经济不可能实现的一点；标出可以实现但无效率的一点。

   C. 设想这个社会有两个政党，称为鹰党（想有强大的军事力量）和鸽党（想有较小的军事力量），它们所选择的生产组合有什么差别？

   D. 假想一个侵略成性的邻国减少了军事力量。结果鹰党和鸽党都等量减少了自己合意的大炮生产。用黄油的生产来衡量，哪一个党得到更大的"和平红利"？并解释之。

11. 假设两个经济体，A国和B国，生产两种商品——衣服和飞机，A国在生产衣服上有比较优势，B国擅长生产飞机。

    A. 考虑封闭经济条件下，两国的生产可能性曲线。

    B. 考虑全球化时 A、B 两国发生贸易。分析贸易对 A 国的生产的影响。

    C. 分析开放经济条件下，A 国的福利变动。A 国福利变大就应推论出它应该采取开放政策吗？

12. 在间接效用函数中，人的效用取决于他面临的市场价格 P 和个人收入 M，即 $IU = IU(P, M)$，其中，$P = (P_1, P_2, \ldots P_G)$。

    A. 假设间接效用函数 $IU = AMP_X^{-\alpha}P_Y^{-(1-\alpha)}$。证明间接效用函数对 M、P_X、P_Y 的零次齐次性。

    B. 试述两个人的收入差距对他们的福利差距的决定作用。

13. 在一个完全竞争行业中的一家厂商首创了一种制作小机械品的新过程。新过程使厂商的平均成本曲线下降，这意味着这家厂商自己（尽管仍是一个价格接受者）能在长期获得真正的经济利润。

A. 如果每件小机械品的市场价格为20美元，厂商的边际成本曲线为 MC = 0.4q，其中 q 是厂商每日的小机械品产量，厂商将生产多少小机械品？

B. 假定政府的研究发现厂商的新过程污染空气，并且估计厂商生产小机械品的社会边际成本是 SMC = 0.5q。如果市场价格为20美元，什么是厂商在社会上的最优生产水平？为了实现这种最优生产水平，政府应征收多大比率的税收？

C. 用图形表示你的结果。

14. 假设乌托邦的石油工业是完全竞争的，所有的企业都在一个（实际上不可能耗竭）油田上抽油。假定每个竞争者都认为他能以确定的世界市场价格每桶10美元出售其生产的全部石油，而每年维持一口油井的经费是1 000美元。

油田每年的总产出（Q）是油田工作的油井数（n）的函数，有：
$$Q = 500n - n^2$$
并且，每口油井的产油数（q）由下式得出：
$$q = \frac{Q}{n} = 500 - n$$

A. 描述这种完全竞争情况下的均衡产出和均衡油井数。在行业中私人边际成本和社会边际成本是否存在差异。

B. 假定现在政府对油田实行了国有化，应运作多少油井？总产出将是多少？每口井的产出将是多少？

15. 假设中国面包需求增加。在中国市场上生产者剩余会发生什么变动？面粉市场上生产者剩余会发生什么变动？用供求图形说明你的答案。

16. 假定花椰菜的需求为 $Q = 1\,500 - 5P$，其中，Q 是用蒲式耳测量的每年的需求量，P 是用美元测度的每百蒲式耳的价格，供给曲线为 $Q = 4P - 80$。

A. 求均衡数量及均衡价格。

B. 考虑人们对花椰菜需求的增加，向外移动到 $Q = 1\,270 - 5P$，求新的均衡数量及均衡价格。

C. 考虑天气的原因，使花椰菜减产，供给曲线变为 $Q = 10P - 800$。

17. 设想市场中有一个生产高端电子产品的外资企业，其平均成本随产量的增加而下降，其总成本函数为 $C = 100 + \frac{Q^2}{100}$，其中 Q 为累计产量，该企业目前的累计产量为100万。现中国政府打算扶持一个国有企业进行该产品的生产，其平均成本函数为 $AC = -\frac{1}{50}Q + \frac{22}{5}$，累计产量为10万。

A. 计算外企当前的平均成本。

B. 在无政府扶持的情况下，国企生产的产品是否有市场？

C. 为与外企相竞争，政府至少应为国企生产的每单位产品提供多少补助？

D. 政府对我国该类企业进行补贴的意义是什么？

第八章 收入决定

在任何社会，收入决定都是社会不同人群之间的关系问题。在封建社会，地主由于掌握了土地的所有权，就获得了支配佃农的剩余劳动乃至其命运的权力。生活在封建社会和资本主义社会之交的古典经济学家对于封建社会的收入决定还有第一手的感受。马克思承继了这种感受，从而揭示了在自由流动的条件下劳动力作为工资奴隶的本质。按照马克思主义理论，剥削确实存在于资本主义社会之中。资本家得到利润、利息而劳动者得到工资的制度并不是一种公正合理的制度。如果不采取马克思的研究方法和观点，就无法透彻解释社会的矛盾和社会的运动。

让我们从劳动力的收入开始分析收入的决定。

第一节 一般劳动力的工资决定

社会主义社会与资本主义社会有本质的差异，但是，在纯工资数量上，二者还是可以有较大的相似之处的。资本主义基于"贫困是财富的必要条件"而"使工人阶级的饥饿永久化"，也就是保证工人无法获得剩余，进行资本积累，始终处于被剥削的状况，必然把工资限定在极低的水平。社会主义由于诞生于贫穷落后的国家，为了获得发展所必需的储蓄，其工资水平通常也被压得较低。我们把极低的工资水平称为生存工资。

社会主义国家的公有制企业安排了较为平等的工资体系。在中国计划经济年代，毛泽东的工资水平大致相当于一个最年轻工人的10余倍。全日制劳动者最低水平的工资当然是由其日常生活资料的价值以及价值与价格之间的对应关系（王今朝，2013）所决定的。工资应该会随着经验的增加而增加，也应该能够随着年龄的增加而增加。工资也可能会随着工人所使用的资本的改进而增加。但将最高水平的工资限制在最低水平工资的10余倍以内，应该是比较合理的。我们把工资决定写为如下方程：

$$W \approx \overline{W}(F_a, V/P_o) \tag{8.1}$$

F_a 表示这个工人所养活的家庭成员数量，它是工人年龄、国家人口政策等变量的函数。P_o 表示人口。人均社会总收入 V/P_o 用于表示经济发展阶段（相当于人均收入）。$\overline{W}$ 表示社会所认可的生活水平。这个生活水平不仅与 F_a、V 有关，与地域等变量也有关。因为地域问题与主要问题的相关性较弱，为了简单，未在这里的函数设定中考虑。

从宏观经济的角度看，如果把大多数人的工资定于 $W \approx \overline{W}$ 的水平，就会有巨大的经济剩余。这个剩余归谁支配呢？让少数人得到政府税收以外的绝大部分剩余的安排决非最优安排。最优安排反而是这个剩余归社会公共所有。政府可以征收税收和企业利润上缴的某种组合的方式来实施剩余的社会公共所有。所以，表面上的工资分配问题，实际上也是社会剩余的分配问题。① 而这工资分配和社会剩余分配的两位一体不能不对劳动激励产生巨大的作用。即使在人均收入很低的情况下，工人实际工资 $\overline{W}$ 较低，但他们能平等地享受社会剩余的关照，包括工作安全保障、工作条件等，他们就能够感到赢得了认同，他们就会对工作本身感兴趣，就会感受到成长的机会、进步的机会，同时也感受到他们所肩负的责任，他们就会对自己的工作有成就感，而这就能激发他们的劳动积极性，产生工作热情，发挥工作潜能。在这种制度下，人们既无需为养老担心，也不用关心下一代生活，个人储蓄的意义就失去了（从而社会也就不需要出现众多的银行机构、理财产品了）。

假设价格水平没有变化，上述工资安排及储蓄的获得可以用图 8.1 表示。在图 8.1 中，横轴表示一个国家的产量。纵轴表示这个国家确定的价格水平和工资水平。首先，在一个国家还处于比较贫穷（产出为 Q）的时候，这个国家可以规定平均水平为 W 的工资，以留下 $(P-W)Q$ 数量的产品作为积累。由于实行公有制，国家可以规定差别不大的工资。其次，当这个国家比较富裕后（产出由 Q 上升到 Q'），通过把平均工资水平从 W 提高到 W'，留下 $(P-W')Q'$ 数量的产品作为积累，以适应减少了的投资需求。

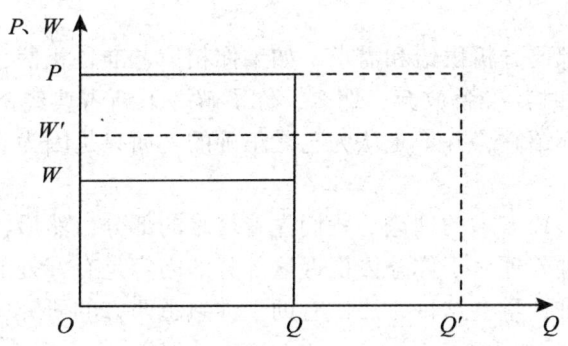

图 8.1 公有制条件下工资水平、积累水平的调整

图 8.1 以中国为背景而设计，但其实，它也适用于描述资本主义国家企业在一般劳动力工资上的决定。但不能因为社会主义国家与资本主义国家在纯粹工资数量上的一时的相同，就认为这两种国家在根本属性上是相同的。二者存在根本的差异：资本主义国家的剩余主要不是归国家，而是归资本家。

阅读材料：中华人民共和国前 30 年的工资制度和储蓄动员

在需要高积累以实现高速发展、高速建设的时候，可以制定有差别但差别不大的低工资制度。中国在 1949—1980 时期就通过公有制基础上的工资控制，再加上凭票

---

① "利润=销售收入－生产成本"的公式是经济学的基本公式。它既适用于资本主义国家，也适用于社会主义国家。但利润归谁所有、使用体现着国家的资本主义和社会主义的差别。

供应制、定量供应制的消费配给制实施，使消费品的分配比较均等，从而控制了消费和生活的各种支出。① 国家通过利润上缴和征税来获得其他的绝大部分剩余（即储蓄），用于公共事业发展（包括教育、医疗、体育、卫生等）和整个社会经济发展。应该指出，尽管 1949—1976 时期中国的消费水平较低，条件艰苦，但在 1980 年时，中国消费占 GDP 的比重依然达到 65.9%。② 也应该指出，如钱学森等科学家除了享受工资之外，还享受国家提供的住房。在一个产品经济社会里，住房虽然是一个福利，但它远没有一些货币经济中的住房具有经济价值。实际上，住房只是一个维持性消费品而已。③ 除工资待遇和基本生活条件（肯定他们的能力和所承担的责任）外，政府规定管理人员没有奖金或类似的激励手段。为原子弹研制做出重大贡献的科学家只得到 10 元奖励。如果没有人能够依靠利润来生活，社会就不会分裂为两大对立的阶级，人民只有分工的不同，人民民主由此产生，从而社会经济发展的效率又得到一层这种政治民主的保证。④

第二节 一种劳动工资的市场决定理论

凡是市场决定，都要分析供给和需求。如果你相信、准备相信，并准备在适当的时候（比如处理上面的问题时）准备放弃，那么，你了解一下新古典经济学工资决定理论或许会有好处。我们这里介绍它，并不是认为它是正确的，而只是因为它构成西方经济思想史的一些内容。

这是一种所谓的引致需求的理论。我们先看最难的部分，然后，考虑不同的情况，把最难的部分化简。这种处理对于你整体把握这部分的内容是有好处的，它实际上把许多文字的材料浓缩了。而且，学会这种方法，有助于你熟悉西方的研究方法。

一、劳动力需求理论

让我们从最一般的形式来看这种理论。

1. 一般理论：产品市场垄断和要素市场垄断的情形

这个理论是由一系列假设构成的。

假设一：假设企业的生产函数为

---

① 用私人企业这种组织形式，国家无法控制对利润的使用。
② 中国 1980 年以当年价格计算的 GDP 为 4 517.8 亿元，居民消费和政府消费为 2 976.1 亿元。数据来自中国国家统计局网站：http://www.stats.gov.cn/tjsj/ndsj/zgnj/2000/C11c.htm。
③ 中国古代皇帝的消费可以说是最奢侈了。可是，一个皇帝兴建的皇宫很快就被其他皇帝占据的事实说明，奢侈性消费是无益的。
④ 从美国的情况看，在先进制造业部门，其研发数量和资金比例可能占到总研发的 70%，工程师和科学家的就业可能占到 60%，其出口可能占到总出口的 50%，而且引发其他部门的就业高达 470 万人，并且是高薪工作，其薪金中位数超过整个经济的薪金中位数，而且大多数企业（约 80%）的岗位的薪金中位数超过该行业薪金中位数的 50%（Tassey, 2014）。

$$Y=f(K, L, L_a) \tag{8.2}$$

其中：K 表示资本数量，L 表示劳动力数量，L_a 表示所使用的土地数量。

假设二：假设所生产的产品的需求函数为 $P(Y)$。

假设三：假设所考察的是一个适用三位一体公式的经济：资本所有者得到利息 r，劳动者得到工资 w，土地所有者得到地租 r_e。

假设四：假设存在一些固定成本 FC。

假设五：再假设我们考察的是一个试图使利润最大化的企业。

在上述 5 个假设下，该企业的利润可以写作：

$$\pi = P(f(K, L, L_a)) \times f(K, L, L_a) - r(K)K - w(L)L - r_e(L_a) \times L_a$$

该企业的行为可以表述为如下问题：

$$\max P(f(K, L, L_a)) \times f(K, L, L_a) - r(K)K - w(L)L - r_e(L_a) \times L_a \tag{8.3}$$

它的一阶条件可以表示为下式所包含的三个方程：

$$\frac{\partial \pi}{\partial K}=0, \quad \frac{\partial \pi}{\partial L}=0, \quad \frac{\partial \pi}{\partial L_a}=0 \tag{8.4}$$

为了简单，让我们只考虑劳动增加对利润的影响。

$\frac{\partial \pi}{\partial L}=0$ 条件使得我们得到：

$$\frac{\partial P(f(L, L, L_a))}{\partial L} \times f(K, L, L_a) + P(f(K, L, L_a)) \frac{\partial f(K, L, L_a)}{\partial L} = \frac{\partial w(L)}{\partial L}L + w(L) \tag{8.5}$$

(8.5)式的右边，是每增加一单位劳动所增加的要素成本。左边叫作劳动的边际收益产品(marginal revenue product of labor)。这个名词有点儿文不对题，它是增加一单位要素所得到的额外收益，等于 MR×MP。这可以从(8.5)式的进一步推导看出来：

$$\frac{\partial P(f(K, L, L_a))}{\partial L} \times f(K, L, L_a) + P(f(K, L, L_a))\frac{\partial f(K, L, L_a)}{\partial L}$$

$$= \frac{\partial P(f(K, L, L_a))}{\partial Y} \frac{\partial f(K, L, L_a)}{\partial L} \times f(K, L, L_a) + P(f,(K, L, L_a))\frac{\partial f(K, L, L_a)}{\partial L}$$

$$= \left[\frac{\partial P(f(K, L, L_a))}{\partial Y} \times f(K, L, L_a) + P(f(K, L, L_a))\right]\frac{\partial f(K, L, L_a)}{\partial L} \tag{8.6}$$

在上式中，中括号[ ]里面的是 MR，而外面的就是 MP。

美国的经济可能部分适用上述模型。之所以这样说，是因为几乎所有的西方微观经济学教材都是这样处理这些分配问题的。但美国的经济绝不是完全适用上述的模型，因为美国地租收入只占其 GDP 的 3% 了，远远低于劳动者收入和资本所有者收入。所以，也许，把上面模型中的土地要素去掉对于美国是比较合适的。把资本和土地都从模型中去掉(这被称为只有一种投入可变时的投入要素需求模型)对于 1949—1976 时期的中国是比较适用的：它反映了那个时期的中国既没有资本家也没有地主的事实。当然，这个时期的劳动者是否按照边际产品来得到收入，依然是一个值得商榷的问题。我们这里介绍这个模型，主要是因为它在西方国家的学术研究中可能出现。有的西方学者也许会认为，这是对中国在实施多种所有制并存政策后的经济真实情况的一种逼近。

2. 一些特殊情况

(1) 产品市场完全竞争、要素市场垄断

这时，可以形式地认为，要素市场的投入的边际增加不会影响产品价格。因此，这时 $\dfrac{\partial P(f(K, L, L_a))}{\partial L}=0$，而(7.13)式就变成 $P(f(K, L, L_a))\dfrac{\partial f(K, L, L_a)}{\partial L}$ 了。这使得(8.5)式得到了极大简化。

(2) 产品市场完全垄断、要素市场竞争

劳动力市场竞争意味着 $\dfrac{\partial w(L)}{\partial L}=0$。这个情况并没有使一般模型得到太多简化，因为它只是引起(8.5)式的右边的变化。就劳动而言，它意味着 $\dfrac{\partial w(L)}{\partial L}L=0$，因此(8.5)式的右边只有 $w(L)$（一个常数 $\bar{w}$）了。

(3) 产品市场完全竞争、要素市场竞争

这是最简单的情形。(8.5)式的左边就变成 $\bar{P}\dfrac{\partial f(K, L, L_a)}{\partial L}$，(8.5)式的右边只有 $w(L)$（一个常数 $\bar{w}$）了。

我们现在转向解释追求利润的生产者的劳动力需求，即这样的生产者需要雇用多少劳动力的决策了。因为现在厂商的利润最大化条件是 $\bar{P}\dfrac{\partial f(K, L, L_a)}{\partial L}=\bar{w}$，所以，$\bar{w}$ 上升迫使 $\dfrac{\partial f(K, L, L_a)}{\partial L}$ 上升，而这意味着 L 减少，即劳动力工资上升引起劳动力需求下降。

最后，再强调一下，上述分析最多仅仅对润最大化的厂商的劳动力需求有效。有许多劳动力需求是不能用上面的方法来分析的。

二、高级劳动力的劳动供给决策

有许多简单劳动力，他们的供给曲线是水平的。这被称作无限弹性的劳动力供给。然而，也有许多劳动力，能够从事复杂劳动，他们的劳动力供给比简单劳动力的供给复杂，我们可以把他们看作高级劳动力。

高级劳动力是那些没有物质资本可以支配，但是由于自己的专业知识（来自教育和经验）使自己的工作选择余地较大的人。这样的人将收入花在商品上，而收入都来自工作。他给劳动力市场提供的劳动时间更多，得到的收入越多，能买到的商品就越多。收入为他提供了满足感或效用，因为收入会被用来购买商品。然而，当他提供更多劳动时间的同时，花在休闲娱乐上的时间更少。假设休闲娱乐能像商品一样给个人带来效用，那么，他必须在消费商品（即通过提供工作时间）和享受闲暇娱乐间做出选择。每个这样的人都在给定约束下努力达到最大可能的偏好曲线。只不过，这时，个人的目标是让从消费实际收入和闲暇得到的满足最大化，经济约束是实际工资率，它同时也是用放弃的实际收入表示的闲暇的价格。

图 8.2 描绘了高级劳动力在实际收入（购买到的商品的集合）和闲暇娱乐之间的选择。既然他们每天拥有的时间是有限的，就不得不在这两者中做出抉择。这是第二章中的偏好曲线图，只不过坐标轴表示的变量不同。沿着任意给定的偏好曲线，可以计算出个人的主观替代率，即在实际收入和闲暇时间之间的选择。他们的预算线则是：$pc = (24-l)w$。这个预算线写成 $pc + wl = 24w$ 就和前面的预算线在形式上一致了。那么，给定实际工资率和他对闲暇和实际收入的偏好，每一个人将会提供多少小时的劳动呢？

图 8.2 中的实际工资率线 AX 是由如下方式得到的。假设 OX 代表了闲暇和工作的最大可能数量的小时数，它可以被想象成任何人可得的时间禀赋。暂时假设一个人原来工作 X 小时，现在多工作了 XX' 小时（即相对 X），因而选择 OX' 小时的闲暇时间（从 O 处衡量）。如果一个人得到了一个 $X'Y'$ 美元的实际收入，每小时实际工资率是：

$$\frac{X'Y'}{X'X} = \frac{实际收入}{工作小时数} = w^R,$$

其中 w^R 代表每小时实际工资率。

于是，这种新的均衡写作 $\dfrac{mu_l}{mu_{y^R}} = w^R$。

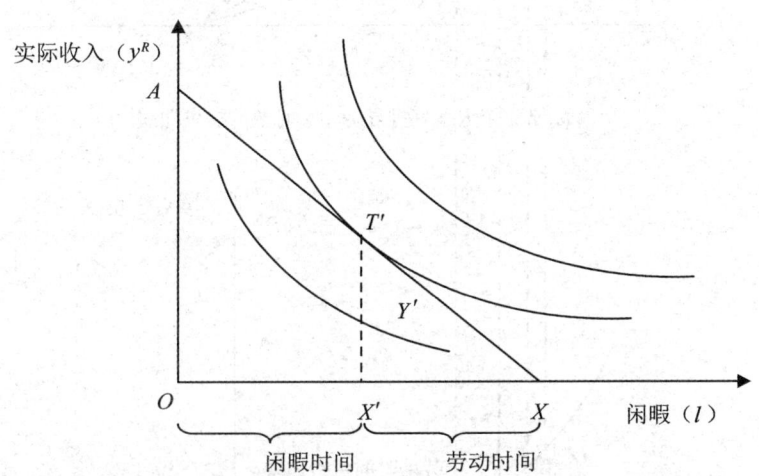

图 8.2　高级劳动者劳动力决策的最优解。在 T' 高级劳动力在实际工资的约束下达到了最高水平的无差异曲线。最优解的条件可以写作 $\dfrac{mu_l}{mu_{y^R}} = w^R$。

为了从这个偏好图得到劳动小时的供给，让我们首先变化图 8.3 中的实际工资率。假设实际工资率如新的线 XB、XC 和 XD 所表示的那样增加。个人达到了图中由点 B、C 和 D 所代表新的均衡点，在这些点上，MRS_{l,y^R} 与新的工资率相等。把这些均衡点连接起来，就推导出了个人的劳动小时提供曲线（由图中的 $TBCD$ 所代表）。劳动的供给曲线可以由这个提供曲线直接得到。

我们让图 8.3b 与图 8.3a 在横坐标轴上对齐，这使得由个人所提供的工作小时数可以在两个图中同时得到衡量（二者都需要从右向左来看）。从图 8.3a 所画出的虚线投影到了图 8.3b 中劳动小时供给曲线的点 T''、B'、C' 和 D' 上。当实际工资增加时，劳动小时的供给也上升了。把每一个人在不同工资下的劳动小时的供给直接相加，就可以得到高级劳动力市场上劳动小时的总供给曲线。

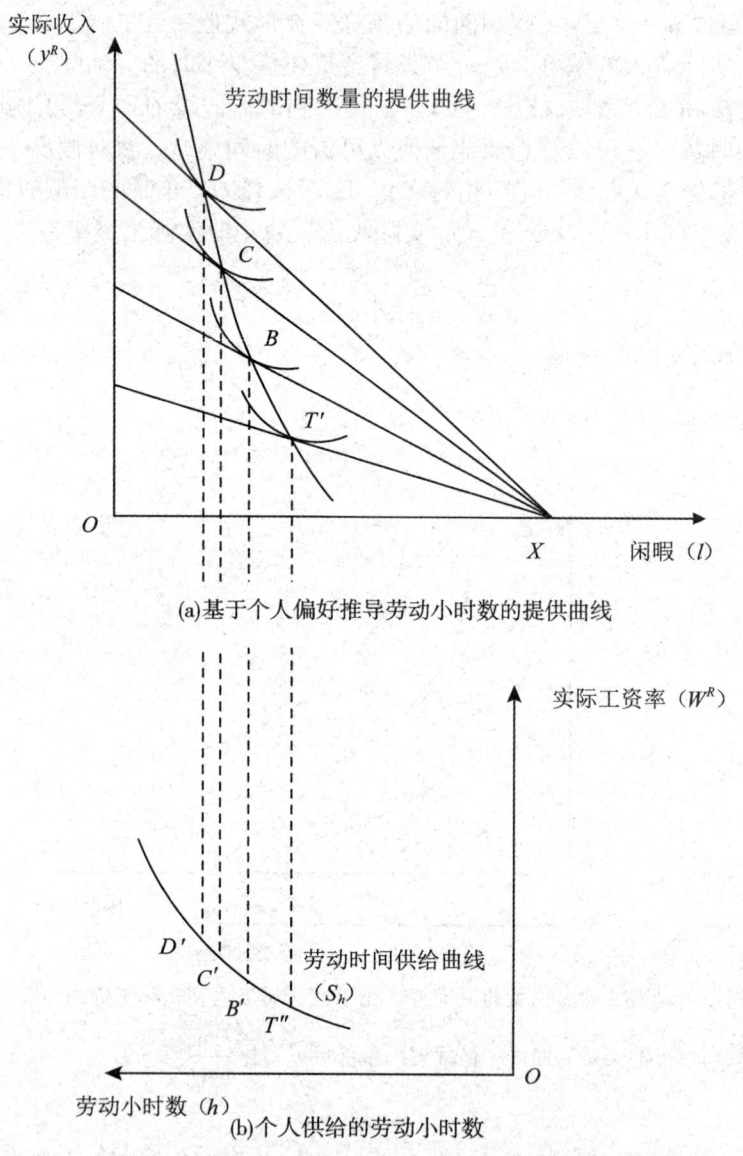

图 8.3 从个人的提供曲线（a）推导个人的劳动小时数量的供给（b）

于是，我们对高级劳动力资源供给的决定就有了一个答案：在给定实际工资和给定初始时间禀赋下，任何个人在实际收入和闲暇娱乐间的选择。人们每天有 24 小时的禀赋是自然给予的，因而，在收入和闲暇之间的选择也就可以理解为是由自然所给予的。与以前一样，实际工资是由竞争性市场决定的。因此，我们可以推断，对于任何给定的实际工资和禀赋，劳动力的供给是由人类天性决定的，即一个人宁愿工作而得到实际收入，而不是选择没有报酬的闲暇、娱乐。

在上面，我们没有探讨谁是高级劳动力。一般而言，高级劳动力是那些受过高等教育的人，或者有丰富经验的人。那些父母受过高等教育或有着丰富经验的人在接受高等教育和获得丰富经验方面也有优势，一般而言，更容易成为高级劳动力。

一般而言，一般劳动力就没有高级劳动力那么多的选择余地了。他们可以看作具有无限的劳动力供给，即他们的劳动供给曲线是水平的。高级劳动力市场和一般劳动力市场通常是高度分割的，因此，一般情况下，不能得出一个国家的劳动供给曲线，除非你假设两种劳动力之间的区分不重要，从而只作纯学术的思考。西方有不少学者是有闲阶级，因此形成了做这种纯学术思考的时尚。中国人不一定要这样做！

三、工资水平的决定

有了劳动力的供给和需求，就让一些人得出一个不同于第一节的工资决定理论。首先，他们将每个生产单位所需求的劳动时间都加起来，得到劳动力市场的总需求。然后，他们考虑劳动时间的总需求和前文所述的总供给的互相作用。图 8.4 展现了劳动力市场这两个总体曲线相互作用的图像。请注意，这个模型没有区分一般劳动力和高级劳动力。

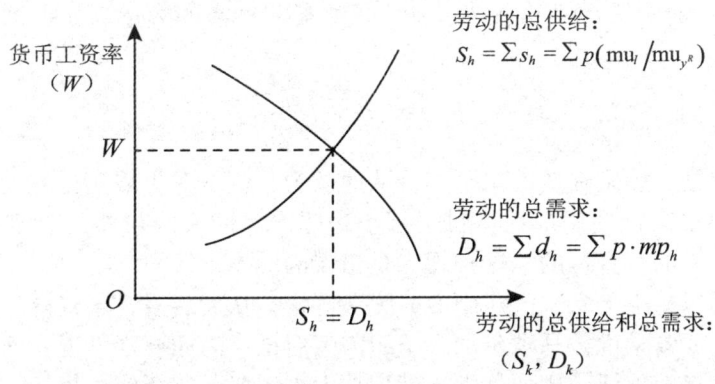

图 8.4　劳动力市场中货币工资率和就业的决定：供给曲线来自
闲暇-实际收入选择，需求曲线来自劳动的边际产品

阅读材料：工资的波动的意蕴

由于市场情况良好，某一生产部门的生产特别活跃，利润高于平均利润，追加资本纷纷涌来，这样，它对劳动力的需求和工资自然就会提高。较高的工资把较大一部分工人吸引到这个有利的部门，直到这里劳动力达到饱和，工资终于又下降到以前的平均水平，如果工人流入过多，甚至会降到这个水平以下。那时工人流入该生产部门的现象不仅停止，甚至还会发生流出现象。所以，工资的波动所反映的只是工人人口按照资本变化不定的需要而在各投资部门之间分配的现象。如果这种现象发生在广大的区域范围内，那就代表着人口的跨地域流动。

第三节 资本所有者应该拿到高收入吗

资本必然面对增殖结果的分配、归属等问题。这里资本又与人、社会无法分割，因此又产生各种权利与利益关系。① 与生产资料其他要素不同的是，资本占有权决定生产资料占有权，从而决定了对资本增殖结果的分配、归属权。这三个方面构成资本的包括经济属性在内的社会属性的本质所在。投资效益的发挥取决于生产过程的安排。如果劳动者受到非人道的对待，就可能破坏资本，破坏资本使用的过程和场所。这就要求对劳动者的人道主义（主人翁抑或奴隶的身份）。人道主义越强，资本的作用越强。②

一、三位一体公式

资本主义社会的来临让主张资本家得到利润的三位一体公式出现了。随着资本主义社会的发展，土地的价值降低了，让依赖土地取得收入的地主阶级的社会政治地位下降和消失了。三位一体公式失去其原来的合理性了。主张资本创造价值从而为资本所有制榨取利润张本的新古典经济学认为，无论企业还是国家的产出都可以用如下的生产函数来说明：

$$f=f(x_1, x_2, \cdots, x_n)$$

其中：f 表示产出，而 x_i 表示要素投入，n 是"要素"种类的数量。如果该生产函数是一阶齐次的，那么，

$$f=f_1 \cdot x_1 + f_2 \cdot x_2 + \cdots + f_n \cdot x_n \tag{8.7}$$

其中：f_i 表示 f 对 x_i 的偏导数。

新古典经济学把 n 确定在 3 的水平上，从而认为，资本对于现实世界的产出具有贡献作用。并且每种"要素"使用都被支付了等于边际产品的实际价格。特别是，资本所有者得到的收入是公平的、合理的。这种观点是错误的。

首先，从经济思想史上看，上式中的 n 无法确定。从后者看，不仅萨伊的劳动力、土地和资本的生产三要素学说被马歇尔加入组织因素后推广为四要素学说，而且随后技术的作用得到了西方学者的承认。比如，索洛就用技术来解释生产余值。再后，获得诺贝尔奖的新古典经济学学者 Becker、Schultz 又提出人力资本概念，从而丰富了"要素"的概念。他们认为，索洛余值所代表的技术很多属于人力资本的贡献，而人力资本的形成除了受教育的影响，还受健康、营养、在职培训等影响。把这些变量的每一项加入上述生产函数中，那就意味着 n 的增大。从辩证唯物主义的观点来看，随着经济复杂性的增加，n 可以无限地扩大。不是很多人把现代社会看成信息社会吗？③ 信息也成为经济增长的要素，而

---

① 这其中也包括"主流派"无法回避的经济学问题——成本核算、效益、规模等。
② 参见：罗丹. 风雨的黎明. 北京：中国青年出版社，1959.
③ 信息经济学家斯蒂格利茨出身自新古典经济学派，但在许多基本观点上反对新古典经济学派，尽管他在某些研究中也采用效用函数这种新古典经济学派的研究工具。中国学者如果能够做到斯蒂格利茨、索洛那种对于新古典经济学派的辩证的态度，中国今天的发展模式也许就会有很大的改观，尽管它离马克思主义所主张的发展模式还相差较远。

对信息的细分就会导致 n 的增大。任何一个类似概念的内涵的精细化，都会导致 n 的扩大。这种精细化的潜力是无限的，这种无限的增大无疑将导致根据边际生产力计算的资本要素收入份额趋于 0（如果存在 10 个因素就会让资本根据边际生产力应得的收入份额降低到 10% 以下），这与资本所有者获得 30% 以上的 GDP 份额相矛盾。这也说明，Cobb-Douglass 函数是一个伪概念。

其次，公式（8.7）忽略了资本、土地以外的条件性因素的影响。在资本、技术、土地、劳动力质量和数量都给定的情况下，劳动力如何使用也对产出产生明显影响。比如，中国 1976 年时，一些国有企业通过各种办法获得了国际上先进的机床等设备。然而，这些机床在随后的年月里并没有发挥应有的作用，而是因没有适当的劳动力使用它被闲置、浪费了。这无疑使得中国的产出没有达到应有的水平。

第三，即使 n 确定，对任何一个经济体，都根本无法判定它是规模报酬递增、递减还是不变。毕竟，没有一个社会的生产过程是所有要素同时同比例增加的。这时，边际生产力原则还怎么应用呢？如果对一个根本无法用规模报酬概念来衡量的经济中的"要素"收入进行新古典经济学式的决定，那无异于用脚去适应鞋。Cobb 和 Douglass 对美国经济体的估计如果是建立在错误的要素设定的基础上（马克思主义显然是如此认为的），他们的拟合结果与实际的一致就只是一种统计上的巧合而已。索洛余值的存在就是对他们的研究结果存在问题的一个证明，而 J. Robinson 所指出的测量资本数量的困难也证明了这一点。

第四，即使 n 确定，并且可以用规模报酬来衡量一个经济体，也没有任何理由保证这个经济体，不管是宏观的经济还是微观的企业，具有一阶齐次的性质。实际上，在人类社会的绝大多数时间里，生产函数并不具有一阶齐次性质。当这一经济体属于规模报酬递增时，按照边际生产力原则进行分配，就会出现剩余，这导致要么没有任何人认领这一剩余，也就是没有任何人能够宣称对这一剩余的生产负有责任，要么导致至少一人得到了多于边际生产力原则所指定的收入；当这一经济体属于规模报酬递减时，按照边际生产力原则进行分配，就会出现短缺，就一定有人无法按照这一原则得到他"应"得到的。

最后，应用公式（8.7）时，即使对于传统的资本这一"要素"的衡量也存在很多偏差。根据 Robinson（1975）的意见，现实中存在的各种资本具有"生产率"上的根本性差异，难以加总。比如，对于一个企业而言，机床的有无和质量的高低可能是其是否能够加工出合格产品的关键，而这个机床所在的厂房却可以在造价上有很大的差异。这也就是说，同样一笔钱，投入到机床的购买和投入到厂房的建造具有不同的"生产力"。也就是说，不同数量的资本金可能带来同样的物质产出。那么，在宏观上还能测准一个国家的资本存量的"生产率"吗？今天，当中国的资本家用金钱贿赂官员时，这在社会中应该算作具有生产力的资本还是不应该算作资本呢？

综上所述，资本创造价值一说、资本收入占 GDP 的比重与西方学者所发现的越来越多的经济增长要素不具有一致性。这反过来表明，资本收入构成一个国家经济发展的巨大成本。资本收入占 GDP 的比重越大，这个成本就越高，而这个国家经济发展道路的占优性程度就越低。

二、经济增长率的余值

劳动创造价值，资本构成劳动创造价值的条件。然而，还有一个影响价值创造、经济增长的因素，就是技术。有一种理论设计了一种方式来衡量技术对于经济增长的贡献。我们先来介绍这种理论，然后指出它的问题。

给定一个多"要素"（不一定是柯布-道格拉斯）生产函数：

$$Y = Y(K, L, A) \tag{8.8}$$

对上式求全微分，然后再除以 $Y(t)$，我们得到：

$$\frac{\dot{Y}(t)}{Y(t)} \equiv \frac{K(t)}{Y(t)}\frac{\partial Y(t)}{\partial K(t)}\frac{\dot{K}(t)}{K(t)} + \frac{L(t)}{Y(t)}\frac{\partial Y(t)}{\partial L(t)}\frac{\dot{L}(t)}{L(t)} + \frac{A(t)}{Y(t)}\frac{\partial Y(t)}{\partial A(t)}\frac{\dot{A}(t)}{A(t)} \tag{8.9}$$

令 $\alpha_K(t) \equiv \frac{K(t)}{Y(t)}\frac{\partial Y(t)}{\partial K(t)}$，$\alpha_L(t) = \frac{L(t)}{Y(t)}\frac{\partial Y(t)}{\partial L(t)}$，$R(t) = \frac{A(t)}{Y(t)}\frac{\partial Y(t)}{\partial A(t)}\frac{\dot{A}(t)}{A(t)}$

我们可以把(8.9)写为：

$$\frac{\dot{Y}(t)}{Y(t)} = \alpha_K(t)\frac{\dot{K}(t)}{K(t)} + \alpha_L\frac{\dot{L}(t)}{L(t)} + R(t) \tag{8.10}$$

于是，全要素生产率(TFP) $R(t)$ 就被定义为：

$$R(t) = \frac{\dot{Y}(t)}{Y(t)} - \left(\alpha_K(t)\frac{\dot{K}(t)}{K(t)} + \alpha_L(t)\frac{\dot{L}(t)}{L(t)}\right) \tag{8.11}$$

根据公式(8.11)，TFP 取决于产出增长率与要素增长率的加权平均值之差，权重为要素的收入份额。这个值的大小被认为是体现了技术进步的快慢。然而，下面考虑的情况表明，至少并非总是如此。

第一，很显然，在技术进步没有发生的情况下，劳动者工资收入占 GDP 比例越低，全要素生产率就越高，仿佛技术进步率就越高似的，其实不然。如果技术进步发生了，但劳动者工资收入占 GDP 比例降低了，这时 TFP 依然会高估技术进步率。反过来，高 TFP 可能意味着收入分配不合理，比如，劳动者收入占 GDP 比重太低。如果一个国家的收入分配政策不合理，盲目追求 TFP 增长率，而忽略潜在收入分配问题的改革就会加剧社会矛盾。

第二，如果发生了技术进步，但劳动者工资收入占 GDP 比例的降低被资本所有者收入占 GDP 比例的升高正好抵消，那么，只要经济增长率不变，TFP 增长率就将保持不变。[①] 如果技术进步所产生的经济利益被劳动者所享用，即使得劳动者收入占 GDP 的比重增加，资本所有者收入占 GDP 的比重保持不变，那么，TFP 增长率也会保持不变。中国经济在1980年后的30年中就出现了劳动者收入比重占比下降而资本所有者收入占比上升的情况。这使得 TFP 很难用于衡量中国的技术进步。

---

① 就目前来说，国内很多研究表明，我国的劳动收入份额在自20世纪90年代中后期的持续的下降已经成为一个不争的事实（周明海，等，2010），对收入差距的研究也表明，我国的基尼系数长期以来处在一个较高的位置（程永宏，2007；王祖祥，等，2009；田卫民，2012）。这都表明实现"共享"的发展，我国还有很长的一段路要走。

第三，式(8.11)表明，在经济增长率、劳动者收入占 GDP 比重、资本所有者收入占 GDP 比重、劳动增长率不变的条件下，只有资本增长率降低，技术进步才可能表现为 TFP 增长率的增加。美国的资本增长率相比中国更低，因此，其 TFP 就可能高于中国的 TFP。

让我们把(8.8)式改写成如下形式：

$$Y = Y(L, O) \tag{8.12}$$

其中：O 表示其他因素。这里的 O 可以理解为组织。比如，只有采取公有制的企业组织形式，才能保证没有人凭借生产资料的所有权得到资本收入。在这个意义下，公式(8.12)同时也体现了马克思的劳动价值论：由于使用价值是凝结在商品中的无差别人类劳动，资本只有通过劳动才能发挥作用，因此劳动作为唯一的要素进入生产函数，而资本则隐含在劳动的作用之中。

我们可以得到一个类似(8.10)的公式：

$$\frac{\dot{Y}(t)}{Y(t)} \equiv \frac{L(t)}{Y(t)} \frac{\partial Y(t)}{\partial L(t)} \frac{\dot{L}(t)}{L(t)} + \frac{O(t)}{Y(t)} \frac{\partial Y(t)}{\partial O(t)} \frac{\dot{O}(t)}{O(t)}$$

$$\equiv \alpha_L(t) \frac{\dot{L}(t)}{L(t)} + R(t) \tag{8.13}$$

根据式(8.13)，全要素生产率的增长 $R(t)$ 就可以表示为如下形式：

$$R(t) = \frac{\dot{Y}(t)}{Y(t)} - \alpha_L(t) \frac{\dot{L}(t)}{L(t)} \tag{8.14}$$

其中：$\alpha_L(t) \equiv \frac{L(t)}{Y(t)} \frac{\partial Y(t)}{\partial L(t)}$，$R(t) = \frac{O(t)}{Y(t)} \frac{\partial Y(t)}{\partial O(t)} \frac{\dot{O}(t)}{O(t)}$。

根据式(8.14)，$R(t)$ 等于产出增长率减去劳动增长率与劳动的收入份额之积。这里的 $R(t)$ 综合反映企业组织形式、研发组织等对经济增长率的影响。

关 键 词

边际收益产品　高级劳动力　三位一体公式

思考题与练习题

1. 试述一般劳动力的工资决定。
2. 简述劳动力需求的理论。
3. 一般劳动力与高级劳动力的区别是什么？
4. 试述全要素生产率(TFP)及其意义。
5. 一个厂商的计算器生产线业务的生产函数为：$q = \sqrt{l}$。其中，q 是完成的计算器产量，l 代表劳动投入的小时数。这个厂商在计算器(售价为 P)与劳动(工资为每小时 w)市场上，都是一个价格接受者。

A. 该厂商的总成本是什么？

B. 该厂商的利润函数是怎样的？

C. 计算器的供给函数 $q(P, w)$ 是怎样的？

D. 该厂商对劳动的需求函数 $l(P, w)$ 是什么？

6. 推导高级劳动力供给曲线。

7. 某重型装备学校教授学生如何使用机器。该学校每周可以培训的学生数量为：

$$q = 10\min(k, l)^\gamma$$

其中：k 是该学校每周租用的反向挖土机的数量；l 是该学校每周雇用的教员的人数；γ 是表征该生产函数的规模报酬的参数。

A. 解释为什么此处利润最大化模型要求 $0 < \gamma < 1$。

B. 假定 $\gamma = 0.5$，求该学校的成本函数。

C. 如果租金 $r = 1\,000$，工资 $w = 500$，学费 $P = 600$，则该学校的利润是多少？招学生多少名？

D. 如果学生愿意支付的学费是 $P = 900$，则该学校的利润将如何变化？

E. 图示该学校的学生供给曲线，请把 D 中利润的增加在该图中展示出来。

8. 假定劳动需求为：$l = -50w + 450$；劳动供给为：$l = 100w$，其中 l 为雇工的数量，w 为每小时的实际工资。

A. 此市场中 w 和 l 的均衡水平是什么？

B. 假定政府希望通过雇主提供补贴（对其雇用的每个人）从而将均衡工资提高至 4 美元/小时。该补贴数额是多少？雇工数量的新的均衡水平是多少？总的补贴数量是多少？

C. 假定政府公布最低工资为 4 美元/小时。在此价格下，劳动需求为多少？失业人数是多少？

D. 图示你的结论。

9. 在某个经济中，资本所有者得到了 2/3 的国民收入，而工人得到了 1/3.

A. 假设男人留在家里从事家务工作，而妇女在工厂干活。如果一些男人开始走出家门工作，以至于劳动力增加了 5%，这个经济均衡的产出发生什么变动？劳动生产率——定义为每个工人的产出——是提高了，下降了，还是保持不变？全要素增长率提高了，下降了，还是保持不变？

B. 在第一年中，资本存量为 6，劳动投入为 3，产出为 12。在第二年中，资本存量为 7，劳动投入为 4，产出为 14。这两年之间，全要素生产率发生了什么变化？

第四编 货币 金融 贸易

第九章 货币：供给和需求

一种流行观点认为，货币之所以成为货币，是由于它被普遍接受作为交易的媒介。然而，这是一种形式主义的观点，因为它没有揭示出什么东西怎样才能被普遍接受从而才成为货币。货币史可以告诉你，在中国古代，人们曾用贝壳作为货币来流通。这个历史知识对你没有多少用处。有人告诉你说，货币具有节约交易成本的功能，但这还是无法解释货币的出现：为什么不同地方接受不同货币呢？如果货币只具有节约交易成本的功能，世界各国采用同一种货币不是最好吗？所以，用节约交易成本的功能来解释货币的出现是不够的。

第一节 现代货币的产生和使用

现代货币的产生和使用与国家和社会具有紧密的联系。理解了这个观点，你就会谨慎地对待货币，对于货币采取一分为二的认识，而不会认为货币万能、货币决定一切。

世界发达国家的现代货币演化史很简单，一开始是黄金本位（standard），即以黄金作为货币，后来转向黄金支持下的纸币本位，也就是发行纸币，但保持纸币与黄金按照固定比例的兑换，最后（在20世纪70年代）转向了完全的纸币。与西方这种货币演化史相比，中国共产党的货币演化史更早完成。因为除了20世纪30年代初中央苏区实行银元支持下的纸币本位外，中国共产党很快就转向了不以贵金属为准备而以重要物资为准备的完全的纸币制度。而且，由于根据地被分割，所以，中国革命根据地的货币不是指某一个或某一种货币，而是包含了400多个货币发行机构所发行的500多种货币，时间则经历了从1926年12月第一张革命根据地货币产生起到1951年10月实现除西藏、台湾外全国革命根据地货币统一的24年零11个月的时间。中国共产党的货币史体现了货币与政治权力紧密结合的属性。[①]

西方国家关于货币本源和作用的理论经常给人以自然秩序的印象。其实，这是关于货币的理论迷雾。在西方，货币也是与政治权力紧密结合在一起的。在南北战争期间，北方为了取得对南方的胜利，不得不动员大量资源。然而，直到20世纪初，美国政府收入占GDP的比重只有5%。这个比例在1861年时是无法支持北方的战争机器的。于是，美国总统林肯决定发行法偿货币为美国南北战争融资，而这个做法的合法性在南北战争胜利后被美国最高法院追认。在18世纪，英国英格兰银行的建立为英国在英法战争中的胜利提

---

① 刘海波. 中国革命根据地货币工作解析及启示. http://www.kunlunce.com/gcjy/lilunjianshe/2017-04-10/114977.html.

供了资源保证。有人甚至认为，正是英国的银行体系帮助英国以法国 1/3 的人口的数量而取得了对法战争的胜利。

以上从国家的角度的分析说明，货币对于国家是有利的，甚至是必需的；而从社会的角度看，这个结论可能要颠倒过来。在西方，中央银行曾一度被认为"政治和金融的邪恶联盟"。英国和美国的中央银行都是私人的，所以，把中央银行看成"政治和金融的邪恶联盟"，实际上就是说在西方存在一种邪恶的官商勾结。这表达了西方社会对待西方货币的一种看法。在 2007 年发生的金融危机就被认为是"金融家们的决策造成的后果"。在中国，1927—1937 年这 10 年，被西方一些历史学家说成国民党统治的黄金 10 年。然而，正是在这 10 年中，中国发生了地主由村内地主变为在外地主，交租由秋后改为春前、实物地租改为货币地租的变化，结果导致中国农村小农破产、乡村衰败、痞子横行、土匪蜂起。[①] 中国始自 1978 年的货币的快速增长（货币化）尽管没有带来西方货币数量论所预测的通货膨胀，但使得中国的价格体系出现重大扭曲：中国住房价格之高，已经引起了最高领导层的高度关注。在本书撰写的时候，有消息表明，中国一些大的在极短时间里积累起巨额资产的保险公司可能威胁到了国家的金融安全。有观点认为，向某种理想社会的转变和文明的幸存"有赖于货币、银行及金融的基础性重构"。

一、货币的本质

关于货币的本质有不同的说法。有人说，货币是国家所规定的固定充当交易媒介的东西，有人说，货币本质上是由市场决定的。这两种说法并不像看上去那样矛盾。国家可以规定由市场所选择的形式来作为货币，国家的规定本身也可以作为一种所谓的市场决定。当然，任何一种决定的产生都是有条件的。当条件变化之后，这种决定就发生了变化。

把货币理解为国家所规定，有助于你摆脱货币面纱论观点的影响。从某个角度看，货币面纱论似乎是对的，但这样一来，就难以解释货币在国家经济生活中的重要性了。所以，更为科学的办法是把货币看成权力。这种权力是在一系列的事件（如存贷、危机）和制度（如准备金制度）中形成的，并在这一系列的事件和制度中表现着。货币的权力论观点能够容纳货币的面纱论观点。这是因为权力并不总是能够起作用，也不是对所有事情都起作用。权力是一把双刃剑。把货币看成权力能够帮助人们一分为二地看待货币，而不是简单地把货币看成一个好东西，进而形成货币崇拜。

二、货币的功能

作为权力的货币具有四种功能。

1. 交易媒介功能

在物物交换的情况下，除非买者和卖者的商品数量、种类和价格足够合适，否则，就往往需要借助第三方得到物资来实行交换。在经济极度简单化的时代，这还可以。随着经济复杂性程度的增加，就太麻烦了。然而，真实的货币产生过程和这种经济理性的分析有

---

① 温铁军. 这才是中国政府能化解大危机的真正原因！http://www.globalview.cn/html/societies/info_11710.html.

很大差别。在 1023 年的宋朝，早就在四川民间产生的交子被四川知府张泳进行了官方认证，从商业信用凭证发展成为官方法定货币，成为今天世界公认的最早的纸币。交子最初在四川民间产生，主要不是为了方便普通百姓的交易，而是因为天府之国有许多富商，他们不便携带巨款，因此一些大商人就经营起了存款业务。交子一开始是作为存款凭证来使用的。

了解了上述历史，你就可以理解如下的数理分析尽管不无道理，但它只是解释了货币作为交易媒介所带来的好处，而没有解释货币的产生。假设有 n 种商品，物物交换的价格就会有 $n(n-1)/2$ 个。如果额外有了货币，交换的价格就只有 n 个。当 n 很大时，$n \ll n(n-1)/2$。货币的出现大大降低甚至消除了在同一时间同一地点进行物物交换的必要性，为人们从事经济活动节约了时间。从这个角度看，货币是一个重大的发明。

2. 价值贮存功能

货币的出现使得不是以物品的形式，而是以货币的形式进行储蓄成为可能。这种价值贮存的功能可能主要来自货币作为交换媒介的功能，而不是相反。货币的价值贮存功能使得生产和消费独立的形态发生变化，进一步使社会的消费与生产相独立。比如，一个人可以在年轻时参加生产，而在年老时依靠年轻时的储蓄提供消费资金。

货币的价值贮存功能使得货币的数量变得重要起来。无论是贝壳还是黄金，如果在短时间内数量增加比产品增加得快，货币的价值贮存功能就弱化了。对于纸币更是如此。这也使控制货币供给数量成为一个重大问题。

3. 价值尺度功能

这个功能主要是指货币的出现适应了延期支付的需求，即它是用来衡量债务和债权的大小的。在开放的经济中（特别是小国林立的欧洲），作为价值尺度的货币，具有国别的属性。比如，英国人以一定价格购买了德国人的产品，但没有当期支付，而是约定 1 个月或半年后支付。然而，在这段时间里，德国货币可能相对英国货币升值了，结果，英国人就可能遭受汇率变动的损失。欧洲人鉴于这种情况，他们统一了自己的货币。秦始皇统一度量衡就极大地解决了这些问题。

4. 记账单位功能

货币的记账单位的功能更多与法律规定相联系。法律规定作为记账单位的货币和作为交换媒介的货币可能是非常不同的。作为计账单位的货币要求更为统一，于是产生了不同货币之间的兑换率的问题。在这方面，自 1949 年以来，中华人民共和国以人民币作为记账单位，可以说产生了重要的效率。欧洲货币一体化把许多记账单位消灭了，从而消弭了不同货币之间的兑换率问题。在国际收支中，记账单位如果采用一个国家的货币单位，就体现了该国货币的重要性，因此成为国际政治与经济角逐的变量。比如，用黄金、英镑、美元还是人民币结算，具有重大的国际政治经济意义，体现着一个国家的国际经济领导权的强弱。事实上，美元作为国际记账单位，使得美国享受到了太多的利益。

货币的形式是由实际需要所决定的。在历史上，许多国家内部各经济单位（政府、教会、商行、企业、个人）对小额货币的需要支撑了金银作为货币。但远距离贸易的需要催生了银行券、汇票这些硬币的替代物产生。在欧洲，汇票在 13 世纪的意大利产生，它用一个方向所欠的债务冲销另一个方向所欠的债务。但汇票的流通和转让直到 17 世纪初才成为普遍的事情。在中国,类似汇票的事物大概在汉朝时期就已经产生。纸币作为货币的主要形式较好地解决了原来由两种货币本位构成的复本位体系的不稳定性问题。在当代世界,纸币最后成为所有国家法令所认可的货币形式,取代了原有的商品货币。

货币距离资本只差一步,而拥有了资本就拥有了获得远超其他人的收入的权利!这就仿佛货币可以产生货币一样。货币的权力本质及其所具有的功能,特别是价值尺度的功能,使得许多社会中许多人产生了货币崇拜,或把货币看作经济生活中永恒和占主导地位的因素。那些拥有大量货币的人往往经常出现在聚光灯下、媒体头条、街谈巷议之中,有的企业界人士甚至总结出"现金为王"的说法,对货币崇拜产生了推波助澜的作用。货币很重要,有的时候具有决定性,但决不是所有时候都具有决定性。你应该有点儿粪土万户侯的气概!

阅读材料:货币统一:一些国家和地区的前沿问题

一个经济上具有紧密联系的地区内部,如果没有货币的统一,内部市场报价会存在许多兑换率的问题。中国至少早在秦始皇时期就遇到并解决了这个问题。在20世纪,西方的经济理论家们才以加拿大为背景提出最优货币区的理论。后来,这个理论在欧洲得到了大用。这是因为,在20世纪,各国的货币发行权基本上都演变为一种国家权力。众多林立的国家货币使得许多交易极为麻烦。然而,欧洲的货币一体化是在政治上保持独立基础上的货币区设计。这种货币区设计是否能够持续下去还有待观察。香港、澳门和台湾省作为中华人民共和国不可分割的部分,依然保留自己独立的货币,是否继续持续下去,也是一种重要的政策决策。

第二节 货币供给

一个国家的货币供给是由该国所发行的货币为基础并经过存款贷款的无限过程而形成的。由印钞厂印制并由中国人民银行(在其他国家是其央行)发行到金库之外的货币被称为基础货币。基础货币实际上就是一个国家发行在外的货币。

一、货币存量的决定

基础货币由于被商业银行或商业银行之外的公众(它包括各类企业和个人)分别持有,因此被分为商业银行准备金和公众手中的通货两部分。商业银行是吸收存款、发放贷款的银行机构。商业银行在吸收存款后,都有义务满足客户的提款要求。比如,你持有一个活期存款账户去银行取钱,银行应该马上给你钱。如果有不少人都向银行提钱却无法得到满足,就会出现恐慌,进而引起银行的挤兑。这可能引起银行倒闭。为了避免这种情况发生,商业银行每得到一笔存款,都必须保留至少一定比例的货币,而不把存款全部用于贷款。为了防止某些商业银行采取高风险的贷款活动,也为了促进银行间的公平竞争,西方国家就为每一类存款规定了一个准备金率,要求每个银行在每一天结算时都要满足准备

第二节 货币供给

金率的要求。这种制度被称为"部分准备金"制度。由于这些原因，所有的商业银行都会持有纸币和硬币，它们就被称为银行准备金。之所以有这个名字，是因为这些纸币和硬币中绝大部分应该是准备用来向储户或其他要求支付者支付现金的。商业银行的设立需要一定的注册资本金，但准备金主要产生于银行存款。商业银行的准备金并不是一定都存在商业银行，还可能存在中央银行。

基础货币、部分准备金率和货币供给这三个事物在一起，就好像构成了一个杠杆。"部分准备金"决定着杠杆比率，基础货币就像作用在杠杆较长部分末端的力，央行决定基础货币的数量，就像决定这个力的大小一样。货币供给量就像作用在杠杆较短部分末端被基础货币撬动的力。它们之间的数量关系可以用一个梯形图形来表示，见图9.1。

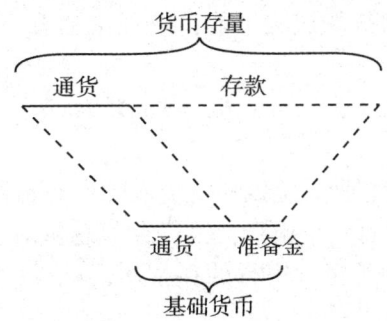

图9.1 基础货币与货币存量的关系

在图9.1的最上面，我们表示出货币供给存量，简写为货币存量。在图的底部，我们表示出基础货币（也叫作高能货币）的存量。我们说，货币存量和基础货币存量是通过货币乘数（money multiplier）相联系的。货币乘数是货币存量对基础货币存量的比率。这清楚地表明，货币乘数大于1。很显然，作为货币存量一部分的储蓄量越大，货币乘数就越大。之所以是这样，是因为如果准备金比率是10%，1元的存款就只需要银行保留0.1元的准备金，另外0.9元都可以作为贷款发放出去。

让我们用CU来表示通货数量，用D来表示存款数量，用M表示货币存量，于是，根据图9.1，有

$$M = CU + D \tag{9.1}$$

基础货币B等于通货加准备金（R_e）：

$$B = CU + R_e \tag{9.2}$$

如果我们设两个参数：通货-存款比率$c_u = C_U/D$；准备金比率$r_e = R_e/D$，那么，我们可以用基础货币来表示货币供应量的决定：

$$M = \frac{1+c_u}{r_e+c_u} B \equiv mm \times B \tag{9.3}$$

其中，$mm \equiv \dfrac{1+c_u}{r_e+c_u}$被称为货币创造乘数。

由（9.3）式可见，准备金比率r_e越小，货币乘数越大；通货存款比率c_u越小，货

币乘数越大。这从数学上，通过求 mm 对 c_u 的导数不难得出。从经济学的意义看，c_u 越小，银行得到一笔存款后，必须留作准备金的数量就越小，放贷的空间就越大，所支持的贷款就越多，这些贷款接下来还会转作更多存款。因此，货币供给量就更大了。

那么，基础货币如何在银行和公众的相互作用中引起货币存量成倍地扩大呢？即货币乘数何以存在呢？

基础货币最起初是人民银行对商业银行发行货币或开出本行支票（这不需要发行货币）。这时，银行准备金增加了，它的存款与准备金等量增长，因此，它可以增加其贷款了。

当银行贷款时，接受贷款的人拥有了银行存款。值得注意的是，这笔银行存款并不需要新的货币发行，因此，这个过程已经在原来的基础货币基础上生成新的货币了。这就是货币创造。新的存款又使新的贷款成为可能，从理论上看，这个过程可以直到无限。于是，其数学表述是：

$$B, (1-r)B, (1-r)^2 B, \cdots$$

它们之和就是 B/r。

对银行来说，贷款只是使它把一笔钱从一个人的户头转移到另一个人的户头而已。即使借款人把款全部提走，存到另一个银行，银行存款总量对整个银行体系依然是不变的。只有贷款人把现金放在自己的手里，银行的存款才会减少。这被称为货币创造过程的漏出。

请注意，在上面的讨论中，货币是通常意义下的。在特殊情况下，有许多可以充当货币的东西。比如，在监狱里，香烟可能执行货币的职能。我们这里的论述不考虑这些情况。

阅读材料：货币创造的渠道差异

任何银行都会创造货币，但创造货币的过程发生在商业领域还是发生在工业领域，发生在工业革命勃兴的时期还是日薄西山时期，关系重大。从人事关系看，创造货币的过程发生在商业领域还是发生在工业领域使得工商业与银行在西方有着种种的人事交叉关系。有的是一对朋友在工商业与银行业从业，有的是工商业的人走向银行从业，有的是银行的人走向工商业从业。从地域看，历史上，有的城市就是致力于为商业提供资金的城市，有的城市则是为制造业、采矿业、铁路、公共设施、动产提供资金。当银行专业化从事于某一领域的融资的时候，它们甚至可能形成一种专业化依赖，难以转型。资金用途不同，可能会导致银行在长期资产和短期负债之间形成错配，埋下危机的种子。危机因新的金融工具的产生更为可能了。

二、控制货币供给的工具

增加货币供给，常常被称为积极宽松的货币政策。这种政策是央行支持扩大需求的行为，有助于经济取得所需要的增长。央行有三个控制货币供应量的工具：公开市场操作、贴现率和法定准备金比率。公开市场操作作为一种最实用的工具几乎总是被经常选用。

（一）法定准备金比率

在本章第二节中提到，国家对商业银行会规定一个准备金比率，这被称为法定准备金率。它是一个可以由一个国家的中央银行调整的比率。在这个制度下，商业银行持有的准备金往往超过法定准备金，超过的部分就叫作超额准备金。由于准备金不能收取利息，银行会努力缩减超额准备金，使得超额准备金不至于太多。市场利率越高，超额准备金则既可能越少，也可能越多。越少容易理解，因为银行想放出更多的贷款。越多也不难理解：利率上升时，贷款需求会减少，存款会增加，因此使得超额准备金增加。超额准备金是多方博弈的结果，在不同经济环境中它的数量的决定方是不同的。

当代银行间资金转移有这几种情况：转入转出的银行相互持有双边往来账户，直接进行资金转账；双方在第三方银行开设账户，由第三方进行划转；双方通过在央行开设的备付金账户，划转款项。这样，就有这样一种可能：当我开出我的开户银行的支票向你付款时，你将支票存入你的开户银行。我的开户银行将其在人民银行账户上的资金转移到你的开户银行在人民银行的账户上，从而完成支付。银行也可以使用它在人民银行的存款换取现金：一经请求，人民银行就会用运钞车押送现金过去。

（二）公开市场操作：人民银行买卖国债

公开市场操作是在第一次世界大战之后的西方国家出现的。在中国，人民银行改变基础货币存量也越来越多地采用了公开市场操作的方法。我们来考察公开市场操作（即买卖债券）机制。在一次购买操作中，比如说，人民银行向商业银行购买1亿元政府债券，这就会增加基础货币。

表9.1显示了人民银行购入债券后的资产负债表的变化。人民银行的政府债券所有权增加1亿元，记入资产负债表中资产方的"政府证券"项目下，同时，商业银行在人民银行的存款增加1亿元，这构成人民银行的负债。商业银行增加了1亿元的准备金。这时，它是以在人民银行的存款而出现的。请注意，这时，人民银行并不需要真地向商业银行提供1亿元现金，而只需要法律上承认商业银行有权得到这1亿元即可，并且相关法律确保，商业银行在需要时，可以要求人民银行提供现金。说这是货币创造是名副其实的！如果人民银行认为，货币供应过多，它就可以执行相反的操作：卖出政府债券。

表9.1　　　　　　　公开市场购买对人民银行资产负债表的影响　　　　　　　单位：1亿元

资产		负债	
政府债券	+1	在人民银行的商业银行存款	0
全部其他资产	0	基础货币	+1

外汇和基础货币

曾经有10余年甚至更长时间，那是中国外汇比较缺乏时，人民银行要求中国银行代理它买卖外币。因为政府对外贸企业有一个规定，即所有外汇收入都必须在国内换成人民币，企业不能自行持有外汇。这些企业需要外汇时，再从中国银行买入外汇。这种对外汇的购买和售出，会影响基础货币（还会影响汇率）。但它只不过相当于把表9.1的资产负债表中的政府债券换成外汇或黄金，它对基础货币的影响是完全一样的。

人民银行经常将外汇的购买与抵消性的公开市场操作精确搭配使用，来避免基础货币的变化。这种抵消性购买被说成是"冲销"操作。从经济学的角度看，中国积累大量外汇恐怕是没有必要的，而为此影响基础货币似乎也并无必要。所以，对这种冲销的作用不能高估！

（三）银行间贷款和央行对商业银行的贴现

法定准备金制度为商业银行施加了一个强大的约束。因贷款过多而缺乏准备金的商业银行可以从其他商业银行借款以弥补准备金的不足，这种行为叫作银行间同业拆借（Inter-bank Offer），它们之间的借款利率被称为银行间利率。在美国，这被称为联邦基金利率。实际上，美国央行基于联邦基金利率设定其短期目标。联邦公开市场委员会一般每6个星期开一次会，并宣布联邦基金利率目标。在混乱时期，该委员会可能更频繁地开会，包括召开电话会议来确定这个利率。当然，联邦储备委员会也会仔细观察货币供给、产出、就业、通货膨胀和非金融部门（政府、家庭和非金融性企业）总债务的增长，以及决定是否提高或降低其目标的其他因素。

缺乏准备金的商业银行还可以从央行借款，从央行借款的成本是贴现率。通常，贴现需要票据。但这里，贴现率是央行向从其借款的商业银行所收取的利息率，贴现不需要票据。由于贴现率被安排大于银行间利率（以避免套利行为），很显然，商业银行只有告贷无门时，才会求助于央行。这使得贴现率很少成为央行实际使用的政策工具。

在西方，在发生银行危机时期，中央银行的这种贴现职能被称为"最后的贷款人"。央行可以使用这种职能来挽救它愿意挽救的商业银行或其他银行的命运。这个职能的执行能够避免整个金融系统内大银行因遭受挤兑而破产，从而稳定整个金融系统。西方中央银行因执行这种职能也被称为银行的银行。通常，当中央银行提供大量贴现以救助陷入困境的银行时，还会出于许多目的提出许多条件。有时，这些条件可能是商业银行不愿意接受的。2008年，美国中央银行拒绝了雷曼兄弟银行的贴现求助，使其遭受了破产，尽管雷曼试图允诺一些条件。

三、金融学家对三大政策工具、货币创造过程的评价

以上的介绍或许让你感到，似乎一切都井井有条。历史的教训却是，现实要复杂得多。拉斯维尔（1992：52）说，货币创造过程"所产生的结果就是建立起一个……分散的和金字塔形的庞大的权利要求体系"。在西方，私人银行的规模扩大以后，政府贷款、债券发行不得不依赖它们。它们则借机抽取巨额佣金，可能高达债券发行额的5%～9%。而且，借助与政府的关系，它们还可能要政府在国际贸易领域给予特殊的照顾，使它们能够通过独家代理权等方式，不仅控制庞大的金融机构，而且控制产业界，甚至以金融力量影响国际政治与外交事务。华尔街与华盛顿之间的密切的交流让人们感到了金融资本在美国政治中的巨大影响力。在资本主义国家，增发货币、减少贷款限制、降低利率、降低准

备金率的主要目的是给少数人赚钱更加方便、让社会更加两极分化而已。① 这和美国的供给经济学的主张是高度一致的。有的经济学家说，公开市场业务是混乱的信号，贴现率政策是笨拙的办法，而法定准备金限额更会使银行业成为一个失衡的体系（格利，肖，1994：12）。

马克思关于货币转化为资本的观点是更加令人深思的。一旦允许货币转化为私人资本（产业资本、商业资本、金融资本，包括高利贷等），货币发行或货币创造，就会使少数人最方便地凭借资金所有权或占有权来榨取他人剩余价值。② 在资本主义国家，货币的交易职能越有效发挥（如在金本位抑或纸币本位、固定汇率制抑或浮动汇率制、货币供给规则抑或利率规则上的选择越优化），不平等交换和私人占有剩余价值就越方便，人们之间的分化就会越大，劳动者自身的异化就会越深。在中国，就是利用这个体系，国有企业的出售转让才得以实施。尽管国有企业出售转让过程中定价极低，只有真正价值的若干分之一，也没有私人能够买得起国有资产。如果一个国家的财政政策和金融政策极大地压缩了劳动者剩余，历史性地进行了财富由穷人向富人的逆向转移支付，那它的服务对象当然是有偏向性的。

阅读材料：最后贷款人

有人说，中央银行的最后贷款人职能是："危机期间，免费贴现"。为了理解这一机制，现在，假设有一家主要的金融机构 A 出现支付困难。其他大小金融机构完全有可能已经贷款给 A。当对 A 的挤兑开始后，所有储户和贷款机构都会非常担心自己的存款、贷款能否收回。贷款机构如果无法收回贷款，自己都可能陷入挤兑危机。而且，这时，原来可信的客户都变得不可信了。结果便是信用冻结如滚雪球一样地扩大，许多提供流动性的机构即使有充足的流动性也不会提供了。于是，整个社会的商品价格和资产价格都会出现大幅度下滑，股票市场也可能因此崩溃。1929 年西方大危机就是如此。

这时，如果有一个银行介入，提供 A 所需要的流动性，就可能阻止因 A 支付困难所造成的信贷市场、商品市场、资产市场的崩溃。有学者就认为，美国联邦储备委员会在 1929 年没有负起责任。伯南克的研究表明，在大萧条时，大部分的产量下降是金融系统破产和信贷数额暴跌的结果，而不是货币数量下降的结果。1989—1991 年间，信贷的缓慢增长也被指责为 1990—1991 年的衰退负责。2007 年的美联储似乎吸取了这个教训，但美国经济依然出现了大问题。

最后贷款人的职能可能也引起了商业银行的道德风险。如果大银行的经理们确信，大就会不倒，中央银行会解救它们摆脱困境，它们就会去冒更多的风险。为阻止

---

① 在自由银行制度时代，各个银行的货币发行数量根据商品价格确定。在中央银行时代，往往是由货币发行来决定价格。

② 社会主义运动中也会出现一些反常或看似反常的控制。那些反常的控制实际上是社会发展所必需的。

这种行为，当西方央行解救银行时，可能会解雇银行经理和清除股票持有者的股权。

四、中间目标选择：控制货币存量、利率、信贷还是机构

一个国家的央行要服务于国家的目标的实现。国家目标是央行的最终目标。为了达到这些最终目标，央行还要有自己的专业领域内的中间目标。

最终目标是诸如经济增长率、通货膨胀率和失业率等变量的目标值。利率、货币增长率或信贷增长率，是央行的中间目标，中间目标规定了央行在下一年里要做的一些具体和特定的事情。理想的中间目标是那些央行能够准确控制，并在同时与最终目标有密切关系的变量。比方说，如果最终目标是某个特定水平的名义 GDP，而货币乘数和货币流通速度都是常量，那么央行就可以通过控制货币数量或信贷数量作为中间目标来达到它的最终目标。

如何确定中间目标至关重要。例如，如果人民银行要保证货币供给量，并确定未来几年间的货币增长率为 5%，它就必须确定货币流通速度不会变化，更不会不可预测。否则，GDP 的实际水平与目标水平之间会有很大的差别。如果货币流通速度变化，那么，货币供给增长速度就要相应地变化，才能保证货币供给量目标的实现，才能更接近于达到最终目标。

从中间目标到最终目标的传导依赖于经济运行机制。如果一个国家的央行对经济运行机制缺乏了解，特别是对其危险信号未加注意，经济危机就可能随之而来。

想要明确中间目标，却是很难的。这不仅是因为许多机制超出央行的控制，也是因为一些目标之间可能也有矛盾。比如，如果任由市场作用，人民银行不能同时确定货币存量和利率。假设人民银行因为某种原因，想要将利率设定在 $\tilde{i}$ 的水平，货币存量设定在 M' 水平。假设货币需求函数以 D 表示。人民银行能够移动货币供给函数 S，但是不能移动货币需求函数。人民银行只能沿着需求函数 D 来确定利率和货币供给的组合点。在利率 $\tilde{i}$，它只能有货币供给 $\tilde{M}$，在目标货币供给 M' 处，只能有利率 i。但是，人民银行不能既有 $\tilde{i}$，又有 M'。也就是说，当人民银行决定将利率设定在某个给定的水平，并且保持它不变时——这被称为钉住利率（pegging the interest rate）的政策——它就失去了对货币供给的控制。如果货币需求曲线移动了，在钉住利率情况下，人民银行不得不供给任何所必须的货币数量。参见图 9.2。

在中国，人民银行在日常的操作中，能够比控制货币存量更为精确地控制利率。这是因为中国的人民币利率是央行以行政命令的方式发布的，所有不同于这个利率的借贷行为都是地下行为。在利率控制之下，中国也实行信贷控制。信贷控制直接影响货币供给量。而且，信贷控制直接作用于企业，其实应该是更为准确的变量。① 在中国放弃了信贷控制

---

① 西方国家的央行没有信贷控制。原因可能是，它是私人银行，不能直接干预作为私人银行的商业银行的商业行为。中国情况与西方明显不同。

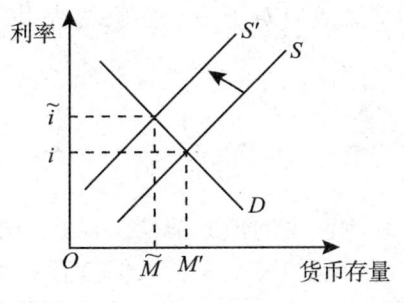 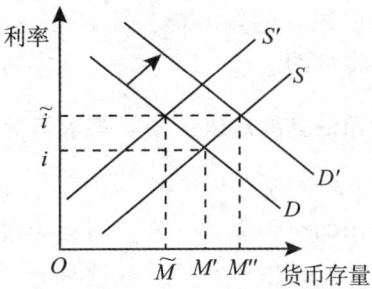

图 9.2

之后,哈佛大学学者发现,债务量与 GNP 之间有更紧密的联系。

信用观点的拥护者,如曾任美联储主席的本·伯南克(Ben Bernank),主要是强调经济中金融中介对于稳定经济的重要性。金融中介主要指银行,因为它介于储户和借款者之间,所以被称为金融中介。

反对把利率作为一种可靠的中间目标的观点得到了市场失败理论的支持。这种理论认为,金融市场不可能是完善的,也不是完全信息的,因此,信贷通常是配给的,而不是连续的,即个人不是以现行的利率想借多少就能借多少。这既是因为项目的规模不可能连续,也是因为借款者常常不可能得到其想要的数量的贷款——贷款人担心借款人可能没有能力偿还。所以,信用不是由市场决定的,而是以一个给定的利率配给某些人,而排除了其他人。因此,借款利率不可能充分体现货币供给和货币需求的均衡。信用观点的支持者主张,联储应该直接关注信用数额,以便了解货币政策对总需求有什么影响。

在过去一些年里,中国似乎推进利率市场化的决心很大。先是允许利率可以有一个上下浮动的空间,然后,推出了许多理财产品。理财产品收益率普遍突破了存款利率上限,加速存款"脱媒",对存款利率市场化形成倒逼机制。利率市场化的机制基础是中央银行规定的基准利率,它既是利率市场化的核心,又是政府对市场利率评判标准和控制手段。在中国,最适宜作为基准利率的是国债利率,政府证券正是直接影响利率市场化的理财产品。人民银行每天通过公开市场柜台买卖政府证券,以此来准确地确定市场利率。如果人民银行想要提高政府证券价格(降低利率),它就按这个价格买入证券。如果它想要降低政府证券价格(提高利率),它可以从它的大量资产组合中,抛出足够数量的证券。然而,利率市场化到底是好还是坏,恐怕还是存在争论的。很显然的结论是,过度的市场化会带来严重问题。

第三节 货币需求

货币需求总是由人的需要产生的,同一个人可能面临不同的问题,因此,对货币的需求可能是不同的。这里,货币需求根据动机不同分为三类:交易需求、预防需求和投机需求。不同人对同一类货币的需求量也是不同的。在这里,我们首先叙述构成货币需求基础的三种主要动机,并集中考察收入和利率的变动对货币需求的影响;然后,我们要指出,不同人群(阶级)的货币需求是不同的。这种交叉效应对于一个国家的货币和金融格局的影响是根本性的。

一、货币的交易需求、预防需求与货币数量论

(一)货币交易需求

由于货币的交易媒介、价值储藏手段(及其所产生的债务清偿手段)功能,货币的交易需求的产生是很自然的。在这种日常支付所引起的需求中,人们持有货币(以通货和一些活期存款,即主要是 M1 的形式),主要的和最终的目的为的是它的购买力,即用它能购买到的商品的数量,所以,这种需求经常被称为对实际余额的需求,或简称实际余额需求。它等于名义货币需求除以价格水平,如果名义货币需求为 100 美元,而价格水平是每件商品 2 美元(其含义是商品的代表性篮子价钱为 2 美元),则实际货币需求为 50 件商品。如果以后价格水平加倍为每件商品 4 美元,则名义货币需求也加倍为 200 美元,但实际货币需求没有变动,仍为 50 件商品。这意味着当价格水平上升时,只要所有的实际变量,如利率、实际收入与实际财富,都保持不变,实际余额需求就保持不变。当然,人们持有的是钞票,所以,在实际变量既定的情况下,名义货币需求随价格水平的上升而同比例上升。如果价格水平上升了一倍,人们必须持有两倍数量的名义余额,才能购买同样数量的商品。

(二)预防性需求

交易中往往存在很大的不确定性。人们无法确定他们所要求的支付或必须进行的支付数量。为了满足这种需要,人们也对货币产生了需求。这种需求就叫作预防性需求。收入及支出的不确定性越大,就越会增加货币的预防性需求。但人们持有的货币越多,他或她放弃的利息也就越多,我们回到类似于交易需求分析中的取舍情况。信用卡、借记卡都降低了预防性需求。

(三)货币的收入流通速度和货币数量论

在所有实际变量保持不变时,如果价格水平的变化,不改变某个人包括实际货币需求在内的实际行为,则这个人就不受货币幻觉(money illusion)的影响。

在货币主要用于商品交易(而不是持有财富)的年代里,人们产生了一个这样的概念:货币的收入流通速度(V)。它是指每年货币存量在融通该年收入流量时被换手的次数。它等于实际 GDP 与实际余额需求($L(Y)$)的比率,或者名义 GDP 与名义货币需求的比率。如在 1900 年的英国,GDP 大约为 200,货币需求为 100,那么,货币的流通速度大约是 2。也就是说,每年每英镑货币平均交易 2 英镑的最终商品与劳务。写为如下公式:

$$V \equiv \frac{Y}{L(Y)} \equiv \frac{PY}{P \times L(Y)} \tag{9.4}$$

其中,Y 表示实际 GDP,P 表示价格水平。

当一个国家的经济处于稳定时期,可以设想,实际货币余额需求与实际货币供给是相等的。因此,(9.4)式这时也可以写为如下形式:

第三节 货币需求

$$V \equiv \frac{Y}{L(Y)}\left(=\frac{Y}{M/P}\right) \equiv \frac{PY}{P \times L(Y)}\left(=\frac{PY}{M}\right) \tag{9.5}$$

M 表示这个国家的货币量，M/P 表示实际货币余额供给。

（9.5）式表示，收入流通速度等于名义收入与名义货币存量之比，或者等同于实际收入与实际货币余额需求之比。这是人们常见的货币流通速度的形式。但是，这个形式隐含了一个重要假设，即它的成立需要以前面的"一个国家的经济处于稳定时期"为前提。欧洲的古典经济学家认为不存在经济危机，所以，在他们看来，这个假设是不言自明的。然而，事实并非如此。

（9.4）式或（9.5）式能够让我们从流通速度的概念得出货币需求的概念。把它改写为下式：

$$L(Y) \equiv \frac{Y}{V} \tag{9.6}$$

它说明，货币流通速度一旦确定（在一个年度内确实可以如此），货币需求就与实际收入成比例。货币流通速度越高，货币需求越低。

（9.5）式也有它的用途。把 $V=\frac{PY}{M}$ 改写为如下形式，就可以得到古典的货币数量论方程了：

$$PY = MV \tag{9.7}$$

这个方程的特殊之处在于，当货币的收入流通速度 V 与产出水平 Y 两者固定不变时，价格水平和货币存量按比例变化，因此，它就是一个通货膨胀的理论。如果一个国家控制了货币供给和货币流通速度，它又可以被解释为一个总需求函数。

二、货币的投机性需求和一般的货币需求函数

货币的交易需求和预防性需求都在人类很早时期就存在了。随着资本主义的发展，财富涌流，并不断地取得了股票、债券的形式，这时，一种货币需求，即投机性需求，变得越来越重要了。这主要是在货币的价值贮藏功能基础上由那些对风险有着不同的厌恶程度的富人的需求所形成的。

拥有财富的个人必然以具体的资产形式来持有这些财富。这些资产构成了一个组合。在这个组合可能包括的资产中，许多资产的报酬可能很高，但也有很大的不确定性，严格说来，它对于那些具有相当专业能力和拥有相当多资源的人具有吸引力，因为只有他们才可能得到真正的内部消息。并且，他们为了赚钱，可能散布一些假的内部消息。这就使得持有安全资产成为一种明智的选择。当然，如果有太多的人相信这种假的内部消息，则在一定时间范围内，相信这种假的内部消息的人也可能赚钱，而有些人总是相信或过度相信自己的运气和能力。因此，这些人产生了对货币的投机性需求。当其他资产预期报酬增加时，持有货币的机会成本增加了，这就会降低货币需求。当其他资产报酬的风险程度增加时，就会增加货币需求。

货币需求也取决于持有货币的成本。持有货币的成本就是由于持有货币而不持有其他资产所放弃的利息。利率越高，持有货币的成本越大，因此在各个收入水平，持有的现金

越少。① 在利率高涨之时，人们通过更加仔细地使用其货币，并且每当其持有的现金数量过多，就将它转换为债券，以使其能够更经济地管理其持有的现金。如果利率为1%，持有债券而不持有货币几乎没有什么好处。但当利率为10%时，就值得尽可能的减少持有的现金，使所持有的货币不超过日常交易所必需的资金数量。

M1货币，即通货和活期存款，通常不获取利息或比其他资产得到较少的利息。持有一元货币的利息损失越多，我们预计这个人持有的货币就越少。在实践中，我们以支付给货币的利率（近于或等于0）与支付给最近似的、可以比较的其他资产的利率之间的差额，来衡量持有货币的机会成本。这些其他资产有储蓄存款，或对公司而言的存款凭单或商业票据等。货币的利率是其自身的利率，而持有货币的机会成本可以看作等于其他资产的收益和货币本身利率之间的差额。注意，这个差额只是对持有货币的机会成本的一种衡量。还有其他衡量。一些有钱人不愿以金融资产形式持有其财富，也可持有实物资产：食品储存、房屋或机器。这一替代方法对通货膨胀水平很高以及资本市场运转不良的国家，是特别重要的。在这种情况下，持有商品的收益甚至可能高于金融资产的收益。很显然，货币以外的资产的收益率越高，对货币的需求就越少。恶性通货膨胀高峰时期，持有货币的成本上升，导致实际货币需求的减少，以及随之而来的公众支付习惯的变化，因为每个人都尽量把货币像烫手的山芋一样送出去。于是，这种需求写为如下方程：

$$L^S = L^S(i), \quad [L^S(i)]' < 0 \tag{9.8}$$

在发展完善的资本市场上，名义利率会反映预期的通货膨胀，而实际利率一般很低，因此，无论用名义利率，还是用通货膨胀率来衡量持有货币的替代成本，都不会有很大的差别。但是，当资本市场由于利率被管制或有最高限额而不能自由流动时，用通货膨胀率而不用利率来衡量替代成本，往往是恰当的。有人提出如下的经验法则：持有货币的成本的正确衡量手段是利率和通货膨胀率两者中较高的一个。

把（9.8）式与（9.6）式合起来，得到一个兼顾传统货币需求和新货币需求的货币需求公式：

$$L^D = L^D(Y, i) \tag{9.9}$$

$L^D = L^D(Y, i)$ 常常被写为如下具体的形式：

$$L^D = kY - hi, \quad k > 0, \quad h > 0 \tag{9.10}$$

其中，参数k、h分别反映实际余额需求对收入水平与利率的敏感程度。它表示，比如实际收入增加5美元提高实际货币需求$5k$美元；利率增加1个百分点则减少实际货币需求$0.01h$美元。收入水平越高，实际余额需求越大，因此，需求曲线越靠右。这可以表示为图9.3。

三、货币需求在不同家庭之间的不同分布

前面的分析都是总体分析。然而，这种总体分析掩盖了不同人群的货币需求的不同。

---

① 一些类型的货币，包括大多数银行存款在内，都获取利息，但其利率低于债券的利率。持有的货币中，一些数量巨大的部分（包括通货）不获取利息；因此，总的来说，货币获取的利息小于其他资产获得的利息。因此，持有货币有利息成本。

第三节 货币需求

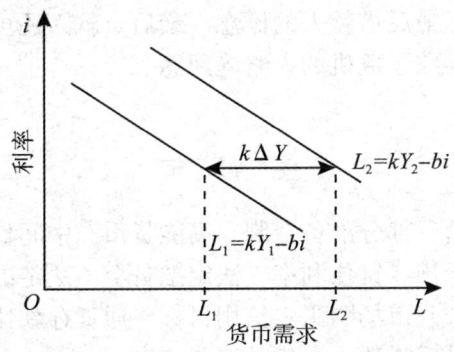

图 9.3 作为利率与实际收入的函数的实际余额需求

在图 9.4 中，高收入家庭会对中间收入和低收入家庭产生影响，中间收入家庭也会对低收入家庭产生影响，当然，低收入家庭也会对中间收入家庭和高收入家庭产生反作用。这三种家庭之间的货币需求模式显然不是相同的。研究实际经济问题的人无法脱离这个交叉关系，如果他们的分析不涉及这个交叉关系，他们就应该证明，这个关系对于他们的问题确实不重要。

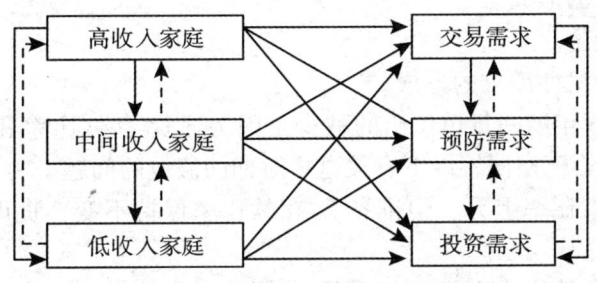

注：实线表示作用，虚线表示反作用

图 9.4 中国家庭收入分层与三大货币需求的交叉关系

货币需求是双刃剑。为了自由进出市场，参与生产和销售，你需要货币，这些货币需求最终形成市场供给的需求；为了购买商品、服务、证券等，你也需要货币，这些货币需求最终形成商品或市场的需求。当货币需求、货币流通量与市场商品和劳务供应相适应，货币需求对市场经济发展就发挥积极促进作用。但当你是有钱人时，你是否会需要更多的货币，答案是显而易见。当许多有钱人同时都需要货币时，过多的货币需求就无法同时得到满足。这时你就会发生亏损，就会诱发危机的产生，而不单单利润预期变低。过多的货币需求会对经济产生巨大的消极影响。但是即使发生危机，你依然可能比许多人的生活要好。那么这产生了一个问题，究竟谁的货币需求是正当的需求，是应当被满足的需求？最后贷款人应该满足谁的需求？最后贷款人这个角色到底是一个什么样的角色？[1] 它是否

---

[1] "最后贷款人"概念在 1797 年就已经形成了。参见金德尔伯格（2010：297）。

带有阶级的含义？还有国际最后借款人的概念。最后贷款人还可能用向贷款人收取惩罚性贷款利率的办法来对那些导致了危机的人略施薄惩。

关 键 词

货币　信用　信用配给　部分准备金制　高能货币　中间目标　基础货币　货币乘数　公开市场操作　外汇市场干预　钉住利率　法定准备金　法定准备金比率　银行挤兑　最终目标　联邦基金利率　公开市场购买　信用目标　通货存款比率　贴现率　非中介化　超额准备金　货币乘数　最后贷款人　货币流通速度

思考题与练习题

1. 简述货币的功能。
2. 现实中，基础货币与货币存量是如何相联系的？
3. 央行控制货币供给的工具有哪些？
4. 简述钉住利率的实现过程。
5. 简述货币需求的形成。
6. 推导货币数量论。
7. 简述货币的投机性需求的形成。
8. 在 1929—1933 年期间货币供给的减少是因为通货-存款比率和准备金-存款比率都上升了。运用货币供给模型回答以下有关这一时期的假设的问题。

　A. 如果通货-存款比率上升，但准备金-存款比率保持不变，货币供给会发生什么变动？

　B. 如果准备金-存款比率上升，但通货-存款比率保持不变，货币供给会发生什么变动？

　C. 这两种变动中哪一种要更多地对货币供给的减少负责？

9. 中央银行进行 1 000 万元人民币政府债券公开市场购买。如果法定准备金率是 10%，那么引起的货币供给的最大可能增加是多少？解释之。最小可能增加又是多少？解释之。

10. 假设银行体系总准备金为 1 000 亿元，再假设法定准备金率是支票存款的 10%，而且银行没有超额准备金，家庭也不持有现金。

　A. 货币乘数是多少？货币供给是多少？

　B. 如果现在央行把法定准备金率提高到存款的 20%，那么准备金会有什么变动？货币供给会有什么变动？

11. 为什么银行不持有百分之百的准备金？银行持有的准备金与银行体系创造的货币量之间的关系是什么？

12. 在某国，货币流通速度是不变的，实际 GDP 每年增长 5%，货币存量每年增长 14%，而名义利率 11%，实际利率是多少？

13. 假设今年的货币供给是 5 000 亿元，名义 GDP 是 10 万亿美元，而真实 GDP 是 5 万亿美元。

　　A. 物价水平是多少？货币流通速度是多少？

　　B. 假设货币流通速度是不变的，而每天经济的物品与劳务产量增加 5%。如果央行想保持货币供给不变，明年的名义 GDP 和物价水平是多少？

　　C. 如果央行想保持物价水平不变，央行应该把明年的货币供给确定为多少？

　　D. 如果央行想把通货膨胀控制在 10%，它应该把货币供给设定为多少？

第十章　金融：国内和国际

第九章所分析的货币的供求是才露尖尖角的小荷。货币的供给不是均匀分布（撒胡椒面），不是每个人都可以制造货币；货币的需求也不是均匀分布，不是每个人的货币需求都一样。货币需求是一种严重的非均匀分布。与定向爆破的情形很类似，在一个经济中，往往有一些单位的货币需求极高，因此需要从其他有货币剩余的单位借入货币。这时，货币中介机构（银行）就产生了。

一些说法认为，银行是由金匠那里发展起来的。但是在英格兰，金匠演变为银行家仅仅是17世纪中期的事情。在此之前银行与大商人已经建立起比与金匠更为紧密、更为重要的联系。大商人不仅资本量更加雄厚，而且从事汇率和汇票业务，经常进行商品投机，甚至具备外语能力。不仅大商人有货币，国王、皇帝也需要货币。国王们不太愿意赖富有的大商人兼银行家的账，因为他们希望今后还能从这些银行家那里借款！可能这些国王们就从来没有想过自己来成立一个银行（既可能是因为缺少相关的人才可用，也可能是由于认为经营银行不是皇室的业务范围）。因此，从这些需要产生出专门经营货币的私人银行并不奇怪。而且，经营货币要比经营商品安全容易得多，也更有地位。英格兰银行不就是这样产生的吗？许多西方的私人商业银行也是这样建立的！

金融的原始定义是指货币的发行、流通和回笼、贷款的发放和收回、存款的存入和提取、汇兑的往来等经济活动，后来又包括了各种证券的制造、买卖。之所以这样，是因为许多银行和企业的活动必然表现为证券。比如，公司发行股票或者债券。更何况，一旦银行产生，以证券形式产生外国贷款就几乎是必然的。这是西欧金融史的事实。所有金融活动都要有一个合理的价格，它们表现在利率、证券价格及其收益率上。

虽然金融活动是由于一定的经济制度下的现实的经济需要而产生，但是一个国家的金融体系的发展也可能先于其自身的经济增长，如19世纪五六十年代的瑞典。瑞典从1871年到1914年经济迅速增长，从欧洲最穷的国家之一成为最富的国家之一，金融体系在其中可能起了关键性的引导作用（金德尔伯格，2010：148-149）。金融制度安排的好坏不仅关系到金融体系的安全，实际上也是国家经济乃至政治安全之所系。

第一节　西方金融体系概况

金融包括金融工具、金融交易、金融机构、金融市场以及金融监控等方面。第九章阐述了货币这个金融工具的重要属性。这里，介绍其他的金融工具和它们所用以进行的交易。这些交易无一不是金融机构在某种金融市场中进行的。金融监控者非常关心这些金融交易的风险。

一、基础金融交易

金融活动与虚拟经济的联系非常紧密。我们不妨把与实体经济密切相关的金融活动称为基础的金融交易。它不外乎如下四种。

1. 为国内实际投资融资

工业时代许多投资项目需要大量资金。当工业从完全竞争阶段走向垄断阶段的时候，或从垄断竞争走向寡头垄断的时候，银行等金融机构为企业的扩张和兼并提供包括贷款和发行股票、公司债券在内的融资。有时候，这种融资也可能是跨部门、跨地区的。比如，西方国家就有农业地区供应充裕却缺少使用机会的资金经过金融机构调转到了大量需要资金而当地资金供应又不足的工业区的实例。① 不同期限的融资构成了短期的货币市场和长期的资本市场。前一个市场的波动幅度一般低于后一个市场。融资的机构也多种多样。比如信托公司从富裕的客户那里吸收存款，将吸收的资金投资到股票市场的一级（或二级）市场，而不是发放贷款，它们具有部分银行的功能，但在准备金方面不会受到银行法规的限制。

2. 为国际贸易融资

这项活动只不过是把国内的投资融资活动扩展到国外。当然，由此产生了国际投资的国家风险、外汇风险等问题。1700 年至 1780 年，糖、竹子、茶叶、咖啡、木材交易支撑了英国的海外贸易的飞速增长。这些贸易需要巨额的资金。这使得 19 世纪初伦敦作为国际金融中心的主要职能就是为国际贸易融资。贸易中心和金融中心往往同时出现，尽管贸易中心地位的衰落可能不会使金融中心的地位完全衰落。

3. 发行、交易国内国外大企业和政府债券

发行、交易本国或外国大企业或地方政府、中央政府债券被视为很有声望的业务，甚至是国际金融中心最有声望的业务。阅读美国人德莱赛的小说《金融家》，你就懂得，金融家的炼成可能是与经手政府债券相联系的。发行国际债券的要求更高。但很显然，发行国际债券的需要一旦产生，往往是国内所不存在的获利机会。一些著名的例子包括：（1）美国从法国手中购买路易斯安那州所需要的资金，是英国的巴林兄弟公司和荷兰的 Hope 公司接受美国数额 125 万弗罗林年息 6% 的国库券同时支付法国等额的金块帮助美国完成的。（2）德国人罗斯柴尔德在娶了一个显赫的英国商人之女后，把经营活动从贸易转到银行，并能够负责管理英国政府的资金，这些资金部分用于支付威灵顿公爵部队的军饷和补贴英国同盟国。（3）伦敦的银行甚至可以通过分销发行基于法国拿破仑滑铁卢战役失败后对英国的战争赔偿（达 7 亿法郎）的债券。（4）假设一个战败国 A 要向战胜国 B 支付巨额的赔偿。由于刚刚战败，也由于赔偿的数额如此巨大，以至于 A 不可能一次性向 B 完全作出支付。这时可能有一种安排：A 向 C 国发行债券，C 国则用从 B 国得到的赔偿金来购买。这叫做战争债务商业化。但战争债务商业化并不一定总能成功，有可能最后是延

---

① 中国计划经济时期（相当于西方发达国家的发展初期的某个阶段），就没有采用这种办法，而是采用了价格剪刀差的办法极为方便地解决了这个问题。当然，由此产生的结果是与西方不同的：前者农村部门的收入和资金更为缺乏，而后者更为充裕。

缓偿付、减少甚至免除赔款。

4. 承兑、贴现国内或国际票据

在欧洲的银行业，收集抵押品、贴现债券、承兑票据是重要业务。它们从事交易票据或贴现票据，并从中赚取利差。银行承兑票据意味着如果票据开票人违约，银行必须在票据到期时替其支付。能否立即将各种汇票和信用证兑现标志着一个城市的金融化水平。英国人为维持这种水平曾不惜恢复金本位。中国也在开放金融租赁、抵押等非银行的金融服务。

一个国家可能非常乐意看到自己拥有一个国际金融中心。国际金融中心不过是上述活动的规模尤其巨大而已。当然，为了使上述活动达到一定的规模，又需要一系列的条件。伦敦和纽约国际金融中心地位的炼成，都是与国际贸易和本国经济生产能力密切相关的。

阅读材料：西方金融体系的兴起

银行体系的形成有赖于资金的聚集。西方人通过掠夺殖民地、为土地权贵阶级管理资金、原始资本积累、政府需求、家庭储蓄积聚、发行货币逐步建立了自己的银行和金融体系。家庭储蓄的积累除了掠夺只有靠工业、商业、地产业或金融业利润。与中国今天金融体系中债券缺乏不同的是，西方的金融业从一开始就不缺乏债券，而且是外国债券。17 世纪中叶的荷兰就借给奥地利、瑞典和英国数量可观的货币，这些货币主要是由其国际贸易产生的。1694 年英格兰银行的建立，开始了英国银行管理国内债券，特别是政府债券的历程。这些债券的产生是由英国发行的或被动应战的战争催生的。伴随着英国的对外殖民，贸易也需要银行体系的介入，为银行体系提供了巨额的资金和收入。伦敦逐渐地接替了阿姆斯特丹作为西方的国际金融中心，直到经过两次世界大战，其地位逐渐被纽约所取代。[1] 第一次世界大战被认为是欧洲金融史的转折点。在此之前，美国人在国际金融中的地位是很差的（金德尔伯格，2010，第 307 页）。

二、创新的金融交易

金融的货币基础一旦形成，就有了自己的生命。随着社会环境的变化，它也会采取适应性的行动。20 世纪 70 年代，在西方出现了普遍的金融创新现象。所谓金融创新，从微观上看，就是在基础金融交易领域出现了许多新型的金融工具。下面介绍五种。

（一）可变利率贷款

我们前面说短期贷款的利率的波动性通常低于长期贷款利率的波动性，但短期贷款的利率波动性也可能增强。美国 20 世纪 50 年代 3 个月期国库券利率波动的幅度在 1.0%~3.5%，70 年代波动幅度在 4.0%~11.5%，而 80 年的波动幅度已扩大至 5.0%~15%。利率的大幅波动产生巨额的资本损益，成为贷款活动中的巨大风险。美国早期短期贷款利率

---

[1] 2008 年伦敦证券交易所和香港证券交易所的全球股票首次公开发行都超过了纽约证券交易所。

较低而且稳定可能与美国老一代的金融家稳健的经营风格有关，与美国的财富的分配特征应该也有关系。随着老一代金融家的谢世，新一代的急于成功、迎合各种财富人士需求的偏好风险的人兴起，美国的利率就由于竞争的关系而发生较大的波动。美国在20世纪70年代开始发放可变利率的抵押贷款。这种贷款发放时利率较低，以增加对借款者的吸引力，但它的利率会随着某种利率的波动而进行同等幅度的变动。结果，美国形成了传统固定利率抵押贷款和可变利率的抵押贷款两种抵押贷款。

（二）垃圾债券

除了政府，历史上发行债券的通常都是声誉卓著的公司。但是，一般公司难以吸引不了解公司情况的人购买它的债券。比如，在20世纪80年代以前，只有信用等级在Baa级以上的公司才有资格通过发行债券来筹集资金；而那些发行了债券信用等级在Baa级及以上的公司也可能在随后的日子里出现信用等级下降至Baa级以下，它们被形象地称为堕落天使（fallen angels），它们的债券也相应地被称为垃圾债券。垃圾债券也有可能再升值。

事实上，信用等级在Baa级以下的公司也可能成为未来证券市场上的黑马。随着信息技术的发展和会计技术的进步，有人发现，信用等级在Baa级以下的公司也具有了证券投资价值。在许多证券市场上，通行的是，风险越高，收益越高。在垃圾债券市场上，风险越高，价格就越低。在低价格发行的情况下，公司也能够筹集到一定的急需的资金，而市场上也不乏投机者愿意承担垃圾债券可能带来的风险。因此，美国的垃圾债券市场发展起来了。当然，正如所有市场发展都不是一帆风顺一样，垃圾债券市场也出现过滑坡。

（三）资产证券化

前面所讲的基础金融交易和可变利率贷款都为金融机构产生了金融资产。然而，金融机构可能不满足于仅仅持有这些金融资产。为了尽可能多的获取利润（这实质上是从其他部门攫取资源），有的金融机构发现，把不具备流动性的金融资产转换成可流通的证券是有利可图的。这就是资产的证券化。

住房抵押贷款被认为是第一个被证券化的资产。住房抵押贷款证券化实际上是金融资产证券化，是在既有资产的基础上产生金融衍生品。本来，住房抵押贷款应该保留在银行的资产负债表上，银行就以所发放的住房抵押贷款所得的利息作为自身的一种收益。这种收益是一种未来的收入流。然而，随着银行经营活动在时间上的延长，银行发现，它有可能无需满足于这种细水长流的收益。因为这些收益的现值可能比另外一种金融工具能够即刻实现的价值要低，而且风险较高，管理成本也不菲。这样，在20世纪60年代，美国就出现了抵押贷款支持证券（MBS，Mortgage-Backed Security）。通过发行MBS，银行不仅立刻从第三方收回了已经借出的资金，能够发放更多的贷款（如果社会需要），而且不用关心借款人的信用，投资银行作为中介也挣到了手续费。当美国政府采取了一种鼓励低收入者购房的政策的时候，银行发放更多贷款的需要确实产生了；而对住房抵押贷款发放银行所发行的抵押贷款支持证券具有需求的也有其他银行。

金融资产证券化尤其需要一个独立的评级机构，这是因为投资者信任较高等级的担保债务权证（CDOs），其信任度要比任何抵押贷款放款机构自行设计的贷款池或其公司股票要高。将抵押贷款做成证券，交给独立的第三方评级机构进行估值，把同一个机构发行的债券区别为不同的等级，不同的专业机构进行评估，这样似乎在证券价格与价值之间就具有较强的一致性。为了在这种交易上再加一个保险,让这种交易看起来更可靠,美国又相应发展出了相关的保险业务。

在中国,也早有人提出资产证券化的主张,但这种主张是与企业公司化、股份化相联系的。就中国的需要而言,股份化本身引起了企业治理结构上的复杂化。它为不必要的"利益方"(私人资本或外资)的代表进入股东会、董事会提供了渠道,这可能会出现不必要的后果,引起股东之间,董事会成员之间,股东、董事与经理之间的不必要冲突,引起股息政策的必要性,还面临投票权董事和为获得信息而列席会议的董事的区分等组织成本。特别是,在企业不缺资金的情况下,股份化完全是多此一举、枝节横生。公司好的经营者可能被坏的股东和董事会成员罢免,而企业可能因此陷入困境。这实际上为外部人通过杠杆来实现其利益最大化提供了条件。而且,把国有资产股份化,还有私有化的嫌疑。外部董事、律师和会计的选择和任期都不仅于事无补,反而可能令私有化更加便捷。①

证券化在中国俨然已经成为潮流,然而,席勒说:"放眼世界大多数国家,证券化业务从来没有发展成为一种主流业务。证券化业务在美国的兴盛也完全根植于政府的支持。"②

(四)国际金融中的一种套利交易:利差交易(carry trade)

"套利交易"意味着投资者借入低收益货币,投资高收益货币,以便从收益率的差异中获利。国际套利交易中的利差交易的主要形式是借入低利率一国货币(被称为资金货币),而贷出(投资于)高利率的另一国货币(被称为目标货币),通过利率的差异来获利。

中国建设一带一路,并建立了亚洲基础设施投资银行(Asian Infrastructure Investment Bank, AIIB, 简称亚投行)。中国充裕的资金为国际上的利差交易提供了一种可能。这种交易是这样设计的:一带一路沿线国家中某个公司可以从亚投行借入人民币 S_0 数量,并支付利率 r_L,然后,它可以把这笔钱转化为本国货币,假设借入时汇率为 e(单位外币换得多少本币),于是,它可以在其本国内部贷款 $S_0 e$。假设其贷款到期收益率为 r_H,到期时的汇率为 e',于是,到期时,按照人民币计价它的收入是 $\frac{S_0 e(1+r_H)}{e'} - S_0(1+r_L)$。见表 10.1。其中,$T$ 表示时期,"+"号表示资金流入、"-"号表示资金流出。

表 10.1　　　　　　　　　　　利差交易者的无本套利

时期	$T=0$	$T=1$
借款数量(以人民币表示)	$+S_0$	$-S_0(1+r_L)$
贷款(投资)数量(以外国货币表示)	$-S_0 e$	$+S_0 e(1+r_H)$
净收益(以人民币表示)	0	$\frac{S_0 e(1+r_H)}{e'} - S_0(1+r_L)$

---

① 实际上,即使在美国,企业需要筹集资金时通常也是先从银行获得间接融资,而不是从证券市场直接融资。日本和德国更是很少利用证券市场。至少历史上长期是如此的。

② 罗伯特·席勒. 非理性繁荣和金融危机. 何正云,束宇,译. 北京:中信出版社,2014:4.

在本书完稿时，一带一路沿线国和亚投行还没有如上交易。然而，日元、美元、澳元等货币已有如上交易。为了使这种交易成为可能，也就是为了使 $\frac{S_0 e(1+r_H)}{e'} - S_0(1+r_L)$ 有可能大于0，必须在一个相当长的时间里有国际间的利率差异，并且这个差异足够大。图10.1和图10.2显示，日元与美元和澳元的利差达到了4%，并且分别持续了近4年和8年的时间。

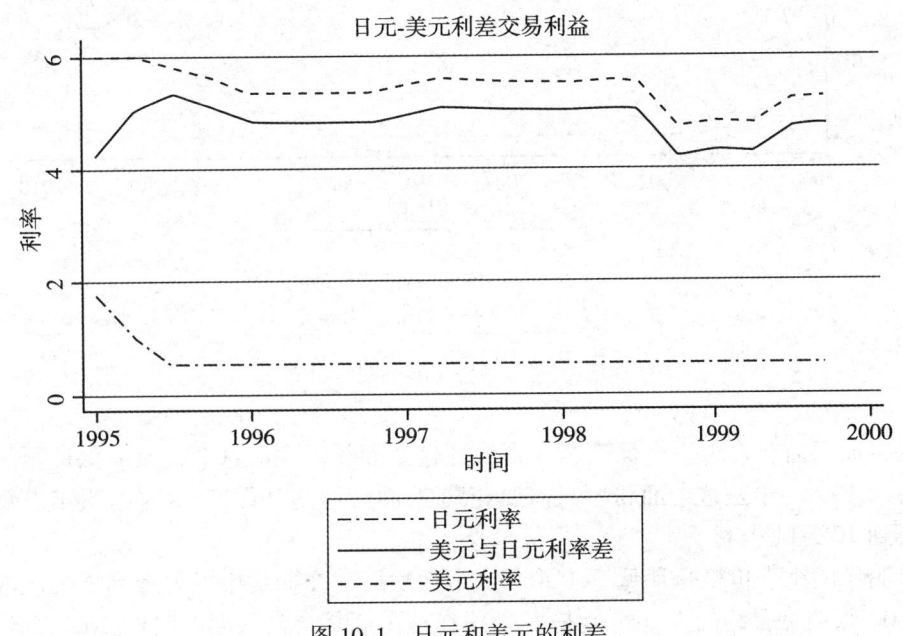

图10.1 日元和美元的利差

然而，在这么长的时间里，汇率的波动成为一个重大的风险，假设外国货币贬值（即 e' 相对 e 变大）幅度过大，这种利差交易带来的就不是收益而是亏损了。还有一种政策变动风险是这里的公式所没有反映的。2007—2008年金融危机、经济危机爆发，日元澳元的交易被迫清盘（可能是相关国家收缩资产负债表所致）。据说，短短3个月，套利交易投资者亏损超过50%，相当于前5年收益的总和。

（五）期货（future）、期权（option）

经济单位对某种商品或金融工具的需求不仅存在于当下，而且可能存在于未来。比如，一个面粉厂为了保证明年的小麦供应，可能愿意在今年就加以确定。在这种情况下，（小麦）期货市场的存在为这个面粉厂提供了一种工具。假设现在这个面粉厂计划明年加工10万吨的小麦，现在每吨小麦2 000元（按每斤1元计算），那意味着这个面粉厂明年可能需要2亿元的资金来购得所需要的10万吨小麦。这个面粉厂担心明年的小麦的价格可能会上升，这会导致它的成本上升。于是，他可以在期货市场上以每斤1元的价格买进10万吨小麦。假如一个期货合约（叫1手合约）代表着10吨小麦，这就意味着他在期货市场上买进10 000张期货合约。期货交易的好处是，买进这10 000张期货合约并不需要

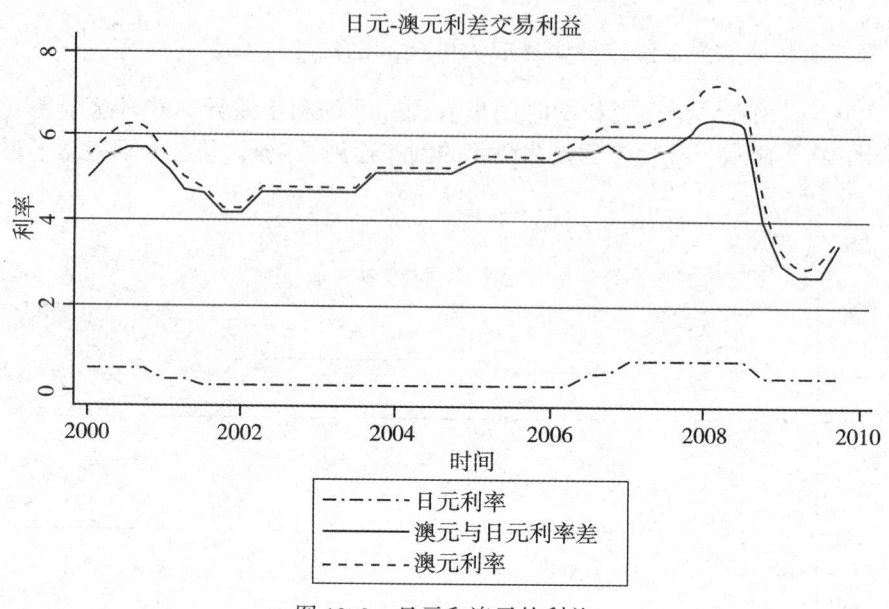

图 10.2　日元和澳元的利差

支付全款，而只需要支付一个保证金，来保证这个面粉厂完成这个交易。保证金的比例通常是交易的 10%。于是这个面粉厂只需要花费 2 000 万元就可以确保自己明年以每斤 1 元的价格得到 10 万吨小麦了。

如果明年的小麦价格每斤低于 1 元，这个面粉厂就在期货市场上遭到损失。因为卖给他这 10 000 张期货合约的人（可能是多个）在这个期货合约到期的时候（即 1 年后），可以按照以低于 1 元的价格买进小麦交付给这个面粉厂。这个面粉厂的损失就是卖出期货合约的人的收益（这里没有考虑期货交易的手续费）。这个面粉厂在期货市场上遭到的损失可能由于其产品成本的降低而得到弥补（即套期保值）。

期货交易是远期交易的正式化，是有组织的集中在一个地方进行的正式的远期交易。就上面的例子而言，它叫做商品期货。也有金融期货。金融期货交易的原理与商品期货是一样的，它们都是在现在的交易日确定一个价格，在未来某一个期货合约到期日以这个价格买卖期货合约的标的物（小麦、绿豆、铜、黄金、国债、货币等）。期货市场上，可以在期货合约到期日之前就对冲原来的交易头寸。比如，2017 年 5 月，你买了 100 手某期货合约，该合约 2018 年 5 月到期，但你可能在 2017 年 12 月就把这 100 手期货合约分批卖出了。当然，卖出合约可能使你获得了收益，但也可能是由于期货价格走低，你承担了亏损。而且价格越来越低，亏损越来越大，使得你无法承受。总之，期货交易是有重大风险的，非有充足的资金支持加上辛勤的分析和好运气才能使你在期货交易中有比较长期的获益。

期权是使一个人能够在未来按照某个价格买入或卖出某一金融工具的权利。一份期权通常代表一定数量的金融工具。买入一个看涨期权（call option），意味着你认为这份期权的标的物的价格将会上涨。如果将来标的物价格确实上涨了，你就获利了。你的收益就等于它的上涨后的现价减去期权中规定的价格,再乘以你买的期权的份数。如果价格下跌,你只需要放弃这份权利,你的损失就是买入这份期权所付出的价格。买入一个看跌期权(put option)意味着你认为这份期权的标的物的价格将会下跌。如果将来标的物价格确实下跌了,你就获利了。你的收益就等于期权中规定的价格减去它下跌后的现价,再乘以你买的看跌期权的份数。如果价格上涨,你只需要放弃这份权利,你的损失就是买入这份看跌期权所付出的价格。

三、金融体系的系统性风险和非系统性风险

无论是基础金融交易还是创新的金融交易,都存在着风险,可以统称为金融风险。一般形式地把金融风险分为系统性风险和非系统性风险。非系统性风险指的是持有单个或若干个金融资产的风险。这种金融风险由于各金融资产之间可能没有相关性,在理论上可以通过多元化资产选择(比如通过持有多只经过审慎选择的股票;既持有股票,也持有债券)的办法降低到较低水平。创新的金融交易比基础金融交易的风险更高。而且,在期货、期权的交易上,你很难通过多元化资产选择来降低风险。同时买几种不同的期货合约来规避风险几乎没有意义,你也不会同时买进看涨期权和看跌期权。

系统性风险是只要你持有金融资产就要承担的无法通过个人的资产选择来降低的风险。2007年的金融危机使得许多美国人的生活受到了影响。这就是系统性风险。

有时你很难区分系统性风险和非系统性风险。这是因为,有时你认为,有一项资产具有很好的保值、增值功能。郁金香狂热就是一个例子。在它发生时,荷兰是处于世界贸易和金融中心的高度商业化的国家,金融市场发展良好,股票、期货、现货交易等活动空前发达。郁金香逐渐被作为高贵、品味和身份的象征而被荷兰、德国等国人追捧。随着人们对郁金香的狂热需求,其价值迅速上涨,人们对其价值预期也水涨船高,各地开始广泛地建立郁金香交易市场。在这种市场建立后,一些股票投机商和中间人开始通过操控郁金香的价格来谋取利益,使得其价格脱离了现实价值。1637年2月4日,突然出现大量抛售郁金香的现象,使得整个市场陷入恐慌,郁金香价格暴跌,郁金香的神话随着人们的信心一同破灭。成千上万投资者一夜之间一贫如洗,整个城市陷入一片混乱当中,多年之后才得以恢复。郁金香的故事是否一去不复返了?日本20世纪90年代的房地产泡沫破灭就是新时代的郁金香狂热。这在今天的中国也至少部分存在着。

系统性风险总是与社会的强势集团的行为相联系。2007年美国发生的次贷危机与美国政府、银行、投资银行、证券评级机构就有着密切的联系。伊拉克战争造成美国国债、财政赤字和贸易赤字扩大。美联储为了保持经济持续的繁荣,采取了宽松的货币政策,不断降息,试图利用房地产拉动美国经济,为此不惜吸引收入不稳定、信用不达标的人购房,这使得商业银行积累了大量的不良贷款。商业银行为了规避这种风险,就把所有的房贷集中在一起,形成了一种按揭证券(MBS),以高于平常按揭的利率卖给投资银行,将次级贷的风险转移到投资银行。投资银行通过设计金融衍生产品——债务抵押债券(CDO)并卖给投行的大客户的办法,将这种次级债转移到全世界,并设计了信用违约掉期(CDS),增加投资者对投资银行的信心。当抵押贷款证券化后,按揭银行对抵押贷款人偿债风险的审查(比如通过国税局核实借款人的收入状况、信用记录历史)严格程度

就降低了，因为他们通过把按揭转手给券商就把风险转嫁给他人了。抵押贷款证券出售给世界各地的投资人后，金融危机国际化的平台也就建成了。这是逆向选择和道德风险的叠加效应。2008年8月，美国房贷两大巨头——房利美和房地美股价暴跌导致泡沫的破裂，一次次金融危机接连席卷，次贷危机扩散到全世界。当住房市场崩溃后，住房价格可能在几年内下降20%，住房所有者所购房屋的价值相比峰值可能下跌35%，可能有1/4的住房价格在其抵押贷款总额之下。

把金融危机说成是人类的本性是错误的。不是人类的本性，而是金融系统当权派的本性导致了金融危机。危机会破坏人与人之间的互信乐观以及共同的习惯和生活方式，这种对消费习惯、价值观的影响可能会在数十年中持续不断地显现出来。

第二节 利率：多值体系

在现实中，利率绝不是只有一种。不同的利率大小不一。同一种利率在数值上也可能为正，为0，甚至为负。在1998年11月，日本6个月期的国库券利率就是负数，虽然只是略低于0，为-0.004%。美国也曾出现过国库券利率瞬间为负的情况。

一、零利率理论

表面上看，利息似乎是对资本的使用所给付的报酬，0利率是不可能的。但利息作为资本使用者的报酬的说法在论述某些问题上是可以的，对论述其他问题却会导致混乱，因此是错误的。这是因为这种说法没有思考如下问题：为什么使用资本的人愿意支付这些报酬呢？原来是因为他从这个资本使用中得到了利润，即得到了剩余价值。所以，从本质上看，利息只能看成是一种剩余价值的分割。当然，形式地看，马克思的剩余价值理论似乎不承认资本使用者个人也从事劳动，但实际上，这个劳动报酬应该很小，完全可以归算为工人报酬。所以，马克思的剩余价值理论是足够精确的。那种否定剩余价值的人，把剩余价值解释为资本使用者的劳动报酬或风险承担是错误的，因为竞争可以迫使这些劳动报酬降低，风险也并不总是存在。如果没有人能够把货币转化为资本，利息就不会产生。所以严格地说，利息不是对货币的使用所给付的报酬，它不一定存在。这样，就有了0利率的可能性。

中国在计划经济时期就实行了低利率的政策。这是国家给那些为国有资本积累作出贡献的人（如储蓄了的家庭）所做出的奖励。这还是让某些人有可能在未来无偿地得到了更多的消费。在资本主义条件下，利率为0可能产生严重的后果。美国加利福尼亚州在美联储把利率降为零之后急剧增加政府借款，结果，尽管其以税收为支持的人均州债务小于马萨诸塞州，债务占其GDP的百分比低于纽约，但它却成了偿还不了债务的州政府。

二、贫富分化经济中的可贷资金市场利率决定模型：短期模型

利息作为对资本的使用所给付的报酬的观点是一种西方观点。在贫富分化、富人控制投资机会而且投资机会较多的经济中，由于追逐利润的需要，必然经常性地产生正利率。负利率意味着不利于储蓄者。为了理解利率水平的决定，不妨使用供给和需求模型。实际

上，供给和需求模型在历史上就是基于金融市场而产生并用于分析金融市场上价格决定的工具。后来西方学者把这种工具延伸应用到了商品市场上，成为经济学中错误理论的一种根源。但它用在金融市场上还是比较合适的，至少比用在商品市场上要好得多。因为金融市场比商品市场的运作要快得多，而且不涉及生产劳动，因而让劳动价值论难以适用。

（一）债券需求

利率既然是借款的成本，用债券市场的供求来分析利率的决定就是可行的。利率既然是借款的成本，因此也可以作为持有货币的成本（的一种衡量）。有钱人对债券的需求取决于他们所拥有的财富、债券的预期收益率、债券风险和债券的流动性。

1. 财富

当西方的货币金融学把财富作为决定货币需求的第一个变量的时候，他们实际上就承认了债券需求主要是有钱人的需求。在这个世界上，有许多人所拥有的金钱的数量超出了人们的想象。因此，毫无疑问，一个社会中有钱人的数量越多，每个有钱人所拥有的财富越多，对债券的需求就越大。尽管这些有钱人并不是把所有的财富都投放于债券，但毫无疑问，既然债券市场构成西方金融市场中的一个重要组成部分，有钱人对债券的需求就是很大的。一些文学作品描述了一个放债人如何急于让借债人破产，比如中国著名歌剧《白毛女》！

这种需求是怎样得到满足的呢？在一级债券市场上，面值100元的债券常常以95元的价格卖出去。在卖出去的时候，政府得到了95元，在债券到期时给持有者100元。这叫作贴现发行。当然，也可能是，面值100元的债券以100元的价格卖出去。在卖出去的时候，政府得到了100元，并在债券到期（可能是数月、一年、数年甚至几十年后）前每隔一段时间（如半年）向证券持有者发放利息。前面一种办法的好处是无需额外支付利息，免除了多次利息支付的成本。无论怎样发行债券，都会产生一些发行成本。

2. 债券的预期收益率

不同的债券具有不同的预期收益率的计算公式。比如，一年期的贴现发行债券的预期收益率（R^e）一般是这样计算的：

$$R^e = \frac{F - P}{P} \tag{10.1}$$

其中，F、P分别是债券的面值、债券贴现发行的价格。之所以叫它预期收益率，是因为从理论上看，债券的面值在债券到期时并不一定能够完全兑现。比如，英国在滑铁卢战役前为了与拿破仑打仗，发行了债券。滑铁卢战役的结果还不明朗时，债券的价格一度下跌得非常低。因为这会影响到英国政府兑现这种债券的能力。李嘉图和罗斯柴尔德趁机大量买入，当胜利的消息传回国内，债券价格出现巨幅的上升，结果使得二人都大发横财。据说，罗斯柴尔德是利用飞鸽传书来给自己的家族传递胜利消息的。李嘉图是用什么办法提前得到胜利的消息就不得而知了。也许李嘉图和罗斯柴尔德家族有着某种联系，也许，只是李嘉图发现了罗斯柴尔德家族在大量买进英国债券。李嘉图当然知道战争对于债券价格的影响。李嘉图本人之后离开证券市场，变成了一个经济学家，也许李嘉图从本性上还是厌恶证券市场上的交易的。罗斯柴尔德则有了更好地经营家族银行的资本，继续活跃在英国的金融界。这个案例启发你，即使技术分析能用于金融市场，往往也是只能用于重大事件发生的场合。否则，它的意义很有限。李嘉图大概过于频繁使用技术分析于日常交易，结果损害了健康，而且可能是因为这一原因而早逝。

请注意：债券收益率是从债券购买者的角度来说的。如果从债券销售者的角度来说，债券价格越高，其收益就越大。

3. 债券风险

上面我们在考虑预期收益率时，假设债券发行之后就被持有人持有，直到债券到期。但债券一般都被允许在市场上自由交易。这时，债券的价格可能波动，甚至剧烈波动。这是因为购买债券的有钱人在不断地根据自身需要和判断变更自己的资产组合。当债券价格下跌时，它的下跌的动能可能因追涨杀跌更大。这是一种市场传染效应。在金融市场上，有着许多非理性的心理因素在起作用。从数学上事后看，债券的风险，可以用债券价格的方差来表示。方差越大，债券的风险越大。

债券的自由交易会改变债券的预期收益率。因为在未到期时卖出债券的价格一般会低于债券的面值。当债券的风险被认为很高时，人们就不愿意持有债券了。这时，大量的债券卖盘就会出现，导致债券价格走低，使得债券的实际收益率降低。①

4. 债券的流动性

为了增大债券的发行数量和提高债券的发行价格，债券的供给者一般都允许债券的流动性尽可能地大。债券的需求者为了控制自己的风险和自己对于货币的不时之需，也喜欢流动性更高的债券。为了应对供求双方的这种需求，西方国家往往建立起"完善的"证券交易系统，进一步地保证债券的流动性。很显然，流动性越大，债券的需求就越大。

（二）债券供给

在许多教科书中，供给曲线往往以一种给定的面貌出现。实际上，在不同情况下，债券的供给曲线是不同的。在债券发行市场中，如果发行人没有动太多脑筋，认为只要把债券发行出去就万事大吉，这时，债券的供给曲线是一条竖直线。如果债券发行人估计到，他可以在更高的价格下卖出更多的债券，这使得债券供给曲线是一条向上倾斜的曲线（或直线）。这条向上倾斜的曲线也适合描述二级市场（即债券流通市场）上的债券供给。

现在，我们可以给出如图 10.3 所示的图形了。有了上面的知识，你知道，这个图形中的债券供给曲线有可能是竖直的。

（三）债券的均衡价格和收益率

在图 10.3 中，横轴表示债券的供给数量和需求数量，纵轴表示债券的价格和收益率。每一个价格都对应着一个收益率。债券发行时的价格越高，收益率越低（见图 10.1）。供求曲线的交点决定着债券的均衡价格。

也请注意，图 10.3 暗含了所有的债券都以同一个价格销售的假设，而实际上，债券的成交价格可能分布在一个区间之中。这个图形比较适合用于理论分析，而不是用于指导债券的买卖。尽管你也可以说，债券供给增加，债券的价格将会下跌；债券需求增加，债券的价格将会上升。但这种结论对于你买卖证券没有什么用处。关键的问题是：债券的供给何时会增加，增加多少？债券的需求何时会增加？增加多少？对于这些问题的回答是这

---

① 但这时，一个拥有更重要的相反信息的人对于该债券的预期收益率可能给出很高的估计。

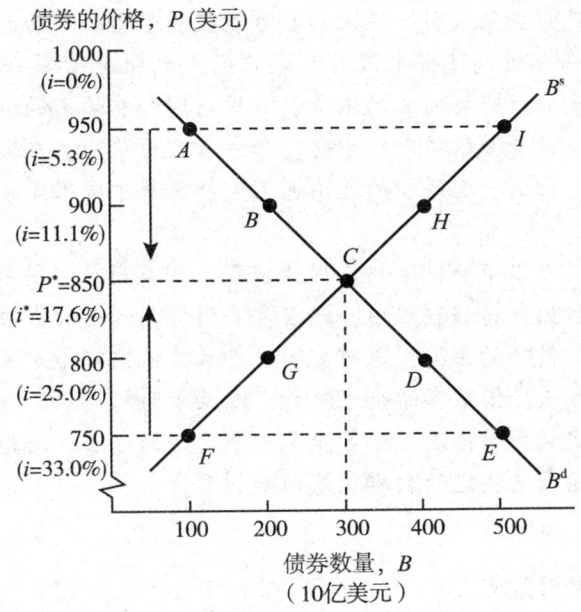

图 10.3　债券的供给和需求

种图形所无法做到的。

如果债券种类和数量都足够多，可以设想，每种债券的买卖都会趋于这样一点：所有具有相似风险水平、相似流动性的债券的收益率都趋同。这时，这个收益率可以作为一种利率了。

（四）债券市场、货币市场、股票市场的关系

在货币市场上，也有类似债券市场的货币的供求关系，也有相应的供求均衡。然而，这时，产生了一个问题：这两个市场是否有可能一个均衡，另一个不均衡呢？答案是否定的。一个市场的不均衡就意味着另一个市场也是不均衡的。比如，货币市场上货币供给超过需求，超额的货币供给就会流向债券市场。反过来，如果货币市场上货币需求超过供给，就会有人在债券市场上卖出债券（增加债券的供给），取得货币后转向货币市场。

请注意，上一段的分析是在存在债券市场和货币市场两个金融市场的环境中做出的分析。假如还有一个股票市场，这时，在理论上就有可能其中两个市场处于非均衡的状态，而第三个市场处于均衡的状态。当然，这时，第三个市场即使处于均衡状态，也是暂时的、瞬间发生的。

阅读材料：均衡分析对于分析金融市场的充分性不能高估

在中国过去 30 多年中，多次出现了资金的跨市场流动。1993—1994 年的时候，期货市场非常火爆，而股票市场低迷。于是，不少资金流向期货市场。1995 年底的时候，股票市场的前景变好了，一些从事期货交易的资金转向了股票市场。在这个时

候，中国的房地产市场也开始发展了。1997年后，大量资金从金融市场转向了房地产市场。受房地产市场的吸引，原来一些可能投资于金融市场的资金也流向了房地产市场。2017年，价格过高使得中国的房地产的盈利机会看来将会长期消失了。很显然，中国这种资金的跨市场的流动不是能够用均衡和非均衡的概念来描述的：房地产投资的暴利并没有被资金的流动所平衡。西方有理论认为，在金融市场上，存在着严重的资金配给制，但这种配给制的理论也不大能解释中国不同市场的非均衡的长期存在。

前面的分析还都以市场机制起作用为前提。但实际上，先行的变量可能是利率。美国为了把资金从国外转移到国内，就经常采用提高利率的办法。美国提高利率，会打破世界其他国家借贷的平衡，迫使美国银行从其他国家撤走资金。这对于这些国家而言，这可能意味着外汇储备的快速流失，以至于引起危机。中国则更是长期采用由中国人民银行规定利率的办法。这可能是一个更好的办法。因为在实践中，实际上很难确定一个由所谓市场决定的利率就是均衡利率。

三、货币幻觉、费雪效应

货币幻觉指的是人们在考虑货币以及与货币有关的变量时，用名义值而不是用实际值来思考。比如，中国一些人基于名义工资上涨的事实认为中国经济进入了刘易斯拐点。实际上，在社会主义国家，刘易斯拐点根本就不存在①，刘易斯本人的发展理论，是刘易斯（1954）针对资本主义的小国设计的。即使假设刘易斯拐点在中国存在，仅仅根据中国名义工资的上涨，就认为中国经济进入了刘易斯拐点的观点也是一种货币幻觉。自1978年以来，中国的物价水平已经增长许多，而中国工人的名义工资长期增长滞后，因此名义工资在近年的增长属于补偿性的增长，实际工资并没有明显上涨。根据名义工资上涨做出中国进入劳动力短缺的时代的观点是有失偏颇的。

货币幻觉的存在使得人们有必要区分名义利率和实际利率。对于借款人而言，你关心的如果只是名义利率，那你可能就要犯大错误。假如你今天存款100万元人民币，年利率为 i，为了简单，假设存款期限就是1年。假设现在的价格为 p_0，在未来1年中通货膨胀率为 μ，于是，在你取出存款时的物价水平将是 $p_0(1+\mu)$。你的100万元可以用来买东西，你今天买到的东西的数量是 $\dfrac{1\,000\,000}{p_0}$，而1年以后，你买到的东西的数量是 $\dfrac{1\,000\,000(1+i)}{p_0(1+\mu)}$。于是，以实物计算，你的存款的实际利率将是 $\left(\dfrac{1\,000\,000(1+i)}{p_0(1+\mu)} - \dfrac{1\,000\,000}{p_0}\right) / \dfrac{1\,000\,000}{p_0}$，也就是 $\dfrac{(1+i)}{(1+\mu)} - 1$，当 μ 趋于0时，$\dfrac{(1+i)}{(1+\mu)} - 1$ 趋于 $i - \mu$。把实际利率记为 r，于是，我们有：

$$r = i - \mu \tag{10.2}$$

---

① 王今朝. 中国经济发展模式：政治经济学解读. 北京：社会科学文献出版社，2013.

这个公式就叫作费雪效应，因美国经济学家费雪（I. Fisher）而得名。费雪是美国耶鲁大学的金融学教授，在 1929 年的大危机中损失了所有的收入，也因他在大危机发生后对大危机的解读频频被证明错误，他的学术声誉也大大受损了。注意，费雪效应的成立并不依赖于初始的价格水平和存款的数量。它因而表明，在发生通货膨胀的情况下，你的存款的实际收益率要更小。如果你举债，而用于偿债的货币将变得更加值钱，你将遭受损失。你越过量举债，你面临的损失就越大。反过来，如果你举债后，货币对内贬值，你将得到好处。

费雪效应也经常写为

$$i = r + \mu \tag{10.3}$$

这是因为有时，你需要把实际利率当作是事先给定的或者是由实体经济因素决定的。在实际中，不同于费雪效应的另一个方程也可能被用到：

$$i_t = \bar{i} + \phi \pi_t \tag{10.4}$$

其中，i_t 表示中央银行的目标利率，$\bar{i}$ 表示实际利率，π_t 表示通货膨胀率，ϕ 是一个大于零小于 1 的参数。考虑到产出水平的目标利率的设定也是可以考虑的。

下面的式子则是另一种利率产生方式：

$$i_t = \bar{i} + E\pi_{t+1} \tag{10.5}$$

其中，E 表示预期算子（operator）。

利率可调整的抵押贷款可以看作由式（10.5）所揭示的预期通货膨胀对利率的影响所催生一种新的融资工具。它是浮动利率贷款（floating rate loan）的一个特例。

阅读材料：利率市场化是一项正确的政策吗？

到现在为止，你已经看到了多个利率决定的因素。在过去 20 多年中，利率市场化似乎成为了一种学术界共识，至少在金融学界得到了很多赞同。利率市场化真的存在吗？如果存在，真的是好事吗？

利率市场化的主张可能来自金融深化理论。该理论认为，如中国这样的国家在计划经济时期，利率被压低、汇率被人为抬高了。简言之，这些国家实行了金融抑制的政策，而正确的政策应该是让利率升高，反映资金稀缺的现实，让汇率贬值，促进出口。然而，美国的金融创新带来的金融危机和经济危机让人们开始反思美国的金融深化理论。一个不争的事实是，当中国有了许多有钱人，利率升高对他们是有利的。一个拥有 3 000 万元存款的人，如果银行利率为 3%，他每年无需做任何工作，他的纯收入就是 90 万元，而一个大学教授辛苦工作一年的收入才有 20 万元。这个比例是令人惊讶的！

第三节 汇率、汇率制度与国际金融体系

除了商品价格、利率之外，汇率是另一个重要价格。汇率的产生最初主要是由于国际

贸易和借贷。西欧国家国土面积都非常小，经济活动很容易就扩展到其他国家。它们之间的人员交流也很频繁。因此，汇率对于它们尤其重要。特别是在黄金逐渐被其他交易媒介替代后更是如此。它对各国之间的贸易和资本流动产生着重要影响。

一、国际收支和国际收支账户

国际收支账户按照复式记账法则记录一国与世界其他国家或地区进行的交易。交易分为商品交易和金融交易，因此国际收支账户又分为两个子账户：经常账户与金融账户（过去称为资本账户）。经常账户记录商品（包括技术）、服务（运输、专利支付与利息支付、净投资收入①）和转移支付（汇款、礼物、赠款、国际援助），金融账户记录资产（往年生产的商品或任何其他资源，如土地、大楼、股票、债券）的买卖。任何一项交易都必须同时引起国际收支账户的至少一个"+"项和一个"−"项的变化。这就是复式记账法则在国际收支账户中的应用。

"−"（在这部分内容里表示负号）项代表付出款项，是经常账户与金融账户中的买的行为所引起的；"+"项代表得到款项，是经常账户与金融账户的卖的行为所引起的。经常账户与金融账户的"+"项和"−"项的代数和称为经常账户余额，金融账户的"+"项和"−"项的代数和称为金融账户余额。于是，我们有：

本国经常账户余额 = （"+"项）（即出口商品、出口服务、外国对本国的转移支付） + （"−"项）（进口商品、进口服务、本国对外国的转移支付）

本国金融账户余额 = （"+"项）（即本国卖给外国本国的土地、大楼、股票、债券） + （"−"项）（即外国卖给本国其国的土地、大楼、股票、债券）= 资本流入−资本流出

经常账户、金融账户余额为正时，就分别称为经常账户、金融账户盈余，它们余额为负时就是经常账户、金融账户赤字，它们余额等于0时称为经常账户、金融账户平衡。一个国家可以同时出现经常账户盈余和金融账户赤字，或者出现经常账户赤字和金融账户盈余，但不可能同时出现经常账户盈余和金融账户盈余，也不可能同时出现经常账户赤字和金融账户赤字。这是因为复式记账法则使得经常账户余额和金融账户余额的代数和恒等于0，即：

$$经常账户余额 + 金融账户余额 \equiv 0 \qquad (10.6)$$

一个国家由于所处发展阶段、国际关系、经济政策的不同，国际收支账户所表现出的结构和总量也不同。交易合同条款的不同也会影响账户的记录。比如，销售技术可能是一次性付费，也可能是多次收取许可证费用，显然，对于同一技术，前者所涉及的金额比后者所涉及的金额要大。国际收支账户的结构和总量如果与现实需要之间出现巨大矛盾，就会出现危机，引起相应的经济变动。这可能显示出该国的经济政策的好坏。

比如，如果一国由于进口过多导致经常账户出现赤字，这项赤字必须以出售资产或以向国外借款方式，获得资金加以弥补。这种出售与借款意味着该国资本账户出现盈余。资

---

① 即本国因在国外拥有资产所得到的利息与利润减去外国人因在本国拥有资产所得到的利息与利润。

本账户得到资金也叫作资本流入。因此，上面的事实换句话说就是，经常账户的任何赤字必须有一笔抵消性的资本流入，以提供资金加以弥补。如果一国无资产可以出售，如果它无外汇储备可以利用，以及如果没有任何国家愿意借款给它，该国都必须实现其经常账户的平衡，也就是在进口过多时必须要么增加出口，要么减少进口。

表 10.2 显示了中国新近的国际收支数据。

表 10.2　　　　　　　　　　中国国际收支平衡表　　　　　　　　　单位：亿美元

年份 项目	2011	2012	2013	2014	2015	2016
经常账户	1 361	2 154	1 482	2 360	3 042	1 964
货物和服务	1 819	2 318	2 354	2 213	3 579	2 499
初次收入	−703	−199	−784	133	−411	−440
二次收入	245	34	−87	14	−126	−95
资本和金融账户	−1 223	−1 283	−853	−1 692	−912	263
资本账户	54	43	31	0	3	−3
金融账户	−1 278	−1 326	−883	−1 691	−915	267
净误差与遗漏	−138	−871	−629	−669	−2 130	−2 227

资料来源：国家外汇管理局网站。

金融账户还需要再细分为私人资本账户和一国的外汇储备账户（简称"外汇储备账户"，西方称为官方外汇储备账户）。私人资本账户记录该国政府以外的部门与外国发生的资产的交易，外汇储备账户记录一国的外汇储备余额的变化。于是，（10.6）式变为：

经常账户余额 + 私人资本账户余额 + 外汇储备账户余额变化 ≡ 0　　（10.7）

为了理解和应用（10.7）式，请记住，本国对外国的贷款、投资与从外国购买资产等价，都被称为该国的资本流出，属于"−"项，一国得自外国的贷款、投资与外国购买本国的资产等价，都被称为该国的资本流入，属于"+"项；而外汇储备余额的减少属于"+"项，增加则属于"−"项。只有这样，由式（10.7）改写的下式在代数上才可能是对的：

− 外汇储备账户余额变化 ≡ 经常账户余额 + 私人资本账户余额　　（10.8）

假设经常账户实现了平衡，但一个国家出现了大量的私人或国有企业资本流出（金融账户的"−"项），那么，这必然表现为外汇储备的减少，即政府在外汇市场出售外币来提供资金。在一个国家发生金融危机时，这种外汇储备的减少可能是迅速而且大量的，以至于可能耗尽本国的外汇储备。为了反映这种情况，有时把增加外汇储备，即（10.8）式左边为正时，称作国际收支盈余，把减少外汇储备，即（10.8）式左边为负时，称作国际收支赤字。这种用法与国际收支账户的复式记账法则有矛盾，因为按照这种法则，国际收支账户的余额总是0。假如私人资本账户余额是0，而经常账户余额为正，即出口大于进口，那么，（10.8）式的左边就是正的，这意味着外汇储备余额的变化为负，即一国的外汇储备增加。因此，(10.8) 式可以更直观地写为：

国际收支盈余 = 官方外汇储备的增加 = 经常账户盈余 + 净私人资本流入　(10.9)

二、汇率和汇率制度

国际商品交易和国际金融交易产生了一个国家的货币与其他国家的货币的交换比率的问题。国际商品交易和国际金融交易一般用国际储备货币进行标价和结算，因此，也就产生了一个国家的货币与世界主要货币的关系的问题。

直接标价法下的名义汇率是单位外币所换得的本国货币的数量。例如，你在2017年2月的一天在网上搜索发现，在这一天，1美元 = 6.8645元人民币。于是，人民币以美元标价的名义汇率就是6.8645元人民币。如果这个汇率或其他任何一个具体数字在长达数年里保持不变或基本保持不变，这种现象就是由一种被称为固定汇率制的制度来保证的。

(一) 固定汇率制和浮动汇率制

实行固定汇率有两种办法。第一种办法是该国的中央银行保证随时按以主要货币（过去常常是美元）表示的固定价格（在上面的情形里就是以1美元 = 6.8645元人民币的比率）无限制地买卖它的货币。从第二次世界大战结束到1973年，西方发达国家（美英德法日等）相互之间主要采取这种办法来维持其固定汇率制度。第二种办法就是由国家法律规定来确定一个汇率。这是中国曾经长期采用的办法。

这两种办法孰优孰劣呢？使用法律或行政命令的干预不一定会劣于第一种。实际上，市场化的干预是有条件的，第二次世界大战后西方实施固定汇率制的一个重要条件就是美国掌握了世界主要的黄金存量。当这个条件不再具备后，美国和其他国家就无法再使用市场化干预来实现固定汇率制度了，美国就使用行政命令，停止了德国、法国中央银行从美国中央银行购买黄金的权力。世界由此进入浮动汇率制时代。同样的，一个国家如果不拥有大量的储备货币，也可能难以用这种办法实现固定汇率，而如果拥有大量的以外币表示的储备货币，这种外币就不值钱了，也无法实现固定汇率了。所以，固定汇率制的实施需要极其严格的条件。一些私人投机资本正是基于这个原理对一些国家进行了洗劫。

浮动汇率制也称可变汇率制度。在这个汇率制度下，中央银行容许调整汇率以保持外币供求平衡。一般而言，没有绝对的浮动（被称为清洁浮动），中央银行不会完全袖手旁观，容许汇率在外汇市场上完全自由确定，而是实行管理浮动汇率制，或肮脏浮动汇率制。在管理浮动汇率制下，中央银行通过干预外汇的买卖来影响汇率。

(二) 汇率决定

无论采用怎样的汇率制度，都无法回避汇率决定问题。市场化的汇率决定理论有几种，下面介绍两种。第一种是基于可贸易商品市场的汇率决定，第二种是基于国际金融市场的汇率决定。两种理论都是在高度抽象的假设下推出的，因此，你不用思考这两种理论所决定的汇率是否一致，或者它们是否能够做出预测这样的问题。除非汇率明显地与这两种理论都发生了重大的偏离。由于这个原因，在实际运作中，汇率的决定往往采取的是第三种，即试错的方法。

1. 购买力平价理论

西方的购买力平价理论认为，两国间货币的均衡汇率取决于两国商品价格水平的比率即（10.10）式。其背后的逻辑是，在没有运输费用和贸易壁垒的自由市场上，同样的货物组合（如一篮子商品），按同一货币计量的价格应该是一样的。

$$\varepsilon_M = P_d/P_f \tag{10.10}$$

其中，ε_M，P_d，P_f 分别表示单位外币换得的本币的数量、国内商品价格水平和外国商品价格水平。

根据本书第三章价格决定理论，市场价格不一定反映劳动价值，因此，如果按照劳动价值和一价定律来计算均衡汇率，就应该是如下公式：

$$\varepsilon_V = V_d/V_f \tag{10.11}$$

其中，ε_V 表示用劳动价值论所计算的均衡汇率，V_d，V_f 分别表示本国、外国根据劳动价值论所实行的价格。很显然，一般情况下，$\varepsilon_M \neq \varepsilon_V$。

如果中国严格按照劳动价值论来安排价格体系，而西方按照市场规律来安排价格体系，则我们还得到另外一个均衡汇率的定义。那么，在以上三个均衡汇率的定义中，究竟采取哪种定义来安排实际的汇率呢？任何一种安排都不能一方说了算，而这个世界又不得不做出一种安排。即使劳动价值论因具有更为客观的公正性而被所有国家接受，如何衡量不同国家之间劳动复杂程度也不是一个轻而易举地可以解决的问题。更何况，资本主义国家并不会认可劳动价值论。以上理论分析足以表明，基于购买力平价理论所得出的任何所谓均衡汇率都不可避免地带有任意性。① 我们对任何一种购买力平价汇率理论实施所产生的效果都无法事前加以评估。

2. 利率平价理论

利率平价理论认为，汇率总是在不断调整以维持利率平价。具体而言，它采用如下公式来计算均衡利率：

$$R_d = R_f + (E_{d/f}^e - E_{d/f})/E_{d/f} \tag{10.12}$$

其中，R_d、R_f、$E_{d/f}^e$、$E_{d/f}$ 分别表示国内利率、外国利率、预期汇率和汇率。在上述公式中，对未来汇率的预期是给定的（克鲁格曼，奥伯斯法尔德，2002：334）。

与购买力平价理论成立需要一个庞大的国际贸易市场类似，利率平价理论成立需要一个庞大的且自由的国际资本市场。当一个国家面对封闭还是开放的决策时，国际贸易市场和国际资本市场本身是一个因变量；当一个国家重新思考自己的开放战略的时候，国际贸易市场和国际资本市场的规模也是一个有待决定的变量。因此，无论购买力平价理论还是利率平价理论都不能简单地作为一个国家制定汇率政策的理论根据。否则，就可能是倒果为因了。

3. 汇率决定的试错法

既然汇率决定不能简单以购买力平价和利率平价理论为基础，就只能采取一种试错方法了。具体而言，这种方法首先设定一个终极变量，比如贸易盈余 TR；其次，把汇率作为决定这个终极变量的中间变量（不排除根据具体情况考虑其他变量的可能性）。于是，我们有如下公式：

---

① 这又可以看出，众多西方学界关于购买力平价并不是对汇率进行准确预测的一个合适的理论工具（克鲁格曼，等，2002：389-399）的实证研究纯属繁琐哲学。

$$TR^* = TR_0 + f(\varepsilon^* - \varepsilon_0) \tag{10.13}$$

其中，TR_0，TR^*，ε^*，ε_0 分别表示期初的贸易盈余、目标贸易盈余、待决定的汇率和期初的汇率。1949—1976 年时期，中国的汇率比较稳定，贸易盈余也变化不大，我们可以假设它们都是一个常数。1978 年后，中国为了得到更大的贸易盈余来为进口融资，决定使汇率贬值。这种贬值在其他政策（如出口退税）的配合下，使得中国今天的贸易盈余达到了天文数字的水平。尽管有人可能否定这一点，但它似乎更能说得通：中国到了实施贸易余额平衡战略的时候了。

这种试错方法假设贸易盈余是汇率的函数，在使用这种方法得到贸易盈余（以及相应的金融账户盈余）后，汇率又成为贸易账户盈余和金融账户盈余的函数，因为可能会存在一个类似汇率超调（overshooting）一样的国际收支盈余超调。当发生这种超调后，汇率的变化也会遵循一个类似公式（10.13）的规律进行调整。为了简单（不考虑金融账户盈余），我们使用如下公式来表示汇率作为因变量的调整：

$$\varepsilon^* = \varepsilon_0 + g(TR^* - TR_0) \tag{10.14}$$

虽然我们不清楚式（10.13）、式（10.14）中 f、g 的形式，这两个公式只是表示政府在使用试错法来对汇率进行调整，但因为政府采用任何其他公式对汇率进行定价，都不可避免地产生偏差、造成损失，所以，这里的试错法并没有听起来那样令人害怕。相反，正是由于它不断对现实（贸易盈余）做出反应，即使发生损失，损失也会降低到较小（比如，今天发生的损失会在明天得到补偿）。

阅读材料：东南亚金融危机

从 1997 年 7 月起，东南亚地区接连出现泡沫崩溃，这是一场始于泰国、后迅速扩散到整个东南亚并波及世界的金融危机。1997 年 7 月 2 日，泰国被迫宣布泰铢与美元脱钩，泰铢迅速贬值，菲律宾、印度尼西亚和马来西亚等国迅速受到巨大冲击。继此次金融风波之后，中国台湾货币贬值，股市下跌，掀起金融危机第二波，并且引发了包括美国股市在内的股市全面大幅下挫。11 月下旬，韩国汇市、股市轮番下跌带来了第三波金融危机。1998 年 1 月开始，危机中心又转到印度尼西亚，形成第四波金融危机。印尼盾贬值，印度尼西亚香港百富勤投资公司宣告清盘。在这次危机中，香港房地产和股市总市值损失巨大，但它维持了货币局制度的稳定。在危机中，一些国家或地区的外汇储备迅速耗尽，它们的管理者居然没有能够采取及时有效的行动，是非常可疑的。

（三）实际汇率

以上介绍的是名义汇率。它当然是一个重要的变量，特别是在外汇市场上。有时候，一个叫做实际汇率的变量更好用。比如，在国际贸易领域，重要的可能是实际汇率而不是名义汇率。这是因为实际汇率测定两种货币的相对购买力。实际汇率是以相同货币计量的外国价格与本国价格的比率，它衡量一国在国际贸易中的竞争力。它被定义为，以相同货币计量的本国与外国价格水平的比率：

$$\varepsilon = \frac{eP_f}{P_d} \tag{10.15}$$

其中，ε 表示实际汇率，e 表示名义汇率，是用单位外币购买的单位本币来表示的，P_f 表示外国价格水平，P_d 表示本国价格水平。

如果实际汇率等于1，则说明各种货币购买力处于平价状态，即购买力相等。如果一国的实际汇率高于1，其含义是国外商品比本国商品贵。在其他情况不变的情况下，这意味着本国和国外的人们可能乐意将一些支出花费在购买本国生产的商品上。这常常被解释为本国产品竞争力加强。当然，这个含义的存在是以允许贸易为前提的。这个前提并不总是成立，也并不总是应该成立。如果这个前提成立，所考察的这两个国家就处于开放经济的状态。请注意，严格地说，开放是中性词。不开放不一定比开放差。而且，所有的开放都不是两个国家的严格的对等关系。

开放对经济运行和发展都会产生影响。就经济运行而言，开放使得本国支出不再决定本国产出，而是对本国商品的支出决定了本国产出。因为本国支出中可能有相当一部分用于购买外国商品。一个穷国中的富人可能非常乐于购买外国商品。当然，开放同时也使外国人购买本国产品。净出口就衡量了开放对于本国商品的国际流动的净值。既然开放影响了经济活动，也就为汇率影响这些活动提供了经济基础。开放还引起了一个重要的比例关系，那就是国际收支的平衡与否。一般而言，一个国家应该追求国际收支平衡的活动。贸易赤字固然可能并不可取，而许多积累贸易盈余的国家最后也都深受其害。中国正在面对巨额的外汇储备所引起的挑战。

三、国际收支的平衡

国际收支平衡是一个均衡问题，但这个均衡问题比国内均衡问题更为实际，更为严苛。正如第一节表明的，它涉及经常账户和金融账户。

(一) 经常账户余额的决定

经常账户盈余，即净出口，也叫贸易余额。这里，我们需要明确，一国的净出口 NX 不仅取决于该国的 GDP（或其他表征一国产出的指标），也取决于国外收入 Y_f，还取决于实际汇率 ε：

$$NX = X(Y_f, \varepsilon) - M(Y, \varepsilon) \tag{10.16}$$

其中：$\frac{\partial X(Y_f, \varepsilon)}{\partial Y_f} > 0$，$\frac{\partial X(Y_f, \varepsilon)}{\partial \varepsilon} > 0$，$\frac{\partial M(Y, \varepsilon)}{\partial Y} > 0$，$\frac{\partial M(Y, \varepsilon)}{\partial \varepsilon} < 0$。

第一个不等式表明，国外收入增加会增加本国出口，因而改善本国贸易余额。

第二个不等式表明，ε 提高会改善本国的贸易余额，因为外国的需求会从国外生产的商品转移到本国生产的商品上。

第三个不等式表明，本国收入提高将会增加进口，并因此恶化贸易余额。

第四个不等式表明，ε 提高会改善本国的贸易余额，因为本国需求将会从国外生产的商品转移到本国生产的商品上。

(二) 资本账户余额的决定

资本账户余额的决定与一个国家的资本账户的政策有很大关系。如果一个国家出于审慎的管理原则，对资本账户进行严格的管制，那么，资本账户余额就主要由受管制的经济主体的行为决定了。当代资本主义国家则执行多多少少更为自由的资本账户政策。在这种政策下，私人企业根据自己的愿望、能力来在国际市场上进行金融项目的交易。比如，买卖外国债券、股票、地产。既然它们在国内干的都是这些事情，如果外国允许，为什么不在其他国家也这样干呢？因此，它们在世界各处搜寻各种各样的资产，并根据风险、收益、流动性等指标对各国的资产进行甄别，在此基础上做出买卖的决定。由于这种活动极其众多，以至于它们使得不同国家资本市场的收益水平具有了某种关系。例如，倘若纽约的利率相对于伦敦的利率上涨了，投资者便从伦敦借款，而向纽约放款。由于纽约的放款增加，伦敦的借款增大，两个城市的金融资产的收益迅速变得一致起来。这是一种套利活动所引起的收益的趋同。

在现实世界里，购买外国资产可能碰到国家政治风险，包括国有化、禁止转移资产以及外国政府赖债等。投资者在投资时会考虑这些因素，但投资者也不是万能的。各国的税负不同且汇率可以变动（可能是相当大的变动），因而影响外国投资的回报。由于这些因素的差异，在许多国家之间的金融投资收益率是不同的。只有在情况非常类似的主要工业化国家，经排除汇率变动风险的校正后，投资收益率（如利率）才可能会很一致。反过来，如果由于某种原因，出现利率不一致（即存在利差），就会引起资金的跨国流动：资金如果能够流动，就会流动到高利率的地方，这会恶化流出国的资本账户余额。这是一个国家财政和货币政策制定者也要考虑的，因为有国际资本流动时，货币政策与财政政策影响国内经济与国际收支变动的作用方式不同。

基于发达国家情况进行的国际金融研究一般假设资本完全流动，即投资者能在他选定的任何发达国家以低交易成本迅速而无限量地买卖资产。由于发达国家的资金充裕，资本完全流动时，资产持有人愿意并能够调动大量资金，跨国寻求最大回报或最低借贷成本。当然，这里的无限量买卖资产也有夸张的成分。如果一个发达国家感受到来自外国太多的资金购买了自己太多的资产，它就会对其他国家的投资实施限制。日本人长期不对美国开放农产品市场，而日本人买了美国纽约的洛克菲勒大楼后引起了美国国内的巨大关注。1985年美日签署的广场协议迫使日元升值，看起来使得日元购买力更大，但诱导了日本房地产、股票市场泡沫，这个泡沫在1991年前后的破灭使得日本经济的风光不再。

有了上面的准备，我们介绍如下的抽象模型就不大会引起误解了（比如，不会把介绍这个模型理解为中国适用这个模型）。假定世界分为本国（不是中国）和外国，资本可以在本国和外国自由流动（这不是总符合事实）。还假定世界利率（即国外资本市场利率）也是既定的。在资本完全流动的情况下，如果本国利率i高于国外的利率i_f（假定没有外汇风险），资本就无限地流入本国。与此相反，如果本国利率低于国外的利率，资本就会无限地流出。下面我们来看看资本账户余额CF。下述方程显示CF是本国与外国利差的函数。

$$CF = CF(i - i_f) \tag{10.17}$$

其中，$CF'(i - i_f) > 0$。它表示，如果本国利率高于国外利率，本国金融账户的余额就会增加。

(三) 国际收支余额的决定

把 (10.16) 式和 (10.17) 式加起来，就是国际收支余额 BP。我们可以把它写为

$$BP = NX(Y, Y_f, \varepsilon) + CF(i - i_f) \qquad (10.18)$$

BP=0 代表国际收支平衡。如果本国的收入增加，本国的净出口就会减少（原因是什么？），为了平衡国际收支，这时本国就需要有来自国外的资本流入。在 (10.18) 式所设想的世界里，本国只有提高利率一个办法。利率的微小上升就有可能使国际收支总体保持平衡。当然，这种用资本流入来弥补贸易赤字的办法也是不无副作用的。许多国家因这种副作用而陷入了债务危机、金融危机。假设本国是一个小国，又对外国开放了资本账户，这就意味着 $i \equiv i_f$。在由 i 和 Y 所构成的空间里，这意味着 BP 曲线是水平的。

$i \equiv i_f$ 又意味着开放小国不存在利用资本收入来弥补贸易赤字的机制。在这种情况下，如果小国的贸易政策是鲁莽的，它可能就不得不靠损失储备来弥补贸易赤字了。这种办法也不是长远之计。于是，剩下的一种办法是让本币贬值，而这意味着放弃固定汇率制。然而，浮动汇率对于一个小国也有很多不便，如果不是风险的话。汇率一旦被允许浮动，就可能浮动过大。

这里，你看到了一个国家制定政策的困境：一些重要目标之间是矛盾的。所以，一个国家的宏观经济管理本质上是一个多标准（multi-criterion）决策问题。西方一些文献从内部均衡（指经济增长、充分就业、物价稳定这三个宏观经济目标的实现）与外部均衡（指国际收支平衡）的两难的角度对于这种政策困境做了一些探讨。它们指出，所设计的一项政策在处理一个问题时也会使其他问题变得更糟。具体说来，就是有时存在着外部均衡与内部均衡间的冲突。

(四) 以邻为壑政策与竞争性贬值

对于一个小国来说，贬值不无不利后果。对于大国来说，由于它们之间的经济紧密结合在一起，能够互相影响（参考第六章第三节所考察的机制），贬值的后果就更为严重。一个大国的货币对外贬值被称为以邻为壑政策（beggar-thy-neighbor policies）。① 这是因为汇率贬值，增加净出口 NX，从而增加产出与就业，但这是以外国（邻居）就业减少、产出下降为代价获得的。其他国家不会对此无动于衷。因此，一个大国的货币贬值可能引起其他大国的竞争性贬值。这种贬值一旦发生，不仅使得每个国家的贬值达不到预期的目的，可能还会使经济进一步混乱。1998 年后，中国已经多次在这方面采取了负责任的政策。

关 键 词

可变利率贷款　垃圾债券　资产证券化　利差交易　期货　期权　系统性风险　非系统性风险　零利率理论　费雪效应　利率市场化　国际收支账户　固定汇率制　浮动汇率制　购买力平价理论　利率平价理论　实际汇率

---

① 因贬值引起的贸易余额的变动之所以被称为以邻为壑的政策，是因为它出口失业，从而损害别国就业。

思考题与练习题

1. 金融是有钱人的工具还是国家目标实现的工具？你知道这个问题在不同国家的表现有什么不同吗？
2. 期货和期权有什么异同？
3. 试分析推进利率市场化的利弊。

第十一章 贸易的决定

在上一章，我们考察了进出口。这是从宏观总需求的角度进行的考察。它只是假设了一个国家如果出口和进口，出口和进口的数量分别决定于什么。那么，各个国家究竟出口什么？进口什么？这种贸易格局问题也是至关重要的。在经济学中有许多理论对此进行了探讨。本章讨论其中的一个非常著名的理论。更准确地说，我们基本上否定了它。

第一节 关于贸易的观点

21世纪，关于贸易的最常见的观点似乎就是自由贸易。有西方学者认为，至少就19世纪而言，在资本主义的全部机制中，金本位或许是最受尊敬、最神圣不可侵犯的部分。[1] 按照这一看法，自由贸易作为资本主义机制的地位至少就要屈居其次了。既然早在20世纪30年代，金本位就已经被抛弃了，自由贸易作为资本主义机制还具有很高的可靠性吗？实际上，当通货由金本位转向由中央银行控制的法币本位时，国家控制就成为资本主义机制的重要构成了。那么，国家在其贸易决定中就不能发挥作用吗？更何况，在发达国家，贸易只占一个国家GDP约5%~10%左右的比重。

在20世纪，自由贸易又是怎样一种情形呢？凯恩斯曾是一个自由贸易主义者，在1924年，他依然警告要防止贸易保护主义。丘吉尔1925年4月28日在其预算演讲中这样说道：

> 国际贸易与帝国内部贸易的复兴，这样的复兴和这样的基础对于所有国家都是重要的，但对任何国家都没有像对于本岛那么重要，本岛的人口不是农业或者工业维持的。本岛是一个广阔帝国，而且，尽管有着各种各样的包袱，但在世界金融体系中继续保持着如果不是首要，无论如何也是中心的地位。（金德尔伯格，2010：358）

然而，在1926年，凯恩斯就出版了小册子《自由放任主义的终结》。凯恩斯即使不主张政府去办那些个人已经在办的事情，也会主张政府要去做那些根本还没有人做过的事情，[2] 比如，帮助经济摆脱萧条；而这正是3年后世界各资本主义国家所面临的最主要的经济问题，也是他1936年出版的《就业、货币与利息通论》的主题。1931年3月，他发

---

[1] R. F. 哈罗德. 凯恩斯传. 刘精香, 译. 北京: 商务印书馆, 1995: 369.
[2] R. F. 哈罗德. 凯恩斯传. 刘精香, 译. 北京: 商务印书馆, 1995: 385.

出了要求实行财政关税的呼吁。凯恩斯认为，当出现紧急情况时，关税可以给予英国可以做一些其他事情的喘息的时间和财力，如果过度信任自由贸易，就会"使现任政府四分五裂，并在一场信任危机的混乱中代之以发誓要执行十足贸易保护主义纲领的内阁"。①很显然，在一段时期里作为自由贸易者的凯恩斯并没有如其他许多人那样把自由贸易看作国家之间基本理性和礼仪的不可改变的旗帜与象征。

作为20世纪下半叶最有力地宣扬自由贸易的组织，关税及贸易总协定及其替代者世界贸易组织又是怎么来的呢！？它来自1941年3月美国与其盟国所达成的租借协议：前者承诺向后者供应商品和劳务（主要是军事设备），并同意在第二次世界大战后以某种慷慨的方式结算。②而接受租借协议第七条项下援助的国家，则同意在战后与美国一起建立一种和20世纪30年代流行的双边做法不同的多边世界贸易制度。罗斯福和丘吉尔于1941年8月在纽芬兰普拉森西亚湾的一首战舰上签署大西洋宪章，接受了和上述精神一致的一些基本原则（金德尔伯格，2010：448-449）。于是，在美国占据优势地位的条件下，世界的自由贸易原则形成了。作为世界最强大国家的美国在实行自由贸易的国际规则下能够得到什么呢？当然，美国对中国实行的是封锁。

读到这里，你可能对自由贸易原则的信心就动摇了。确实，在西方的实践和许多理论中，所谓自由贸易实际上只是指更为自由的贸易，而不是指绝对自由的贸易。并且，在形势需要的情况下，它们可以随时实施贸易保护主义。

自由贸易的原则始自亚当·斯密和李嘉图。那么，李嘉图是在讨论什么问题时提出自由贸易的原则呢？李嘉图决没有主张英国和法国实行自由贸易。实际上，他所主张的是英国和葡萄牙实行更为自由的贸易。为什么是和葡萄牙实行更为自由的贸易呢？早在12世纪，葡萄牙和英国之间就有了兄弟般的友谊，它们的统治者互相支持，多次签订同盟，多次联姻，多次联合抗击外敌入侵。李嘉图出版其著作前10年的1807年，即拿破仑入侵葡萄牙时，是英国皇家海军护送葡萄牙贵族逃亡至巴西，是英国和葡萄牙在接下来的5年中联合抗击了拿破仑军队对葡萄牙的入侵，才使得葡萄牙在1812年摆脱法国的统治。考虑到这种背景，李嘉图所主张的自由贸易究竟具有怎样的适用范围就不难理解了。关于葡萄牙和英国的这种关系，你也可以在亚当·斯密的《国富论》第四篇第六章《论通商条约》中透过斯密的话语和斯密所引述的话语找到佐证。

第二节　比较优势理论

比较优势理论在20世纪中叶后得到了广泛的宣传。③然而，它对国际贸易三大基本问题（国际贸易为什么发生？什么决定专业化的国家模式？贸易保护主义真的不具有合理性吗？）的回答真的可以信赖吗？

---

① R. F. 哈罗德. 凯恩斯传. 刘精香，译. 北京：商务印书馆，1995：459-460.
② 这个承诺的履行程度是值得研究的。
③ 贾利军，王今朝. 构建人类命运共同体应谨慎使用"比较优势"话语. 福建论坛，2017（5）.

一、基本概念

现代国际贸易理论用如下的价格比较公式来定义李嘉图比较优势概念：

$$p_1^1/p_1^2 < p_2^1/p_2^2 \tag{11.1}$$

其中，下标表示国家，上标表示商品，于是 p_i^j 表示第 i 个国家第 j 种商品的价格。如果 (11.1) 式成立，则第一个国家（下称国1）就在第一种商品上具有比较优势，在第二种商品上具有比较劣势；第二个国家（下称国2）在第二种商品上具有比较优势，在第一种商品上具有比较劣势。

李嘉图在考虑公式 (11.1) 所代表的英格兰和葡萄牙的商品比价关系时，是在给定的商品空间（他以布料和葡萄酒为例）和给定的商品比价关系下进行讨论的，并没有考虑商品空间维度变化（特别是商品种类的增加）和商品比价关系的变化给进行贸易的国家所带来的贸易格局的变化，更没有考虑商品空间维度变化和商品比价关系变化的原因。他在这样的比价关系下，证明了自由的国际贸易对进行贸易的两个国家都有利。但这是否足以推导出自由贸易的政策结论了呢？在李嘉图那里，答案似乎是肯定的。但如果使用开放系统方法论考虑与经济发展道路密切相关的商品空间维度变化、商品比价关系变化和私人资本的逐利本质，就无法从比较优势概念推出自由贸易的政策建议了。

二、基于比较优势贸易的利益

基于变动的比较优势的概念（Deardorf, 2013; Kiyota, 2013; Harada, 2012）和动态比较优势的概念，可以推论，存在好的比较优势和坏的比较优势的区分。事实上也确实如此。比如，经济发展水平悬殊的两国以比较优势为基础进行贸易就是在进行畸形的国际收入分配的贸易，穷国由于出口的是廉价的初级产品或价值链低端的制造品，只能以极为不利的贸易条件进行贸易，在此贸易格局下的增长可能是贫困化的增长。这就是坏的比较优势。因而，一个国家争取好的比较优势就成为一个重大的战略问题。这就使得比较优势的决定（Nishioka, 2013）是比贸易格局、贸易收益更为重要、更为根本的问题。不区分比较优势的好坏，就根据既定的比较优势推行自由贸易战略很可能导致灾难！这即使不是学术上或政治上的犯罪，也是违背学者和政治家的职业道德的。

三、比较优势的决定

无论是基于微观经济学还是基于宏观经济学，从形式上看，供求规律都可以写成以下一般性公式：

$$D(P, A) = S(P, B) \tag{11.2}$$

其中，D、S、P 分别表示需求、供给和价格，在微观经济学的教科书中，A、B 通常分别表示影响需求和供给的收入、天气、预期或者收入分配等非价格向量。在宏观经济学的教科书中，A、B 通常分别表示财政政策、货币政策、管制政策。比如，供给经济学就认为，降低边际税率和放松资本管制既能改善总供给，也能改善总需求。所谓一般性，指公式 (11.2) 只是涉及变量之间的映射关系，我们并没有要求需求、供给作为价格的函数。根据数学中的隐函数概念，公式 (11.2) 可以改写成以下集值映射（correspondence）

形式：

$$P = P(A, B) \tag{11.3}$$

公式（11.3）定义了一个从 A、B 到 P 的映射，使得同一个 A、B 的值可能对应不同的价格。也就是说，所谓集值映射，是指供求决定价格不会产生一个唯一的价格，而且，没有人能够保证任何一个 A、B 的具体值的映射是一个"面积"为 0 的集合。也就是说，供求决定价格规律下，价格是一个不确定东西。它可能是两个、三个甚至更多个价格，而这些价格之间的距离并不是微不足道的（不同的价格体系至少代表了不同的社会福利分配）。对于这一点，局部均衡理论和一般均衡理论都没有考虑，都忽略掉了。只有在这种忽略成立的情况下，公式（11.2）从而公式（11.3）才是一个确定的结果。可以想象，当一个国家的产品既可能是这个价格也可能是那个价格的时候，就不能准确地断定这个国家相对其他国家的比较优势了。更何况，其他国家的价格也是不确定的。

但让我们假设 A、B 包含了一切应该包含的影响供求的变量，从而公式（11.3）定义了一个从 A、B 到 P 的函数。让我们也假设，对于两个国家 A、B 都一样。于是，公式（11.3）变为：

$$p_1^1(A, B)/p_1^2(A, B) < p_2^1(A, B)/p_2^2(A, B) \tag{11.4}$$

公式（11.4）告诉我们，即使我们承认比较优势的概念，也不是比较优势在决定贸易格局，因为 A、B 在决定着每一个价格，因此，A、B 也在决定着相对价格，并因此决定着两个国家的相对价格的差，即决定着哪个国家在生产哪种产品上具有比较优势。从逻辑上看，这只能说，A、B 在决定着贸易的格局，所谓比较优势决定贸易格局只是在抽象掉 A、B 的影响之后的表面现象。那么，A、B 应该包含什么变量呢？根据赫克歇尔、俄林的理论，A、B 当然包括一个国家的资源禀赋。但问题是，赫克歇尔、俄林理论意义上的一个国家的禀赋（如森林资源）在短期内是不能改变的，无法成为一个国家解决所面对的急迫贸易问题时可以使用的手段。基于应对经济发展挑战的目的，应该另外寻找 A、B 应该包含的变量。A、B 应该包含如下变量：

1. 国家基本制度

制度界定独立的经济行为者在现状中的选择领域；界定个体间的关系；指明谁对谁能干什么。因此，制度，特别是国家基本制度，当然会对价格产生重大影响。相比收入、天气或者预期之类，国家基本制度对价格的影响要显著得多，影响范围要大得多，甚至在一般情况下对其他所有社会科学变量具有最根本的决定、影响。比如，资本主义国家因为受资产阶级追逐利润的动机的支配，仅仅为了获得更多的利润，就会进行更多的贸易，从而会系统地、根本性地改变价格体系，难怪有马克思主义经济学家认为，在社会主义国家之间不需要太多的贸易了。

2. 发展阶段

在一个给定了基本制度的国家，发展阶段不同，价格也会有差别。很显然，如果中国没有实施一五计划，就不可能生产出可供出口的工业产品，而许多工业产品也必须进口。这就表明，工业化程度的高低对于一个国家的价格体系具有重大影响。工业化的实现还会对农业生产产生影响，从而也会影响农产品的价格。这就表明，一个国家的经济发展阶段会对这个国家的价格体系具有系统性的影响。

3. 技术进步支出和效率①

在给定研发效率的条件下,一个国家的技术进步支出越高,就越容易开发出能够卖出高价格的新产品。反过来,给定技术进步支出,提高技术进步效率也能够更多、更快地开发出能够卖出高价格的新产品。这就表明,技术进步支出和效率是可以影响价格体系的变量。

4. 国家政策（如汇率政策、重工业优先发展和进口替代的产业政策）

国家政策对于经济发展的必要性和重要性超出了许多经济学家的想象。在对比较优势的影响上,国家政策大有用武之地。改革开放后,中国正是通过几次货币贬值改变了中国产品的比较优势,由改革开放前的大约2元人民币换1美元,最高贬值到8元人民币换1美元,而且持续多年。不仅中国把改变汇率作为改变比较优势的政策,而且美国也多次使用。1969—1973年间的美元相对黄金贬值表现出美国不惜破坏其主导制定的国际经济秩序、不惜以把危机转嫁给德国和日本为代价来重新获取其比较优势（阿里吉,2009:131）。1985年,美国再次借助汇率政策,通过签署广场协议让日元升值挽救自己处于危机边缘的制造业（阿里吉,2009:104-106,158）,而其间接作用是提高了东亚把货币与美元挂钩的国家相对日本的竞争力。2001—2004年,美元对欧元贬值35%,对日元贬值24%（阿里吉,2009:197）。这样看来,一个世界最强大的国家都有可能因为其他国家的技术进步而失去比较优势,那么,比较优势还怎么成为发展中国家贸易政策的唯一根据呢？如果发达国家通过改变汇率来操纵比较优势,其他国家为什么就不行,就非得根据既定的比较优势来进行贸易呢？基于这些思考和中美实践,把其他变量抛开,公式（11.4）可以改写为如下形式:

$$p_1^1(e)/p_1^2(e) > p_2^1(e)/p_2^2(e) \tag{11.5}$$

公式（11.5）表明,A、B应该包含汇率。汇率既影响进口也影响出口,因此既影响供给也影响需求。这显示A和B的交集是非空的。实际上,公式（11.5）可以看作公式（11.4）在特定条件下的表现。反过来,公式（11.4）也可以视为公式（11.5）的推广。中国没有美国那种安排"广场协议"的力量,就应该寻找其他的替代性机制。

一个国家完全可能不满意自己的现有的由比较优势所决定的贸易格局。除了把汇率作为工具以外,还可以把产业政策作为改变比较优势的工具。就如中华人民共和国建立伊始,不满足于出口自己具有比较优势的农产品,通过实施"一边倒"的外交战略、制定实施一五计划发展战略试图改变贸易格局一样。拘泥于比较优势理论的人根本无法理解这种通过扩展产品空间实现经济发展的道路独特性和优势性。与把汇率作为改变比较优势的工具相比,使用产业政策更为科学,更符合一个国家的根本利益;而使用汇率作为改变比较优势的工具,可能会有诸多副作用。美国在1985年迫使日本签署广场协议后,又于1995年签署反广场协议,逆转了美元贬值的趋势（阿里吉,2009:106）。

我们这里无需穷举A、B所包含的变量。已经列出的国家基本制度、经济发展阶段、技术进步支出和效率、国家政策本身就说明,不是比较优势在决定着贸易,而是这些变量

---

① 西方经常讨论研发支出,但技术进步支出比研发支出的范围更广一些。比如,投资于新机器就是技术进步支出,但不涉及研发。

在决定着贸易。比较优势概念只是作为这些其他变量的综合反映而已。当然，由于我们没有穷举 A、B 所包含的变量，我们的理论也就允许其他变量也可能决定贸易。实际上，经济发展阶段是一个高度概括的变量，一个人如果喜欢，在必要的情况下，也可以把规模经济、城市化水平看成描述经济发展阶段的变量。所以，尽管我们没有穷举 A、B 所包含的变量，但我们所列举的变量还是具有较强的代表性的。它们足以证伪比较优势决定贸易格局命题的科学性了。

一个国家并不需要根据既有的相对价格来决定自己的国际贸易格局。比较优势理论是李嘉图在特定条件下有选择地使用变量所建立的封闭系统方法论模型。根据龙斧、王今朝（2015），我们在这里把封闭系统方法论概括为：把对一个事物（在李嘉图比较优势理论中这个事物就是贸易政策）的认识限定、封闭在作者所选定的若干变量（两个国家的两种商品的价格）的有限的关系（在这里是价格的除法和相对价格的减法）之内，对于该事物的认识就由少数几个变量之间的简单的线性的关系所决定。在社会科学里，这种封闭系统方法论常常被一些名家、大家用貌似科学的方法得到他们预先设定的目的。李嘉图的比较优势理论就是这样的一个典型。

四、真实的国际贸易

第六章的分析已经表明，在这个世界上存在两种产品：高档品和低档品。这两种产品的国际贸易的决定机理是不同的。

（一）在价格高低作为消费者主要考虑变量的国际贸易中，是绝对优势而不是比较优势决定贸易格局

自李嘉图提出比较优势理论之后，似乎亚当·斯密的绝对优势理论就不是一个科学的贸易理论了。其实不然。李嘉图的比较优势理论只是发现了更多贸易格局的可能性而已。在国际贸易的实践中，那些能够自由从事贸易的企业家的最高、最迫切目的通常都是获取利润。当他们能够通过国际贸易的方法获得更大的市场时，他们所关心的经济关系不是他们的产品是否具有比较优势，而是他们的产品在国际市场上是否具有竞争力。在价格高低作为消费者主要考虑变量的国际贸易中，低价格就是竞争力。在这种情况下，国 1 的企业家所关心的唯一变量关系是，在国际市场上，是否存在 $P_1^i < P_2^i$，而不管 $p_1^1/p_1^2 < p_2^1/p_2^2$ 是否成立。从决策科学角度看，$p_1^1/p_1^2 < p_2^1/p_2^2$ 是否成立与他们是否进行贸易的决策毫无关系。由于低价格本身可能有两种原因，绝对优势本身也分为两种：

1. 高技术、高劳动生产率条件下的绝对优势

本来，在亚当·斯密那里，产品的低价格是由于机器的采用而降低成本的结果，代表着先进的生产力。这正是他的绝对优势概念的本意。20 世纪二三十年代，帝国主义对中国的经济掠夺就是通过低价格破坏中国自给自足的农村经济而实现的。难怪马克思在《共产党宣言》中把产品的廉价说成是资产阶级用来摧毁一切堡垒的重炮。本来，按照亚当·斯密这个绝对优势理论，既然欧洲大陆的农产品价格低于英国农产品的价格，因此，谷物法就不应该于 1815 年设立。值得注意的是，李嘉图 1817 年完成《政治经济学及赋税原理》，恐怕与谷物法的设立具有重要关系。李嘉图本来可以用亚当·斯密的理论来反对谷物法，但这在封建贵族依然具有强势政治地位的条件下恐怕会招致里通外国的罪名，于

是，他采用了比较优势的概念来论证国际贸易的共赢从而达到废除谷物法的目的，又不至于授人以柄。当时，如果有聪明的英国封建贵族追问他这种共赢究竟是什么人得益，就会把李嘉图的目的昭示天下的。

2. 低工资、廉价资源、环境污染条件下的绝对优势

亚当·斯密没有考虑到，从1776年到1980年，随着资本主义的发展，资本主义经济中的劳动力成本在上升，因此，20世纪80年代以后的第三世界国家生产同样产品的成本有可能低于甚至远远低于第一、第二世界国家的生产成本。于是，基于低工资的"价格低＝竞争力"模式出现了。亚当·斯密也没有考虑到，人类的生产会对环境、资源产生重大影响。中国过去30多年多种所有制并存制度下的基于低工资、廉价资源、环境污染条件的低价格构成了世界罕见的基于绝对优势和比较优势的国际贸易格局。从这个角度看，甚至不是 $P_1^i < P_2^i$ 或 $P_1^i > P_2^i$ 在解释贸易格局，更不是 $p_1^1/p_1^2 < p_2^1/p_2^2$ 或 $p_1^1/p_1^2 > p_2^1/p_2^2$ 在解释贸易格局，而是价格背后的反映人本、人道程度的工资安排、资源价格安排和环境制度安排在决定着贸易格局。可以说，中国过去30年的所谓基于比较优势的国际贸易战略在科学性上远远低于英国当年的绝对优势战略。

3. 绝对优势和比较优势之间的相互转化

国际经济学教科书给人的印象是比较优势概念优于绝对优势概念。其实并非如此。本部分上面的分析表明，绝对优势理论更适用于解释和指导国际贸易实践；而从理论上看，绝对优势完全可以转化为比较优势。这是因为一个不具有比较优势但具有绝对优势的企业可以用其产品的低价格打败他国企业，迫使其破产，退出市场，这时，原来具有绝对优势的企业就可以拥有比较优势了。在华的一些外资企业可能就是用这种办法毁灭了中国的一些民族品牌。① 同时，如果严格地遵循比较优势理论，就会出现完全专业化的结果。当出现这种结果时，那意味着专业化生产某种产品的国家相对于不生产这种产品的国家具有了绝对优势。从这种相互转化的角度看，比较优势和绝对优势并无优劣之分。②

由于绝对优势在支配着国际贸易，而在绝对优势适用的场合，比较优势也可能适用。因此，如果用数据进行大量的经验检验，就会发现某些国际贸易的数据支持比较优势理论的证据。但是，所有国际已有的经验检验都没有强调存在着两种具有根本差别的比较优势。这样看来，中国改革开放30年中的国际贸易本身是对李嘉图比较优势理论的否定。

(二) 在高级消费品市场中，反绝对优势支配着贸易格局

波特认为，从企业的角度看，廉价劳动力、廉价原材料、低端技术设备只代表低层次优势，竞争者如果找到新的廉价生产环境和资源来复制这类竞争优势，或模仿，或直接用新技术、方法取代，即可使在位企业的原有竞争优势丧失。只有技术所有权、产品或服务差异、品牌信誉、客户关系构成的高层次竞争优势才构成国际贸易的优势战略。

按照波特这种企业战略学观点，高质量（因而高价格）＝竞争力。因此，不仅绝对优

---

① 如果我们把比较优势泛化理解，那么可以说，任何外国企业来到中国都不具有比较优势。但为什么这些企业过去30多年在中国不断发展壮大，而中国许多传统品牌消亡了呢？谁应该为此负责呢？

② 一些学者试图用数据来验证比较优势的合理性。作者推测，即使数据和比较优势吻合，也较难排除数据主要是因为和绝对优势吻合而与相对优势产生了伪回归关系的结果。

势产生贸易，反绝对优势也可能产生贸易。苹果电脑、手机在中国的热销正是体现反绝对优势的实践。如果非要使用纯经济理论来解释这种国际贸易实践，那么，是 $P_1^i > P_2^i$ 导致了国 1 向国 2 出口高价格商品 i（即在中国能够生产手机的情况下，中国却大量进口了美国的高价手机）。这种反绝对优势是否违背比较优势呢？是的。令 P_{US}^A、P_{US}^M 分别表示美国的农产品价格和手机价格，P_{CN}^A、P_{CN}^M 分别表示中国的农产品价格和手机价格，我们知道，美国的农产品价格一般低于中国农产品价格，即 $P_{US}^A < P_{CN}^A$，而美国手机价格一般高于中国手机价格，即 $P_{US}^M > P_{CN}^M$，于是，我们有 $P_{US}^M/P_{US}^A > P_{CN}^M/P_{CN}^A$，也就是说，美国人在生产农产品上具有比较优势，而在生产手机上具有比较劣势，按照比较优势理论，美国人应该向中国出口农产品，而进口中国的手机。事实却是，美国人既向中国大量出口手机，又向中国出口粮食。这就难怪一些学者发现反比较优势的实证证据了。

在上面的分析中，手机看起来像是作为特殊的例子提出的，但实际上，它孕育着普遍性。美国的工业产品的质量和价格总体而言高于中国的工业产品，而美国的农产品价格总体而言低于中国的农产品。这就说明，上面的分析并不会因为考虑更多商品而发生显著的变化。①

那么，高质量（因而高价格）是否能够支撑出口呢？这是毫无疑问的。因为当进口国存在收入分配不平等时，这个国家的高收入者宁愿支出高价格来买外国产品，也不购买国内的低价产品。这种现象在世界经济史上屡见不鲜，而且起着重大的作用。② 这本身也否定了价格作为资源配置的信号的有效性。

有人认为，美国等国把大量商品生产活动转移到中国是因为中国生产成本低廉。但也应该看到，如果西方无法创造反绝对优势所支配的贸易格局，它就没有条件把相关的产业转移到中国，没有条件把一些生产活动外包给中国（这意味着20世纪80年代中国三来一补战略就不可能有成效）了。

关 键 词

自由贸易　比较优势理论　绝对优势

思考题与练习题

试分析比较优势理论的优点和不足。

---

① 国际贸易理论还考虑了多种产品模型中的比较优势。但这种模型的结论是直接基于哪个国家的生产成本、价格低就在哪个国家生产的，即基于直接价格比较法。参见克鲁格曼、奥伯斯法尔德（2002：26-27）。

② 法国依靠这个机制成为世界著名奢侈品出口之国，德国统一给民主德国地区经济造成的毁灭性打击也是由于这个机理；而中国今天正在大量进口美国的高级轿车、电脑、软件等，这些产品本来都是国内早已经可以生产的。

第五编　整体经济

第十二章 整体经济活动衡量

所谓整体经济活动衡量，就是设计一些指标来表征整体经济活动。GDP 就是这样的一种指标。经济活动总是涉及收入与支出，而且一个封闭经济整体上的支出和收入必相等（一个人的支出构成另外一个人的收入），因此，GDP 就是对收入和支出的同时的衡量。但是，从对于经济发展的指导性的角度看，GDP 比较适合发达国家，而不大适合经济处于起步的国家。这些国家可能会透支使用 GDP 方法。

第一节 国民经济的内部循环和整体衡量

一、国民经济的内部资金循环

家庭可能是刚入大学的你最熟悉的经济单位了。在今天的中国，大部分家庭的收入来源主要是工资、租金、利息，也有少数家庭的收入大部分来自利润、股息。他们用这些收入购买国企和私企所生产的商品和服务，收入中未用于消费的部分就是他们的储蓄。有的家庭在某一年的储蓄可能是负的，这意味着他们需要对外借款。一个社会如果有很多家庭都在对外借款，这个社会就是畸形社会了。

用西方的术语来说，家庭之所以能够取得收入，是"因为"他们向国企或私企提供了一些"生产要素"。比如工人家庭向国企和私企提供劳动力，因而他们得到工资。有些家庭出资建立了私企，因此他们从私企中得到利润或股票红利。从个人的角度看，那些能够出资建立企业的家庭是幸运的。马克思主义者有充分的理由认为这种社会制度是不公平的。确实，这也是西方世界收入分配两极分化的一个重要、根本原因。企业所生产出来的商品和服务会向整个社会销售。企业还会通过借款或使用未分配利润来进行投资，以试图扩大再生产。

企业不是把所有的收入都支付给家庭或作为保留利润，还有相当的收入要交给政府。中国的国企除了税收之外，还以上交利润的方式把收入交给政府。在计划经济年代里，国有企业上交利润所占的财政收入的比例曾经达到50%左右。私企一般不上交利润给政府，而是向政府纳税，但许多私企通常都以避税和逃税的方法避免向政府足额纳税。

政府的收入还来自向家庭所征收的个人所得税，或向家庭发放债券借款。政府也从家庭部门购买服务，向一些需要支持的家庭进行转移支付，帮助维持这些家庭的日常运转。

家庭部门可能从国外进口商品来消费，或者把储蓄供给国外投资。企业既可以从国外进口，也可以把款贷给国外，或者从国外借款。

以上就是一个国家的经济活动所产生的资金往来及其所代表的经济活动，可以把它们总结为图 12.1。基于该图，可以产生对宏观经济的一些重要理解。在该图中，我们区分了国企和私企，因为所有制关系是中国改革开放的一个重要的着力点。应该指出，该图并没有显示出宏观经济中的所有重要结构关系。比如，该图没有显示出马克思在《资本论》中所分析的第一部类（生产生活资料）部门和第二部类（生产生产资料）部门的价值实现的关系。该图也不能用来分析一个国家房地产部门畸形发展对整个宏观经济所产生的影响。这些因素可能是你做自己的研究时要着力挖掘的。

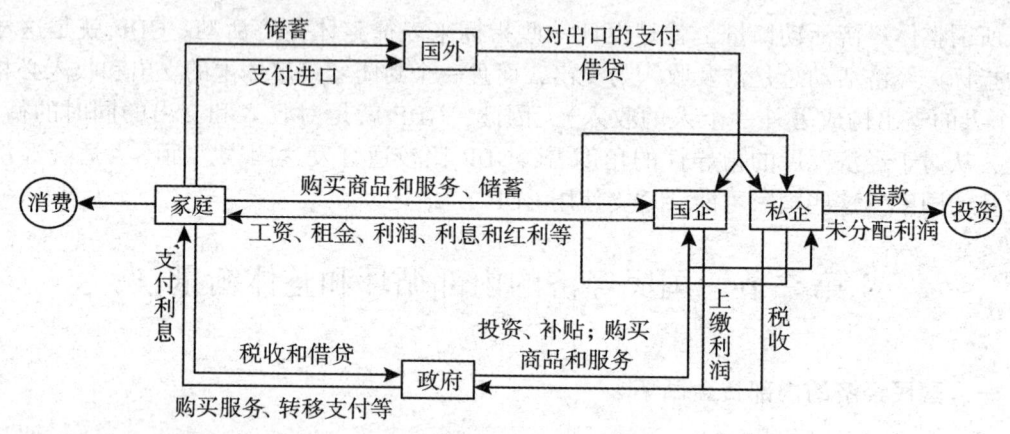

图 12.1　有政府和对外部门的资金循环流程图

二、实际国内生产总值

实际国内生产总值（RGDP）是在某一时期（通常为一年或一季度）一个国家领土范围内所生产的所有最终产品和劳务的按照基年价格计算的市场价值的总和。因为衡量 GDP 需要在统计上给出这个概念所对应的数字，所以必须明确这个概念的定义中所包含的每一个词的准确含义。也就是说，必须明确应该包括什么，不应该包括什么以及怎样包括。

1. "市场价值"

所谓市场价值，就是 GDP 所涵盖的产品和劳务在市场上的交换价值。（1）有些产品和劳务（如自有住房）并不在市场上交换。这些产品和劳务的市场价值要通过一种算法来确定。（2）由于市场价格是波动的，因此需要选定交换价值产生的时间。这就产生了名义 GDP 和实际 GDP 的概念。

2. "所有"

为了尽可能地准确，GDP 的衡量要全面。（1）它应该包括经济中所生产的一切合法出售的东西。在有些国家，一些合法产品的销售并不出具发票，也不通过银行体系，因此对它们的统计只能借助于不精确的估计方法。（2）它未能包括非法生产和销售的东西，如毒品。（3）它应该包括国际间的商品和服务的买卖。

3. "最终"

"最终"一词的使用也是为了得到准确的 GDP。现代社会的生产十分复杂，需要许多中间产品来生产最终产品。如果同时计算中间产品和最终产品的市场价值,就会把中间产品的价值计算两次,从而高估 GDP。一种例外是,如果在 GDP 统计的时期里,中间产品以存货的形式存在,就作为这一个时期的最终产品。

4. "产品和劳务"

这个表述是由于有一些整体经济活动的衡量指标并不包括劳务,但是劳务在当代西方资本主义国家的经济活动中占据重要位置。比如,金融服务和政府服务都不提供看得见的产品,但它们的规模都很庞大。这里,金融服务是指金融从业人员的收入,而不是金融交易的数额。这意味着股票和债券的交易并不计入 GDP 中。

5. "生产的"

这个词被用来排除过去的时期所生产的商品或劳务。一个国家在每个时期所交易的过去某个时期所生产的商品或劳务数额是惊人的,但这个交易数额并不反映这个时期的生产活动,因此被排除在 GDP 概念之外。

6. "基年"

"基年"(base year)是与"当年"相对的一个概念。所谓基年,就是选择的一个年份,作为计算的基础。这主要是因为各国的货币通常都处于通货膨胀的状态,从而使得产品和劳务生产当年的价格和基年的市场价格会有很大的差别。因此,就产生了两个概念:以当年价格计算的名义 GDP 和以基年价格计算的实际 GDP。

所谓当年 GDP,就是哪年生产的产品,其市场价值就用哪年的价格来计算。它也被称为名义 GDP。根据以上定义,一个生产 N 种产品和劳务的国家的名义 GDP 可以写为如下公式:

$$GDP^t = P_1^t Q_1^t + P_2^t Q_2^t + \cdots + P_N^t Q_N^t = \sum_{n=1}^{N} P_n^t Q_n^t \qquad (12.1)$$

其中:P_n^t 表示第 n 种产品或劳务在第 t 期的交易价格,它反映市场价值,Q_n^t 则表示第 n 种产品或劳务在第 t 期的交易数量。N 反映"所有",所有的 Q_n^t 都必须是当年一个国家生产出来的最终产品或劳务。这就保证了 (12.1) 式符合除了"基年"以外的所有的要求。

(12.1) 式看起来比较直观,但真正有用的并不是它,而是对它加以改造后的下面被称作"实际 GDP"(记为 RGDP)的东西。

$$RGDP^t = P_1^b Q_1^t + P_2^b Q_2^t + \cdots + P_N^b Q_N^t = \sum_{n=1}^{N} P_n^b Q_n^t \qquad (12.2)$$

其中:P_i^b 是第 i 种产品或劳务在基年的价格。在这里,基年的价格作为计算实际 GDP 的参数。

你可以想象,在一个国家所生产的产品和劳务的种类是很多的,也就是说,N 趋于无穷大。所以,(12.1) 式和 (11.2) 式只是给出一个概念,表明有一个可以叫作 GDP 的事物存在。但它太笼统了,不能够区分 GDP 所包含的商品和劳务的类别。因此,我们需要根据经济性质的不同,把 GDP 划分为不同的组成部分。这种划分在经济思想史上是有渊源的。马克思就把人类的生产活动划分为生产生活资料的部门和生产生产资料的部门,这个思想实际上也被吸收在当代的 GDP 的核算体系中。当代的 GDP 的核算体系中的消费和投资大致就分别相当于对马克思所说的生活资料生产和生产资料生产部门的产出的衡量。当然,还应该指出的是,马克思的理论体系并没有明确包括劳务。

阅读材料:1990 年后的日本经济

2017 年处于 45 岁的许多人在 1990 年都在读高中。那时,日本的电子消费品产品在中国如日中天。许多年轻人对日本简直着迷。许多公司里面都配有价格数万元的索尼录像机、东芝电视机,许多大学生以购买索尼单放机、索尼耳机为时尚。然而,1990 年,被认为是日本经济停滞的开始。

20 世纪 80 年代日本出现泡沫经济。80 年代后期,日本为刺激经济的发展,采取了非常宽松的金融政策,大量资金流向房地产以及股票市场,致使房地产价格暴涨。此外,大量国际资金涌入了日本房地产行业,进一步加剧了房价的上涨。房地产泡沫在外资获利撤离后迅速破灭,房地产价格暴跌,房地产业全面崩溃,个人破产,企业纷纷倒闭,还引发了严重的财政危机,日本陷入了长达 20 余年的停滞。

这起始于 1985 年的日本在纽约广场饭店与美国、联邦德国、法国、英国所签署的广场协议。美国通过这个协议迫使日元升值,刺破了 80 年代日本股票市场、住房市场不败的神话,日本金融系统由此陷入混乱,从 70 年代起高歌猛进的日本出口,因为汇率的升值而减缓。这使得一向以扩张产出为目标的日本产能过剩下来。日本许多大企业执行的终身雇用制度也由此趋于解体。

今天,日本的许多产品,如洗衣机、电脑、芯片依然是高品质的象征。但有报道说日本核电站因地震而发生的泄漏在长达几年中被政府掩盖。核污染已经通过太平洋到达美国的西海岸。

第二节 国民经济的重要关系:GDP 的部门构成和一些恒等式

一、GDP 的部门构成

为在资本主义制度范围内应对大萧条的目的而产生的宏观经济学把 GDP(用 Y 表示)按照支出主体的不同分成了四类:由消费者支出的消费(C)、由(私人)企业支出的投资(I)、由政府支出的政府购买(G)和可以看作纯由外国人支出的净出口(NX):

$$Y \equiv C + I + G + NX \tag{12.3}$$

其中:恒等号"$\equiv$"表示其右边和左边总是相等。现在,让我们首先详细地看一看这些概念的具体内涵,然后再来分析它们的用处。

1. 消费

消费是指除购买新住房之外,用于购买产品和劳务的支出。消费支出又分为耐用消费品支出、非耐用消费品支出和劳务支出。

2. 投资

投资是指企业对用于生产的产品和劳务的购买和家庭的新住房支出。企业的投资支出包括厂房、机器、设备和存货（原材料、中间产品和未卖出的最终产品），但不包括企业对股票债券以及共同基金等金融产品的购买。

3. 政府购买

政府购买包括中央、省级和县市级政府用于产品和劳务的支出。它包括政府人员的薪水和公务支出，也包括政府的投资。政府还向其社会成员支付社会保障金、失业保障金，向外国支付国际援助，这些被统称为转移支付。转移支付加政府购买叫作政府支出。请注意，政府支出不同于政府购买。

4. 净出口

净出口等于一个国家出口的产品和劳务的市场价值减去进口的产品和劳务的市场价值。

图 12.2 显示了中国消费、投资、政府购买和净出口占 GDP 的比重的时间序列数据。这个数据已经引起了很多研究。

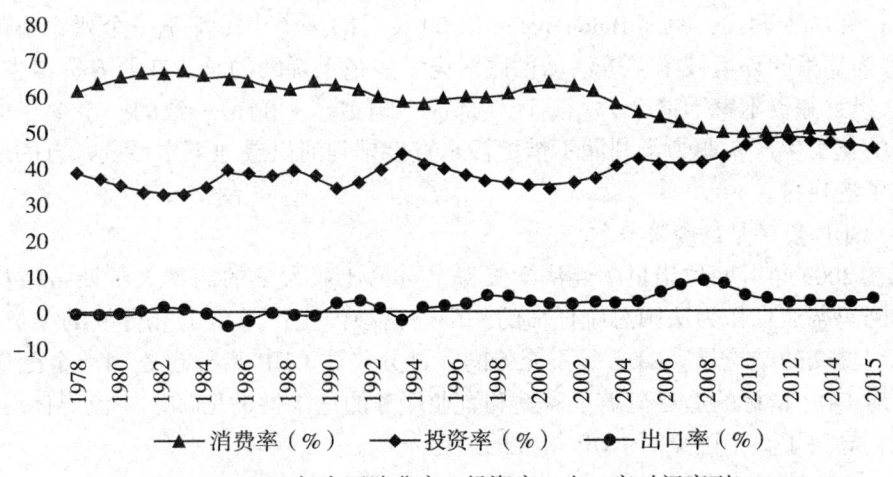

（1978—2015 年中国消费率、投资率、出口率时间序列）

图 12.2　中国消费、投资、政府购买和净出口占支出法 GDP 的比重

资料来源：中国国家统计局网站。

二、GDP 核算体系的问题

GDP 核算体系被一些人视为宏观经济学最重要的进步之一。它或许是一大进步，但早在 1968 年，美国参议员罗伯特·肯尼迪竞选总统时就慷慨激昂地批评 GDP 指标没有考虑孩子的健康、教育质量和做游戏的快乐等，美国的经济学家们也承认 GDP 核算体系没有包括闲暇、非市场活动、环境质量、收入分配。而且，他们都没有指出，GDP 核算体系一旦进入教材，成为宏观经济学的一个基础内容，就会产生一个极其严重的问题：GDP 崇拜。20 世纪 90 年代，中国的国民经济核算体系才采用 GDP 核算体系。随着中国把 GDP 作为衡量国民经济绩效的一种指标，也产生了直到中国共产党第十八届全国代表大会之后才开始得到系统纠正的 GDP 崇拜问题。

(一) GDP 崇拜导致过度生产

一个产生了很大影响的经济学流派认为，经济学建立在资源稀缺的基础之上。然而为了实现所谓的经济增长，人们会理性地对待稀缺的资源吗？中共十八大所选举的中央委员会采取了罕见的措施解决了中国酒店、饭店的过度消费问题，然而还有许多问题存在。本来，一个用纸包装的香皂就已经足以满足讲究个人卫生的需要，但一些日化企业偏要用洗手液来替代香皂。在洗手液用完后洗手液的瓶子就被当作垃圾扔掉了。近14亿人如果采用这样的消费习惯，将留给后人以怎样的环境呢！一个国家为什么生产那些没有用的产品呢！许多日常用品的包装过于花哨，这不仅让消费者承担了不必要的成本，而且对环境不利。

(二) GDP 崇拜导致环境恶化

当一个国家为了追求 GDP 而不顾环境恶化的时候，环境恶化就可能达到令人发指的程度。本书作者在 2009 年访学美国时，居住并工作在印第安纳大学主校区所在地，即 Bloomington 小镇。在与一个上了年纪的邻居聊天时，聊到了 Bloomington 小镇环境多么优美。但这位邻居告诉我，距离 Bloomington 约 60 英里的一个小镇却是一个死亡小镇（dead town），因为那里的环境被采矿等活动彻底污染了。毫无疑问的是，在西方资本主义国家，这种 GDP 崇拜和资本家不遗余力、不计外部成本地追求利润是一致的。至少在中国华北地区，有的化工生产企业为了利润不惜把污水直接排到河里或地下水系统，有的地方已经可以说成了癌症村。

(三) GDP 崇拜导致经济危机

大概在 2009 年，两位诺贝尔经济学奖得主哥伦比亚大学的约瑟夫·斯蒂格利茨和哈佛大学的阿玛蒂亚森作为法国总统任命的一个评估国内生产总值的充分性的委员会主席，向法国总统提交的结论是：GDP 是不充分的，过分关注 GDP 指标也是当前金融危机发生的原因。对 GDP 指标的追逐掩盖了家庭和企业债务的危险性的增加。主流媒体对 GDP 的关注太多，导致了整个国家对 GDP 指标的追逐。

(四) GDP 的支出法衡量可能代表错误的经济学理论

公式 (12.3) 在西方宏观经济学中处于一种基础性的地位。但从其他角度看，可能并不需要作出这样的分类。比如，这个分类隐含了政府可以作为使经济摆脱危机的工具的凯恩斯主义观点；而有西方学者认为，资本主义国家的政府的不作为可能正是经济陷入危机的原因。凯恩斯主义者和货币主义者所开出的常规性的政府政策无法让西方摆脱 1929 年和 2008 年发生的危机。一个经济大国也很难通过转嫁来摆脱危机，转嫁只会让世界局势越来越糟。

GDP 核算体系本来是英国为了在第二次世界大战中动员资源所设计的。一个国家如果不是面临着战争，其领导人为什么要紧盯着 GDP 指标呢!？GDP 指标不是不完美，而是已经有害了。正是在追求 GDP 的过程中，中国房价达到如此之高的程度，中国许多应该生产的产品没有生产出来。西方有著名经济学家指出，宏观经济学在过去 30 多年中没有取得任何进步。但从世界的格局来看，宏观经济学不仅没有取得任何进步，甚至有可能在阻碍着可能取得的任何进步。

你阅读了上面的文字，你会不会问，GDP 崇拜的微观基础是什么呢？它与私人企业的逐利动机有无关系呢？有什么关系呢？

三、应用：世界 GDP 第一能够说明什么

许多人对美国生活水平之高感到赞叹。然而，历史又告诉我们什么呢？斯坦利·L.恩格尔曼、罗伯特·E.高尔曼编著，高德步、王珏翻译的三卷本《剑桥美国经济史》已经由中国人民大学出版社在 2008 年出版了。这个经济史告诉了我们什么呢？

首先，如果实际 GDP 增长率对美国经济发展模式优化性是较好的衡量，那么，美国在过去 200 多年中的经济发展模式并不具有优化性。从 1774—1909 年，美国实际国民生产总值增长了 175 倍，年均仅增长 3.9%，由于在这期间人口增长近 40 倍，人均 GDP 的增长率只有 1.1%。在整个 20 世纪，美国的年平均经济增长率则降为约 3%的水平。美国经济增长率固然不高，但其他国家经济增长率更低。比如，从 1770 年到 1913 年，英国年均经济增长率只有 2.2%。1774 年，美国国民生产总值相当于英国的 1/3 强。到 1913 年，美国的实际 GDP 就是英国实际 GDP 的 2.5 倍了。这就说明，美国经济的成功不过是在别的国家停滞不前时，它像蜗牛一样慢爬取得的。

其次，美国在建国前后长达数百年的时间里经济发展得天独厚的劳动力和人力资本的"优势"是中国等国所不可能享有的。美国经济是欧洲移民凭借美洲土著人、非洲土著人完全陌生的生产方式等众多有利条件而建立和发展起来的。它在轻而易举地获得了对美洲土著人的统治权、土地，甚至在人身上消灭了他们大部分人之时和之后，开始了自己的经济发展。通过奴隶贸易进入美国的非洲土著人成为美国最大的人口红利（第一卷，第 67 页）。对于欧洲移民而言，美洲土著人甚至不是劳动力，是完全的成本因素，因而遭到屠杀。对非洲土著人而言，他们的幸福之处在于他们被欧洲移民当作了劳动力，尽管是极为廉价的奴隶。通过从其他国家购买领土，如购买路易斯安那州、佛罗里达州、俄勒冈州、阿拉斯加州、夏威夷州（第二卷，第 10 页），美国不仅增加了自己的人口数量、劳动力数量，而且为容纳欧洲移民等的高生产率经济活动提供了条件。在 20 世纪前半叶和中叶，美国经济发展还受益于第一次和第二次世界大战给其带来的欧洲甚至苏联的高级科学家。在 20 世纪 80 年代后，它还享受到中国等国大量高素质劳动力移民带来的好处。移民的人力资本的成本由国外承担，而收益由美国人享受，其他国不可能享有类似美国那样的全世界最先进的劳动力资源。

第三，与西方国家 18、19 世纪开始所谓现代经济增长时中国等国经济却停滞不同，中国的经济增长是在列强环伺的国际环境下进行的。尽管美国经济增长率很低，但在中国不增长或负增长的情况下，其长达一两百年的经济增长率的些微优势在 20 世纪造成了中美经济水平上的决定性的差异。可以设想，如果在过去 100 多年中，如果中国、印度这样的国家达到很高的技术水平，美国的技术再好，其经济也不可能那样领先世界。这就如 20 世纪通用汽车公司和克莱斯勒公司的兴起挑战了福特汽车公司，几乎使它破产一样。反过来，今天中印等国经济发展的条件就与西方国家当年的经济发展条件迥然不同了。它们想要实现快速的经济发展，不能不突破西方发达国家经济上的围堵。这种外部条件上的差异也决定了其他国家不可能采用美国的经济发展模式。

第四，美国不仅在长达 200 多年的时间里经济增长率极低，在各个较短时期，也都没

有实现快速的经济发展。与之相比，苏联经济则表现出巨大的经济发展绩效。斯大林对苏联的经济发展起点和任务有这样一个表述："我们落后于这些发达国家 50~100 年。我们必须在 10 年内消除这个差距。不这样做，它们就会把我们碾得粉碎。"① 在斯大林做出这个判断后，苏联发展的成就怎样呢？丘吉尔说："斯大林接过俄国时，俄国只有木犁，而当他撒手人寰时，俄国已拥有核武器。"也就是说，苏联所取得的成就得到了西方最坚定地反对共产主义的人的认可。从 20 世纪 30 年代凯恩斯主义兴起看，苏联的这条道路是成功的；从苏联在第二次世界大战中所取得的胜利看，这条道路是成功的。它至少证明，存在一种增长模式，在经济分配比较平等的前提下，能够实现远比西方更快的增长。在战争条件下，更快的增长对于一个国家可能是生死攸关的，② 而在和平条件下，更快的增长也可能是一个国家合理配置资源所要求的。③ 至于在这个阶段较快增长的经济发展模式所产生的其他问题应该可以在下一个阶段得到解决，从而使一个国家不致因沿用一个经济发展模式而解体。

第五，进入 21 世纪以来，美国似乎在耗尽其原有的经济发展优势。其开始于 21 世纪之初的低利率政策和次贷市场及衍生品交易的发展表明，美国经济在过去十余年中失去了经济增长点。本来，按照资本主义经济周期理论，资本家在对未来的利润具有乐观预期时进行投资，投资使得资本家未来赢利预期变得悲观。美国次贷市场的长时间极大的发展表明，世界头号国家已经很难找到新投资机会了。这种投资机会的丧失既与美国生产资料私有制的社会基本制度有关，又是其生产力长期发展的产物，与资本全球化配置资源也不无关系。但不管怎样，在未来可预见的时期，美国经济失去强劲增长动力都是事实。如果其他国家学习美国经济发展模式，能够得到多少经济增长率呢？

最后，美国不仅经济失去原有的增长动力，而且国家陷入一种两难困境：其经济下行，需要国家干预，但国家财力受制于生产资料私有制陷入要么无法干预要么陷入债务危机。④ 如果无法干预经济，由于雇用工人失业，危及资本主义经济制度的稳定；如果干预经济，必须能够偿还或者转嫁债务。这样看来，如果美国不能在未来 10 年或 20 年中出现新一轮的产品创新，其资本主义制度模式将会对世界其他国家失去影响力。随着中国、印度、巴西等国的崛起，即使美国出现新一轮的产品创新，也不可能如 20 世纪 90 年代享受 IT 技术创新利益那样享受新技术的利益了。

四、重要的恒等式

前面介绍了 GDP 的概念。这里基于这个概念来介绍国民经济中的关系。这些关系其

---

① Stalin, J.. Problems of Leninism, Moscow: Foreign Languages Publishing House, 1947: 356.
② 一些人认为，苏联解体证明这条道路是失败的，但苏联解体是 20 世纪 80 年代的事情。苏联的重工业优先发展战略的制定是 20 世纪 30 年代前后的事情。中间的 50 年的时间差就为解释苏联解体提供了其他依据。毕竟，不能用一个人 40 岁因为疾病或车祸去世来证明他在娘胎里就是一个错误。
③ 如果一个国家放弃其本来可以享受的高速经济增长，就意味着其经济发展模式存在一种重大的可避免成本。
④ 因为西方国家作为资产阶级的政府，无法对资产阶级征税。资本全球化也导致资本可以通过用脚投票来避开国内税收。

实并不一定要基于 GDP 的概念，尽管这些关系是在 GDP 概念发展过程中发展起来的。这些关系自身也存在着这样那样的问题。比如，折旧被看作了储蓄，而其实，折旧应该是对已有的投资损耗的补偿。由于这个原因，如下的关系的科学性是要打一定的折扣的，但了解一些这些公式还是有一定的好处的。下面的分析尽可能地把这种关系与当今世界的重大现象进行结合。

把（12.3）式 $Y \equiv C+I+G+NX$ 做种种变形，可以得到一些有用的关系。

首先，可以把政府支出区分为政府消费（G_C）和政府投资（G_I）。在中国社会主义建设的历史上，G_I 曾经非常大。这样的一个时期可以说是真正实行了公共财政的时期。因为这个时期的公共投资被用于修建京广铁路、武汉长江大桥、建立科学院系统等全国性的公共基础设施。

其次，在上述分类的基础上，（12.3）可以写为：

$$Y \equiv C + I + G_C + G_I + NX$$

把等式两边同时减去私人消费和政府消费，我们得出

$$Y - C - G_C \equiv I + G_I + NX \qquad (12.4)$$

我们把左边定义为国民储蓄，简称储蓄，用 S 来表示，把右边统称为国民投资。国民投资实际上包括三项，I 表示一个国家的私营企业在本国的投资，G_I 表示一个国家的政府在本国的投资（于国有企业或合资企业），NX 本来是一个国家的净出口，是贸易盈余，但又被认为是一个国家的私营企业或带有国有企业性质的合资企业在外国的投资。如果 NX > 0，就意味着外国人欠了本国人的债，这种欠债一般是有代价的，比如需要支付利息，所以可以被视为投资。但请注意，这种意义上的投资收益率一般低于私营企业在本国的投资的收益率，更可能低于本国政府在本国的投资的收益率。而且，如果一个国家在二三十年中积累起巨额的贸易盈余，就可能会引起复杂的国际纠纷。这种国际纠纷使得借款国把款借给他国，但他国可能并不感激，反而可能十分愤怒。美国对日本、中国就有这种情绪。

案例分析：美国债务导致美国学者产生一些复杂性思维

20 世纪 80 年代后，美国不仅从债权国转化为债务国，而且国际霸权地位不断削弱，并在 2008 年发生未曾预料的历史性危机。面对恢复经济的困难和长期的结构性失衡，西方有重大影响的学者布兰查德等把美国的经常账户赤字的积累和德日等国贸易盈余所导致的全球不平衡视为最复杂的宏观经济问题，[1] 奥伯斯法尔德（M. Obstfeld）等和美联储主席伯南克（B. Bernanke）还错误地把这个不平衡视为

---

[1] O. Blanchard, Milesi-Ferretti, G. Maria, "Global Imbalances: In Midstram?" *IMF staff position note*, SPN/09/29, 2009. O. Blanchard, F. Giavazzi, F. Sa, "International investors, the U. S. current account, and the dollar," *Brook. Pap. Econ. Act.* 5, Vol. 1 (2005), pp. 1-49.

2007年开始的大衰退的主因之一。[1]

在做了上述解释之后，(12.4) 式就可以写为：
$$S \equiv I + G_I + NX \tag{12.5}$$
它的意思是，一个国家的总储蓄恒等于总投资。

最后，(12.4) 式还可以分解。家庭一般要纳直接税和间接税，我们把税收统一记为 T。家庭还可能得到来自政府的转移支付 TR，于是，(12.4) 式的左边可以改写为：
$$(Y - C - T + TR) + (T - G_C - TR)$$
我们把 $(Y - C - T + TR)$ 称为私人储蓄（S_P），把 $(T - G_C)$ 称为公共储蓄（S_G）。一般而言，我们总有 $S_P > 0$，而 S_G 却有三种可能。$S_G = 0$ 被称作预算平衡，$S_G > 0$ 被称作预算盈余，$S_G < 0$ 被称作预算赤字。

上述所定义的储蓄（内部积累），构成一个国家在选定社会制度之后进行物质资本投资的最主要的资源来源。请注意，(12.5) 式是对整个国家而言的。在一个国家的内部，一些家庭和企业的储蓄可能是负的，他们如果投资就需要从其他家庭和企业借款。但当他们从其他家庭和企业借款后，其他家庭和企业可以用于投资的资源就减少了同样的数量，因此这种内部借款不改变整个国家的储蓄和投资总量。

我们这里介绍的知识是带有根本性的。这表现在一个国家的两难困境和政策不虞后果上：

1. 在国内资源来源之外，一个国家还可能通过对外借款来购买外国的机器设备从而进行国内投资，但这是一个高风险的活动。一些国家（如墨西哥、阿根廷、泰国等）为这样的活动付出了金融危机和经济危机的代价。

2. 1949 年中华人民共和国成立时，面临一个把储蓄率（相当于储蓄与 GDP 之比）从 5% 提高到 15% 甚至更高水平的挑战。如果不能实现这种提高，中国的社会主义建设就难以成功。反过来，大跃进的重大挫折又与储蓄率提得过高有密切关系。当中国的储蓄率提高到 20% 以上之后，东亚国家的高储蓄率成为世界的一个奇观。与东亚国家不同的是，美国的储蓄率自 20 世纪 80 年代以来已经降低到接近于 5% 的水平。这引起了许多美国经济学家的担忧。但如何提高储蓄率，作为困扰美国的一个重大问题，一直没有突破性的进展。

3. 与美国低储蓄率相联系的是美国自 20 世纪 80 年代以来和平时期出现的持续的财政赤字。持续的财政赤字在克林顿时代，曾经由于信息革命推动的经济繁荣而有所缓解，甚至转变为略有盈余。但小布什在任期间，美国发动的反恐战争使得美国债务 GDP 比率又开始上升，2007 年开始的金融和经济危机使得在 2009 和 2010 年，美国联邦政府的预算赤字占 GDP 比重达到 10% 左右，为第二次世界大战以来最大。美国联邦政府对于大型

---

[1] B. Bernanke, "Financial Reforms to Address Systemic Risk," Speech at the Council of Foreign Relation, Washington DC, March 10, 2009. M. Obstfeld and K. Rogoff, "Global Imbalances and the Financial Crisis: Products of Common Causes". Mimeo, 2009. A. Barattieri, "Comparative Advantage, Service Trade, and Global Imbalances," *Journal of International Economics*, Vol. 92, No. 1 (January 2014), pp. 1-13.

金融机构的救助是用纳税人的钱来帮助犯了巨大错误的华尔街富人。

4. 美国民间和政府的借贷行动对美国利率从而金融市场和经济增长具有重大影响。美国的利率制度采取了一种正时间偏好率基础上的正利率制度。利率作为一个变量的应用使经济的复杂性达到了一个新的水平。

5. 美国经济已经持续了近30年的对外贸易赤字。对外贸易赤字实际上是为国内投资融资（这里的"资"首先是指资源）。在全世界，大概只有美国能够长期依赖对外贸易赤字为国内投资融资了。如果没有对外贸易赤字，在储蓄率降低的情况下，美国的投资率就会更低。投资率低意味着新开工的企业不足。在资本主义条件下，新开工的企业不足就意味着产生了很大的就业压力。奥巴马作为黑人当选总统和特朗普当选总统都出乎许多美国人的意料。这种政治上的变化与美国持续的经济恶化是相联系的。

对于以上问题，你不可能一下子都理解。重要的是，你要意识到它们存在。这种意识会引导你对它们进行深入探索，从而使你真正地、系统地理解整体经济活动。

关 键 词

国内生产总值 实际国内生产总值 基年 支出法 政府购买

思考题与练习题

1. 简述实际国内生产总值的概念。
2. 试分析GDP支出法恒等式。

第十三章 投资函数

银行存款、购买债券和股票都是金融投资，是为物质资本投资或其他人的金融投资进行融资。存款利率以及债券和股票收益率是这种金融投资的机会成本。但这种金融投资如果不涉及实际经济活动、战争，① 本身就不会增加财富。真实的投资是与研发、一般商品生产所需要的资本以及所谓人力资本的概念联系在一起的。而且，虽然它们都叫作投资，但服从不同的规律。

第一节 投资于新产品

一、新产品的经济和战略价值

科学技术不过是在不同事物之间建立的联系、连接、组合而已。通过猜想、假定、推测、命题、模型、解释、预测等过程，就可以获得所需要的科学技术。从这个定义，可以推断，科学技术没有什么神秘和高不可攀之处。② 中国共产党的军工史也表明，并没有什么不可克服的因素阻碍中国人得到西方已经得到的科学技术和西方没有得到的具有可得性的技术。

研发投入是一项重要的投资。它是为了在未来得到直接或间接的高价格、高利润甚至虚拟价值而做出的，因此，它与利率没有什么关系，这是这种投资与其他投资的一个根本性的差别。随着中国 GDP 的增长，中国投资于新产品研发的资金已经居于世界前列。2015 年，中国研发经费投入占 GDP 比重达到 2.07%，研发投入突破 1.4 万亿元人民币。这个比例有望进一步提高。

一项具有重大应用性的科学技术的产业价值可以简单地表示为图 13.1。在图 13.1 中，核心部件、辅助部件和零部件都可能是多种产品构成。箭头表示影响、作用、引起关系，短横线表示连接关系，它们之间的作用关系可能是相互的（如雷达制导的炮火控制系统帮助产生了控制论）。飞机可以看作图 13.1 的一个原型。比如，机床制造业属于它的基础产业，发动机构成它的核心部件，机身、电子产品属于辅助部件，而铆钉等属于零部件。这样，一个体现着战略性科学技术的具有战略意义的新产品就出现了。计算机是图

---

① 有观点认为，18、19 世纪英国人对法战争的胜利有英国金融体系发达的因素。
② 20 世纪三四十年代，吴运铎以不高于小学文化的水平为中国共产党的兵工科学和技术水平的提高做出了重大贡献。

13.1 的另一个原型。芯片和操作系统属于计算机的核心部件，辅助部件包括存储器、接口等。没有研发资金的投入，建立由基础产业、各类部件产业和新产品行业所构成的国民经济体系是不可能的。

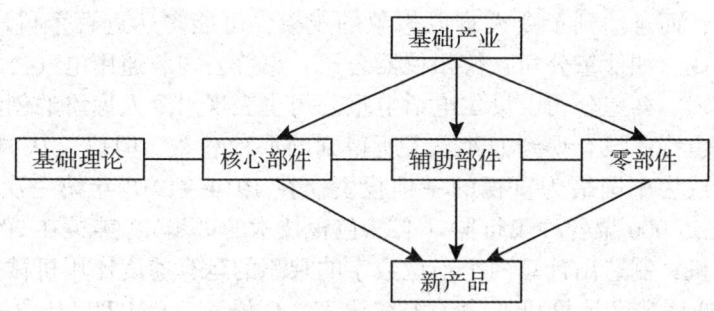

图 13.1　科学技术、产业与经济

把一项科学或技术所有上述收益记为 P_i，记研究开发它的成本为 C_i，可以说，只要 $P_i - C_i > 0$，这项科学或技术就具有经济价值。由于许多收益是未来的、隐性的，而成本是固定的、确定的、现行的，因此，只要资源允许，实际上可以进行的科学和技术开发是大量的。在资源紧张的情况下，可以根据紧迫性和经济价值的大小选择适当的科学技术研究开发，而在关键的科学技术上的投入所带来的净价值 $P_i - C_i \gg 0$。

战略性科学技术具有广泛的联系效应，即它的出现和发展必然伴随、引起其他事物的出现和发展。① 技术的突破引起产业、领域、产品、理论、技术、部门的一系列的发展。比如，飞机和军事部门联系就产生了军用飞机，需要添加额外的炮火控制设备、工业控制设备、导弹制导系统、通信系统，因而设计日益先进和复杂（如光电传动装置、光电管放大器、脉冲发射机、电子显微镜等），生产设备与工具也要相应增加复杂性。系统越复杂，生产设备的专用性就越强，适用性要求就越高，人员、资金需求很大，以至于足以支持众多的产业集群。对于经济落后国家，要在短时期内完成所有这些以及其他相关任务（如建造航空母舰）来实现追赶、赶超，非有大批的产业发展不可。还有一种联系效应，那就是同一基本原理、产品在不同产业领域的运用。控制论的相关科学原理还被用于需要精微控制的民用工业（如需要迅速升温、迅速降温的牛奶生产；自动分离和重新循环未达到规定温度的牛奶）等。② 战略性科学技术既可能提高现有产业劳动者的生产率，也可能催生新的产业或者提升旧的产业。它为劳动力从低生产率部门转移到高生产率部门，并通过干中学进一步提高劳动生产率提供了可能。

---

① 联系效应本来是用于产业分析的一个概念。本章这里用在了科学技术分析上。西方有一种研发的外部性效应的概念（Romer，2012：119）。这种外部性效应是这里的联系效应的一种。

② 这种军、民产品的相互转化、相互促进是美国经济的一个重大特征。

科学研究和技术开发不仅生产出大量的物质产品，而且催生理论产品。① 比如，随着电子产品的生产，西方早在 20 世纪 30 年代就提出了正反馈、负反馈等概念和相位控制、脉冲编码调制、信息论等思想。这些概念和思想让西方理论界放出异彩，并且产生出与之配套的工程师大军和大量科学研究机构。比如，麻省理工学院的放射实验室和自动控制实验室，不仅存在，而且达到了令人难以想象的规模，可能多达近百个科研机构和大学参与。就连一些企业，如仙童公司、德州仪器公司、惠普公司、通用电气公司、西部电器公司、无线电器公司、西屋公司、贝尔电话电报公司也表现出令人惊讶的创新能力。

中国的研发也许还没有得到如西方人所得到的那种利益，但仅仅从国际战略的角度，研发投资也应该成为中国最为重视的一项投资。在 1914—1918 年第一次世界大战期间，英国生产了超过 55 000 架各种飞行器（必然包含技术的进步），美英在 20 世纪 30 年代生产出机械式计算机，制造出计算两个十位数字的乘积的运算速度比用机械操作的计算机提高近 1 000 倍的通用数字计算机。除了汇编语言、C 语言、FORTRAN 语言等，还发展了数据库技术。美英主张全球化，科学技术的非竞争性属性，加上科学技术知识传播的零成本属性，本应让它们方便地扩散到占全球人口比例 1/5 的中国去，结果却相反。这样看来，中国在关键性领域的技术进步只有依靠自力更生才能解决。

所以，研发投资可以看成 GDP 的函数，即我们有

$$I_{RD} = I_{RD}(Y) \tag{13.1}$$

所有国家的研发投资占 GDP 的比重 $\left(\dfrac{I_{RD}}{Y}\right)$ 并不高，一般不会超过 3%。但研发投资的重要性并不能用它占 GDP 的比重来衡量，而要用它对于产出所具有的杠杆效应来衡量。一个国家的经济越发展，越需要这种杠杆。

但同时，也要注意到，各国的研究投资占 GDP 的比例可能不具有可比性。从中国科技投资的结构分布看，与世界其他科技发达国家相比，中国在基础研究和应用研究领域的投资比例都是最小的，见图 13.2。如果我们假设，中国应用研究领域的人员素质相对于基础研究领域和试验发展领域的人员素质更高，那么，中国科技投资向基础研究和应用研究领域的倾斜就是提高资金使用效率的科学决策。如果研发投入被大量浪费了，那么，即使中国研发投资占 GDP 的比例达到 3% 也不可能实现与西方一样的效用。这些观察让你理解一个经济的发展的复杂性。还有一个问题值得考虑。那就是当一个国家加大研发投入时，这时这个国家的研发空间到底有多大，也是决定研发资金效率的重要因素。美国是在第二次世界大战期间和之后借助信息技术等革命，而且有来自欧洲的避难的大批优秀科学家的加入实现的研发的进步。这种条件在人类历史上只能依靠幸运得来。

二、私人利润、专利费是激励新产品研发所必需的吗？

有人认为，专利保护能够给发明人以利润激励，从而促进研发投资。是否应该对投资

---

① 本书对研究开发的使用与西方文献有所不同。研究指增进科学的活动，而开发指增进技术的活动。人们常说科学研究、技术开发。本书的用法是对人们的这种习语的一种尊重。西方文献在用研究开发时常常是指增进技术的活动。中国的开发一词似乎已经包含通常被翻译为研发的 "research and develop" 的含义。

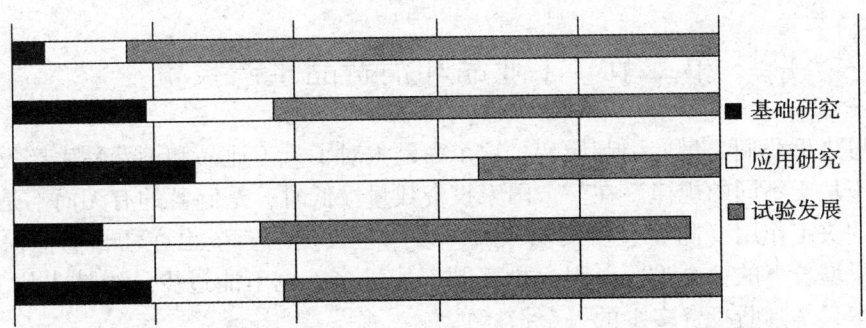

图 13.2 中国基础研究、应用研究、试验发展所占研发投资份额
资料来源：http：//www.sts.org.cn/sjkl/kjtjdt/data2012/科技统计数据 2012.pdf.

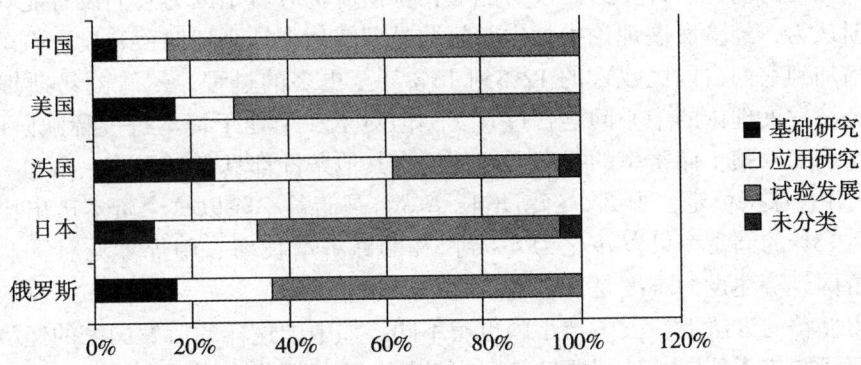

图 13.3 中国基础研究、应用研究、试验发展所占研发投资份额
资料来源：http：//www.sts.org.cn/sjkl/kjtjdt/data2014/科技统计数据 2014.pdf.

于新产品的活动进行专利保护呢？答案至少是并不必然！

一些私人或私人企业也投资于新产品，希望并且确实也通过这种投资得到巨大的回报。另外一些发明者则抱怨说，发明的价值如此之大，却对发明者毫无价值。精心研发的人可能没有条件使用自己的成果进行生产，而买断专利权所支付的金额可能还不足以补偿研发支出。这是因为有的发明很容易被改进，以至于无法用专利来保护。一些著名的西方企业研发了重要的技术，但也没有能够从这些技术中获益。美国的消费电子产品研发在20世纪中叶以后领先世界，却让日本获取了美国这种研发的巨大利益。这可能是因为美国人认为他们与日本人是利益共同体，所以，在转让技术时缺了一个心眼。等到日本人借助美国的原创技术取得了巨大的商业成功的时候，美国人再后悔在某种程度上说已经来不及了。日本人占了美国便宜，美国人也占英国人的便宜。英国人发明了复印机，并意识到了它的重要性，但没有把它商业化，而是试图自己省着用；而美国人和日本人从英国人手里买了一台复印机后，就用反向工程的办法重新制造出来了复印机。结果，英国人眼睁睁地看着美国和日本从复印机生产中获得了最大的利润。

从这些情况看，在研发投入和获得商业利益之间的逐鹿到底鹿死谁手看来是一个相当不确定的事情。主要由国有企业来进行新产品研发投资也许是避免在中国出现上述利益博弈的唯一方法。

第二节 工业品和消费品生产投资

马克思告诉我们：量变引起质变！这个命题太对了。工业品和消费品生产投资在不同的数量下服从于不同的规律。在一个国家投资数量极低时，是储蓄的有无而不是利率对投资有巨大的决定作用（随着经济的增长，可以用于投资的资金也在增长。但保证投资质量成为数量增长下的一个难题，因为投资既不能过多，也不能过少。维持人均 GDP 保持不变的资本只是判断投资多少的一个指标）。

一、投资的来源：储蓄的获得

投资以储蓄为前提。许多穷国没有能够初步摆脱贫穷就是因为它们没有能够提高储蓄率。刘易斯认为，经济发展理论中的中心问题是理解一个社会把储蓄和投资占国民收入的 4% 或 5% 增加到它们占国民收入的 12% 到 15% 甚至更多的过程。尽管刘易斯把储蓄率的增加作为经济发展理论的中心问题言过其实，但对于一个处于资本极度稀缺阶段的国家，经济增长率确实依赖于储蓄率的提高，即使所有其他条件都具备。假若一个国家的资本产出比是 3，并且保持恒定，那么，经济增长率就将是储蓄率除以这个资本产出比。也就是说，12% 到 15% 的储蓄率可以转化为 4% 到 5% 的经济增长率。用捉襟见肘、牵一发动全身来形容穷国经济建设的难度是再合适不过了。

在获得储蓄的方法上，大国与小国也有不同。如中国这样的后发国家的经济发展所需要的资金不可能依靠外资、外国援助和国内借款。这与那些小国具有根本的不同。苏联以优惠条件给了中国共 17 亿卢布的贷款，仅占中国工业基本建设投资的 3% 多一点。这些钱如果借给一个小国，大概能够解决一些问题。但对于中国，这笔钱是很少的。这笔钱的数量甚至远远低于美国为了抵御苏联在欧洲的影响而制定的援助欧洲的马歇尔计划所给予英国的 30 亿美元贷款（当时美元和卢布的比价约为 1 : 1）。中国不可能指望得到美国贷款。如果中国向美国提出这种要求，就不得不忍受美国提出的苛刻贷款条件，比如，包括用这笔贷款从美国购买机器设备。但美国不可能支持中国的工业化战略，因此，即使中国得到美国的贷款，也与自己的工业化目标相违背。得到外国资本后，如何偿还？以资源？以出口？是否附带税收制度条件？外国资本的条件越苛刻，中国借用这种资本的使用效率就越低。在发展过程中或在初步发展之后，一个国家的对外经济关系的一个重要维度就是产出是否被外国提走的问题（可能反映在出口占 GDP 比例太高上）。而且，一个国家的经济政策可能因此失去了独立性，发展战略也可能受到西方影响。在这种情况下，唯一同时也是最好的出路只有靠中国自己内部积累。一个大的穷国，相对小国更需要一种真正的发展，比如重工业优先发展。由于重工业的资本产出比高，为了达到同一经济增长率，就需要更高的储蓄率。这样，大国取得储蓄的方法就更加不同于小国了。

在否定了过度依赖外资的渠道后，就只留下内部积累机制了。内部积累也有两种机制。一种机制是依靠资本家进行储蓄。一个国家如果存在着私人利润的范畴，由于利润收入者的储蓄倾向通常高于工资收入者的储蓄倾向，向利润收入者倾斜的收入分配就会提高总储蓄率。然而，这种内部积累机制的经济发展模式将会扩大一个国家的不平等程度。在这种情况下，社会的投资即使会增加，GDP 增长速度即使会加快，在短期内也不会达到应有的水平，在长期，由于收入不平等所导致的需求不足以及产生收入不平等的其他机制所产生的需求不同，更会使经济增长率无法达到应有的水平。

如果依赖私人资本作为储蓄来源，那就必然依赖私人企业家作为投资主体。但私人企业家的投资愿望（是否投资于价值创造最大的领域）、投资能力（在多大程度上受到信贷约束、信息约束、盈利预期约束、技术约束、劳动力市场约束、委托代理关系约束、不可抗拒力约束）使得他们无法产生具有占优优势的经济增长率，而且其本身不是解决问题，而是问题的本身。所以，这种储蓄模式只是储蓄取得的一种模式，而且是低效的西方模式，最多适用于小国。

第二种内部积累机制就是采取公共积累的办法。这需要建立一个收入和财产分配公平的社会。在这样的社会里，基本排除了私人获取利润的可能性。这样，资金就可以集中在一个社会机构中，由这个社会机构根据社会发展的需要，作出投资项目的安排，包括投资项目的地点、投资项目的总数量、各地区各产业的投资数量和规模，以及配套的劳动力、技术人员和管理者，这样一个国家就可以实现区域平等、行业平等、人群平等的经济发展模式，而且不会因为经济的波动引起社会危机，因为这个国家可以预留物资，作为社会保险基金，使得人们实现在经济处于低潮时和处于高潮时消费的均等化。这样的制度延续下去，任何一个人在其一生中，也会实现消费的均等化，而且无需担心不虞的过大的额外支出无法支付得起。也就是说这种社会保险基金不仅包括了失业保险，而且包括了养老保险，还包括了疾病和大病保险。在这样的社会里，没有私人资本，就没有私人利润，就没有为私人利润所作出的一系列制度安排；就没有恶性竞争，消费不足问题也会消除，甚至不可能出现。很显然，这至少在相当长的时间范围内是一种更为优化的储蓄获得机制。

公共积累看似是一个名词，其实包含着丰富的内容。首先，一个国家要解决本国内部存在的内资和外资的关系问题。中华人民共和国没收了列强在中国的所有资本。[①] 我们可以把中西方企业的利润考虑成如下模式：

$$\pi^D(L^D(K^D),\ L^F(K^F)) = L^D(K^D)(1 - L^D(K^D) - L^F(K^F)) \tag{13.2}$$

$$\pi^F(L^F(K^F),\ L^D(K^D)) = L^F(K^F)(1 - L^D(K^D) - L^F(K^F)) \tag{13.3}$$

其中，L^D、L^F 分别表示内资和外资所使用的劳动力数量，K^D、K^F 分别表示内资和外资所使用的资本数量。假设 $L^{D'}(K^D) > 0$，$L^{F'}(K^F) > 0$。[②]这个模型显示了几个重要的含义。一是，如果中国允许西方企业在中国营业，那么，其资本就会支配大量中国劳动力。二是，中西方企业之间具有对抗性，中国企业的劳动力越多，西方企业的利润就越少，反之亦然，

---

① 欧洲人在工业化开始的时候，不可能就对工业化有太深刻的认识。因此，他们没有提高储蓄率的要求。但他们无疑通过当陆地上或海上的土匪、强盗等不正当的方法取得了大量财富。比如，英国人靠鸦片从印度和中国掠夺了大量的财富，用于其本国的积累。日本依靠勒索中国甲午战争赔款，得到大量工业化资金。中国没有这种资金来源了。如果再不开源节流，就不可能有储蓄了。

② 这个模型在形式上借鉴了斯坦克尔伯格模型。参见泰勒尔. 产业经济学. 马捷，等，译. 北京：中国人民大学出版社，1997：411.

即:$\partial \pi^D(L^D(K^D), L^F(K^F))/\partial L^F(K^F) < 0$, $\partial \pi^F(L^F(K^F), L^D(K^D))/\partial L^D(K^D) < 0$。三是，中国企业的边际劳动价值随着西方企业的劳动雇用水平的增加而下降。这意味着，如果中国给予西方在中国的经营合法性，这本身就构成中方企业的巨大的发展障碍。值得注意的是，"边际"值可以是以数十万劳动力来作为单位的。

博弈论的分析告诉我们，如果中国把外国在华势力视为不可抗拒的，那么，(13.2) 式-(13.3) 式所构成的纳什均衡结果将是 $L^F = 1/2$, $L^D = 1/4$, $\pi^F = 1/8$, $\pi^D = 1/16$。这是外国在中国具有先行优势所导致的结果。国民党留给中国的遗产就可以表示为这个格局。与之对应的是，假设国民党时代的中国与西方处于平等地位，那么，将会有 $L^F = L^D = 1/3$, $\pi^F = \pi^D = 1/9$ 的格局。如果没收帝国主义在华资本呢？结果将是 $L^F = 0$, $\pi^F = 0$, $L^D = 1/2$, $\pi^D = 1/4$。由于 $1/4 > 1/9 > 1/16$，所以，这是对中国最有利的经济格局。中国得到了最大的利润作为经济剩余。而且，通过没收帝国主义在华资本，它也使得中国自身产业迅速成长起来。它还减少了储蓄的外流。从这个分析，你可以体会到毛泽东在中华人民共和国成立后所提出的"打扫房子再请客"的政策的英明！

以上分析当然依赖于斯坦克尔伯格的模型设定，但这种模型设定是较为合理的。剥夺帝国主义在华资本，就相当于为中国自身生产发展预留市场，即"销售量"。① 如果没有"销售量"作为保证，企业生产就会受到交换的强大的反作用。在这方面，改革开放后的30年是有教训的。比如，中国自己的商用飞机一直没有发展起来。这种教训是不能用开放政策来证当的（justified）。

其次，剥夺帝国主义在华资本，还不能保证中国的储蓄率的提高。推翻三座大山的统治，为这种储蓄率提高提供了可能，但把它变成现实还需要一系列的条件。假如从事重工业生产的社会分为两大对立的阶级。于是，它所创造的新价值 V 可以写为如下形式：

$$V = W_L + W_H + \Pi + T + Dp \tag{13.4}$$

其中，W_L、W_H、Π、T、Dp 分别表示低收入者总工资、高收入者总收入（可能是私人利润）、企业留存利润、政府税收、折旧。企业留存利润、折旧都是可以全部用于投资的，政府税收中的一部分也可以用于投资。我们不妨假设这些都是无法改变的。如果考虑到政府的存在，那么储蓄的计算就要从剩余价值中减去国家运转所需要的各种消耗性行政开支（如政府工作人员工资）和个人收入。这样来看，一个国家的政府的规模如果是臃肿的，那就会消耗掉这个国家本来可以用于投资的储蓄。如果这个国家有一个资本家阶级存在，那么资本家还会消耗掉剩余价值中的一部分。这个资本家阶级越大、消费越不理性，那么这个国家的储蓄率就会越低。中国在 1949 年至 1976 年时期，政府规模是相当小的，毕竟，在这个国家刚刚建立的时候，它甚至接收了国民党政权留下来的行政人员；资本家阶级被逐步消灭了。

许多人以为，1949 年的中国还是一个农业国，具有刘易斯（1954）意义上的典型的二元经济结构特征。其实不然。当时中国消灭了资产阶级私有制，已经排除了刘易斯（1954）那种依靠资产阶级积累来获得国家储蓄的机制。因此，储蓄的来源决策空间主要

---

① 有西方学者认为，斯密《国富论》的观点不是主张市场至上，而是主张市场是政府的工具。参见阿里吉（2009: 34-36）。

是来源于农业还是工业，以及怎样获得的问题。如果中国不依靠农业剩余，还有什么办法获得工业化所需要的储蓄呢？在土地由一家家农民所有的制度下，国家从农民那里得到储蓄是较难的。与之相比，把农民组织起来，通过这个组织，国家就可以方便地得到农业剩余。这就是中国实行土地集体化和公社化的主要原因之一。这个时候，提高工业品价格，控制农产品价格，就成为一个基本的方法了。户籍制度、平均分配制度是抑制大众消费从而增加储蓄的一种方式。中国还采取了移风易俗来减少社会需求，使那些低收入者的经济地位较为稳固。低收入者的经济地位稳固，就增加了国家的发展道路的占优性程度。与英国圈地运动那种剥夺性积累相比，中国用剪刀差来动员农村储蓄的积累方式更加人性、人道、人本。特别是，农村土地的公有制保证了人民的基本人权。

由于采取了一系列的措施，中国储蓄率很快由国民党时代的大概只有5%提高到10%、15%、20%，甚至更高，以至于很快出现了一个新的问题，即一旦中国开始成功地提高储蓄率，到底什么时候停止呢？在人民生活还比较艰难的情况下，把储蓄率提高到30%好还是40%好呢？这也是个不得不解决的问题。实践证明，中国很好地解决了一五计划所需要的资金的来源问题。社会主义国家的储蓄和投资并不是如西方国家那样是由相互独立的主体做出的，而是高度统一于国家的行为之中。从1949—1957年这段时间里，社会资本积累率平均高达30%以上。由于解决了资金来源问题，有资料显示，在第一个五年计划中，中国工业新增固定资产214亿元，是中华人民共和国成立前100年总积累的两倍。新中国依靠内部积累获得了自己发展所需要的储蓄。

二、大量储蓄可得基础上投资对利率、预期收益和政策的依赖

当一个国家进入发展中期之后，得到储蓄就不再是一个重大的待解决问题了，储蓄过剩反而可能成为待解决问题了。这时，投资的决定变量就要发生变化了。

如果一个国家把投资建立在市场化原则基础之上，那么，合意的投资就是利率的函数了。一个简单的论点说明了，为什么投资支出会受利率影响。厂商往往是通过借款采购投资品，即机器或建筑物。这时，借款利率越高，厂商借款购买新机器或建筑物可望得到的利润就越低，因此也就越不愿意借款与投资。反之，利率较低时，厂商愿意更多地借款，更多地投资。

投资也与人口规模（P_o）、预期回报率 σ 有关。所以，我们设

$$I = I(r, \sigma, P_o) \tag{13.5}$$

假设它的一阶偏导数满足：$I_1(r, \sigma, P_o) < 0$，$I_2(r, \sigma, P_o) > 0$，$I_3(r, \sigma, P_o) > 0$。它们表明，利率越高，意愿的或计划的投资率就越低；预期回报率越高和人口规模越大，投资就越大。因此，我们有如图13.4的图形，其中，外面的曲线表示更多人口和更高的回报率下的投资与利率的关系。

在不考虑人口和预期收益率时，就可以单独地考虑投资（I）与实际利率（r）的负相关关系。这时，我们有：

$$I = I(r), \quad I'(r) < 0 \tag{13.6}$$

我们没有办法先验地确定利率或其他什么变量对投资的影响哪个更大。在西方，利率被认为是市场化的，其实，西方的利率也受到国家的影响，因此也是一个政策变量。只不

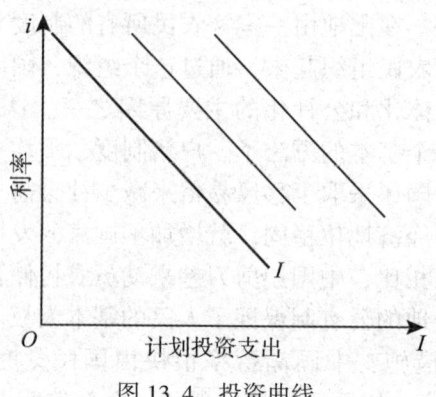

图 13.4 投资曲线

过它比较特殊，因此我们把它和其他的政策变量，如税率，区分开来。在西方，投资一般主要是由私人企业作出的。私人企业对利率更为敏感。利率提高就会迫使处于盈利边际的投资项目被放弃。这也是一些国家淘汰产能的一个办法。因为只有那些技术水平比较低的企业才会从事处于盈利边际的投资项目。所谓盈利边际，就是可做可不做的项目。普通商品就是在科学技术上已经成熟的商品，对它们的投资容易过剩，实际上，这种投资占GDP 的比重高达 20%，甚至 40%。因此，需要使用各种方法加以调节。利率是其中之一。

作为替代（13.5）式、（13.6）式的情况，投资支出（I）有时完全被看成是外生的，在有的模型中，可以直接设 $I = \bar{I}$。$\bar{I}$ 可以是 10 000 亿元等数目。

投资领域的情况对一个国家可能具有重大影响。一个国家的实际的投资 I 可能远远大于合意的投资 I^D。这意味着这个国家拥有了大量的存货。1929 年后，西方国家就面临这种情况。苏联的一五计划（1928—1932 年）所需要的机器就来自西方已经被大危机破坏了的市场，以较低的价格购得了所需要的机器，为工业的发展奠定了物质基础。大概在2014 年后，中国钢铁出现过剩，这实际上也是投资过剩的结果。

从长期看，投资是用来形成生产能力的。但从短期看，投资就是总需求的一种。这个观点对于第十六章第二节第三部分非常重要。

案例分析：

房价上升使得建造房子成为一项高利润的业务。但随着大量新房涌入市场，房价就下跌了。在房价下跌后，按揭利率的好时光也结束了，刚开始那段时期的优惠利率，开始被调高。借款人开始出现断供。房地产市场的危机还可能导致信用卡、汽车贷款业务的违约率的可怕攀升和保险人信用评级的下降，从而金融危机开始传导到实体经济。

1997—2005 年，美国房主自住房的比例至少有 11.5% 的增长，而增长最快的是西部地区、35 岁以下年龄组、收入低于平均线的人群、拉美及黑人族群。

瑞典 20 世纪 90 年代早期出现按揭贷款泛滥；墨西哥高油价带来消费热后在 80 年代遭受痛苦；日本 20 世纪 80 年代房地产泡沫破裂而在 90 年代经历磨难。

战争胜利、国家统一、国家发展的新阶段都可能会掀起一种建设浪潮：建筑、铁路、银行，在建设浪潮中，这些行业也会形成一种组织体系，比如银行业会形成中央银行体系监管下的商业银行体系和证券业体系。这些体系一旦形成，那些所谓分散的决策实际上只是少数人（行长、董事长、总裁、董事、总经理）的决策了。

1925—1933 年，美国住房价格总共下跌 30%。那时，大多数人借了 5 年期或更短的短期按揭贷款，希望在贷款到期前申请展期，但由于危机爆发，希望破灭，只能眼睁睁地看着自己的房子被债主收走。在 2007 年，这种格局依然未能改变。会不会有相应的公共机制来保护借款人免于因未能获得新的按揭而失去家园的痛苦呢!？在全美房地产经纪人协会的提议下，美国国会在 20 世纪 30 年代早期建立了与联邦储备体系平行的联邦住宅贷款银行体系。

第三节　对人的投资

经济增长说到底只是手段。人的发展既有获得这种手段的需要的成分，也有自身的价值。一个初步摆脱贫穷的社会，应该花费更多的资源用于人的全面自由发展上。这个问题十分重要。对人的投资与对新产品和普通品的投资都不同。对人的投资可能需要钱，也可能不需要钱，而是需要时间、精力和深入的思考。

一、健康投资

健康具有生产性属性。健康的身体状态不仅提高一个人当下的生产效率，而且通过延长人的寿命延长人的一生的工作时间，提高工作强度的忍受度。一个国家处于发展的初期的时候，广大的劳动力往往身体虚弱，疾病缠身。这使得他们投入劳动的时间很少，在劳动中无法集中精力，难以在劳动中积累经验，而且往往寿命很短。据估计，1949 年时，中国人的平均寿命是 35 岁。这与那些拥有壮实、健康、聪明、遵守纪律、较为不知疲倦的工作的劳动力的国家有明显的差距。健康状况不良不仅导致提升缓慢的工资进一步慢下来（比如通过效率工资机制），而且导致收入下降。诺贝尔经济学奖获得者米尔达尔（G. Myrdal）根据这个事实，认为 20 世纪中叶的南亚国家不需要其他的投资，而只需要保证粮食供给，就可以让经济实现相当大的发展。

不能以经济发展水平低为借口忽视人民提高健康水平的需求。经济发达国家人民健康水平普遍较高，但一些经济落后国家也可以有办法迅速提高人民的健康水平。卫生、营养、休息、必要的锻炼和医疗是保持个人健康所需要的投资。但在不同的制度条件下，这些投资所花费的成本是非常不同的。一个社会主义国家在极度贫穷时没有办法建立现代化的医院，但依然可以通过公共卫生运动来改进社会的平均健康水平，从而提高人民的预期寿命。在结束战争的基础上，中国通过这个办法把人均寿命从 1950 年的 36 岁延长到 1957 年的 57 岁。[①] 在 1958 年至 1980 年时期，中国与发达国家相比，尽管经济实力薄弱、人均产值低下，但除了在科学技术、国防建设、公共教育、公共医疗、社会保障和各类公益事业方面有令世界瞩目的发展外，更是惊人地提高了预期寿命。婴儿成活率上升，平均寿命由

---

① R. 迈克法夸尔，费正清. 剑桥中华人民共和国史. 上卷. 北京：中国社会科学出版社，1990：162.

57 岁增加到 67.77 岁（世界人均寿命 56 岁）；1950 年至 1980 年期间，世界人均寿命提高 29.9%；中国人均寿命提高 88.9%。也就是说，30 年间中国实现了人均寿命从落后世界平均水平 12 年到领先 9 年共 21 年的转换，是人类历史上第一次也是唯一一次如此规模、程度的人均寿命提高。图 13.5 表明，1970—1975 时期，中国人均寿命接近 65 岁，而印度要再过 30 多年，即在 2010—2015 年时期，才能达到这个水平。可以设想，如果不是一种平等的工资和社会剩余的安排，如果不是鞍钢宪法制度的实施，就没有全民社会保障、医疗保障、农村合作医疗、赤脚医生等事业的发展，因而也就没有基本教育①、卫生、住房等方面的改善，也就没有人口众多、资源贫乏、生产力低下的条件下的中国人均寿命这样的提高。② 年轻人越健康，就越能吃苦耐劳，思维也越敏捷，越有助于生产力的发展。

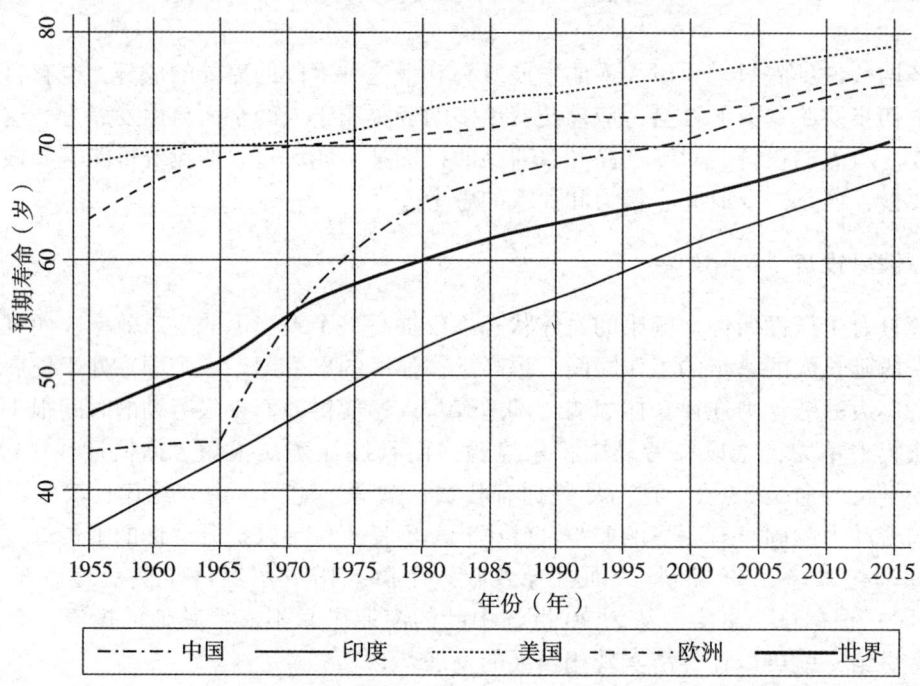

图 13.5　中国与欧洲、美国、印度以及世界的寿命比较：1950—2020 年

资料来源：根据 Life Expectancy at Birth (e0) -Both Sexes，见 http: //esa. un. org/unpd/wpp/Excel-Data/mortality. htm 数据绘制。

在中华人民共和国成立之后的 60 多年后，有许多中青年人的身体处于亚健康状态。由于长期的睡眠不足、工作压力，可能出现不规则的便血、神经性皮炎、颈椎病、反流性食管炎。这些疾病都是可逆的，但前提是要改变生活习惯和工作习惯。如果保持旧的生活习惯和工作习惯，吃药就只能使上述症状得到一时的缓解，药物一停，症状就会恢复。由

---

① 学龄儿童的入学率同期从 25% 增至 50%。见：R. 迈克法夸尔，费正清（上卷. 1990：162）。
② 本段重新组合、修改了王今朝、龙斧（2014）中的一段的分析和图形。在那里，用预期寿命来显示中国经济发展的水平之高的思想是龙斧提出的，图形是由王今朝完成的。

于这些疾病都是长期不良生活习惯和工作习惯所引起的，即使它们可逆，也需要花费数年时间才能恢复。比如，长期的伏案工作导致了肩部肌肉的紧张，可能是这种紧张压缩了颈椎之间的空间，从而导致颈椎之间摩擦增大，引起了颈椎病的感觉。为了使肩部肌肉恢复到原来的放松状态，你不得不减少伏案工作的时间；而肩部肌肉放松状态的恢复也不是一朝一夕的事情，也不是通过几次按摩就能解决的事情。然而，许多个人的生活习惯和工作习惯，实际上不是个人所选择的，而是由于生活或工作压力所致。所以解决这个问题，仍然与国家的制度有关。在西方国家由于资本主义制度使得人们的收入仅能够勉强维持支出，人们经常担心失去工作，在这种情况下，他们的生活习惯和工作习惯是较难改变的。①

亚健康状态使人心神不宁，降低工作效率。如果再有环境污染，人民的健康就更受损害了。习近平总书记提出，绿水青山就是金山银山，这是非常对的。身处癌症村的人民对此有切肤之感！国家应该在人民健康领域进行系统的投资。这种投资不一定消耗多少金钱。

阅读材料：有病非要上医院吗

有病上医院已经成为越来越多的人的习惯，但人们对医疗费用越来越贵也颇有怨言。有时，昂贵的医疗费用是你可以通过行为选择来避免的。便血、神经性皮炎、颈椎病、反流性食管炎都有药物可用，但是，无论中药还是西药，对于治疗这些疾病都是不够的。改变你的生活习惯和工作习惯，你就可以免费地摆脱这些疾病的困扰。在你就这些疾病去看医生时，很少有医生去关心你的生活习惯和工作习惯，他们只是机械地开出药物，这样他们就能赚得收入，尽管同时他们也失去了医德。由于缺少必要的望闻问切，自身也缺乏患病的经验，许多医生在许多情况下看病只是试错。所以，中国有一句话叫久病成良医说的是很对的。你得病久了，反复思考自己的病因，你就可能找出去除病根的方法来。反复思考自己病因的方法实际上就是控制实验的方法。你提出一个假说，比如，喝酒太多导致神经性皮炎，你就控制喝酒的次数和数量，然后观察你的神经性皮炎的症状。如果喝酒大大减少，但神经性皮炎依然发作，你就可以排除喝酒与神经性皮炎之间的强因果关系了。这时你就提出另外一个假说。如果你提出神经性皮炎与生活习惯、工作习惯之间具有强相关关系的假说，你就找到正确答案了。正确答案是不易获得的，因为你身处庐山之中，难识庐山的真面目。有许多东西你习以为常了，就难以把问题归结为它们了。但如果你有了几次这样的经验，你找到答案就比较容易了。所谓控制实验的方法实际上也就是牛顿发现运动定律的方法。这个办法对慢性病非常有效。

二、教育投资

在过去 30 年，中国大学成了吸金之地。许多家长以把自己的孩子送入北大清华为荣。

---

① 即使是青少年，也可能由于强大的精神压力（如读书压力）而罹患急性前列腺炎。

还有不少家长把自己的孩子送到国外，为此花费不菲。具有悠久教育传统的中国，在为教育投入过多的资金。

在美国，对教育的投资与常春藤大学紧密联系在一起。这些学校录取率极低、学费高达 6 万美元。许多美国人对哈佛这样的常春藤大学趋之若鹜，因为上这样的大学的人更容易拿高薪，尽管许多著名人物没有上过这样的大学。中国学界不少人也对哈佛视若神明。然而，在美国，哈佛毕业生不一定拿多高的薪水。

美国著名演员 Ted Danson 主演了由派拉蒙网络电视公司（Paramount Network Television）推出的名为《贝克医生》（*Becker*）的电视剧，饰演哈佛医学院毕业生约翰·贝克（John Becker）。贝克只是一个在社区执业的医生。在美国广播公司 2004 年推出的 5 季 101 集电视剧《波士顿法律》（*Boston Legal*）中，一个哈佛法学院毕业的律师杰瑞·艾斯盘森（Jerry Espenson）患有阿斯伯格（Asperger）综合征，他与人交流困难，一紧张就双手贴着裤缝儿，踱来踱去地乱走，有时会用一个木烟来减轻自己的紧张。在这部剧的末尾，这部剧的主要背景大牌律师云集的克瑞-普尔和施密特（Crane, Poole & Schmidt）律师事务所就要因缺少资金周转而被中国企业收购了。这都显示，教育投资的多少与个人的经济价值之间并没有简单的相关关系。

加拿大没有能跟哈佛齐名的大学，没有那么高的声望、那么低的录取率，也没有高达 6 万美元的学费。可是相对来说，加拿大人似乎认为这并不是一件坏事。加拿大"顶尖"的多伦多大学的本科生人数相当于所有美国常春藤大学的本科生之和。更主要的是，在加拿大念不念名校并没有那么大影响，本科毕业生的竞争要比美国公平多了。

对教育投资的收益的观察可能启发了一位诺贝尔经济学奖得主在年轻时提出了一种教育信号理论。这个理论认为，教育其实并不能提高生产率，而只是作为一种发信号（Signalling）的机制。其原理是，雇主想雇用一些称职、聪明的员工，但没有办法直接观察到，所以就用文凭来评价潜在的求职者。

教育当然不是只具有信号功能，但是，许多高等教育确实让人们付出了太高的成本。在美国，高学费已经成为压在许多大学毕业生身上的沉重负担。图 13.6 所展示的西方大学图书馆之宏伟固然具有审美价值，但想必建设和维护这样一个大学图书馆，也所费不菲。更不用说，有的大学建了拆、拆了建了。

教育的巨大可避免成本可能是一个国家的经济发展模式所内生的。西方国家标榜自己是市场经济国家，然而发展一个市场机制是有成本的，这个成本可以叫交易成本。美国的新制度经济学家们注意到并论证了，美国的交易成本是惊人的，20 世纪 70 年代即达到了 GDP 的 50%。这个交易成本包括律师的收入。美国著名的马克思主义经济学家保罗·巴兰就认为，社会主义国家没有多少律师发挥作用的余地。赵树理的小说也反映了这一点：是区长审案而不是律师、法官审案。当一个国家私有化很高时，交易不得不越来越复杂，也就不得不建立更复杂的法律制度，而执法也就不得不依靠更专业的律师。哈佛大学和耶鲁大学的法学院的名声建立的社会经济基础就这样形成了！中国需要哈佛、耶鲁大学那样的法学院吗？与法学情况类似的是，中国的金融学需要像美国的金融学那样构建吗？①

---

① 随着你的经验的积累，你可能会越来越认识到，西方的法律和金融首先是为有钱人服务的。

图 13.6　西方大学的图书馆

资料来源：图片来自网络，如 http：//www.offermachine.com/cadaxue/benke/131052.html。

三、专业经验投资

一个社会拥有一大批具有本科和研究生学历的专业人士是必要的，但只有它们对于实现长足的经济发展也是不充分的。有学者指出："欧洲教授非常奇怪，美国学生（20 世纪初）在海外学习很好，但回国后变成了很平庸的人。有一位教授回忆道：被欧洲科学激励的美国人，开始确实作出了基础性的贡献，但从未完全挖掘出科学的潜力"。① 一个人在专业能力的发展上，除了正规的学校教育之外，还需要个人的长期的经验积累。

西方有学者提出了人力资本的概念。这个概念本来是指一个群体在长达数百年的时间里积累起一种有效的难以被超越的经验。如果仅仅限于这一点，这个概念是有一定道理的。有学者指出，最重要的人力资本是在干中学中取得的。工业革命时期，作出重大发明的通常都是学徒、工人。在当代中国大学中，不少人接受了不错的本科和研究生教育，然而在毕业之后，依然难以写出优秀的研究文章，原因就在于他们缺少做研究的经验。他们阅读量不够，阅读的文章不具有冲击力，不能激发他们做研究的冲动，也不能为他们提供做他们力所能及的研究的样板。在这种情况下，中国学术界所发表的不少论文被人视为垃圾。有的经济学专业的学生做论文就是数据的堆砌。而且，这种风格被视为一种研究风尚被许多教师加以提倡。在中国乃至世界矛盾丛生的时代，钻入数据和计量的牛角尖真是令人感到可悲。实际上，中国大批中青年学者所缺乏的只是做研究的经验。做研究实际上是做一种函数论，也就是探讨不同事物之间的关系。在一篇文章中，你把事物之间的关系讲清楚了，你的文章就做好了。你所选择的事物之间的关系的重要性在很大程度上决定了你这篇文章的重要与否。

在上面所提到的电视剧《波士顿法律》中，主人公艾伦·肖（Alan Shore）展现了杰

---

① 速水佑次郎，弗农·拉坦. 农业发展的国际分析. 郭熙保，张进铭，等，译. 北京：中国社会科学出版社，2000：253.

出的律师才能。杰瑞·艾斯盘森由衷地称赞说，肖的法律实践绝对是后无来者了。这就是专业经验投资所得。

关 键 词

投资　科技研发　战略性　利益博弈　储蓄　人力投资

思考题与练习题

1. 新产品的经济和战略价值之间有哪些区别和联系？
2. 储蓄作为投资的来源是越多越好吗？除了储蓄，投资还有哪些来源？
3. 对人的健康、教育、专业经验上的投资有什么战略性意义？你认为一个穷国在寻求经济发展时如何利用这三种投资？

第十四章 经济发展

小国的经济发展经验与大国的经济发展经验可能根本不同。发达国家和落后国家的经济发展经验也非常不同。从历史上看,英国在 19 世纪大部分时间里,只是通过策略性地显示武力就获得和维持了霸权;而西方人这里所说的策略性显示武力早就在毛泽东称西方列强为纸老虎时被识破。那么,究竟怎样才是科学地理解发展呢?

第一节 发展的内涵

发展的科学定义太重要了。对于发展的理解一旦出现科学偏差,就会导致发展道路的错误选择。

一、发展的定义

经济发展的内涵必须联系目标、目的和方向来确定。循名责实,发展的本义应该是,缺什么(重要的、不可或缺的)就要补什么,就像人缺钙就要补钙,缺蛋白质就要吃肉一样。如果缺什么,依然没有什么,那叫什么发展呢?本书把发展定义为科学目的的达到。本书之所以给出这个定义,主要是因为西方发展经济学把发展概念给弄得模糊不清了。比如,一些西方学者认为,除意味着人均收入上升外,经济发展还意味着经济结构的根本变化,特别是农业的份额缩小和工业的份额扩大,以及农村人口百分比的减少和城市人口百分比的增加。他们甚至强调,如果经济增长只有利于少数富裕阶层,就没有经济发展。这些观点并不为错,但它们没有产生令人满意的实际影响。经济发展不能用 GDP 来衡量,也不能用工业化来衡量。还有一些学者,如斯蒂格利茨,虽然意识到发展目标的重要性,但把发展目标定义为"提高生活水平"等短视的功利主义目标。有的西方学者更注重政治,把生计(满足基本需要)、自尊(要作为一个人而存在)、摆脱奴役(自由选择)作为发展的三个核心价值和目标。这样理解发展都离马克思所讲的改造世界的目的和哲学观点太远了。经济发展一定是具体的,有针对性的。发展必然涉及一种蓝图、目的、空间、尽可能好的前景。如果不知道目的、目标、前景、空间,就无法绘制蓝图,就不可能指导发展,甚至阻碍发展。早在 20 世纪 50 年代就有西方学者指出,"发展……(已变成)大国进行国际统治的一种替代'文明'的思想产物"。如果非要给经济发展下一个定义,这个定义一定要具有相对性和抽象性;而只有把发展定义为科学目的的达到才具有这种相对性和抽象性。

本来,毛泽东早已清晰地理解了发展。1949 年 9 月 30 日下午,在中国人民政治协商会议第一届全体会议开幕词的两句话中,毛泽东就清晰地定义了发展。他说:

> 让那些内外反动派在我们面前发抖吧！让他们指责我们这也不行那也不行吧，中国人民的不屈不挠的努力必将稳步地达到自己的目的！

1954 年 9 月 15 日，在第一届全国人民代表大会第一次会议上，他又更加明确地说：

> 我们有充分的信心，克服一切艰难困苦，将我国建设成为一个伟大的社会主义共和国。
> 我们正在前进。
> 我们正在做我们的前人从来没有做过的极其光荣伟大的事业。
> 我们的目的一定要达到。
> 我们的目的一定能够达到。

1954 年的讲话不仅表明毛泽东已经抓住了发展的精髓（而不是豪言壮语），而且表明，他已经认识到中国经济发展面临大量"艰难困苦"。由于其国家立场，西方发展经济学家是不可能充分理解，也不可能指出这点的，更不会强调诸如中国这样的国家要实现经济发展的一个重大困难就是来自西方国家的阻挠，当然，也就不可能充分阐明这种困难，更不可能系统谈出科学的发展道路了，也就不可能为中国经济发展提供科学的指导理论了。

二、复杂性

为了实现发展，一个国家首先就要根据自身需要以及优劣势，科学地确定自己在某个时期（比如 5 年、10 年、20 年）发展的目标，然后把这个目标分解为若干层级的大任务，一个大任务又包含若干小任务。如果在这个规定的时间段里面完成了所设定的目标，那就叫在这段时间里实现了经济发展。

尽管设定目标是经济发展的先决条件，但如果设定目标出现失误，也可能欲速则不达。人们存在多种需要，一个国家越穷，其待满足的需要就越多。对这些需要的满足都可能成为目标，甚至目的，但这些需要之间可能是有冲突的。让发展变得复杂的是，人们可能同意，应该用目标的达到来衡量发展，但他们可能在选择怎样的目标上争论不休。在这时候，如果不是大战略家出现，发展就可能走上歧路。特别是，如果一种需要满足了，另外一种需要被忽视了；前者越得到满足，后者就越被忽视，这种目标的设定就非科学了，而经济发展效率也就降低了。在某些情况下，或许可以牺牲一些目标来换得另外一些目标的达到或尽快达到，但如果在达到这些另外目标的过程中让那些有价值的目标越来越远，甚至永远不可能达到，就会使得经济发展道路的优化性更低了，甚至走上邪路了。比如，公平和效率就被许多人看成是互相矛盾的目标。如果把这看作是真理性的认识，公平就被兼顾了，甚至不顾了。当出现了这些问题之后，仅仅从理论上强调公平是不够的：因为已经错失了实现公平的大好时机，由于既得利益集团的发展已经可能难以再有本来可以获得的发展了。

即使目标设定失误或方法手段的不足,也不能否定设立目标本身作为经济发展的先决条件。中华人民共和国成立后在不到 20 年的时间里,就有了自己的原子弹、氢弹;但 60 多年后,却还没有自己的飞机飞在自己的蓝天上,没有自己的汽车跑在自己的公路上,没有自己的电脑芯片和操作系统运行在自己的电脑中。是设定的这些目标没有资源、资金、人力实现吗?如果中国今天天上飞的主要是自己生产的飞机,人们手中使用的主要是自己生产的电脑,开的主要是自己生产的汽车,并且收入分配比较平等,那中国今天达到的发展水平将是怎样一个状况啊!从这里也可以看出,为什么要把实现既定目标作为衡量发展的指标了。在经济发展道路这个问题上,科学的发展目标必须包括社会主义生产关系的维护。中国共产党自创立之日起,只用了 28 年时间就推翻了三座大山,不能不说平等主义发挥了重要的功效。毕竟,无论是打土豪、分田地、减租减息都是平等主义政策。中华人民共和国成立后实施的没收官僚资本、赎买民族资本也是平等主义。任何生产力都是蕴含生产关系的。以牺牲生产关系为代价的发展不是科学发展,必然造成长期潜在经济增长率的下降。

发展不是维持性的变量的增加。比如,不能把消费水平高低作为衡量经济发展优化程度的标尺,因为人的吃、喝、住、穿等物质享受是可适可而止的。这些变量的数量本身无需无限增加,其变化难以反映占优优势。它们只在一定限度内是占优优势存在和增强的条件。比如,为了工作,需要衣食住行,但衣食住行成本的过度增加不仅不增加占优优势,反而减少占优优势。人每天只要摄入若干热量、几升水、一些维生素和矿物质,睡一张床,穿几件衣服,就可以生存下来,也可以生活得相当好。用正式一点儿的术语来说,这些变量都属于维持性变量,是达到一定数量就无需再增加的变量,而不是可以无限增加的变量。吃太多、喝太多、穿太多、睡太多,反而会影响从事其他活动的数量和质量。这样看来,把物质享受的改善视为经济发展就有失偏颇了,就会把本来无须限制的经济发展限制住了。在 20 世纪五六十年代生产力水平极低的情况下,中国采取的是节衣缩食等"自力更生,艰苦奋斗"等办法发展重工业,避免了这种指导理论、指导概念的错误;而在后来,一些采取普选制的国家采取这种民粹主义的保就业、促消费的政策而陷入债务危机、金融危机,甚至因此军事政变、政权更迭等。

上述把物质享受和把消费增加、生活改善等同于经济发展的观点错误,可以通过和人性论结合而谬种流传。在西方理论中,自利假设是一个经久不衰的命题。在中国,人性论也有着悠久的传统。对于这些言论,一般人不易加以辨别。比如,许多人认为,"食色性也"的话揭示了人所共有的普遍性质。据此,他们也就很容易地滑入把经济发展看作是消费增加的泥潭了。其实,"食色性也"的命题,并不是抽象的人性论,而只是在一定条件下表现出来的性质。如果孔子是一个极端的人性论者,因"食色性也"而总是"食不厌精,脍不厌细",他怎能够"在齐闻《韶》,三月不知肉味,曰:'不图为乐之至于斯也'";而在陈蔡间,被"围于野,不得行,绝粮,从者病,莫能兴",依然"讲诵弦歌不衰"呢?用经济学上的行话说,所谓的"食色性也"只是一种趋势、倾向,只是在一定的条件下表现出来的性质,因而是可以被其他因素所遏止的趋势和倾向;而从辩证的观点来看,"食色"只是人这个客观对象的一个方面的性质,并不排除人还有其他方面的性质。

其实，中国传统文化早已揭示了上述道理。比如，孟子讲了一个"生于忧患，死于安乐"的道理，他说：

"故天将降大任于斯人也，必先苦其心志，劳其筋骨，饿其体肤，空乏其身，行拂乱其所为，所以动心忍性，曾益其所不能。"

从这句话看来，在孟子看来，衣不蔽体、食不裹腹并不见得是件坏事。一个人如果能够真正读懂中国传统文化经典，就可以避免对经济发展的一大误解。

更早的中国经典著述，比如《左传·庄公十年》，则讲了另一种情况：

十年春，齐师伐我，公将战。曹刿请见。其乡人曰："肉食者谋之，又何间焉？"刿曰："肉食者鄙，未能远谋。"

如果在古代，肉食者未能远谋，在现代，是否消费增加就能算作经济发展呢？否。如果人们的生活水平提高了，反而变得更"鄙"、更"奸"，不能说实现了经济发展。这样看来，消费增加不仅可能不是经济发展，而且可能不利于经济发展。

荀子曾说：

"圣人制礼义，以养人之欲，给人之求。使欲必不穷乎物，物必不屈于欲，二者相持而长，是礼之所起也。"

荀子的意思是，人的欲望要有所克制，不能无限地追求欲望的满足。在无法依靠个人自觉的克制欲望的情况下，荀子借圣人所制定的"礼"来加以克制。他的"礼"大概就相当于现在的意识形态。这样，也就可以理解，马克思关于共产主义的"按需分配"不是无限制地满足人们的需求了。在任何时候，一个国家的发展都有一个需求的合理性问题了。

值得指出的是，如果经济发展不是保障物质享受，那用刺激奢侈型消费的办法来保障、刺激经济增长就更加错误了。毕竟，前者还没有把经济发展作为目的，而后者不仅把手段当成了目的，而且犯了决策科学性的错误：这个手段既不有效，也不合理：如果发达国家的一些富翁都过着比较节俭的生活，如果中国老一辈共产党人为党为国立下那么大的功勋，都以艰苦朴素为荣，如果中国今天还有许多地区、许多人们相当贫穷，今天中国采取浪费性政策有什么必要性、合理性呢？

在发展目标的选择上，尤其需要警惕西方话语。强国的利益在于它把后发国家陷于贫困陷阱之中，把它们变为自己的钱袋或者加工厂。1948年前，英国以很低的成本控制印度，再从印度获得巨大资源，把印度变成了英国的钱袋，又用这个钱袋支撑自己的帝国地位，从而又把印度变成了英国的杠杆。如果不能变成它们的钱袋，那么，阻碍其实现真正的发展是符合它们的利益的。比如，一些学者都把减少贫困作为发展的目标。贫困能解决吗？即使能够解决，算是实现了发展吗？幸运的是，西方减贫理论并没有成为中国的发展指导理论。又如，无论中外历史都说明，GDP是一个极为糟糕的发展指标。从国外的例子看，日本经济曾占世界第三位，但其能源、食品和制造业利润都依赖于美国，更不用说还处于美国的军事占领之下，根本引不起美国政治家的重视。波斯湾石油国家与日本有类似之处。从中国自身历史看，中国清政府时期曾经GDP世界第一，结果很快沦为半殖民地。西方GDP概念对于当代中国的经济发展尤其具有破坏性。当中国一些官员以参加锦标赛的"精神"把那种唯GDP论的西方发展理论、增长理论排他性地应用于他们所管辖的中国行政区域时，不仅自己贪污腐败，而且造成了中国原有的社会主义制度的破坏。毕竟，在1949—1976时期，中国已经建立了一个廉洁的政府，一个适应新生产力发展的新的社会框架。这些历史足以说明一个普遍的道理，把西方GDP理解为经济发展可能发展成一个错误的极端。这样看来，西方宏观经济学对GDP的批评只能说是小骂大帮忙。

社会主义是一种生产关系，它要在一定的生产力上实现自己，发展自己。因此，把建设社会主义作为发展的目的，并不否定经济增长。不仅不否定，而且能够在好的前提下尽可能地快速增长，才叫发展。

中华人民共和国成立后，为了实现发展，毛泽东一代人历史地、必然性地选择了重工业优先发展的战略。今天，一些中国学者质疑这种发展战略的合理性。其实，重工业优先发展，就像一个大学理科的学生要先学习微积分和线性代数一样。中国如果不优先发展重工业，就无法最优化地发展自己的轻工业。中国优先发展重工业，还因为中国100年落后挨打的历史，因为22年（从1927年算起）的国内战争、抗日战争、解放战争的切肤之痛（中国共产党解放东北之后，就在接下来的解放战争中享受到重工业的利益），要建立强大的国防，要抵御外侵。可以说，那个时期的中国一致同意地选择了重工业优先发展这个目标和任务。他们实现了经济发展吗？根据我们的上述理念，他们实现了经济发展。这样来看，不仅工业化是发展，入朝参战也是发展，原子弹爆炸也是发展。值得指出的是，所有这些都是在公有制基础上实现的。

阅读材料：美国经济发展和战后西欧国家的一体化努力

美国自其1776年建国（1783年英国承认），经过近百年，到1870年，其GDP才赶上英国，至1913年，才在人均GDP上超过英国，但在科学技术上依然落后（这在诸多文献中都有揭示）。实际上，两次世界大战导致欧洲衰落，其中，欧洲的著名科学家（如爱因斯坦、斯坦·乌拉姆、恩利克·费米等）移民美国，美国人留学欧洲（如罗伯特·奥本海默、诺伯特·维纳），才使得美国发现自己改变孤立主义并在普遍移民基础上借助现代科学技术和软实力（包括对他国的光环效应）领导世界的机会。

正是这些大批欧洲科学家的加入，帮助美国在第二次世界大战期间的军事工业（以及教育和科学技术方面）取得长足进步。这种帮助作用如此之大，以至于没有它，美国是否会成为世界霸权国家依然是值得怀疑的。

在美国成为世界霸权国家后，欧洲人发现自己失去了不止是十年，而是世界中心的位置。它们期待着能够重新积聚力量。经济一体化就是在这样的背景下复活了。一开始，它是指自由贸易，在此概念下，英国先主导了欧洲自由贸易区。后来，它指不存在任何影响商品与生产要素流动的政府歧视性政策。在此概念框架下，成立了欧洲关税同盟。第二次世界大战后，让·蒙内及其追随者承继了这种思想，得到美国主持马歇尔计划工作的保罗·霍夫曼的支持。让·蒙内发明了法国财政部长罗伯特·舒曼1950年提出的欧洲钢铁联营。1957年的罗马条约组织了由比利时、法国、德国、意大利、卢森堡与荷兰等参加的欧洲经济共同体，构成关税同盟，同时安排欧洲社会基金、欧洲投资银行和欧洲海外基金来抵消新安排对任何一个国家的一个地方的不利影响。欧洲经济一体化过程中，不可避免地涉及一些国家放松乃至取消其对经济活动的管制。这种欧洲的活动可能对后来的美国20世纪80年代供给经济学的出现产生了启发。

第二节 发展道路

一、发展战略

战略是在一段时期内走过一条道路的方法、手段。制定战略的目的就是要了解情势，识别可能的危险，在此基础上利用一切可能的机会、手段来实现自己的既定目标。战略一旦错误，就会影响发展道路的选择，就会导致偏离既定的发展道路，即使既定的发展道路是占优的发展道路。任何一个战略的实施，都会产生一定的结果。同一战略，起点不同，达到的结果就不同。内外部的有利因素和不利因素的交叉作用也决定着战略实施所能达到的结果。当起点极低，内外部因素极为不利的情况下，即使达到某种看似并不起眼的发展成就都应该被视为战略成功。毕竟，引发资本主义大发展的产业革命在发生后的100年时间里也没有让英国发生多大的变化。

战略的实施离不开一系列的条件。条件又可以分为基础条件和非基础条件。这种分类可用于揭示不同条件所起的作用的不同。比如，一个国家的人口规模就是其发展战略制定和实施的基础条件，而技术进步的速度则属于非基础条件。人口大国可以实施的发展战略是人口小国无法实施的。

第一，与历史上许多人口小国受制于资源的有限性而不得不选择有限目标不同，人口大国即使处于经济发展的初期阶段，在资本、技术、社会基础设施等方面依然落后的条件下，也可以更为容易地拥有资本积累、军事支出等所需要的储蓄。人口大国可以动用的用于国际竞争（包括捍卫自己的领土完整、在世界范围内获得资源用于国内的发展、研发）的资源远远超过人口小国所能动用的资源的上界。假设每个劳动者每年所创造的剩余价值为 sv，劳动者总数量为 L，这个社会每年所创造的剩余价值即为 $sv \times L$。在战争时期，这个剩余越大，战争的胜算就越大。第二次世界大战中，美国就是用这种办法取得了对日本的胜利。这个胜利甚至在偷袭珍珠港之前就已经被日本的山本五十六大将所指出。

第二，人口大国一旦开始发展，就可以实现快速发展。它的人力、物力和财力使得它能够在更为广阔的领域展开研发，而限于人力、物力和财力的小国只能动用极为有限的资金、人力从事极少的研发项目，并在此基础上选择专业化生产的模式。而且，其专业化生产也无法便利地享受到大国所能享受的规模经济的利益，即使出口能够扩大规模，也不无成本（显示东南亚四小龙经验不可能值得中国借鉴）。大国则不受这种经济发展模式的限制。在人均GDP很低的情况下，GDP总量的增加也使得这个国家拥有巨大的优势。美国在赶超英国的过程中，也是先在GDP总量上超过英国，然后在人均GDP上超越英国。

人口大国具有更大的研发成功可能性，它可以弥补其他方面的劣势，从而使一个国家的经济发展道路表现出优势。比如，最近，就有证据表明，中国在研发领域开始占据世界领先地位。2012年，作为世界最大的机器工具消费国，中国的机器工具消费是美国的4倍；同时，中国所生产出的机器工具是美国的5倍。

阅读材料：发展目标是发展战略的重要构成要素

在许多情况下，一个国家没有实现经济发展，就是因为这个国家的领导人或领导集团没有为这个国家确定一个值得追求的目标，或者没有采用本来可以采用的实现这个目标的必要手段。没有确定值得追求的目标或者没有采用实现这个目标的必要手段，可能是参与、主导战略制定的人的学识、价值观、信仰等存在重大缺陷。这些方面的重大缺陷同时也给敌对国家的诱导（使该国做出错误战略决策）提供了可乘之机。如果一个国家参与、主导战略制定的人的学识、价值观、信仰等存在重大缺陷，受到敌对国家的误导了，那么，无论是自上而下还是自下而上地制定策略都不足以保证战略的成功。如果一个国家既有发展目标的失误，也有手段的失当，失败就注定了。苏联解体的原因可以归结为这两点。值得指出的是，西方国家不希望中国这样的国家，甚至也不希望拉美那样的国家科学设立目标和科学选择达到目标的手段。为此，他们不惜采取一切必要的手段。比如，当拉丁美洲国家在发展计算机上出现失败时，他们就把这种失败夸大为由于违背比较优势"规律"导致的必然失败。他们不仅把科学选定的发展目标说成不可能达到，还经常试图用貌似正确的理论，如自发秩序、自由放任、比较优势，迷惑像中国这样的国家的双眼。而当失败还不是非常明显时，有学识、价值观、信仰等重大缺陷、受到敌对国家误导的决策者甚至还把战术的胜利（如GDP增长）无比放大，用于证明自己的正确。这样一来，国家就更加危险了。值得指出的是，这个对战略与发展的关系的分析打破了西方新制度经济学把发展与否、发展好坏归结为制度的神话，而且为好的制度的形成提供了一种潜在的解释。

二、发展道路

道路是机制、模式、方式的同义词，它由一系列相互联系、时间上继起的战略构成。尽管它们所指可能有所不同，但只是侧重点的差异而已。通过改变中国经济的状况改进人民的福利，进而改变国际地位，是发展道路理论所要解决的主要问题。战略要由政治来控制，也服务于政治的需要。这要在理性的计算基础上才能成功。人走多了固然成了路，但不一定是好路。道路的选择和实施不是简单的实践，必须有科学理论的指导，以避免不必要的损失和迂回。

一个国家在一个阶段的经济发展，起点不变，无法选择，道路却可变，终点因而也可变。这个阶段的终点，决定了第二阶段的起点。第二阶段起点高了，道路优化性低一点，其终点却可能比其他国家高。一个经济落后的国家如果在经济发展的若干阶段都尽可能地保证经济发展道路的科学性、优化性，成长为世界经济强国就只是个时间问题了。由此看出，经济发展道路的性质命运攸关。经济发展道路科学了，经济发展的速度不可能低于美国百年3%的年经济平均增长率，也可能在百年内不低于日本第二次世界大战后30年左右的时间里7%的年平均增长率，而且不会出现美国、日本经济发展过程中出现的社会分裂、"拉伤"，更不会出现危机了。这样看来，经济增长率只是一个表象，经济发展道路的性质才是问题的关键。参见图14.1。该图横坐标表示时间，纵坐标表示经济发展水平。Z_1、Z_2分别代表某个国家选择的两种不同的经济发展道路。Z_1在第一个阶段表现优于Z_2，但在第二个阶段则被Z_2超过。Z_3则代表在某个时间出现的"陡直的起飞"（巴兰，2000：342）。这种"陡直的起飞"出现的时间点当然是可变的。

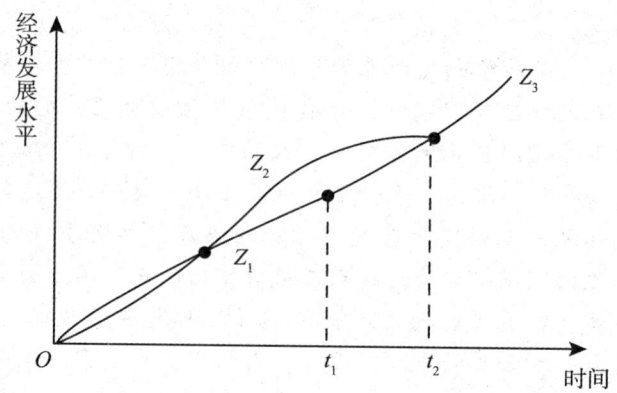

图14.1 相同起点不同经济发展道路下的经济发展的不同

比如，坐标原点可能代表1949年的中国，也可能代表20世纪80年代的中国，甚至也可能代表1998年或2008年的中国。这些年份都构成重要的时间节点。在这些节点上，中国经济发展本来可能有其他的走向的。确实，大量研究和诸多学者高度评价排除掉"大跃进"和"文化大革命"的1949—1980年时期的中国经济，并认为毛泽东时代为改革开放时期的经济增长奠定了基础。

要实现赶超，或达到既定的目标，既要科学冷静地理解现实，又要勇敢地采取行动。多马（1983：14）认为，发展模式的选择绝不是简单的经济增长理论，而是涉及整个社会结构（货币、储蓄、分配、投资、消费、财政、贸易、管理、政治、教育、法律、态度、市场、计划、协调、阶级、地理、技术等），涉及众多变量及其相互关系，需要大量的具体工作，需要能综合一切社会科学的资料和观念的能力，需要具有远见和想象力的哲人的工作。如果用马克思主义的语言来说，"具有远见和想象力的哲人的工作"恐怕是指动员足够的国家机器和社会民众力量，来抵抗那些存在于党和政府中的破坏、阻碍中国经济发展的少数腐败官僚势力。

由此可以看出，两个国家即便在起点时处于相同的经济发展水平，那个发展道路选择更为科学合理的国家的经济可以更快发展，在一个阶段后达到更高发展水平；而发展起点不同时，那个后发国家如果能够及时纠正经济发展道路，也就能够弥补差距，反之，差距就会进一步扩大。因此，一个经济后发国家如果在经济发展的每个阶段都能保证经济发展道路的科学性、优化性，它成长为世界的经济强国就只是个时间问题了。由此看出，经济发展道路的性质确实攸关民族、国家命运。

让我们把时间作为一个因变量（时间一般不是因变量），由于先行200年，国1的总产品Y_1远远大于国2的总产品Y_2，即$Y_1 \gg Y_2$。假设国1的人口数量又远远小于国2，即$N_1 \ll N_2$。那么，如果从纯经济的角度考虑，国2的一个人会觉得比国1的人的福利如何呢？答案几乎是无疑的，它可以用$Y_1/N_1 \gg Y_2/N_2$来反映。为了缩小这种感觉上的差异，假设国2选择了一个极为优越的制度，那么，需要多少年让它的国民才能感觉自在呢？可能需要100年时间。在这100年时间内，它的国民感觉不自在是否就证明国2选择的制度不优越呢？答案当然是否定的！你把国2想象成中国，把国1想象成美国，你就能感受到这种分析的力量。

三、人口大国的分裂与反分裂的对抗

其他国家对人口大国的策略也反证人口大国所拥有的优势。面对上述人口数量优势，西方国家在历史上采取殖民政策、门户开放政策来最大限度地占为己有。比如，英国把印度变为殖民地后，庞大的人口使得印度长期成为英国的无报酬的兵力源、赤字消化国（支付战争费用、抚恤金）（阿里吉，2009：133）。当殖民政策、门户开放政策无法实施后，它们进而采取分裂、肢解政策。比如，英国在结束对印度的殖民统治的时候，就把印度肢解为巴基斯坦和印度两个国家。被肢解后的国家在人口数量上明显比统一的国家少，其市场规模也相应地减少。更严重的是，被肢解后形成的国家之间可能会存在着严重竞争，乃至军事冲突。这样或者它们太过微小，或者自顾不暇，或者求助于原宗主国，这样一来，原宗主国的优势得以保持，或者损失降低到最小。仅仅由于人口大国所拥有的人口数量优势，就引起了其他国家试图分裂、肢解该国的危险，因为这样的国家对于其他强国才更有可能构成威胁。很显然，一个人口大国，其发展潜力越大，就越有引起他国觊觎的危险；而一个人口大国所采取的针锋相对的政策就是尽可能地维护本国的统一和领土完整。

欧洲的这种历史格局和演变，不难启发作为其后裔的美国对中国、苏联和俄罗斯有这种图谋。我国新疆、西藏的分裂势力都与此有关。美国在策动苏联解体后，现在则试图使俄罗斯进一步分裂。一位西方学者和政治家认为，失去乌克兰有可能成为俄罗斯最为严重的领土失守。这相当于失去了超过4 000万人口，以及面积相当大的一块领土……克里米亚加入俄罗斯以及目前的情况，正在制造出一个对俄罗斯充满强烈敌意的国家。如果这样继续下去，乌克兰倾向西方后，俄罗斯会因此而遭难。这将成为目前为止俄罗斯帝国历史上最大的一次倒退。

总之，从经济发展道路来看，中国要时刻提防出现类似欧洲那样的碎片化的局面。公

元 800 年，查理大帝一统欧洲，然而其三个孙子于公元 843 年签订《凡尔登条约》后，又通过一系列条约，把欧洲大陆分裂为三个主要地区。由于欧洲之后的混战绵延千年之久，欧洲逐渐变成多个国家所构成的大陆。与欧洲发展相反，美国不仅在其暴力主义民族基因下从印第安民族抢夺土地，而且不断从其他国家购买、抢占土地，结果在短短数百年中形成了一个大的国家，为其在 20 世纪从欧洲国家夺得世界霸权提供了人口、劳动力基础。可以设想，如果不是由于欧洲资本主义的率先发展，它就可能因分裂而成为其他民族的鱼肉。尽管奥地利帝国（1804—1867 年）和奥匈帝国（1867—1918 年）一度在 19 世纪雄视大半个欧洲，但到 20 世纪，它已经变成袖珍小国。20 世纪上半叶的两次世界大战部分有德国想要改变这种欧洲格局的成分。欧洲共同市场、自由贸易区、欧洲货币同盟则可以看成是它们的继续，北约东扩也是与人口数量有关的，而英国公投决定脱离欧盟则恐怕是一种倒退。

关 键 词

经济发展　科学目的　经济结构　复杂性　相对性　发展战略　发展模式　人口规模

思考题与练习题

1. 经济发展的定义是什么？
2. 制定一个国家的经济发展战略需要考虑哪些因素？
3. 一个国家经济发展的复杂性在于哪些方面？
4. 大国与小国的发展战略有什么不同之处？
5. 人口规模在国家经济发展中起什么作用？

第十五章　相对价格扭曲和通货膨胀

价格的总图景既包括单个商品的价格的确定（第三章、第六章），也包括价格的社会性、结构性安排，还包括价格总体水平的运动。有经济学家认为，最好的情况是保持宏观价格水平的稳定，而任由相对价格随行就市地变化。经济学家当然知道，关税、补贴、出口奖励会改变相对价格，所以，实际上他们知道，没有什么所谓随行就市。这些问题是非常复杂的。

第一节　相对价格：一些重要的情形

现实中不存在处于自然状态的经济。马克思分析了利润和工资的比例。关于这一比例对福利的决定性作用，参看本书第七章第二节。除了利润和工资的比例外，其他相对价格也极为重要。生产条件和技术进步在不同产品中的分布不同，产品的相对价格就会发生变化。这种变化会对各个生产和消费阶层造成影响。需求的变化、生产要素的流动也会反过来对相对价格产生影响。但是，作为一个处于不断改革的国家，由政策性因素引起的相对价格的变化更值得注意。列举一些这样的例子是有意义的，它能让你理解，相对价格可能是隐性的。

一、"资产"的分配：平均化还是两极化

西方有个谚语，叫天下没有免费的午餐。就事论事看，天下确实有免费的午餐。中国共产党井冈山时期开展了"打土豪，分田地"的运动。这个口号的标语最先出现在1927年的文家市。秋收起义会师旧址文家市作为全国重点文物保护单位，至今还保存有当年所写的这条标语。从1928年3月开始，毛泽东在酃（líng）县的中村正式开展了"打土豪，分田地"的革命斗争，树起了分田分地的旗帜。分田地是免费的，既争取了群众，又瓦解了敌人，一举多得。毛泽东起草土地法，在各级政府设立土地委员会或土地委员，明确提出"深入割据地区的土地革命"。这使得中国共产党还获得了独立的财政资源，为独立自主地制定革命策略提供了经济保障。分田分地旗帜早在中国封建社会的农民革命中就成为口号，依然有现实的用途。这个思想甚至在中华人民共和国成立后毛泽东的对外援助的政策的制定中也得到了延续：他坚决地主张尊重被援国的利益和意愿。

西方也有免费的午餐。这可能需要你明白，有许多价格是不直接反映在市场上的。西欧国家慷慨地赋予私人巨大的权力，其中不无免费之处，否则，私人怎么赚得大钱呢？私人创办的英格兰银行借向英国国王提供服务之机取得了货币的发行权，美国联邦储备局（也是私人机构）的设立也是如此。美国在西进运动中廉价地出让土地，各州也慷慨地把

土地用于建立农业研究和推广机构。

今天的中国也有免费的午餐，只不过，可能与"打土豪，分田地"正好相反。私有化就是这样的免费午餐。中国有许多国有企业以远远低于其现值的价格被少数私人借助银行贷款瓜分了。对这些一夜暴富的人来说，他们之后不是就能享受免费的早餐、午餐和晚餐吗？他们即使为这些消费付钱，所付的也是别人的钱。

有些人一听到平均分配就指责别人要搞大锅饭。碰到这样的人你就要小心了：他可能要长期吃免费的午餐和晚餐。他们如果既有钱，又有权，这个社会的秩序还会好吗？一个劫贫济富的社会会好吗？

二、(出口) 补贴、救市

(一) 补贴

假设一个企业在劳动价值论所预测的应然价格水平附近有一个供给曲线，也有一个需求曲线。这个假设是为了保证政府补贴的正当性。如果它的产品价格过低，一般就无需补贴，因为极低的价格能够保证它的产品销售。如果它的产品价格过高，一般的补贴也没有意义。实际上，补贴一般是政府针对企业所做的"微小"的调整。

1. 从量补贴

从量补贴是企业每生产和交易一单位产品，政府就支付一定的货币。假设政府对某单位商品补贴 s 元，这意味着卖方所得到的净价比买方所付出的多出 s 元。假设 $P_0 Q_0$ 代表补贴钱的市场价格和数量。P_D 是买方支付的价格，P_s 是卖方获得的补贴后净价。

怎样确定补贴后的市场数量呢？买方和卖方各付出和得到多少呢？买方关注他们必须支付的价格 P_D，买方所要购买的数量则由需求曲线给出。同样，卖方关心他们接受的净价格 P_s，给定 P_s，卖方生产销售的数量由供给曲线确定。销售的数量和购买的数量相等，因此只要我们找出，需求曲线上，对应于价格 P_D 的数量，和供给曲线上对应于价格 P_s 的数量，使得 P_s 与 P_D 在 Q_1 处值的差等于 s 即可。如图 15.1 所示。

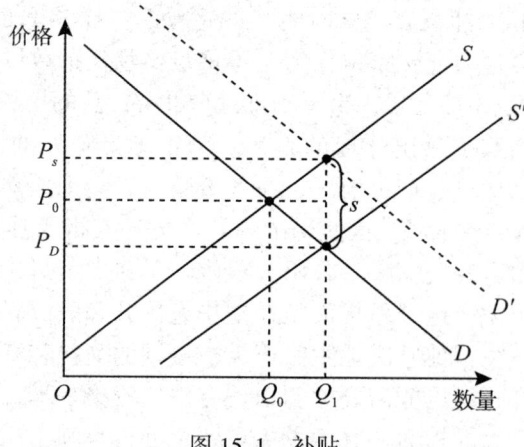

图 15.1 补贴

在图 15.1，你所做的只是要找到那个 Q_1，它使得 $P_S(Q_1) - P_D(Q_1) = s$。其中，$P_S(Q_1)$、$P_D(Q_1)$ 分别是需求函数和供给函数的反函数在 Q_1 处的数值。

请注意，这个结果可能由两种方式产生：如果补贴是给厂商的，它就相当于把 S 曲线平行下移到 S'。为什么呢？因为供给曲线的定义表明，它给出了为了使供给者供给某个数量必须使它得到的最低价格。在没有政府补贴的情况下，企业的供给曲线如果是 S，那么，在有了政府的从量补贴后，企业所能接受的最低价格就必然降低 S'，这相当于 S 曲线向下平移。如果补贴是给消费者的，它就相当于把 D 曲线平行上移到 D'。这是因为需求曲线表示了消费者对每一个购买数量所愿意支付的最高价格。如果政府直接给他补贴，那他的意愿支付的最高价格就会上升政府补贴的数量。

如果你有兴趣，可以考虑补贴的利益究竟被谁（消费者还是生产者）获得的问题。为了思考这个问题，你要选择一个比较标准。提示：$P_S - P_0$、$P_0 - P_D$ 可以看作分别是由生产者和消费者所得到的补贴。于是生产者和消费者所得到的补贴之比就是 $(P_S - P_0)/(P_0 - P_D)$。你可以进一步把这个比值与供给曲线和需求曲线的弹性之比建立一个等式关系。

请注意，上述分析一般适用于对私有企业补贴的分析。政府对国有企业进行补贴与对私有企业进行补贴存在着一个根本的差异：对于前者，无论在补贴前后都没有私人利润，对于后者，补贴则使私人利润增加。

2．一次性补贴（lump sum subsidy）

一些国家为了求得经济发展，往往借助于私有企业的力量。为了得到这种力量，政府可能对私人企业建办公楼、获得土地、雇用劳动力提供补贴。当然，借助于私有企业力量求得经济发展的方式是否优化的经济发展方式，是可以打个大大的问号的。在这种方式支配下，对私有企业实行补贴的效果如何，也可以大大地提出疑问。你只要思考，在中国发展商用飞机上所经历的困难是否利用私人企业可以克服就能有所领悟。

一些经济学家根据数学求导法则认为，这种一次性补贴（或者一次性税收）不影响企业的生产。在有一次性补贴 S 的情况下，企业的利润函数为：

$$\pi(Q) = P(Q)Q - C(Q) + S \tag{15.1}$$

如果这个企业是利润最大化的，那么，按照这些经济学家的逻辑，它决策生产的 Q^* 可以通过对 $\pi(Q)$ 求导并令它等于 0 获得，即令 $\pi'(Q) = 0$。在这个求导过程中，S 就消失了。因此，根据数学的求导公式，S 对最终的 Q^* 没有影响，即 $Q^{*\prime}(S) = 0$。于是，得出结论：S 对产量没有影响。然而，这里有一个矛盾：如果 S 对产量没有影响，为什么政府要给予私人企业补贴呢？到底是哪里出了问题呢？你很难相信，政府补贴对私人企业的产量没有影响这个答案。你的怀疑，在本书作者看来，是更有道理的。

（二）救市

补贴一般用于支持建立新企业或支持在位企业正常运行。救市（bailout）是在企业出现运行危机之时政府通过提供补贴来对企业实施救助的行动。这种救市所针对的主要是部分大企业。政府试图通过救助部分大企业来稳定市场。在美国，大的石油公司、航空公司、汽车公司、金融公司都可能被认为太大而不能倒（too big to fail）。在这些公司遇到自身难以克服的困难的时候，政府往往通过直接注资或提供低息贷款的办法帮助它们摆脱困难。

有些经济学家反对政府救市,他们认为,政府救市会激励企业的道德风险。有的经济学家认为,政府救市是必要之恶(necessary evil)。在政府救市中,有可能出现应该为企业失败负责的管理者拿到高额的离职赔偿金走人的事情。这恐怕就不是必要之恶了。

与上述救市相对的是自救(bailin)。这是西方企业在出现问题之后试图不依靠政府,自行寻找救助的办法的行动。然而,当企业的失败程度过大的时候,自救行动就很难成功了。

救市和自救行动的出现证明了即使是垄断私人企业也会面临失败的前景。垄断私人企业在失败时能够寻找并找到救助。当一些个人面临生活困境时,怎样才能找到救助呢!?

三、价格扭曲:以房价、药价、股价为例

资产分配、补贴、救市都是隐含的相对价格的变动。也有大量的显性的价格扭曲,它们构成对某些集团的隐性的补贴和对其他相关集团的掠夺。在第十章,我们曾经谈到利率市场化。高利率显然对有钱人有利,是对有钱人的转移支付、补贴。有钱人喜欢高利率,也争取高利率,尽管有时他们争取不到,甚至可能不好意思争取了。

(一)房价和药价

西方有一派极有影响的理论说,市场化会校正价格。实际上,这派理论的主要目的就是论证这个的。但是,中国改革开放的市场化进程把这一派的理论彻底打破了。住房是市场化最厉害的领域之一,医疗也经历了多轮的市场化改革。然而,越改革,药价、房价越高,甚至出现了越调控房价越高的恶性循环。

本书第二章已经指出,基于中国的高房价、高医疗价格、高教育价格、高社会保障价格的事实,可以把中国市场经济下的消费结构划分为核心消费(CC:住房、教育、医疗和社保,它们为消费者的必需、必要和必然消费,无所谓消费行为的差异性)、日常消费(DC:基本日常生活必需消费)和边际消费(MC:满足前两种后的消费,如奢侈、享受型消费等)三种。核心消费价格高涨的扭曲效应是多方面的。

首先,在20世纪90年代,由于p_1相对较低,那个时期的消费者可以购买房子。当他们有了一定积累之后,可以买第2套房子、第3套房子,只要有资金,或者只要能够出租,或只要能够转手,中国少数人就可以积累起巨额数量的住房。当房价形成今天北京市中心那样的水平时,一个人不需要几百套房子,只要拥有这样价格的几套房子,他就已经在短短数年积累了普通百姓几辈子、甚至几十辈子都无法积累起来的货币财富;而对于那些没有房子的人而言,承受这种价格无疑就是让他成为奴隶。①

其次,核心消费的价格上升不仅是价格的扭曲,还导致生产结构的扭曲。当中国房地产极端化发展时,它带动了水泥、钢铁等诸多行业的极端化发展,在这种经济利益的刺激之下,政府想要压缩产能,也难以奏效。因为压缩了小企业的产能之后,或压低了大企业的落后产能之后,大企业的其他产能就会填充这个市场空白。这时,政府官员可能已经在

---

① 龙斧,王今朝.核心消费决定论——从市场与消费的结构性扭曲看中国内需不足的根本影响因素.河北经贸大学学报,2015(06):27-37.

前面的压缩产能中耗尽了精力,对待企业的接下来的反应也就懒得理了。在教育领域,当中国通过"民办"高校的办法"大力发展高等教育"事业时,我们则看到,政府没有压缩"产能",而是在扩充"产能"。众多的"民办"高校所提供的教育服务质量没有公立大学的教育服务质量高,学费却比后者的高。这既不符合社会主义市场经济规律,也不符合资本主义市场经济规律。类似这种的"产能"越扩充,中国的发展模式的不合理性就越增加。

最后,核心消费的成本直接影响日常消费的"可多可少"和边际消费的"可有可无"。① 不仅如此,核心消费还与家庭收入分层、内需不足联系起来。② 对于本书这里的目的而言,重要的是,它们证明,市场化本身并不校正价格,反而是扭曲价格。这个分析是真正具有"新制度"特征的分析,因为它所反对的是表面上新实际上旧的制度。西方的"新制度经济学"实际上是对"旧制度",即资本主义制度的分析。美国新制度经济学代表人物奥利弗·威廉姆森(O. Williamson)的著作名字就叫《资本主义经济制度:论企业签约与市场签约》(商务印书馆2002年版)。

(二)股价

20世纪90年代初,中国开设了股票市场。在西方,普通股股票发行是公司筹集股权资本的一个重要途径。普通股股票的持有者享有公司的权益,份额等于其在特定时间内所持有的股份占总股份的百分比。这种权益是一种所有权,根据这种所有权,在理论上,股东可以享有一系列的权利,包括公司的决策权。但是小股东一般地对决策权不产生影响,因此也没有兴趣。于是公司的重大事务的决策权留给了大股东。但小股东享有的公司资产在偿付其他全部求偿权之后所有剩余部分的求偿权得到了保障,即小股东享有与大股东一样的同股同权的红利要求权。红利发放一般按季度进行,在季度末发放。根据西方的这种股票设计,假如持股人只持有1期股票(他可能急需钱用),在第2期期初即卖掉股票,于是,股票的价格应该这样计算:

假设股票的现期(如这个季度)价格为P_0,下期(如下个季度)价格预期为P_1,在现期末预期支付的红利为D_1,于是,购买这支股票的预期名义收益率k_e就是:

$$k_e = \frac{D_1 + P_1}{P_0} - 1 \tag{15.2}$$

假如认为k_e是投资者在投资时所要求的收益率,那k_e就是事先已知的,于是,可以把上式改写,得到如下形式:

$$P_0 = \frac{D_1 + P_1}{1 + k_e} \tag{15.3}$$

公式(15.3)看起来令人不解。它实际上是个迭代公式。现在,用P_1替代P_0,用P_2替代P_1,我们可以得到:

---

① 龙斧,王今朝. 核心消费决定论——从市场与消费的结构性扭曲看中国内需不足的根本影响因素. 河北经贸大学学报,2015(06):27-37.
② 龙斧,王今朝. 核心消费决定论——从市场与消费的结构性扭曲看中国内需不足的根本影响因素. 河北经贸大学学报,2015(06):27-37.

$$P_0 = \frac{D_1 + P_1}{1 + k_e} = \frac{D_1 + \frac{D_2 + P_2}{1 + k_e}}{1 + k_e} = \frac{D_1}{1 + k_e} + \frac{D_2 + P_1}{(1 + k_e)^2} \quad (15.4)$$

把上述过程推到无限期，于是：

$$P_0 = \sum_{t=1}^{+\infty} \frac{D_t}{(1 + k_e)^t} + \frac{P^{+\infty}}{(1 + k_e)^{+\infty}} \quad (15.5)$$

这个公式就叫作股票的红利估值模型。这是一个基本模型。如果你假设红利按照指数增长，这个公式还可以进一步变化。

一般的西方经济学和金融学理论都没有指出这个模型的适用条件。实际上，这个模型是不可验证的。因为任何一个公司的股利都是难以预期的，股票的预期收益率也是可变的。因此，你永远不知道这个公式是否在对某个公司的股票估值时是可用的。它只是一种高度抽象的理论推理。确实，总体而言西方金融危机是不可预期的。如果这个公式对于所有企业的股票都适用，就不大可能出现金融危机了。考虑到发生金融危机时，时间不会趋于无穷，而股票的价格可能趋于0，这会对股票定价产生强大影响。

在中国，上述模型就更不适用了。因为许多企业并不支付股息。然而，企业不支付股息似乎并没有影响到中国企业的股票价格上升。实际上，在2016年，中国股票就出现了一次异常波动，引起了国家部门的干预。很显然，当股票价格处于上升通道时，中国那些持有多头的人就获得了更好的收益。中国许多人的时间不少都用在了炒股上。在一些时期，他们炒股的收益甚至超过了他们做本职工作的收入。这种价格扭曲值得吗？究竟怎样解决这些扭曲呢？

在你将来学了债券、期货、期权的定价公式之后，你会遇到类似问题。

第二节 通货膨胀

第一节的研究告诉人们，相对价格非常重要和怎样重要。这一节的研究则要说明，总体价格水平（在第三章已有定义）的变化非常重要和怎样重要。总体价格水平通常用批发价格、零售价格、劳动者工资水平等来表示。（正的）通货膨胀是这些价格水平的上升。这些价格指数虽然不同，但在很多时候是具有一致的趋势的（做移动平均后，它们的一致性应该更强）。

一、通货膨胀的分类

在不同场合，需要对通货膨胀做不同的分类。这些不同的分类的产生也是适应研究的需要而产生的。下面只是介绍我们认为比较可靠的分类。

（一）通货紧缩、温和的通货膨胀、高通货膨胀和恶性通货膨胀

根据实际发生的历史，通货膨胀可以分为通货紧缩、温和的通货膨胀、高通货膨胀和恶性通货膨胀四种。后面三种之间的差别不是绝对的。

1. 通货紧缩

价格水平的下跌，被称作通货紧缩。也就是说，它是负的通货膨胀。生产和运输方面

的技术进步也可引起通货紧缩。生产发展,导致供给增多了,但货币并没有相应地增加,就可以发生通货紧缩。这时,同样的工资可以换取较多的生活必需品。这被称作财富效应。但如果工资先降低引起了价格水平降低,财富效应就不存在了,而且可能工资降低,比价格水平降得更多。

苏联在20世纪20年代曾经主动系统地采取通货紧缩的政策来实现社会经济的稳定。美国则在1929年后的几年里发生了未预期到的由经济危机诱发的通货大紧缩。两者对比说明,当时的苏联领导人比当时的美国领导人更有远见。

2. 温和的通货膨胀

在正的通货膨胀中,0%~10%的年通货膨胀率被称为温和的通货膨胀。

3. 高通货膨胀

大致说来,在年通货膨胀率10%和月通货膨胀率50%之间的通货膨胀是高通货膨胀。这是一个范围很宽的区间。

4. 恶性通货膨胀

这是每月通货膨胀率达到50%及以上的通货膨胀,也叫超级通货膨胀。在第一次世界大战后,由于英法等国强迫德国进行巨额的战争赔款,这让德国统治者面临巨大的压力,以至于他们开始疯狂印刷货币,而德国的通货膨胀也就达到了疯狂的程度。恶性通货膨胀的最大结果之一就是创造出了纳粹上台的土壤。从更长远的角度看,第二次世界大战后的德国吸取了高通货膨胀的教训,成为世界控制通货膨胀最为严厉的国家之一。

20世纪40年代中期的中国,在国民党统治区,通货膨胀率也达到了恶性通货膨胀的水平。有美国极右翼货币理论家甚至认为,国民党不是被共产党打败的,而是被自己的货币超发带来的超级通货膨胀打败的。这当然是胡扯。因为国民党的货币超发一方面是它要与共产党打仗,另一方面是它的统治阶层要巧取豪夺,导致民不聊生,连民族资产阶级都不得不反抗它了。应该说,蒋介石集团根本不具有实行统治的经验和能力,更不用说进行现代统治了。

(二) 预期到的通货膨胀和未预期到的通货膨胀

根据主观判断的正误,通货膨胀可以分为预期到的通货膨胀(π^e)和未预期到的通货膨胀(π^{ue})。任何一个实际的通货膨胀都可以分为这两种通货膨胀,即

$$\pi = \pi^e + \pi^{ue} \tag{15.6}$$

有的时候,一个机构可能发现,自己正确地预测到了实际的通货膨胀,即$\pi = \pi^e$。在实际中,没有任何机构会保证自己的每一次预期都完全正确,它们都最多只能试图做得正确。但在理论研究中,作为一种探索,你可以试着考虑,假设通货膨胀完全被预期的情况。但是,你不能把这种探索所得到的结论简单地用于政策建议的目的。

(三) 短期通货膨胀和长期通货膨胀

有的时候,短期通货膨胀成为不得已而为之的政策。为了实现一种特殊的资源动员,短期通货膨胀可能是有益的。然而,短期通货膨胀不能变成长期的,因为特殊的资源动员的需要一般最多都只有数年时间。

长期的通货膨胀是可怕的。这从如下的后果分析可以看出来。

二、通货膨胀的后果

通货膨胀一旦出现，作为一个客观事物，一定会产生它的影响。特别是，任何通货膨胀都是由某些人的决策所导致的，因此，它所产生的后果就与这些人的意图产生了联系。而且量变引起质变，不同性质、不同程度的通货膨胀所产生的后果也是动态变化的。由于我们上面对通货膨胀做了很多分类，通货膨胀的后果的分析就很复杂。为了不太繁琐，下面，就一些典型情况进行分析。其他可能的通货膨胀的后果不难用这里的方法分析。

（一）温和的预期到的通货膨胀的短期后果

短期的温和的预期到的通货膨胀如果产生严重的后果，就一定是对那些状态最为脆弱的人群所产生的。

有一种观点认为，如果所有的价格得到同时的调整，那么，温和的预期到的通货膨胀可能成本不高。比如，在5%的预期通货膨胀率情况下，名义价格与名义工资都上升5%，因而，实际工资不变。但一般而言，这个结论是不成立的。这是因为不同阶层的人们的工资的调整速度和难易程度是不同的。所以，当发生通货膨胀时，对于一般工人的伤害几乎是必然的。毫无疑问的结论是，价格上涨必然侵蚀最低收入阶层的生活保障。由于最低收入阶层的人数巨大，因此，他们的利益受损不可能不产生后果。从这个角度看，温和的预期到的通货膨胀在短期都有侵害最脆弱人群的后果。这是不道德的。这些最脆弱人群即使预期到通货膨胀的发生，也无能为力。

（二）温和的未预期通货膨胀的长期后果

每年的温和通货膨胀累积30年，就能对那些即使较为强势的集团也产生重大的长期后果。

在现实世界里，存在着一些以货币价格规定的长期债权或资产。对于这些债权或资产，长期通货膨胀会大大改变它们的实际价值。1975—2005年间，美国的价格水平上升了近4倍，将以货币价格确定的所有债权或资产的购买力，削减到了只相当其原始价值的1/4。比如，某一个国家（如日本）在1975年买进10 000亿美元的30年期的美国政府债券，预期2005年到期，按不变的购买力收回本金，比如是1万亿美元，最终它收到的这个本金的购买力只相当于1975年的2 500亿美元。相似地，一个在1975年退休，领取固定金额养老金的工人，会发现他或她的收入仅能购买退休时的大约1/4的东西。价格水平上升了近4倍（如果它是没有预期到的话），则将财富从债权人即债券持有人手中，转移到借款人，即债务人那里，从养老金领取者手中转移到企业那里。

2005年，美国居民户和非营利组织的名义净债务总价值为2.7万亿美元。因此，价格水平上升1个百分点将会降低净债务270亿美元。价格水平的变化会造成个人和经济部门间财富再分配的重大变化。特别是，当政府作为主要的净名义债务人时，主要的再分配是在政府领域与私人领域之间进行的。

中国在过去20多年中引进了美国和加拿大的购房模式：允许家庭从银行或其他储蓄和贷款机构借钱购买住宅。通货膨胀和税收的相互作用，对借款的实际成本有很大影响。住房抵押贷款在传统上是确定一个固定的名义利率，持续时期为25年或30年。现在让我们考虑一下住宅投资的经济学。例如，某人在1963年购买一间住宅，是以一笔25年期固定利息抵押贷款融资购置的。1993年的抵押利率为5.9%，随后25年间的平均通货膨胀率达到5.4%，因此这笔借款的税前实际利息成本仅为0.5%。此外，买房者还可从其税收收入中扣除因抵押贷款支付的利息。在利率为5.9%税率为30%的情况下，免税额相当于每年1.77%（5.9%的30%），因而借款的税后实际成本为-1.3%，确实是一笔不坏的买卖。

有一些人因通货膨胀遭受了损失，就必定有另一些人得到好处。通货膨胀造成的结果可以说是零和博弈。比如，通货膨胀比预期的要低，则借款人比其预期的情况要糟，而放款人则赚了。

一种观点认为，最理想的情况是让价格水平做温和的上涨。基于以上的讨论，温和的通货膨胀也不是什么理想情况。温和的通货膨胀如果不对实体经济产生影响，首先需要固定通货膨胀率，然后在一切经济活动中把通货膨胀率计算在内。但与其这样，为什么不把通货膨胀率固定为零呢？澳大利亚和加拿大都试行过0通货膨胀率的政策，但后来都放弃了。这或许可以看作是一种失败。但即使这是失败，也不能证明0通货膨胀率的政策是不可行的，因为其失败的原因可能在于它们作为开放的经济，无法不输入国外的通货膨胀。如果全世界都执行一种0通货膨胀的政策，就可能是行得通的。

（三）超级通货膨胀的后果

前面的分析表明，有的国家把超级通货膨胀作为赖账或搜刮的工具。国家确实能够达到这些糟糕的目的（再次证明政府并不必然失败）。蒋宋孔陈四大家族一定在通货膨胀中受益了，因为正是他们造成了通货膨胀。苏联解体后也发生了高通货膨胀，也一定有人从中受益了。

对固定货币收入者，比如，依靠退休金生活的人、政府公务员、拿工资的普通劳动者，高通货膨胀是一个灾难。它一旦出现，总要持续一段时间。对于以固定利率贷出货币资本的人，高通货膨胀也是不利的。

（四）总结

通货膨胀在债权人和债务人之间再分配财富和收入。这种再分配总是以有利于强势集团而不利于弱势集团或有利于某个强势集团而不利于另一个强势集团为结果。如果通货膨胀没有危害任何人，那么，谁得到了通货膨胀的购买力呢？特别是，通货膨胀总是需要一个决策集团才可能执行，通货膨胀一般是不可能根本损害这个集团的利益的。因此，总的来说，通货膨胀倾向于有利于资本家和利润收入接受者，而不利于工资收入者，这个观点是没有问题的。

有人错误地认为，货币是中性的，价格只是一个名义值，通货膨胀不会引起实体经济的反应。通货膨胀率不变，也不证明社会没有发生变化。因为一种商品的价格可能上涨一倍，另外一种商品的价格可能下跌一半。他们完全可能相互抵消。依靠价格下跌的商品生活的人收到好处，生产这些商品的人遭受损失。对于前者，情况则刚好相反。所以，有时候，平均是一种掩盖矛盾的办法。而且，没有一个通货膨胀率指标能够包含所有商品，而通货膨胀指标不包含的商品的价格的变化未能被通货膨胀率所反映。如果通货膨胀率不变，实体经济都可能遭受影响，通货膨胀怎么可能不引起实体经济的反应呢？这种观点的出现完全是错误地把在抽象假设模型中得到的结论不恰当地应用于实际。

在美国，温和的未预期到的短期通货膨胀的一个后果是纳税义务的实际价值，这引起了一些经济学家的关切。未预期到的短期通货膨胀意味着税收结构指数化的失败，这进而意味着通货膨胀使部分处于某个收入等级的公众进入更高的税收等级，从而提高了其税收支付的实际价值，即减少了个人的实际可支配收入。税收等级没有指数化的情况下，通货膨胀的作用好像国会投票增加税收等级表一样。美国自 1985 年才开始对税收级段实行指数化。这个后果对于中国尚不重要。

因此，经济管理者应该注意通货膨胀率，但不应该仅仅限于注意通货膨胀。在价格合理的前提下，价格水平的稳定应该成为一个优先的目标；而当价格畸高时，降价而不是只降低通货膨胀率应该是一个更为优先的目标。

三、通货膨胀的原因

下面的一些原因能够让你理解某些通货膨胀为什么出现，它同时也解释了为什么某些通货膨胀是未预期到的。这些分析能够让你知道，怎样才算注意通货膨胀。注意通货膨胀不是仅仅盯住通货膨胀率。

（一）货币数量论

货币数量论是西方的一种古老的通货膨胀理论。随着美洲的发现，来自秘鲁和墨西哥的银子源源不断地流进欧洲，支撑了欧洲在此之前已经开始的价格大幅上涨，被称为欧洲价格革命。这种联系帮助欧洲人形成了货币数量论的思想。这个思想后来在 18 世纪剑桥大学的学者那里形成了带有数理公式的货币数量论。

其实，最好的办法是这样来看这个剑桥版的公式。假如我们已经知道产出的数量 Y 和产出的价格水平 P。又假设已知货币数量为 M，并假设货币只有交易媒介职能，那么，可以定义这些货币的平均流通速度 V 为：

$$V \equiv \frac{PY}{M} \tag{15.7}$$

这里的恒等号表示左右两边是定义关系。

这个公式允许人们计算出在某个特定时期（如某一年）的货币流通速度。比如，$V_{2016} = \frac{P_{2016} Y_{2016}}{M_{2016}}$。计算出这个流通速度后，可以发现一个新的知识：它是相当稳定的。于是，可以认为，$V_{2016} = V_{2017} = V_{2018} = \cdots\cdots$ 这样，如果把 M 可以看作一个外生变量，把 Y 看作是由技术和各种投入数量所决定的，于是，由上式，我们就得出一个如下的逻辑关系：

$$P = \frac{MV}{Y} \tag{15.8}$$

它表示，价格水平是一个内生变量，是由 M、V、Y 决定的。这就是最基本的价格决定的货币数量论。更多时候，你看到的是等价的 $PY = MV$。

对上式两边求对数，再求导数，注意 V 被视为常数，就可以发现：

$$\frac{\Delta P}{P} = \frac{\Delta M}{M} - \frac{\Delta Y}{Y} \tag{15.9}$$

它表示，通货膨胀率 $\left(\frac{\Delta P}{P}\right)$ 等于货币供给增长率 $\left(\frac{\Delta M}{M}\right)$ 减去经济增长率 $\left(\frac{\Delta Y}{Y}\right)$。

(二) 货币数量论的适用范围

货币数量论再次说明，西方所得出的理论，无论多么有名，都是有其适用范围的。很奇怪，西方经济学者在数学化上学习物理学的方法，但他们总是讳言其经济理论有适用范围，更从来没有讨论过这一问题。一个原因是这样他们可以把他们的理论伪装成或说成普适的，另一个原因是，他们进而可以诱骗其他国家的学者乱用他们的理论，从而破坏自己的国家。当然，西方学者所受训练要求他们在职业竞争中取得优势，而把自己的理论说成是有局限性的，似乎脸上无光，不是取得优势的方法。但这样一来，社会就遭殃了。

考察货币数量论是否总是正确，只要看货币供给的速度和价格的上涨速度是否在时间上具有一致性就可以得到解决。从总体上看，上述形式的货币数量论是过于简化的。实际上，它经常被称为剑桥交易方程式。当考虑到，货币的功能还有价值贮藏，货币还可能转化为用于金融投机的货币资本，那么，货币的交易就不仅仅限于当年的产品了，而是应该包括过去的资产、股票、债券了。因此，剑桥交易方程式不可能总是对的。

而且除了总体价格水平之外，还有食品价格和奢侈品价格上涨的幅度是否一致等问题。比如，农业歉收就会导致食品价格上涨，这与货币数量本身并没有任何关系。而与此同时，如果人口大量由农村迁往城市，就会导致工资降低。饲料价格上涨到很高时，羊肉和羊油的价格反而下降，因为饲养成本过高，牲口只好杀掉。这时羊肉和羊油的供给就一下子增加很多了。

如果剑桥方程式的始作俑者宣称，$PY = MV$ 在其所设定的模型中是有效的，那么，我们上面对它的缺点的指责就可能让这位或这些已在地下的始作俑者不服气。他们的这点勇气值得钦佩！但是，让我们还是来就 $PY = MV$ 本身的逻辑关系来考察一下它的局限性。

在英国的历史上，存在着一个自由银行时代。在这个时代里，不是通过控制 M 来控制 P，而是由 P 来控制 M，即各个自由发钞银行根据企业产品的市场价格 P 来控制自己的发钞（银行券）数量，由此，根本不会出现货币超发现象。因为发行货币的对象是企业老板，企业老板非常清楚自己的货币需求，也不会向发钞银行多要货币作为自己的贷款。那么，当中央银行制度取代自由银行制度（是一种垄断取代竞争）后，M 受中央银行的控制。至少从理论上说，中央银行可以根据经济中的价格水平和产出水平以及其他因素来决定自己的基础货币的发行。这个规则既无需是货币主义的固定规则，也无需是凯恩斯主义的相机抉择，而是一个例行的程序而已。如果中央银行不是根据 P、V、Y 来决定 M，而是自行决定 M，然后在 P 上升过快时收缩 M，在 P 下降时又扩张 M，那不是它自身成为造成经济不稳定的根源了吗？这是否意味着央行有自己的利益呢？在这种情况下，想要控制通货膨胀，就必须对央行有控制。

(三) 通货膨胀的根本原因

货币数量论是一种见物不见人的理论，仿佛出现了通货膨胀，没有人应该为此负责似的。我们前面已经推出"想要控制通货膨胀，就必须对央行有控制"的结论。德国人推行的央行的独立性实际上只是控制央行的一种方案：它寄希望于一个独立的央行能够把控制通货膨胀作为自己的唯一责任，从而摆脱其他干扰。在德国，或许这是一个行得通的方案，在其他国家，就难以通行了。从根本上说，央行的行长也是一个社会人，而不是一个超人。所以，即使表面上具有独立性，也可能在实际上并不独立。在世人面前所呈现的独立不过是掩盖得好。

货币数量论暗示通货膨胀时时处处都是一种货币现象。但实际上，应该是一系列复杂的现实因素所导致的通货膨胀。比如，社会动荡、战争赔款、充实库存和投机、领导人的急功近利等。一个国家在黄金供给给定时期降低黄金的成色也会带来货币供给的增加。政府对硬币的质量监管跟不上，私人私设铸币厂也会导致货币量增加。如果是实体经济的问题，特别是如果是战争导致的巨额赔款引起了通货膨胀，那么，把通货膨胀说成永远是货币供给现象，就仿佛货币供给永远掌握在自己人的手里似的，那是掩盖问题和转移矛盾。即使在和平时期，货币在不同的人的手中所起到的作用也是不一样的。比如，如果一个国家的腐败盛行，大量货币就可能被个人窖藏，而不是放在银行，这就打破了货币创造机制。在金本位条件下，黄金被用于制造首饰、装饰庙宇，这使得货币的数量实际上并不是一个确定的。辩证法认为，矛盾的焦点是不断变化的。所以，对通货膨胀的了解必须深入到人的层面，必须对所涉及的人具体问题具体分析。

有的通货膨胀的发生就是因为有人支持通货膨胀的政策。除了用通货膨胀来刺激经济的简单理由之外，还有一种更加精致的理由：轻微的通货膨胀对经济有利（而且能降低自然失业率），因为它提供了一种不削减名义工资而降低实际工资的机制。他们认为，在一个变化着的世界里，为了实现经济效率和低失业率，需要提高某些实际工资，又需要降低另一些实际工资。提高实际工资很容易，只要使名义工资的上涨率超过通货膨胀率即可；而要削减实际工资，厂商就必须使名义工资增长率低于通货膨胀率。例如，通货膨胀率为10%，保持名义工资增长7%就可使实际工资削减3%。但在零通货膨胀时，厂商不得不削减工资支票的3%。除去企业肯定处于严重困境时的情况之外，工人们会特别反对削减名义工资。因此，削减名义工资对企业而言代价是非常高的。所以，如果使通货膨胀率保持在类似3%的水平上，就可以不削减名义工资就能对实际工资做出调整。这些人出的主意可能引起高通货膨胀率。

因此，理解通货膨胀也必须理解人。很明显，货币自身不会自动地增加，只能在人的操作之下进行。这就根本性地说明，货币数量论只是在某些情况下是正确的。这就意味着你不能把这种理论无条件地应用于任何一个国家任何一个时期的经济，也就是你不能把它看作一个普世的价格决定理论。从长远看，货币应该适应于实体经济，而不是实体经济适应于货币。尽管货币数量论可以用在超级通货膨胀的情况下，但是，人类有史以来的超级通货膨胀的经验很少。这样来看，可以把货币数量论作为对抗其他价格决定理论的一种理论来理解。

（四）其他一些更细致的问题

1. 金本位条件下的货币数量论和纸币本位条件下的货币数量论的差异

不同本位条件下的货币数量论是不同的。这可以用如下的分析来展示。金本位条件下，黄金生产成本的降低可以引起通货膨胀。黄金生产成本的降低，改变的是新生产黄金的价格。但这种新生产的黄金的价格会压低黄金存量的价格，当然同时也使得黄金的供给量增加了。那么到底是货币数量论正确，还是成本论正确呢？

假如新黄金的价格是 p_1，数量是 G_1，已有黄金的价格为 p_2，数量为 G_2。于是，这些黄金的每单位的平均价格应该为：$\dfrac{p_1 G_1 + p_2 G_2}{G_1 + G_2}$。很显然，$G_1$ 相对 G_2 越大，黄金的价格就越趋于 p_1。根据这个公式，从形式上说，货币数量可以影响商品价格，但它更主要是一个劳动成本影响价格的问题。

纸币的价格与生产成本无关，所以，就不能用上面的方法来分析。这是金本位条件下的货币数量论和纸币本位条件下的货币数量论的一个差异。这个差异值得你好好琢磨一番。有些学者可能也会对此问题感兴趣。

2. 通货膨胀的原因识别错误

有的理论认为，石油价格上涨会导致通货膨胀，因为石油是一个基础投入品。但也有观点认为，石油价格的上涨不足以产生通货膨胀，因为人们可能对石油价格的上涨做出规避，比如通过购买轻型的汽车来降低油耗。石油的成本在许多产品中并不是主要的。这一点你可以相信，因为在西方国家，劳动力成本占 GDP 的 75% 左右。

影响价格水平的变量与影响相对价格的变量是不同的。影响相对价格的变量可能影响价格水平。影响价格水平的变量，可能也会对相对价格产生影响，但其最主要的影响却是整体价格水平的变化。

3. 关于货币流通速度不变的假设

货币流通速度既不是固定的，也不是围绕着一个不变的均值做波动，而是可变的，并有可能在某个值上稳定一段时间，然后又上升或下降。货币流通速度不仅取决于人们的持币习惯，而且取决于货币数量。因为货币数量本身就可以影响人们的持币习惯。银行体系的发展也会影响货币流通速度。当信用卡大量发行时，货币流通速度就会上升。电子支付手段也减少了货币的流通，这使人们之间的交易需要记账即可。

4. 所有价格同时上涨同样的比例，通货膨胀率是否就也上涨同一比例呢？

不是的。因为不同的商品的价格悬殊很大。一栋新房子价值 20 万元，一斤黄瓜价值两块，房子价格和黄瓜价格都上涨 10%，房子涨价 2 000 元，黄瓜涨价 0.2 元。如果房子在价格水平中所占的比重为 0.01，而黄瓜的比重为 0.1，这房子涨价 2 000 元所导致的价格上涨是 20 元，黄瓜涨价导致的价格水平上涨是 0.02 元。而之所以产生这样的效应，就是因为初始价格悬殊太大。当然这种初始价格的悬殊与商品的属性有关，也与社会制度有关。比如，如果一个国家不允许房子买卖，房子只用来出租，一个月支付的房租的价格，可以和一个月为购买黄瓜所支付的价格相比较，那么，房租和黄瓜涨价同一比例，它们对通货膨胀率的影响就趋于相同了。

阅读材料：马克思《资本论》论基本建设部门的特征和性质对物价的影响

马克思在《资本论》第二卷第 9 章谈到，固定资本更新（即再投资、重置）会产生大量需求，而在固定资本使用期间，对社会总产品的需求就小多了。第二卷第 16 章涉及了基本建设部门的特征，即它的资本周转极慢。这个部门从市场上获得劳动力，获得这些劳动力所使用的劳动资料形式的固定资本以及生产材料，也要获得这种劳动力的生活资料，作为交换，这个部门因此也向社会总产品提供了大量的需求。

但是，在投产之前，这个基本建设部门所从事的这些活动没有任何产品投入市场来与其他部门的产品做交换。这就是基本建设这个长周转周期的生产部门与其他部门之间的一个巨大差别。如果基建部门活动过大，货币市场受到压力，货币供给就会增加，通货膨胀就会产生。物价的上涨又会刺激生产的扩大，还会引起投机的盛行，最终生产的扩大又会遇到需求不足的困难，导致生产停滞、工人失业等危机。这样看来，通货膨胀产生的一个原因就是基建部门不断需要大规模地长期预付货币资本。因此，马克思主张，社会必须预先计算好，能把多少劳动、生产资料和生活资料用在基建部门而不致受任何损害。中国在 1980 年后进行了长达 30 余年的基础建设投资，这种投资至今没有停止。

有谁知道，马克思是否谈过，基建部门还有一个特征：它是低生产率部门？也就是，从价值创造的角度看，投资搞基建所赚的钱肯定没有投资生产商用大飞机赚的钱多。对二者在这方面做一个比较是很有意思、意义的。

关 键 词

相对价格　通货膨胀　补贴　价格扭曲　通货紧缩　预期　货币数量

思考题与练习题

1. 关税、补贴、出口奖励是如何影响相对价格的？
2. 补贴的对象、方式不同会对市场造成什么影响？
3. 价格扭曲主要是由什么引起的？会带来哪些后果？
4. 通货膨胀的起因与后果分别有哪些？

第十六章 长期经济增长中的短期经济波动

有西方记者称,全球 2007 年后经济衰退暴露出的最大讽刺之一就是,共产党治下的中国处理经济波动的表现可能要比民主选举出的美国政府处理资本主义危机的表现更好。该评论引发了一些重要的问题。第一,资本主义危机究竟是什么,以至于世界上的资本主义强国都救治乏策?第二,中国的经济波动究竟与西方有何不同?第三,西方分析经济危机在使用什么工具,有无可能是工具无力导致了政策的无效?本章对这些问题进行初步的分析。

第一节 基于生产关系的观点

这一节从马克思主义的理论体系来阐述一种对现代经济危机的总体认识。

一、什么是生产关系

无论农业的生产组织,还是工业企业、服务业企业,都是生产力和生产关系的统一体。任何一个企业都具有一定的生产力,同时也具有一定的生产关系,它的生产力是在生产关系的基础上产生的。

生产力表现为产量以及投入产出比关系。生产关系则表现为谁拥有什么生产资料(生产资料所有制问题)、谁能够以什么条件使用谁的生产资料(使用权问题)、使用什么样的生产资料和辅助资料进行生产(技术选择和经济选择)、产品如何在个人之间以及个人与国家之间分配的问题。这可以中国农村所有权为例进行说明。

当前,中国农村土地所有权归集体或国家所有,这一点已经确定。然而,在集体或国家所有权基础上,由哪些家庭或企业使用这些土地,是用于生产农产品还是进行工业生产或商业经营,生产哪些农产品以及生产哪些工业品或从事哪些商业活动,成为今天决定中国农村收入分配的重大经济基础,成为所有制确定基础上决定中国农村发展模式的根本制度。这仿佛使得所有制不重要了,其实不然。

按世界的普遍经验,生产资料所有制一旦确定,生产关系就基本确定了。这在中国城市工商业的实践中也是如此。比如,城市中的私人企业一旦建立,私人企业老板实际上就凭借资本的所有权获得企业利润,而工人得到工资。农村的工商业企业实际上也是如此。这样来看——农村土地——作为集体或国家所有的生产资料,实际上在这些场合,已经沦为少数人发财致富的"唐僧肉"。这反过来就使得农村土地的集体或国家所有制成为虚设。也就是说,如果把农村土地的集体和国家所有制落实,那么,使用农村土地进行经营的所有个体、企业就应该向集体或国家交纳一定的收入所得。这种收入所得可以称为租金。但这种制度下的生产方式依然不是优化的生产方式，因为租金可能很难合理地获取（私企可以贿赂村干部和相关干部）。

在农村成立集体所有制企业，才是最具有生产力和最具有人性、人道和人本特征的共享发展模式。在这种模式下，没有人能够获得私人利润，集体财富可以积累，可以用于照顾农村中需要照顾的老人、小孩，可以实现更大的发展，国家也可以借此机制在必要的情况下向农村征收剩余。资本下乡或者农民创办企业一方面所得剩余普遍很低，另一方面大部分剩余则由其本人及家庭享用而不考虑生产带来的负外部性（河北乃至华北农村的严重污染就是在此机制下形成的：一些高污染企业的老板根本无法也无意愿顾及环境）。在这种情况下，农村土地的兼并甚至都有可能。这种私人利润支配下的农业和工商业生产不仅导致农民破产、农村环境恶化、土地无法改良，而且导致私人资本与当地政权紧密结合，破坏党在农村中的执政基础。

然而，中国几千年的封建制度所形成的小农意识（农民们通常都是租种地主小块土地）使得农民对土地的感情无比深厚，视若生命，对于小农的生活又安之若素。让他们组织起来，成立农村集体所有制企业，实现大农业，有违于他们这种根深蒂固的习惯。他们又缺乏现代化大农场、大工业的知识。正是这些在中国农村极为普遍又在党内高层有所反映的心理、认识因素以及其他因素（如农业机械化程度极低）对中国农业的合作化、集体化、公社化产生了巨大的阻碍作用。然而，从马克思主义的世界矛盾本质的观点看，这根本不值得大惊小怪。对中国公社化过程中出现的问题也应该从这个角度来理解。

这样来看，20世纪50年代毛主席推动中国农业的规模经营（合作化、集体化和公社化）是英明之举、伟大之举。从中国工业化需要的角度看，从发展中国社会主义的角度看，从保证农村人民福利的角度看，从稳定新生的国家来看，这都是毫无疑问的。

二、一种新的生产关系的形成

第四章第二节曾经简单描述资本主义如何形成，即作为一种社会结构的资本主义是一种博弈的结果。社会主义作为一种全新的社会结构或者说是生产关系，也是各方力量博弈的结果，其发展与变化也同样可以用博弈论中占优策略的观点来理解。

在家庭联产承包制和商品化、市场化实施了30余年的今天，中国农民对土地的感情已经大大降低了。农村里年老的农民只把土地作为提供粮食的手段，而不再看作家庭生存和前途之所系，而大批的农村年轻人几乎没有从事过农业生产，没有农业生产知识，又因经济价值极低而极度鄙视农业生产，这就既给农村土地的自由流转提供了心理基础，也为中国农村再次实行集体化提供了心理基础。然而，以向私人转移为方向的土地自由流转和集体化是两条完全相反的道路。在城市充满了工人或半工人（农民工）的情况下，如果农村土地再被少数人掌控，那么，中国社会经济矛盾的激化就为时不远了。那些把这个判断说成是危言耸听的人可能都是别有用心的人，是引导国家陷入危机和陷阱的人。革命的首要问题是分清敌友，发展的首要问题是分清好的道路和坏的道路！

在中国改革开放过程中，至少在经济学界曾经流行一种新制度经济学。这种经济学的最近的一种体现是农村确权。主张这种办法的人大概希望通过这种办法来获得一些好的成果。然而，苏联解体经验告诉我们，确权可能是陷阱。大致说来，挖空苏联社会主义经济基础的休克疗法就是在极短时间内（体现休克）把国有资产确权（即把国有企业资产证券化，然后分给每个工人一些股份），再通过市场化让大量工人下岗，逼迫工人廉价卖出自己本来已经很少的股份，从而使得本来已经拥有大量股份的大资本家控制了很多属于全体人民的企业。这不是确权给工人，而只是一种私有化的把戏。而且，这种把戏在世界各地反复上演（形式不一定相同）。今天，在中国，把农村集体资产分割给每个人后，这些人所拥有的资产可能会通过市场交易被大资本家拿走，中国农村就可能变成私有化世界。中国共产党就没有实现确权吗？曾经实现了，而且，中国农村在革命胜利后的确权比美国的确权还彻底：因为中国实行的是无偿分配土地，美国人实行的是卖地政策。美国人卖地价格表面上很低，但由于实际上贫穷的美国人囊中羞涩，又不可能得到金融的支持，根本无法享受，结果只是便宜了有钱人。这导致了美国大农场制度的出现。所以，美国大农场制度这种规模经济从一开始就是血腥地剥夺，是在剥夺了印第安人土地基础上再次剥夺绝大多数欧裔白人的土地所有权。

然而，中国 20 世纪四五十年代实行无偿均分土地的确权政策后，很快发现，它无法根本保证贫困农民的利益，又无法满足国家快速工业化的需要。因此，中国决定要走合作化、集体化道路。中国的这种确权与美国这种剥夺以及西方的圈地运动相比，简直就是天堂与地狱的差别。中国以农业合作化、集体化、公社化实现规模经济与西方那种农场规模经营相比也是具有优越性的。基于这种国内外的对比，你就理解，为什么中国农村应该加强土地的集体所有、集体使用、集体共享制度了。当然，在实现这个转型的时候，是有阻碍的。因此，实现这个转型应该采取稳妥的办法。

同样道理也适用于中国城市工业部门。生产资料公有制是世界上最为先进的社会经济制度。即使在它们建立的时候出现过一些问题，但从人类发展和经济发展对比的角度看，都是可以忽略不计的。

三、资本主义生产关系为什么必然导致危机

如果在一个成熟或较为成熟的生产方式中，占人口绝大多数的工人只能得到非常微薄的产品（和收入），以至于他们把这些产品和收入全部花光（还想再花但已经没有资源），而同时，那些被称为企业家和资本家的人将其他产出划归他们自己，实际上却超出了自己的消费需要，并在一些特殊时候甚至还超出了自己的投资需要时，那么，除非有一个充分的对外出口部门，否则，经济的内需不足、经济危机就必然产生了。这可以说是一种总供给大于总需求的局面。

请注意，就目前而言，说经济危机是一种总供给大于总需求的局面与马克思在《资本论》中所描述的危机发生机制是一致的。马克思在《资本论》中所做的是论证经济危机的必然性，而不是否定经济危机是产品无法销售的危机；马克思否定的是把对经济危机的分析仅仅用总供给和总需求来做表面的分析，而不是把总供给和总需求的概念说成一无是处。

马克思在《资本论》中的分析是深刻的。凯恩斯在其西方宏观经济学的创始之作中意识到经济危机就是有效需求不足，导致资本家不愿意投资了。然而，他没有分析资本主义经济有效需求不足的制度性、结构性原因，他不愿把这个原因归因于资本主义制度本

身，不愿把这个原因归结为资本主义制度下的私人企业追逐私人利润这个基本的压倒一切的动机。西方的体面的资产阶级在主导着整个社会，资产阶级的整体行为能对整个社会产生巨大影响。因此，凯恩斯把宏观经济萧条归因于体面的资产阶级理性认识的结果是可以理解的。凯恩斯主义认为，资产阶级投资开支的锐减导致了大萧条。但他没有问，投资开支为什么锐减呢？资产阶级本身对于这种投资开支的锐减是否负有责任呢!？对此马克思的答案是肯定的，而凯恩斯则避而不谈。问题的不同导致了不同的研究方法和理论体系，也导致了不同的政策结论。凯恩斯已经看到，在西方的丰裕的社会中存在大量他所厌恶的贫穷，但他治理危机的方案只不过是让那种制造丰裕中的贫困的制度继续延续下去。马克思的社会主义理论则提供了一种打破这种循环的方案。

总的来讲，任何一个社会的最基本的生产单位总是一种生产力和生产关系的综合体。就现代社会来说，任何企业都既是生产力（生产出产品和服务），也是生产关系（它以一定的所有权、使用权为制度基础并在这个基础上决定分配；分配再决定交换和消费）。对生产力和生产关系的研究可以用比例来进行：经济危机是经济中重要比例失衡的表现和结果。然而，形成比例失衡的机制不一。一个国家长期地过度强调经济增长会导致危机。一个国家任由私人资本自发地进行投资或创造衍生证券也会导致危机。即使暂时没有导致危机，也会产生本章第三节将要讨论的问题。

四、资本主义生产关系深化：供给经济学的兴起

既然资本主义难以避免危机，既然资本主义是对绝大多数人的非人性、非人道的安排，为什么资本主义还活得比较好，而没有很快死亡呢？这首先是资本主义社会已经陷入了资本主义的路径锁定之中（内因）。在这种锁定中，虽然真正支持资本主义的人口比例是极少数，但是，这个极少数人通过一个庞大的组织系统，控制了整个社会，这就犹如一个大资本家只拥有一个股份公司的10%的股份，但由于所有其他单个股东拥有的股份比例更小，除非他们能够联合起来，否则他就实际上控制了这个股份公司。而且，这种资本还可以通过母公司-子公司的结构控制大量的其他公司来巩固自己的统治地位。这是典型的"自己集中兵力，把他人分而治之"的方案。然而，这种大的独立的股份公司也好，母公司-子公司结构也好，也经常遭遇着各种各样的冲击和危机，这正如资本主义社会不断发生危机一样。资本主义的危机显示着资本主义制度的不稳定性。

为了维持资本主义制度，西方有不少理论家提出了各种各样的方案。凯恩斯主义就是一种这样的方案；美国20世纪80年代兴起的供给经济学是另一种方案。这种方案的第一个主张是，取消他们认为不必要的管制，保持有效率的法律系统以及鼓励技术进步等。这听起来很好听，看起来很好看，但这是鼓励资本家投资的同义词。如果资本家们已经大赚特赚，并且已经导致经济危机或者经济减速，就很难被指望用来摆脱经济危机，提升经济增速。这种方案的第二个主张是，降低税率。它的逻辑是，降低税率将使总供给获得极大增长，从而税收收入也会上升。这在纯理论上是可能的，但在20世纪的美国不一定是可行的。结果确实没有出现供给经济学所设想的这种好事，以至于甚至连供给学派拥戴者的政治盟友（例如出任总统之前的乔治·布什，即老布什）都将这个概念称为"巫术经济学"（voodo economics）。可以用图16.1的总供给-总需求图形来考察一下当税率下降时会发生什么。

降低税率对总供给和总需求都有影响。总需求曲线从 AD 向右移至 AD' 处。移动幅度相对较大。总供给曲线也从 AS 右移至 AS'，因为较低的税率使人们更有积极性去工作。然而，经济学家很早就已了解到这种激励的作用是相当微小的，因此，潜在 GDP 向右移动的幅度很小。图 16.1 描绘出总需求大幅度移动和总供给小幅度移动的情况。

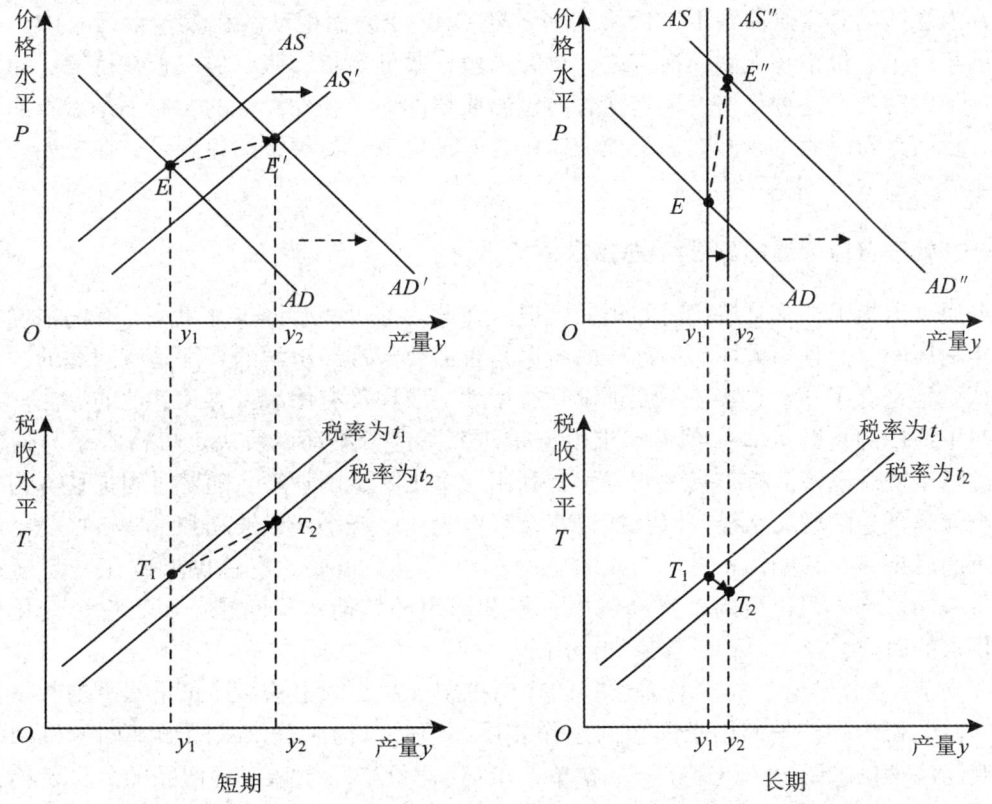

图 16.1 税收水平变化的短期影响和长期影响

我们应该期望看到什么呢？在短期，经济从 E 移到 E'，GDP 显著上升。随着产出的增加，总税收水平还有可能增加。在长期，经济将移动至 E''；GDP 会提高一些，但提高的量很小。结果税收总额不仅没有上升，反而下降，财政赤字增大。

并非所有的供给方面的政策都是愚蠢的。事实上，如果把经济用供给和需求的二分法来研究，那么，确实只有供给方面的政策才能永久性地提高产出。需求管理政策是重要的，但它们只在短期内有效。由于这个原因，许多经济学家强烈支持供给方面的政策。但是，供给方面的政策要起作用是需要许多条件的。如果微观经济主体对这种宏观政策没有做出积极的响应，经济增长就不可能实现。在这种条件下推出减税政策，那无疑是使经济雪上加霜。当然，即使经济因微观经济主体做出响应而出现一时的增长，也不一定是好事。这本质上就是资本主义与社会主义的二项选择，也就是矛盾（用林黛玉的话说就是：

不是东风压倒西风,就是西风压倒东风)。你应该尽力地理解这一点。如果你能就这一点做出 20 分钟的令人信服的发言,你的经济学功底就很到家了。

第二节 经济危机的总供求分析范式

我们上面使用了总供给和总需求的概念。但它们到底是什么呢?

在凯恩斯的总供给曲线上,价格水平不随 GDP 变动而变动。在大多数国家中,在大多数的年份里,价格在上涨;换言之,尽管那也许是低通货膨胀,但一直在持续。原因我们稍后加以解释,这种价格上涨是随着总供给曲线的向上移动发生的,而不是沿着曲线移动的。目前,暂时假定我们在一个预期通胀为零的经济中。关键的论点是,在短期,价格水平不受当前 GDP 水平的影响。

一、处理普通衰退的总供给-总需求框架

普通衰退指不严重且持续时间短的衰退。在此之前可能有许多好年头,有的很好,只有几年是坏的,而且不太坏。但这样的衰退是否需要宏观经济学的管理是有问题的。一个理论认识是否有用,要观察,不能预设其有用性。要在没有用后,寻找其他的办法。

对于这样的衰退,总供给-总需求模型是研究其产量波动以及决定价格水平与通货膨胀率的基本宏观经济分析工具。西方学者利用这个工具试图理解,随着时间推移,为什么经济会偏离平稳的增长路径,以及探讨意在降低失业、抚平产量波动和维持价格稳定的政府政策的后果。在其中,总供求曲线的斜率和位置至关重要。将总供求放在一起(例如减税带来的影响)可以帮助了解经济中价格和产出的均衡水平问题,而当一个变化移动了总供求的时候,就可以移动价格和产出。

在本节,"总供给"与"总需求"的作用机制(总需求上移……价格水平与数量都上升……)与微观经济学的供求图形的运作相同。但是,构成总供求图形基础的机制与构成微观经济学供求图形的机制不同。在单个市场,"价格"意指一种产品的名义价格,或者两种产品的交换比率。在宏观经济中的"价格"意指名义价格水平,比如,城市消费者购买的一篮子全部产品以货币度量的费用或 GDP 平减指数。在单个市场上,长期供给曲线比短期供给曲线相对地更具有弹性。在宏观经济中,总供给行为恰恰相反,长期总供给曲线是垂直的,短期的总供给曲线是水平的(我们后面讨论为什么是这样)。

总供给(AS)曲线描述对各个给定的价格水平下厂商愿意提供的产量。因为价格越高,厂商越愿意供给更多的产量,因此 AS 曲线向上倾斜。总需求(AD)曲线描述了商品市场与货币市场同时处于均衡状态下的价格水平与产出水平的结合。AD 曲线向下倾斜,一个原因是较高的价格会降低已供给的货币的价值,从而降低对产出的需求。图 16.2 中的 AD 曲线与 AS 曲线的交点 E 决定了均衡产量水平 Y_0 和均衡价格水平 P_0。其中任何一条曲线的移动都会引起价格水平与产量水平的变化。由图 16.2 可见,价格上涨的幅度,由总供给曲线的斜率和总需求曲线的移动幅度及斜率共同决定。本节下面大部分内容将致力于探讨总供给曲线与总需求曲线的斜率和移动的原因。

在深入探讨决定总需求曲线与总供给曲线形状和位置移动的因素之前,我们说明如何

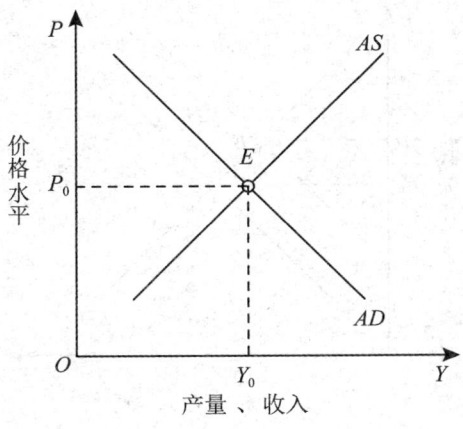

图 16.2　总供给和总需求

应用这两条曲线。比如说，假定央行增加货币供给，这对价格水平与产量有何影响呢？具体而言，货币供给的增加是否会导致价格水平上涨从而造成通货膨胀呢？还是引起产量水平上升？或者是产量与价格水平都上升呢？

图 16.3 显示，货币供给增加会使总需求曲线 AD 向右移动至 AD'。在本章的稍后部分我们将了解到为什么如此。总需求曲线的移动使经济的均衡从 E 点移动到 E' 点。价格水平从 P_0 上升到 P'，产出水平从 Y_0 上升至 Y'。因此，货币存量的增加使产出水平与价格水平均有提高。

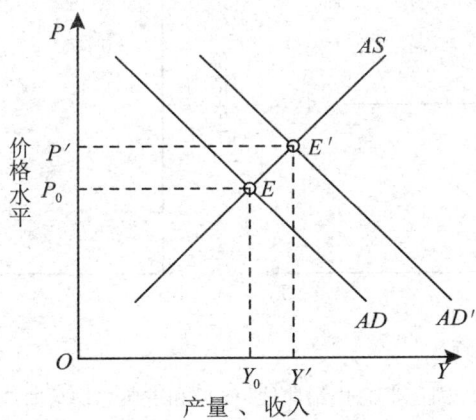

图 16.3　名义货币存量增加使总需求曲线右移

图 16.4 描述了一次不利的总供给冲击的后果。可以把它想象成发生了一次严重的自然灾害而导致灾区企业大面积无法正常生产。总供给曲线由于向左上方移动，结果是产出减少和价格上升。

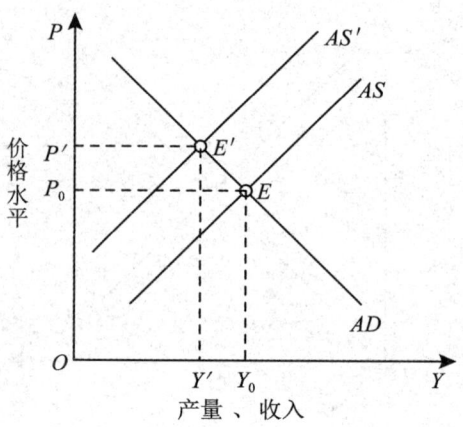

图 16.4 总供给曲线的左移

二、总供给曲线

总供给曲线描述了在各个既定的价格水平上厂商愿意供给的产出数量。短期 AS 曲线（凯恩斯的总供给曲线）是水平的；长期 AS 曲线（古典的总供给曲线）是垂直的。图 16.5 显示两种极端情况。我们从考察长期情况开始。

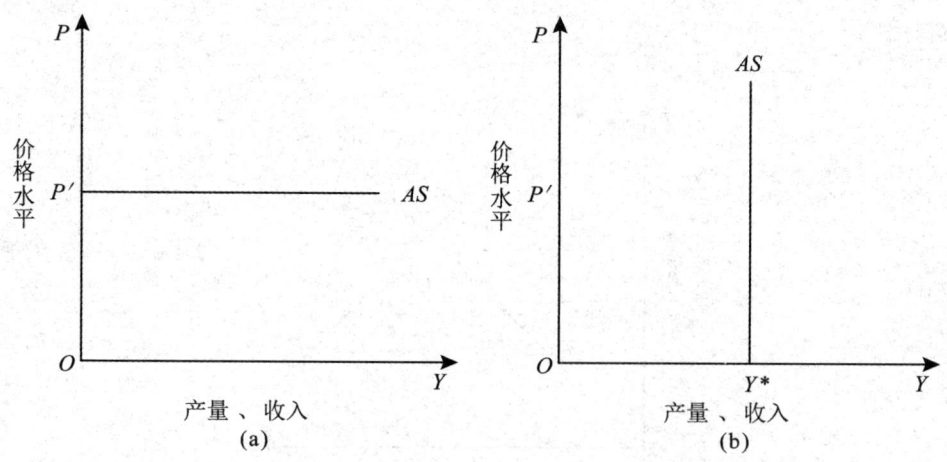

图 16.5 凯恩斯总供给曲线（a）和古典总供给曲线（b）

（一）古典总供给曲线

古典总供给曲线是垂直的，表明无论是什么价格水平，供给的产品数量都一样。它因被认为是代表了古典经济学家所设想的经济而得名。古典总供给曲线描述了这样的经济：劳动力市场处于劳动力充分就业的均衡状态。如果你不乐于接受总供给曲线在长期是垂直的看法，就要记住，这里的"价格水平"一词意味着整体的价格水平。在一个单一的市场上，面对着很高需求的制造商们，可以提高其产品的价格，并且出去购买更多的原材料，更多的劳动力，等等。这具有使生产要素从需求较低的部门移出并转入特定市场的负效应。但是，如果经济中普遍出现较高的需求，并且所有的生产要素都已经被很好地使用着，就没有办法使整个产品的产量得到增加，而这时所发生的一切，就只能是所有价格（包括工资）的上升。

我们把对应于劳动力充分就业状态的产量水平称为潜在 GDP，记为 Y^*。当经济积聚资源并出现技术进步时，潜在 GDP 将随时间推移而增长，因而古典总供给曲线的位置将逐渐右移。事实上，某一特定年份的潜在 GDP 水平，主要是由经济增长的决定因素（包括劳动力供给、资本、技术等）所决定的。

注意，潜在 GDP 总是针对某个较短又不太短的时期而言的。在一个这样的时期内，潜在 GDP 的变化通常相对较小。即使价格发生较大的变化，也不会对它产生什么影响。所以，可以说，潜在 GDP 与价格水平无关。相对价格而言，潜在 GDP 可以说是外生的。这样，在一些问题的研究中，我们可在潜在 GDP 处画出单独的一条垂直线，称之为"长期总供给"，而不用考虑潜在 GDP 的增长。或者你就简单地把它看作考虑资本积累和技术、劳动力状况都没有什么变化的经济。

(二) 凯恩斯总供给曲线

凯恩斯总供给曲线是水平的，它表示厂商在现有价格水平上愿意供给所需的任何数量的商品。凯恩斯总供给曲线所依据的经济原型是：由于存在失业，厂商们可以在现行工资水平上在一定范围内获得他们所需要的任意数量的劳动。因而，它们的平均生产成本被假定为不随产出变化而变化。于是，它们愿意按现行的经历了巨幅下调所达到的价格水平，提供需求所要求的数量。更具体地说，这种经济原型就是 1929 年的西方经济大萧条。当时，由于可以把大量闲置的资本和劳动力投入生产，因而，在一定范围内，产出可以在价格不发生上涨的情况下无限扩张。

在西方，处于正常状态的经济中，当需求增加时，厂商们也愿意在不改变价格（和工资）的情况下增加产量，那么，总供给曲线在短期也是相当平坦的。

(三) 中间情形的供给曲线

中间情形的供给曲线是一条正斜率的（通常说成是向上倾斜）曲线。我们关注的是说明价格随时间升降机制的总供给曲线。方程 (16.1) 给出了总供给曲线：

$$P_{t+1} = P_t[1 + \lambda(Y - Y^*)] \tag{16.1}$$

其中，P_{t+1} 是下一时期的价格水平，P_t 是这一时期的价格水平，Y^* 是潜在 GDP 或潜在产量，Y 表示 GDP。因此，$Y - Y^*$ 表示 GDP 和潜在 GDP 之间的差距，它被命名为 GDP 缺口或产出缺口。式 (16.1) 表达了一个非常简单的思想：如果产出缺口为正（经济过度繁荣），下一时期价格会升高。如果产量低于潜在产量，下一时期价格会降低，而且，价格将逐期随时间上升或下降，直至产量回到潜在产量。为了使不同时期的价格水平保持不变，GDP 就必须等于潜在 GDP。

很显然，价格调整速度是受等式 (16.1) 中的参数 λ 控制的。如果 λ 比较大，供给曲线的斜率较大，价格将迅速变化。如果 λ 比较小，价格调整就非常慢。从极限的观点看，$\lambda \to +\infty$ 就意味着这种中间情形的供给曲线变成古典供给曲线。这时，也只有 $Y \to Y^*$

才可能使得（16.1）能够产生一个处于正常范围的价格了，而这意味着经济接近于充分就业。如果 $\lambda \to 0$，$P_{t+1} \to P_t$，也就是价格水平将趋于不变。从这里的数学分析看，这种中间情形确实可以通向两种特殊情形，是名副其实的。特别是，它表明，在资本主义条件下，如果 λ 比较小，我们用总需求政策去扩张经济是可行的，而如果 λ 比较大，总需求政策的效果就会打折扣了。这种含义分析显示，λ 作为描述价格对产出缺口调整的参数对于政策制定具有重大意义。

在西方宏观经济学中，这种中间情形的总供给曲线具有典型的意义。凯恩斯认为，自己的理论只适用于短期，而宏观中的长期是经济增长问题。然而，把中间情形的总供给曲线作为供给曲线的典型可能是误导性的。从 1949 年到 20 世纪 80 年代，中国物资比较稀缺，需求无处不在，但价格也长期保持了稳定。这么大的一个国家在这么一个长时期，在数量和价格之间保持这样一种不相关状态，说明中间状态的总供给和总需求并不适用于所有国家。同时，它也说明，总供给和总需求的分析框架也是西方国家的一种选择，而作为西方经济的特殊情形的凯恩斯供给曲线则能够与中国的这种经验较为一致。那种古典总供给曲线则适合于描述那些经济停滞的国家的情况。

三、总需求曲线

总需求曲线表示产品市场与货币市场同时达到均衡时的价格水平与产出水平的组合。扩张性政策（例如增加政府支出、减税和增加货币供给）使总需求曲线向右移动。消费者与投资者的信心也影响总需求曲线。当信心增强时，AD 曲线向右移动。当信心削弱时，AD 曲线向左移动。那种影响信心的因素对总需求因素的影响是更为根本性的。对此，提出总需求概念的凯恩斯什么话都没有说。很显然，当资本主义发生危机时，是那些平日里被看作英雄的资本家所导致的。这是一种类似合成谬误式的效应。如果你认为，每个资本家从个体的角度看做的正确的事情从总体看也是正确的，那就可能是一种合成谬误。许多教科书用一个人看电影站起来能够看得更好，但所有人都站起来都看不好的例子来说明这种合成谬误。马克思认为，资本家决定生产决策和分配决策的资本主义制度存在着内在的缺陷。因此，资本家虽然可以在很多时候兴高采烈，但最担心的时刻一定会到来。凯恩斯对马克思的这个观点采取了回避的态度。他只限于告诉人们说，资本主义危机发生在资本家的预期变得暗淡的时刻。

理解凯恩斯说了什么对于理解西方宏观经济学的绝大部分装置（gadget）是至为重要的，因为闭口不谈根本原因不仅仅是意识形态的原因。凯恩斯是要建构一个宏观经济的理论体系的。如果仅仅是闭口不谈根本原因，但在构建理论体系时隐含着这种根本原因，体现了这种根本原因的支配，就可能写成马克思的著作的样子了。所以，凯恩斯对于他提出的企业家盈利预期变得暗淡的这个看法是认真对待了的。他的宏观经济理论也是在这个限度之内谈的。至于后来的西方经济学家能够在宏观经济理论中走到何种地步，你也就可以做个大致不差的推断了。对于我们下面所介绍的总需求理论，你也就有所保留了。

这里，我们根据总需求的定义来阐述产出与价格之间的总需求关系。总需求（AD）带有主观性，它被定义为一个国家的合意的消费（C^D）、合意的投资（I^D）、合意的政府购买（G^D）和合意的净出口（NX^D）之和，即

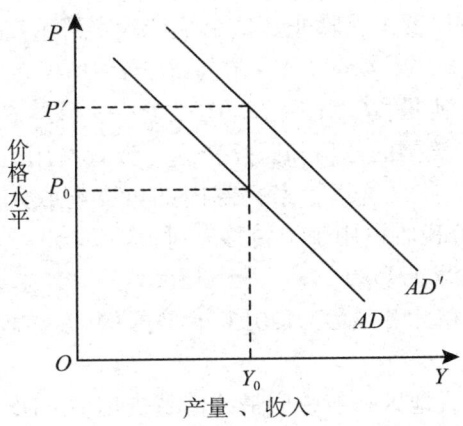

图 16.6 货币供给增加使总需求上移

$$AD = C^D + I^D + G^D + NX^D \tag{16.2}$$

人们的意愿是变化的，也是很难衡量的，因此总需求这个概念本质上是没有办法精确衡量的。这种不精确的概念不是不能用，但只能应用在事情较为明朗的状态之下。比如，当 2008 年西方发生金融危机后，总供给无疑超过了总需求（一旦给出一个确定的总需求方程，就会带有误导性，只有谨慎地使用，才能防止这种误导性产生严重的结果）。

该式与 GDP 的定义式（12.3）的不同也很明显，在后者中，所有的 C、I、G、NX 都是统计出来的事后值，而 C^D、I^D、G^D、NX^D 都是事前值、计划值，所以，二者是不同的。

（一）消费对总需求的影响

消费对总需求的影响可以看作主要是结构性的，即它与经济周期关系不大。这又可以分为如下情况：

1. 假如一个国家实际的 C 远远大于 C^D，我们就定义这种情况为消费不足。因为这个国家生产出来的消费品没有被国内消费掉，而是以存货的形式存在。这个存货部分可能可以通过出口来消化掉。如果没有出口，这个国家经济就出现了重大的不平衡：所生产出来的消费品没有市场。资本主义经济危机就是这样的情况。这也是马克思的两大部类模型考虑的问题。1929 年后，西方国家采取以邻为壑的政策就是为了保护本国的消费品市场。

2. 还有一种情况，就是尽管 C 远远大于 C^D，但实际上不是 C 过大，而是 C^D 被压低了。龙斧、王今朝（2015）提出了一种核心消费（CC）的概念，就是住房、教育、医疗、养老（比如丧葬费用）所构成的核心消费的价格太高，结果导致人们其他消费没有达到应有的水平。这不是因为价格的收入效应，而是因为核心消费作为刚性支出，压低了其他商品的支出。而且，这些成本的上升也迫使其他消费品价格上升，在收入分配两极分化的格局下，就必然导致消费需求不足。这是一种结构性现象，而不是周期性现象。

假如一个国家如美国那样，C 占 GDP 的比重达到 70%（中国只有 50% 左右）①，那么，就没有理由怀疑 C^D 被压低了，除非是这个统计数字严重高估。

$$C = C(Y - G, \text{CC}, P) \tag{16.3}$$

假设它的一阶偏导数满足：$C_1(Y - G, \text{CC}, P) > 0$，$C_2(Y - G, \text{CC}, P) < 0$，$C_3(Y - G, \text{CC}, P) < 0$。美国的住房和医疗费用、教育费用也够高，尽管它们占家庭收入的比重可能比中国还低一些。这里，家庭部门的可支配收入等于 GDP 减去政府购买，而不是减去税收，因为部分税收被用于了转移支付。

(二) 政府购买对总需求的影响

政府购买被看作与价格水平无关。2013 年美国的 G 占 GDP 的比重也很高，达到 15.12%。

图 16.7 描述主要国家或地区一般政府最终消费支出占 GDP 的比重。根据该图，可以发现，中国的政府消费 G 与其他国家或地区相比，处于较低水平，只是略高于印度。2015 年，中国、美国、日本、欧盟、沙特、巴西、俄罗斯和印度的 G 分别为 13.97%、14.44%、19.85%、20.65%、29.56%、19.72%、17.47% 和 10.33%。除去印度外，中国的政府购买水平是最低的，并且从 2002 年开始，中国的这一数据始终处于低位运转，只是到了 2010 年以后，G 才开始非常缓慢地增加。

在美国，这种政府购买的增加常常被认为产生一种对私人投资的挤出效应。很显然，如果公共支出增加，并且用于投资，那么，私人的投资空间就小了。而且，在财政收入不足的时候，公共支出增加就会提高利率。利率的上升也是不利于私人投资的。

(三) 净出口对总需求的影响

净出口被看作与本国商品价格负相关。$\text{NX} = \text{NX}(P)$。$\text{NX}'(P) < 0$。这又可以分为以下情况：

1. 企业的生产能力一定。如果本国商品的价格由于种种原因而始终处于较低水平，或者国外相同的商品价格远高于国内，那么，企业就倾向于向国外出口这种产品从而取得更高的利润。同时，这样做会导致国内商品供应不足，从而造成物价上升。在开放经济中，这一现象会持续到国内价格与国外价格使资本家在国内外获得相当的利润为止。这样做既没有改变产量，也没有改变需求量，但却提高了价格，在宏观层面的统计上，可以视为总需求增加了。

2. 企业的生产能力可变。这时候，如果国内价格高于国外价格，资本家会优先满足国内市场需求，在国内需求得到充分满足后，企业则会开始开拓国外市场；如果国内价格低于国外市场，企业家则倾向于首先开拓国外市场。无论何种情况，总需求都存在上升空间。

(四) 总需求曲线

由于以上的合理假设，AD 可以作为 P 的函数了，即

$$\text{AD} = C(Y - G, \text{CC}, P) + I(r, \sigma, Po) + G + \text{NX}(P) \tag{16.4}$$

---

① 根据 2016 年《中国统计年鉴》公布的数据，按支出法核算的国内生产总值，2015 年最终消费率占 GDP 的比重为 51.6%。

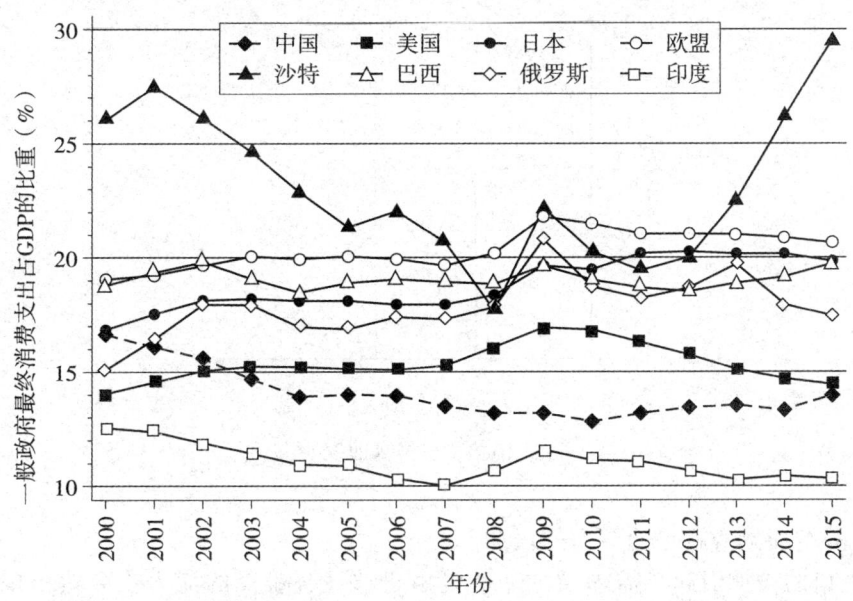

图 16.7 主要国家或地区一般政府最终消费支出 G 占 GDP 的比重①

资料来源：世界银行 http：//data.worldbank.org.cn/indicator/NE.CON.GOVT.ZS?view=chart.

而且 $AD'(P) < 0$。如果我们把这个函数叫作总需求曲线，那么，总需求曲线是向右下方倾斜的。很显然，这个函数并没有包含所有影响总需求的变量，比如，它没有包含货币供给量，但货币供给量影响总需求的机制也是很显然的。见图 16.8。

（五）总需求曲线的移动

价格水平以外的任何因素的变动都能引起总需求曲线的位置的移动。这可以通过分析式（16.4）所包含的价格以外的变量的变化来做出分析。在这里，你只需要记住它们之间的定性关系，定量关系会在后面的简单模型中展示出来。价格以外影响总需求曲线的因素可以列举如下：

（1） G 的增加引起总需求增加。这个效应依赖于消费函数的数学形式。

（2） CC 的减少引起总需求增加。当一个国家把它的价格过高的产品的价格降下来，使得核心消费的现象不再存在时，它的总需求会增加，因为这时节约出来的支出可以用于日常的消费。在对高收入人群征收高额所得税难以执行的情况下，这个办法是高度有效的。在美国，不少私立大学的学费每年达到了 4 万美元以上。降低这些学费收入，应该就能起到刺激总需求的作用。英国哲学家边沁曾经主张财产从富人向穷人转移。在这一点很难做到的情况下，校正社会中的不合理的价格是一个更好的决策。

（3） r 的减少引起总需求增加。r 的降低本身增加投资需求。假如 r 减少是由 M 的增加

---

① 根据世界银行的定义，一般政府最终消费支出（以前称为一般政府消费）包括政府为购买货物和服务（包括雇员薪酬）而发生的所有经常性支出。还包括国防和国家安全方面的大部分支出，但不包括政府军费支出，该项支出属于政府资本形成。

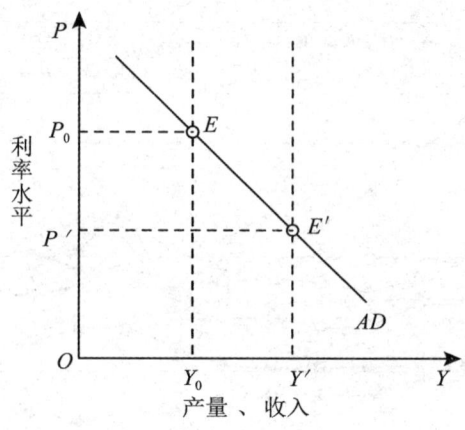

图 16.8　总需求曲线

引起的，M 的增加本身就是购买力的增加。

(4) 人口的增加引起总需求增加。假设由于移民、难民的涌入，突然出现人口的增加，这就会引起总需求增加。另外的效应则是引起物价的上涨以及其他混乱（如强奸犯罪率的上升）。婴儿潮也会引起总需求的增加，但不会引起移民、难民涌入的负效应。这些负效应可能非常大。中国在唐朝时，李世民不顾一些大臣的警告，对投降的外族给予优待，结果就引起了混乱。

(5) 自发出口的增加和自发进口的减少引起总需求增加。

……

值得注意的是，上述因素所引起的总需求增加可能增加的是对外国产品的需求。

四、不同供给假定下的总需求政策

马克思认为，生产对需求具有决定性的作用。马克思当然不会否定需求对生产具有反作用。凯恩斯则忽视了马克思的前一观点，而强调马克思所不否认的另一观点，并认为需求管理能够扩张产出。当然，凯恩斯在 1936 年的著作中也根本没有涉及，就他所讨论的危机而言，究竟多大程度的扩张政策足以摆脱危机。事实上，在凯恩斯写作《通论》的时候，西方资本主义危机最困难的时期已经开始过去。所以，西方摆脱那次大危机也根本不是由于遵循了凯恩斯主义。在德国，希特勒 1933 年上台，全面实行国家主义的政策，使得德国经济迅速启动起来。在美国，罗斯福实施了新政。

现在我们用总需求与总供给模型来研究凯恩斯供给曲线与古典供给曲线下总需求政策的效应。

（一）凯恩斯供给曲线下的需求扩张效应

为了研究这种扩张效应，需要把总需求曲线与凯恩斯总供给曲线放在一起。在图 16.9 中，AS 与 AD 相交于 E 点。在该点，产品市场与货币市场处于均衡状态。

假如有一次性的总需求增大，比如，增加政府支出、减税或者增加货币供给，使得 AD 向右上方移动，从 AD 移动到 AD'。新的均衡位于点 E'，在该点产出增加，因为在价

第二节 经济危机的总供求分析范式

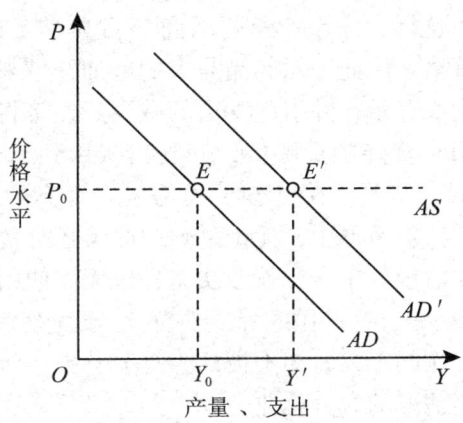

图 16.9 总需求的扩张：凯恩斯供给曲线情形

格水平为 P_0 时，厂商愿意供给任何产出量，这不会影响价格。在图 16.9 中，增加政府支出、减税或者增加货币供给的唯一效应，是增加产量，也就是增加就业。

（二）古典供给曲线下的需求扩张效应

在古典情况下，在充分就业的产出水平上，总供给曲线是垂直的。无论价格水平怎样，厂商都将供给 Y^* 水平的产量。在这个供给假定下，扩张需求的结果与在凯恩斯供给曲线下的结论完全不同：价格充分上升，而产出和就业不变。

在图 16.10 中，总供给曲线 AS 是垂直的，其初始均衡位于点 E。注意，在点 E 处存在充分就业，因为古典理论假定，厂商在任何价格水平，都在充分就业的产出水平生产。

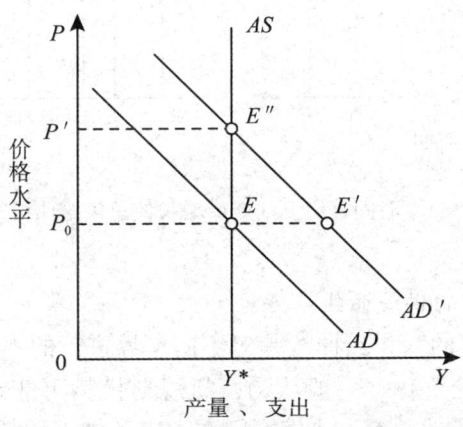

图 16.10 总需求的扩张：古典情况

无论是财政扩张还是货币扩张，都使总需求曲线从 AD 移动到 AD'。在初始的价格水平 P_0，经济中的支出上升到点 E'。在价格水平 P_0 上，对产品的需求上升，但厂商不能得到劳动力来扩大产量,产量供给无法适应需求的增加。由于厂商试图雇用更多的工人,因而会提高工资和生产成本。这样,完全竞争的厂商(古典学者还没有仔细考虑垄断)就必须为其产品索取较高的价格。因此,对产品需求的增加,带来较高的价格。

价格上涨,减少实际货币存量,并引起支出的减少。经济将沿 AD' 向上推进,直至价格上升到足够高,实际货币存量降到足够低,使支出减少到与充分就业产量相一致的水平。这就是在价格水平 P' 时的情况。在点 E'',总需求在更高的政府支出水平上,再次与总供给相等。这说明,在古典的情形中,无论是财政政策还是货币政策,都是无效的。当然,在古典情形里,经济被假设处于充分就业状态,也无需使用财政政策或货币政策刺激经济。然而,在18世纪的欧洲,这些国家是否处于充分就业状态是值得怀疑的。今天,美国有大量的沮丧的没有工作的工人,却不被认为是劳动力。所以,西方的充分就业是一种人为定义的并不反映真实情况的充分就业。

图 16.11 描述的是随着时间的推移,总供给曲线向右移动。古典的总供给曲线垂直的原因是因为在相当长的时间内,决定产出的最基本因素(劳动力、资本、技术等)相对稳定,在充分就业水平时,古典总供给曲线是垂直的。然而,考虑时间跨度更大的情况,由于人口增长、资本积累和技术进步等因素,古典的长期总供给曲线也会向右移动。这时候,充分就业水平上的产量就能够使得图 16.10 中的 E 移动到 E'' 而价格维持在 P_0 水平。

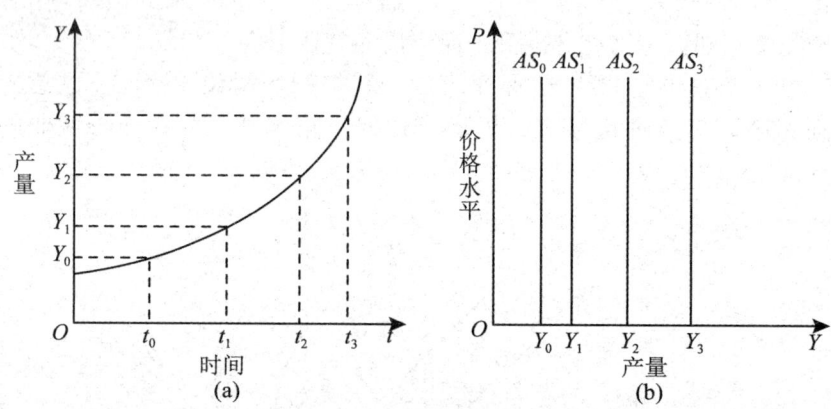

图 16.11 时间跨度上的产量增长使总供给曲线右移

(三)凯恩斯的和古典的供给曲线:评论

"凯恩斯的"和"古典的"供给曲线是对不同世界进行的不同描述。西方学者对它们适用的时间范围一直在争论不休。一般认为,凯恩斯模型可能在一定条件下的短期(几个月或更短的时间内)中有效,而古典模型则在一定条件下的长期(1年或更长的时间架构)中有效。然而,对于政策有效性而言,有意义的是几个季度到几年的时间架构。西方学者还没有搞清楚价格调整的速度,也就是总供给曲线要经过多长时间才能从水平转至垂直。

案例分析：凯恩斯经济学兴起、衰落和延续

凯恩斯的《就业、利息和货币通论》1936年才出版。英国在1931—1932年，德国在1932—1933年以及美国在1933年都不是有意识地采用凯恩斯主义意义上的扩张政策。① 英国1931年放弃金本位、降低利率是为了减轻预算的负担。1950—1975年，是一个西方长期繁荣的时期。西方许多国家都经历了繁荣，但凯恩斯的政策并没有被广泛采用。快速的技术进步、公共物品需求的增长已经产生出一种繁荣，而无需再由凯恩斯的政策加以刺激。但是，如果把这次繁荣归因于凯恩斯政策的科学性，那么繁荣结束同时产生通货膨胀（即出现滞胀）的时候，便不可避免地开始引人怀疑。凯恩斯经济学应该值得怀疑，但不需要使用这个理由。

第三节 经济波动中的结构性、制度性特征

罗莎·卢森堡认为，资本主义经济危机是消费不足所引起的。美国2007年发生金融危机，并在一年后进入经济危机状态。然而，美国的消费占GDP的比重高达70%。很难论证，美国的经济危机是由消费不足所引起。另一方面，图16.12表明，1978年后中国家庭消费趋于萎缩，1998年出现卖方市场，家庭消费反而上升了，这也许与当时实施的刺激政策有关。然而，2000年后，中国家庭消费开始急剧下降，到2008年中国最终消费占GDP的比例为49.2%。与最终消费率不同的是，中国的资本形成率则持续走高。2010年最终消费率和资本形成率接近相等，分别为48.5%和47.9%。许多学者把中国经济的下行压力归结为消费不足。如果中国消费占GDP的比例达到60%，经济增长的动力当然会充足一些。然而，又是什么导致中国消费不足呢？美国消费充足还不是没有避免危机吗？在这一节，让我们发展一个框架，来研究经济波动中的结构性、制度性特征。

一、基本模型：消费结构、收入结构的交叉关系

结构主义是经济学的一种非常重要的思路。马克思的许多分析具有很强的结构主义特征。当然，马克思不仅是一个结构主义者，他走得更远，达到的水平更高。

不妨根据家庭收入水平把一个国家的家庭分为高 (N_h, C_h)、中 (N_m, C_m) 和低 (N_l, C_l) 三类（你将来在自己的研究中也可以根据需要把家庭分成两种或四种，比如马克思就分成两种：资产阶级和无产阶级②）；N 表示某人群规模占总人口比例，C 表示相应人群的平均消费量（这意味着我们不再关心同一群内的不同家庭的消费差异），h、m、l分别表示高、中、低收入人群。很显然，对于不同的收入群，其规模是不同的③，

---

① 希克斯. 凯恩斯经济学的危机. 北京：商务印书馆，1979：1-2.
② 这里的研究抽象掉了资产阶级家庭内部的结构，即把它作为了黑匣子。
③ 中国的富裕者阶层规模在过去30年扩大了，但给定任何一个时间点上中国的总收入（如GDP），当一个人的收入远远超过其他人之后，则这个人的富裕就是其他人的贫困。

其消费行为因而平均消费量也是不同的。比如，高收入家庭很少，其消费为其他家庭难以企及。也就是说，如果我们把 N_h、N_m、N_l、C_h、C_m、C_l 看作函数，它们服从于不同的规律。令 SPG = $(N_h, N_m, N_l, C_h, C_m, C_l)$，于是，对于整个社会的核心消费、日常消费和边际消费（你对这三个概念的理解不一定与本书第二章第二节中的定义相同）而言，CC = CC(SPG)，DC = DC(SPG)，MC = MC(SPG)。因此，中国的家庭结构与消费结构之间的关系具有如图 16.13 的特征。

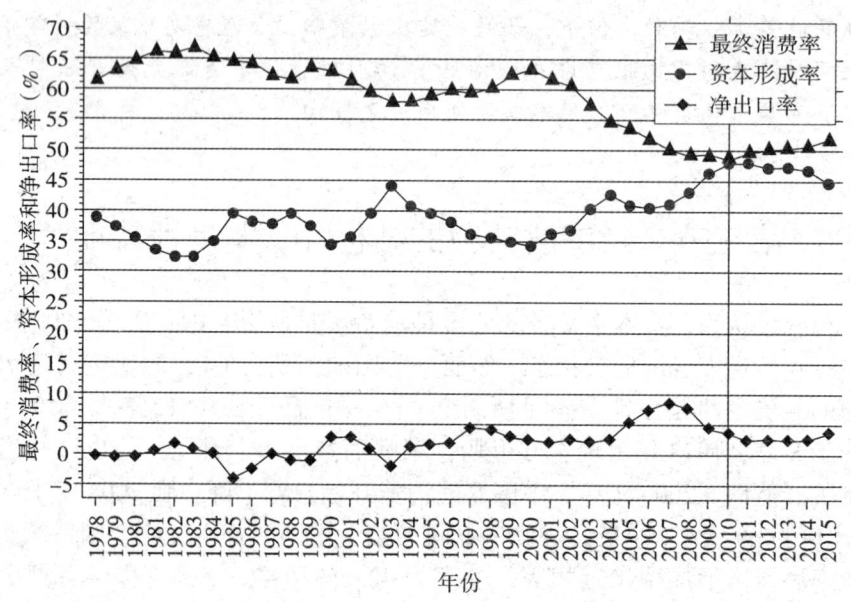

图 16.12　中国 1978—2015 年消费率、投资率与净出口率的时间序列①

资料来源：国家统计局网站 http://data.stats.gov.cn/easyquery.htm?cn=C01.

为了准确地刻画消费的结构性、制度性特征，我们不妨假设存在一种适当的社会标准，按照该标准，社会合理（最优）的核心、日常和边际支出分别为 CC^*、DC^*、MC^*。如果社会实际的支出分别为 CC、DC、MC，那么，$CC-CC^*$、$DC-DC^*$、$MC-MC^*$ 构成描述一国消费结构合理性程度的三个变量。它们距离 0 越远，则一个国家的消费结构的不合理性就越大。从这样的消费分类来看，三种消费各自的实然（de facto）值与应然（de jure）值的一致性程度的高低是决定一国消费合理性的指标。不同人群规模的差异性、平均消费的差异性以及应然与实然的差异性决定了一国的消费结构的合理性程度。这里对应然和实然的定义建立在王今朝、龙斧（2012）基础上，与以凯恩斯主义、

---

① 最终消费支出指常住单位为满足物质、文化和精神生活的需要，从本国经济领土和国外购买的货物和服务的支出。它不包括非常住单位在本国经济领土内的消费支出。最终消费支出分为居民消费支出和政府消费支出。资本形成总额指常住单位在一定时期内获得并减去处置的固定资产和存货的净额，包括固定资本形成总额和存货增加两部分。货物和服务净出口指货物和服务出口减货物和服务进口的差额。最终消费率、资本形成率和净出口率分别是将其除以支出法计算的国内生产总值计算的百分数。

新古典主义进行的研究明显不同。在消费引起环境巨大污染的意义上，这种概念的设定无疑是有合理性的。

在图 16.13 中，高收入家庭会对中间收入和低收入家庭产生影响，中间收入家庭也会对低收入家庭产生影响，当然，低收入家庭也会对中间收入家庭和高收入家庭产生反作用。比如，高收入家庭如果因销售房地产而暴富，那中间收入家庭和低收入家庭就无法平等地享受到房地产发展所带来的好处。这种收入分配的机制就像一个金字塔，越到底层，其人群规模越大。本来，高层人群通过向低层人群收取一个较低价格，就可以获得可观的市场收益。如果一国的社会分配结构让高层人群从中低收入家庭中得到一个很高的价格，那么，除开马克思所强调的生产资料所有权因素，价格体系就成为一国家庭收入分层的重要因素。

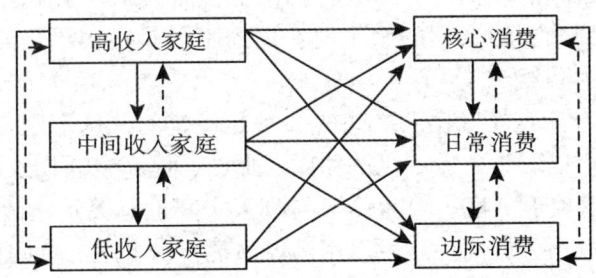

图 16.13　家庭收入分层和三大消费的交叉关系

根据以上分析，美国由于过度消费，无论其发生危机与否，其经济结构都已经存在扭曲了。这显示，市场经济的发达程度与一个国家的经济结构的优化性程度无关。

二、模型的一个应用

上述的结构性模型还可以用于总量分析。对于中国而言，以上模型可以用于解释中国部分的内需不足。而总消费 TC 虽然与 GDP 有着直接的关系，但考虑到社会分层问题，正如图 16.14 所描述的，总消费提高的比例未必等同于 GDP 增加的比例。

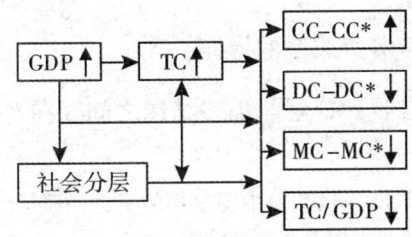

图 16.14　中国消费总量的合理性衡量

使用以上符号，我们有

$$TC = (N_h \times C_h + N_m \times C_m + N_l \times C_l) \times Po \qquad (16.5)$$

其中，$N_h + N_m + N_l = 1$，Po 表示人口规模。它表示，中国的消费内需是由三种家庭的消费行为决定的。然而，这个公式本身暗含了经济结构中的相互作用。从目前中国的收入分层角度看：(1) 由于高收入者消费结构和行为固定，其收入 y_h 提高或下降对其"核心消费"（CC_h）、"日常消费"（DC_h）基本不产生影响，最多对"边际消费"（MC_h）产生影响，即 $CC_h'(y_h) = DC_h'(y_h) = 0$，$MC_h' > 0$。因此，$y_h$ 改变对于 TC 变化的效应有限。(2) 低收入群对就业具有极强依赖性，劳动力过剩使这种依赖性更高，其收入在纯粹市场环境下难有实质性提高，收入上升而引致的相应消费上升主要集中于 DC，对 CC 影响一般，对 MC 无影响，因而对 TC 变化影响虽然高于高收入群但低于中收入群。(3) 中等收入群收入的提高会对 TC 产生最显著效应。

图 16.14 还蕴含了这样一个关系，即当一国的家庭的核心消费超出了其最优水平之后，它的日常消费和边际消费就达不到应有的水平，而其总效果是消费占 GDP 的比重下降。当它的需求达不到社会的合理的水平时，内需不足是很容易出现的，而消费占 GDP 的比率降低也容易成为必然。①

凯恩斯主义者认为，消费与收入之间的关系是稳定的。这个观点无法解释图 16.14。它们表明，消费不足可以成为内需不足的原因。那么，提高中低收入层家庭的收入能够扩大内需吗？② 答案是依赖于价格。因为价格与收入之间也有关系。假设随着收入的提高，价格也提高了，消费也不会提高。这可以用已经出现在本书第二章的如下公式来说明：

$$\max U(X_1, X_2)$$
$$\text{s.t. } P_1X_1 + P_2X_2 = M$$

这个公式用在这里是比较合适的。用税改、健全社保、低薪阶层补助来提高中低收入者收入的措施，或者让政府在国民收入中份额变小，可以扩大内需，但前提是要保证价格稳定。与之相比，高收入群的向下流动以及中低收入群的向上流动对改变中国消费总量不合理性具有根本性的影响。

以上分析表明，中国合理消费总量只能建立在收入群分化较小的经济结构之上。这一结论不仅否定了那种把总收入看作 TC 决定变量的观点，也否定了那种把 TC/GDP 作为衡量消费总量合理性指标的观点。它也再次表明，中国经济的总量失衡问题在本质上是一个具有政治经济学性质的结构性问题。③

三、未来中国经济发展与消费关系的博弈

以上我们已经看到，社会收入分层与消费结构之间存在对应关系。不同的社会收入分

---

① 美国的消费占 GDP 比例没有出现类似中国这样的下降，那是因为它保证了整个社会的基本消费。市场机制在美国的消费品领域的运作是比较充分的。

② 朱信凯、骆晨（2011）对消费函数国内外研究所做的综述提出，消费理论研究观点的偏差来源于研究对象、人口统计特征处理、政府作用、消费时机选择、处理方法等，而中西经济社会结构上的差异性导致西方理论"水土不服"；它还指出，中国理论界存在套用西方理论和检验的"拿来主义"倾向。

③ 其实，凯恩斯主义也是试图用结构性办法来解决经济总量失衡问题。不过，凯恩斯主义的方法实行后，一个国家的经济结构不发生大的变化。

第三节 经济波动中的结构性、制度性特征

层结构对应着不同的消费结构。现在，我们考虑收入从高收入家庭向中等收入家庭的转移。令 Δy_h，Δy_h^{MC}，Δy_h^{DC} 分别表示高收入群收入减少的绝对值、将这笔收入转移给中等收入群后用于他们边际、日常消费的部分，CC'_M、DC'_M、MC'_M 分别表示中等收入群在核心、日常、边际消费上的倾向。假设高收入家庭的核心消费和日常消费已经得到满足，其收入的增加或减少只对边际收入产生影响。于是，把其收入转移出来，对整个社会总消费所造成的减少是 $CC'_h \times \Delta y_h$。把这个收入转移给中等收入家庭后，整个社会总消费由此得到的增加是

$$MC'_M \times \Delta y_h^{MC} + DC'_M \times \Delta y_h^{DC} + CC'_M \times (\Delta y_h - \Delta y_h^{DC} - \Delta y_h^{MC}) \tag{16.6}$$

于是，收入转移后，中国的消费总量可能会出现以下三种情况：

（1）降低：$MC'_h \times \Delta y_h > MC'_M \times \Delta y_h^{MC} + DC'_M \times \Delta y_h^{DC} + CC'_M \times (\Delta y_h - \Delta y_h^{DC} - \Delta y_h^{MC})$。这意味着考虑到上述两个效应，收入转移造成中国社会总消费降低。然而，从整个社会的角度看，即使总消费降低，也代表着经济发展模式的改善。因为高收入家庭的边际消费可能不过是一种建立在畸形市场上的畸形消费、炫富消费（如从欧美市场购买豪华轿车）而已。

（2）持平：$MC'_h \times \Delta y_h = MC'_M \times \Delta y_h^{MC} + DC'_M \times \Delta y_h^{DC} + CC'_M \times (\Delta y_h - \Delta y_h^{DC} - \Delta y_h^{MC})$。这种情况很难出现，即使出现，也可以归为第一种情形。

（3）增加：$MC'_h \times \Delta y_h < MC'_M \times \Delta y_h^{MC} + DC'_M \times \Delta y_h^{DC} + CC'_M \times (\Delta y_h - \Delta y_h^{DC} - \Delta y_h^{MC})$。当这种情况出现时，中国不但有消费结构的改善，而且有消费总量的增加。这时，TC/GDP 会提高。无需说明的是，只有 Δy_h 足够大（税收很难起到这样的作用），中国的消费结构和总量才能得到根本的改善。而且，如果 Δy_h 足够大，则第三种情况一定会出现。

除了上述收入的垂直转移外，中国 1981—2010 年间，一些政策导致大规模的社会人群丧失收入稳定性。其导致经济发展模式不稳定的机理可以用以下分析来说明：

首先，对于 CC、DC、MC，高收入群消费结构稳定，其消费总量与收入基本不存在相关性。这是因为，对于任何动物而言，消费都只属于一种维持性变量。对它的消费达到一定程度之后，不管收入怎样增加，消费都不再增加。① 其次，中等收入群 CC 稳定，但 DC、MC 表现出较高的收入和价格弹性。第三，低收入群在三种消费上都有需要，但在优先性上存在巨大差别，消费稳定性最低。用 ε_i^{Inc}（其中 $i = h, m, l$）指示需求的收入弹性。弹性之间的差异反映不同收入群消费稳定性的差异。

用 y_h，y_m，y_l 分别表示高、中、低收入群的平均收入。随着经济增长或随着中国收入分配结构的变动，不同收入群的家庭的收入也发生变化。于是，社会的总支出增长率可以表示为：

$$\Delta TC/TC = (\varepsilon_h^{Inc} \times \Delta y_h/y_h \times N_h + \varepsilon_m^{Inc} \times \Delta y_m/y_m \times N_m + \varepsilon_l^{Inc} \times \Delta y_l/y_l \times N_l) \tag{16.7}$$

而经济增长率或收入分配结构的变动可以表示为：

$$g = (\Delta y_h + \Delta y_m + \Delta y_l)/(y_h + y_m + y_l) \tag{16.8}$$

只有满足下面条件时（假设价格和人口不变），社会收入的变动才能引起消费总量的相应扩大：

---

① 这也显示，人民的物质文化需要不会永远地日益增长下去。

$$\frac{\Delta TC}{TC} > g \tag{16.9}$$

如果 $\varepsilon_h^{Inc} \to 0$，则无论 $\Delta y_h/y_h$ 变大还是变小，是正数还是负数，都对消费内需的扩大没有影响。同时，如果 $N_h \to 0$，这个高收入阶层对于消费内需的影响就更小了。中国富豪从绝对数量上已经不少，但相对于全国人口的比例，依然处于少数。因此，如果中国真心想要增加消费内需，降低高收入阶层的收入就是最优的选择。

虽然 ε_m^{Inc} 距离 0 较远，但 $\varepsilon_m^{Inc} < \varepsilon_l^{Inc}$，而且，中国显然还没有形成一个庞大的中产阶级，所以，$N_m < N_l$，因此，如果中国的经济增长或收入分配结构变得使得收入更加偏向于低收入家庭，并且在社会分配结构上消除核心消费这一范畴，那么，中国的消费内需能够得到极大程度地扩大。当然，由于分配结构取决于生产结构，而生产结构又取决于所有制结构。因此，中国如果不改变当前这种扭曲了的多种所有制并存的局面，则内需不足即使通过凯恩斯式的财政扩张政策得以缓解，未来（从历史经验看，不会超过 10 年）还会再次出现。

以上分析足以表明，中国内需不足（因而经济发展模式）是一个政治经济学问题，这样看来，实证研究政府投资或消费对居民消费总量的影响，争论其有效还是无效，前者对后者是挤压还是补偿与刺激的关系以及公共投资与消费的效应差异性，与扩大内需问题的解决是没有一阶变量关系的。把这些因素当成中国内需不足的主要原因，就会导致把高积累、城镇化、城市化、市民化不足等作为中国居民消费不足的"推力"或原因。这里的分析表明，如果不建立在根本改变社会分配结构的基础之上，其他任何政府行为都只能是形而上学地改变消费数量，而无法从"质"的角度改变消费结构。由此，中国的经济发展模式的一个根本性问题也无法得到解决。

关 键 词

生产关系　经济危机　总供给　总需求　总供给曲线（古典、凯恩斯、中性）　总需求曲线　消费　政府购买　净出口　需求扩张　结构性　制度性

思考题与练习题

1. 短期总供给曲线向右上方倾斜，该曲线变为一条垂直线的条件是（　　）
   A. 每个企业充分利用其产能；
   B. 经济中实现了充分就业；
   C. 与总需求曲线相交；
   D. 物价稳定。
2. 如果总供给曲线为 $Y_S = 1\,000$，总需求曲线为 $Y_D = 1\,200 - 100P$。
   (1) 求供求均衡点；
   (2) 如果总需求上升 10%，求新的供求均衡点。
3. 总需求由消费、投资、政府购买和净出口组成，假设在一个三部门经济中（不存

在对外经济部门），消费函数为 $C = 300 + 0.7Y$，投资函数为 $I = 350 - 30r$，货币需求函数为 $L = Y - 150r$，名义货币供给量为 1 000，政府购买 $G = 100$，试求总需求函数（此题可以联系第十八章 IS-LM 模型的知识，如果觉得略有难度，可以等学完第十八章再回过头来重新思考）。

4. 马克思认为，货币经济（信贷经济）蕴含着危机的可能性，本章也认为，资本主义生产关系必然导致经济危机。请用本章所学知识，分析一下 2007 年金融危机（经济危机）是怎样产生的，如果可能的话，请试着给出走出危机的对策。

5. 当前中国经济发展面临的一个重要问题就是所谓消费不足。你认为中国当前是否存在消费不足的问题？如果存在，是什么样的结构性因素导致的？请谈谈你的看法。

第十七章 通货膨胀、失业、菲利普斯曲线和总供给曲线

价格、产出、就业是宏观经济中的重要变量。如果我们抽象掉其他因素（如第十六章所考虑的极为重要的结构、制度变量），就可以考虑这三大变量之间的函数关系。根据西方学者做出的一些研究，在价格与产出之间可以建立一种可以称为总供给曲线的关系，在价格和就业之间可以建立一种可以称为菲利普斯曲线的联系。而且，这两种联系可以互相转换。第十五章已经介绍了通货膨胀的概念和理论。本章首先介绍失业这个概念，然后，介绍它与通胀之间以及它与产出的联系。这些联系是西方的或然存在的规律，并不一定适用于中国。这是不同国家社会制度和结构不同使然。

第一节 失业：资本主义制度的本质性特征

失业对于个人的影响是巨大的。失业后，如果丧失生活来源，就要寻找新的工作，但失业可能正是发生在就业很难获得的时期，因而失业意味着是长期的，令人沮丧的，甚至引起自杀。有学者给自己提出这样的问题：持续 6 年以上的失业的 1 个百分点上升会导致多少人过早死亡呢？他的答案是 37 000 人。即使是许多后来成名的经济学家，都回忆过自己大学时期为将来寻找工作所做出的努力，和在工作未最终确定之前的一段时间里，他们心理所感受到的煎熬。对于一般的工人，其困难就可想而知了。中国的大学毕业生感觉尤甚。在失业期间，或许可以利用闲暇时间在家里工作，但这绝非长久之计，因为许多家用是市场化了的，必须用钱来购买。这是失业所造成的强迫性。它还会影响人们的情绪和家庭的生活。即使事后来看，你都会认为，这是一个真正糟糕的时期，简直没有一点希望。

从社会的角度看，一方面，现代资本主义社会在有如此之多的工作可做时，却有 800 万或 1 000 万人失业。把 800 万或 1 000 万人所感受到的上述痛苦加起来是一个可怕的事情。这时，不仅仅是个人痛苦了，而是对社会的不满了。失业带来的强迫性就不仅仅是某个资本家的事情了，而是需要问：为什么普罗大众的就业与否要被少数资本家决定呢？政府干什么去了？如此多的人失业，不可能都是因为这些劳动力懒散、效率低下。当失业很高时，资源被浪费掉，根据奥肯定律，失业很高的时期就是实际 GNP 低于其潜在水平的时期，损失可能是以万亿元来计算的，比政府干预所造成的效率损失大许多倍。为什么原来没有失业呢？一个社会究竟怎样解决这个问题呢？

一、定义失业

(一) 劳动力、劳动参与率

就业者和失业者构成一个国家的劳动力。一个国家 16~65 岁的人中的大多数属于这个群体。这里对于年龄没有给出确定的数值,是因为不同国家的退休年龄等规定是不同的,对于男人和女人的退休年龄的规定也可能是不同的。在中国,大致 65 岁以上的人被认为是退休的,而 16 岁前的人被认为是未成年的。

劳动参与率指适龄人口（去除婴儿、儿童、少年和退休者等）中劳动力所占的比例。适龄人中也有不属于劳动力的,如上学的、操持家务的、重病而不能工作的或放弃寻找工作的,一般占到30%以上。

劳动参与率在短期内数量相当稳定,在较长的时期内,却会因社会的变动而变动。美国直到 20 世纪 60 年代妇女的劳动参与率才开始上升。中国自 1949 年,甚至在新民主主义革命时期,妇女就广泛参与了社会劳动（一些电影作品中就有反映）,妇女劳动参与率长期处于世界前列。世界银行数据显示,2016 年,中国、美国、日本、欧盟、俄罗斯、巴西、印度和沙特等世界主要国家和地区的女性劳动参与率分别为 63.35%,55.87%,48.98%,50.96%,56.51%,56.18%,26.91% 和 20.06%。[①] 可见,在这些主要国家和地区中,中国妇女的劳动参与率遥遥领先。这是妇女人权的巨大改进,也体现了中国人权的全面改进。中国妇女在家庭中的地位大大地改善了,以至于许多男人不得不学会做饭。劳动参与率的变化也对就业产生了基础性的影响。可以想见,假如大量劳动力都是男性,女性很少,这是怎样的一个格局啊!

(二) 就业、失业

劳动力人口中,就业者包括那些做有报酬工作的人,以及有职业但由于生病、罢工或休假而没有上班的人。失业者是那些没有正式就业,但积极地寻找工作或等待返回工作岗位的人。

失业不仅与一个国家的经济发展周期有关,也与国家的根本经济制度有关,在不同的经济制度里,它与经济运行的关系在强弱性上是不同的。比如,在美国,如果一个人没有工作,并且 (a) 在最近 4 周曾经专门去找过工作的人,(b) 从工作中被解雇下来而又正等待恢复工作的人,或者 (c) 正等待下月去报到上班的人,那么这个人就是失业者。为了被算作失业者,一个人必须不仅仅是想工作,或者,例如,考虑写一本小说的可能性,还必须作出特殊的努力去找工作（如去找本地的厂商或答复征聘广告）。失业率被定义为失业人数除以总劳动力。请注意,这个西方定义低估了失业的程度,因为它排除了"丧失信心的劳动者",美国的这个人群在衰退时可能有 200 万人左右。这些人真的想工作但因为他们认为不存在任何工作机会而没有去找工作,另外,还有同样规模的过去通常全日工作的劳动者在衰退时只做非全日的工作。

在美国,每个月大约有 6 万个家庭被询问有关他们目前工作形势的问题,借此样本,

[①] 参见 http://data.worldbank.org.cn/indicator/SL.TLF.CACT.FE.ZS。此处的女性劳动参与率指参与工作的女性占 15 岁以上女性人口的百分比。

美国做出失业率的估计。

在中国计划经济年代里，所有人都有工作保障。应该说，这是一种更为优越的就业制度。在这种制度下出现的人浮于事，主要是国家计划协调在执行过程中的失调以及微观行为主体作为不够所引起的，而且都是短期现象。它们会造成一些效率损失，但相比其他就业制度在同等条件下所造成的效率损失并不高。实际上，总体上看，中国计划经济时代的经济效率是非常高的。如果就业制度引起了持久的全面的人浮于事，是不可能取得这些成就的。由于实现了全民就业保障，所以，当时的中国根本无需统计失业率。

二、西方的失业分类

西方由于饱受失业的折磨，就对失业做了不少的研究。在这些研究中，最为基本的是对失业分类的研究。

（一）"自愿"失业和非自愿失业

在一个经济中，有些人可以被认为是自愿失业的。比如，一个女大学毕业生结婚生子后就待在家里照顾家庭和孩子，尽管她不乐意，但这可以认为是自愿失业，当然，前提是她要做失业登记。也许，如果她能拿到足够高的工资，她还是愿意去就业的。于是，经济学家给出了一个"自愿"失业的概念：不愿意在现行市场工资率下工作的失业。与之相应的，也就有非自愿失业了。一些西方学者用第三章的供求框架图形来说明这两个概念，见图17.1。

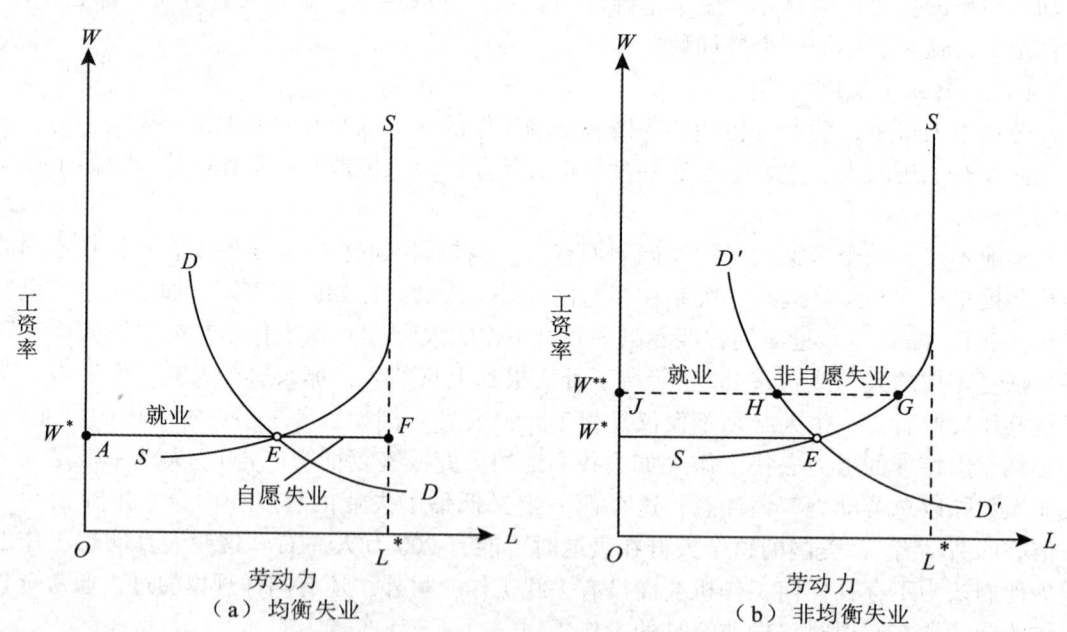

图 17.1 劳动力市场均衡

在图 17.1（a）中，S 代表劳动力供给，D 代表劳动力需求。二者均衡在 W^* 的水平上。但劳动力的实际供给是 L^*，这意味着 EF 代表了现行市场工资率 W^* 下的自愿失业，

AE 代表了就业，这时不存在非自愿失业。但如果市场工资率上升到（b）中的 W^{**}，这时（其他情况不变），就业数量下降为 JH，非自愿失业出现，并达到 HG 的数量。

劳动力的均衡工资究竟处于怎样的水平呢？对于资本主义世界的劳动者而言，月工资所处的水平都是刚好满足人们的月需要。比如美国的警察就是这种待遇，这在一些美国探案的电视剧，如《犯罪现场调查》（CSI：Crime Scene Investigation）、《骨证》（Bones）中都有反映。事实上，美国一些警察铤而走险，与警察收入太低和少数人同时拿大钱也是有联系的。① 在这种情况下，如果没有其他更好的收入来源，一个劳动者是不会自愿失业的。这意味着那些自愿失业的劳动力与就业的劳动力实际上不是处于同一层次了，因而严格地说，不是处于同一劳动力"市场"了。

图 17.1（b）中，当工资率上升到 W^{**}，非自愿失业者与就业者既可能是同一类的劳动力，也可能不是。比如，如果工资率的提高是因为企业支付效率工资（即更高的工资代表了更高的生产率），如果劳动者的高生产率确实是由于自己更为聪明、更有创造力，但同时，失业者中也有这样的人，只是由于运气不好而失业了，那么，就业者和非自愿失业者是同一类的劳动力。但也有一种可能，就是面对高工资，失业者中有一些人无法承担高工资的劳动。那么，已经就业的人就与这样的非自愿失业者不是同一类劳动力了。当然，已经就业的人中也可能不乏"南郭先生"，只不过没有被鉴别出来，或者即使被鉴别出来，也没有被解雇而已。

有了上述概念，你能判断一个失业的人究竟是自愿失业的还是非自愿失业的吗？这其实是很难的。人们的意愿是最难衡量的，因此即使衡量出来也可能存在重大错误。当一个拿到丰厚收入的人，比如李嘉图，离开了证券市场，既不是非自愿失业，也不是失望的工人。在当前的欧洲，有一些年轻人处于自愿的失业之中。他们因市场工资率低于他们个人对时间的评价而失业。

以上分析表明，自愿失业和非自愿失业的概念非常复杂。市场供求也无法有效配置资源。在现实中，工资也不可能如图 17.1 那样准确地确定。非工会化行业的厂商一般先确立工资等级再按这些工资率雇用一定量工人。而且，工资等级一旦确定则一年不变。在工会化行业中，工资等级一般由多年合同确定。属于工会的工人即使在 1/3 会员都失业或暂时被解雇时也不愿削减工资。重新就合同进行谈判，以便通过削减工资来增加就业，是一项代价高昂和容易引起分裂的任务——使老工人反对新工人，有损于积极性和生产率。所以，工会的合同很少有在合同期间重新谈判的。

劳动力市场为什么显示出这样的"粘性"而不是有价格那样的伸缩性呢？西方一种观点认为，这是因为在企业中，管理者和工人的地位是不对称的。工资一旦确定，重新确定是较难的，而企业决策的重心也不是在这里。所以，每年或数年中只有一两次机会用来思考基本工资的确定问题——这里的基本工资的意思是指占个人收入主要部分的工资收入，不包括偶然的奖金。

---

① 低工资不一定导致警察腐败。实际上，腐败主要是指官员，特别是高级官员。高级官员的腐败就不是因为工资低，而是因为欲望太多了。

（二）结构性失业、摩擦性失业

当经济因某种原因导致的某个产业的劳动力需求减少时所出现的失业叫作结构性失业。比如，当计算机在西方被普遍采用时，打字行业就出现了普遍性的失业；当中国大学生普遍拥有了计算机后，打字店中的打字员的工作岗位也大大减少了。这就是结构性失业。

一个经济中总是存在一些因居住场所或生命周期的变化——住址迁移、第一次进入劳动力市场、对工作不满希望换工作等——而产生的失业。那些过去离开了劳动力市场，现在又回来寻找工作的人，如生完孩子的妇女，也会导致摩擦性失业。这些离职或许是因为搬到新城市而要寻找工作，或者在相同或不同城市寻找更好的工作，或者需要暂时离开工作所导致的失业叫作摩擦性失业。

（三）自然失业和周期性失业

传统上，自然失业率被定义为劳动力市场处于总供求稳定状态时的失业率，这里的稳定状态被认为是既不会造成通货膨胀也不会导致通货紧缩的充分就业的状态。摩擦性失业就属于自然失业的一种形式。

自然失业率不是一个常数。劳动力充分就业的状态下的失业率可能会是4%以下，也可能更高。在20世纪70年代早期的美国，这个数字据估计是5%。到了80年代早期，自然失业率被认为是6%或者更高。自然失业率的主要变化与劳动力结构变化有关。比如，在1950—1983年期间，成年男人在总劳动力中的份额从66%下降到53%。年轻工人的劳动力份额几乎增加了1倍。青年、少数民族和妇女的劳动参与率增加改变了劳动力的结构，从而使得自然失业率升高。

虽然自然失业率已成为宏观经济学者们的共同用语，但"自然率"这个词会引起误解。自然率决不是自然的，它受到人口统计变化形式的影响，受到经济所经历的各种冲击的影响，受到政府对劳动力市场的政策的影响，也许甚至受到失业本身的过去历史的影响。自然率也可能不是最优失业率。没有任何经济学者能够证明一个备用的工人对于经济社会的价值等于这个工人由于没有工作而使社会失去的产出。

有可能降低自然率的措施是什么呢？有的政府部门提出改进劳动市场力的服务、提供培训等服务，1978年美国"汉弗莱-霍金斯法案"曾经设想让政府成为失业者的"最后雇主"，但最后被剔除掉了。这些政治上可以被接受的改革似乎不大可能使自然率的下降超过1个百分点的十分之几。一种更为根本的制度是社会主义。历史上，无论是苏联还是1949—1976年时期的中国，都实现了100%的就业。尽管有西方学者攻击这种制度下的就业包含隐性失业，但相比西方的资本雇用劳动的制度，应该是更为优越的。

周期性失业是与自然失业相对立的概念。这是在对劳动的总需求下降（而不是对某些部门如煤炭或汽车城的工人的需求下降）时发生的。随着总支出和产出的下降，失业几乎在每个地区都上升，各人口组受所承受的失业率是大致成比例的，也就是说，所有人口组的失业率都差不多按总人口失业率成比例地升降。在深入和持久的衰退中，失业平均持续时间，特别是非常长期的失业人数，急剧增加。在低失业年代（如1973年的美国），90%以上的失业工人失业不超过26周。从图17.2可以看到，美国的失业率呈现出周期波动的特点，而中国的失业率则相对平稳。

第一节 失业：资本主义制度的本质性特征

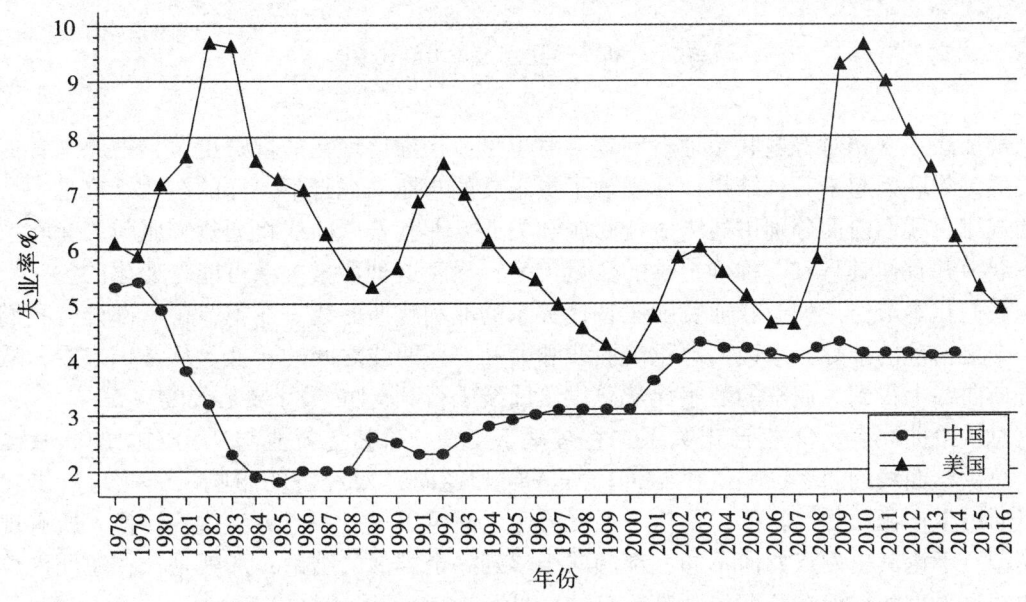

图 17.2 中国和美国失业率对比：1978—2016 年
资料来源：http://data.worldbank.org.cn/indicator/SL.UEM.TOTL.NE.ZS?view=chart.

自然失业率和周期性失业率的总和可以视为实际失业率。

自然失业的概念是一个具有世界共性的概念，尽管在不同国家它在数量等方面也可能表现不同；而周期性失业主要是一种资本主义社会或劳动力商品化社会的现象了。在中国1949—1976 年时期，经济曾经出现三个大起大落，但没有出现失业的变化。因此，周期性失业率的概念是西方的概念。这种看起来与周期相联系的失业实际上是资本主义的一个本质特征：当资本主义出现危机时，资本主义企业通过解雇劳动力来降低劳动力成本支出以自救。对于很多企业而言，如果不采取这些措施，它们可能就不得不破产了。只有那些很大的现金充足的不担心自己地位的企业才会在受到危机冲击时依然保留劳动力，特别是那些关键的劳动力，除非由整个国家对就业做出适当的安排！一种流行看法认为，美国企业以解雇权为其基本的伦理，认为势所必然。第二次世界大战后的日本则不这样认为，而是认为工人应该有终身的被雇用权。[①] 这使得作为资本主义国家的日本采取了不同于美国的就业制度。伴随着美国经济学在日本的影响的增大，日本的终身被雇用权可能已经受到了极大的削弱！

随着生产力的发展，生产对劳动力的需要会越来越少，那种在经济危机时解雇劳动力

---

① 这种伦理到底如何还是值得思考的。日本在第二次世界大战后的终身雇用制可能不是伦理使然，而是势所必然。日本在第二次世界大战中损失了大量的男人，结果导致战后资本家缺少工人可用，可能是因此产生了终身雇用制。另外一种解释则是文化上的，日本奉行武士道忠君思想，这种思想移植到企业中则变成了员工对企业的绝对忠诚，而企业为此必须终身雇用工人。另一个终身雇用的好处在于企业可以最大限度地保留人力资本。

的制度越来越难以令人满意了。

第二节　菲利普斯曲线

辩证法主张相对普遍联系地看问题。意思是，当你比现在的视野更宽，把原来看似不相关的事物联系起来后，结果，你发现了更本质的与原来视野不一样的东西。这是一个普遍的规律。我们前面分别讲述了通货膨胀和失业，菲利普斯曲线将通货膨胀与失业联系在了一起，并且使其具有一种确定性的数量关系，尽管这种数量关系可能是变化的。

我们在本节讨论失业和通货膨胀替代关系的菲利普斯曲线。在本节稍后部分，我们给出一个更精确的推导，来说明总供给曲线和菲利普斯曲线之间的转换。从常识来看，从菲利普斯曲线上得到失业率的数字比从总供给曲线上得到 GDP 数字要容易得多。

总供给曲线表示价格-产出关系，它是基于工资、价格、就业与产出之间的联系确立的。总供给曲线的斜率影响着供给冲击（正向和逆向）对经济的影响。失业与产出之间可以通过生产函数加以转换，价格与通货膨胀之间可以通过一个数学过程转换。所有现代的模型，不论其出发点如何不同，都倾向于得到一个类似的结论，那就是，在短期内总供给曲线是平直的，而在长期内则是垂直的。见图 16.5。

一、菲利普斯曲线

1958 年，菲利普斯（A. W. Phillips）发表了一项关于英国 1861—1957 年间工资变动状况的综合研究成果，其核心结论就是：失业率和货币工资增长率之间存在一种反向关系：失业率越高，工资膨胀率就越低。

令 W_t 代表本期工资，W_{t+1} 代表下期工资，工资膨胀率 g_w 定义为

$$g_w = \frac{W_{t+1} - W_t}{W_t} \tag{17.1}$$

令 u^* 代表自然失业率，菲利普斯曲线为：

$$g_w = -\varepsilon(u - u^*) \tag{17.2}$$

其中：$\varepsilon > 0$，衡量工资对失业率的反应程度。该方程认为，当失业率超过自然失业率，即当 $u > u^*$ 时，工资下降；当 $u < u^*$ 时，工资上升。失业率和自然失业率之差（即 $u - u^*$）叫作失业缺口。

菲利普斯曲线能够让我们对经济联系做出更多的推断。假定经济处于价格稳定和失业率等于自然失业率的均衡状态。考虑假如货币存量增加 10%，经济会出现怎样的变化。货币数量论所给出的答案是，为了使经济恢复到均衡状态，价格必须上升 10%；而工资的指数化机制说，工资也必须上升 10%。但这不是故事的全部。菲利普斯曲线说，为使工资上升 10%，失业率必须下降。如果在第一个时期失业率下降，但是不够，那么，工资就开始上升，但不会上升 10%。工资上升也会推动价格上涨。为了使工资和价格上升 10%，失业率必须进一步下降，直到经济最后恢复到充分就业水平的产出和失业。为了考察相对于上期水平的本期工资水平，根据工资膨胀率的定义，我们有：

$$W_{t+1} = W_t[1 - \varepsilon(u - u^*)] \tag{17.3}$$

为使工资上涨超过上期水平，失业率必须降至自然失业率以下。

菲利普斯发表了自己的成果后，引起了美国两位重要学者的注意。他们利用美国数据发展了菲利普斯的研究，将"菲利普斯曲线"用来描述一条将价格增长率（通货膨胀率）与失业率联系起来的曲线。图 17.3 通过线性拟合美国 20 世纪 60 年代通货膨胀率和失业的关系，发现失业率和通货膨胀率确实呈现出负相关关系，这与菲利普斯曲线完全吻合。

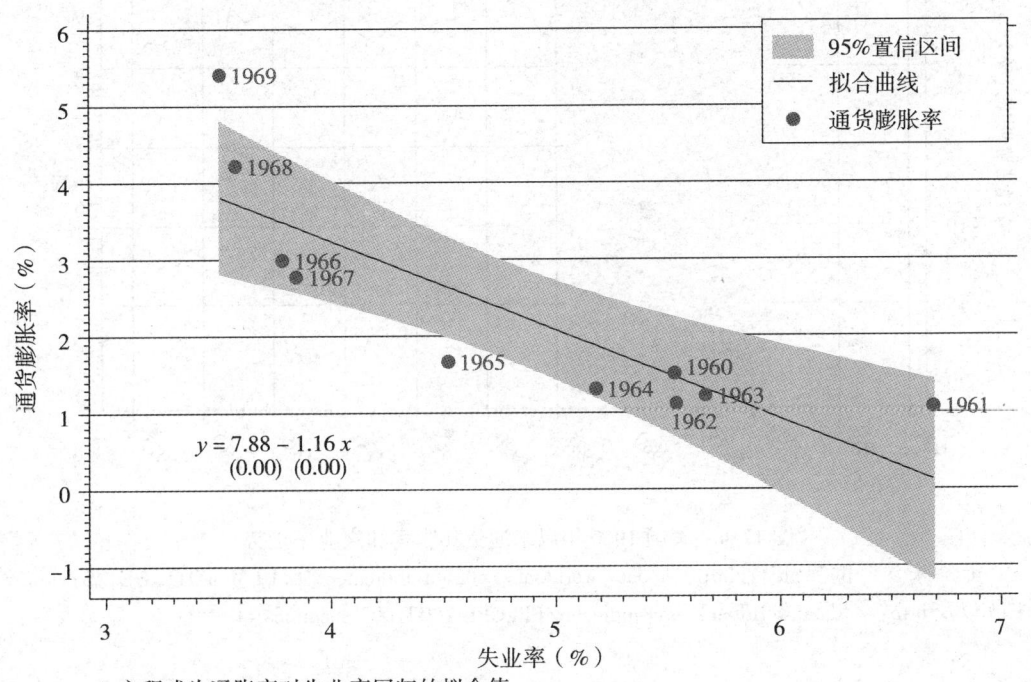

1. 方程式为通胀率对失业率回归的拟合值；
2. 括号内为回归系数 p 值。

图 17.3　1960—1969 年美国的失业率与通货膨胀率组合

资料来源：世界银行 http：//data.worldbank.org.cn/indicator/SL.UEM.TOTL.NE.ZS?view=chart 以及 http：//data.worldbank.org/indicator/FP.CPI.TOTL.ZG?locations=US。

这两位学者的发展使得菲利普斯曲线迅速成为西方 20 世纪 60 年代宏观经济政策分析的基石。这是因为这个曲线表明，政策制定者不可能同时获得低失业率和低通货膨胀率。于是，政策制定者只能在低失业率和高通货膨胀率组合或高失业率和低通货膨胀率组合之间进行选择了。在有的时候，美国人可能认为，他们能够容忍高通货膨胀率，这时，他们就可以拥有较低的失业率（美国 20 世纪 60 年代后期如此）；而有的时候，他们更想要低通货膨胀率，这时，菲利普斯曲线告诉他们，低通胀率可以通过高失业率来获得，或者说，必须忍受高失业率（美国 20 世纪 60 年代初期如此）。于是，失业和通货膨胀在不同情况下交替地被视为美国的头号敌人。

然而，美国的这两位学者对菲利普斯曲线的解释过于悲观了，也未能预测到 20 世纪 70 年代出现的高失业率高通胀率情况的出现。图 17.4 表明了美国从 1960 年以来的整个

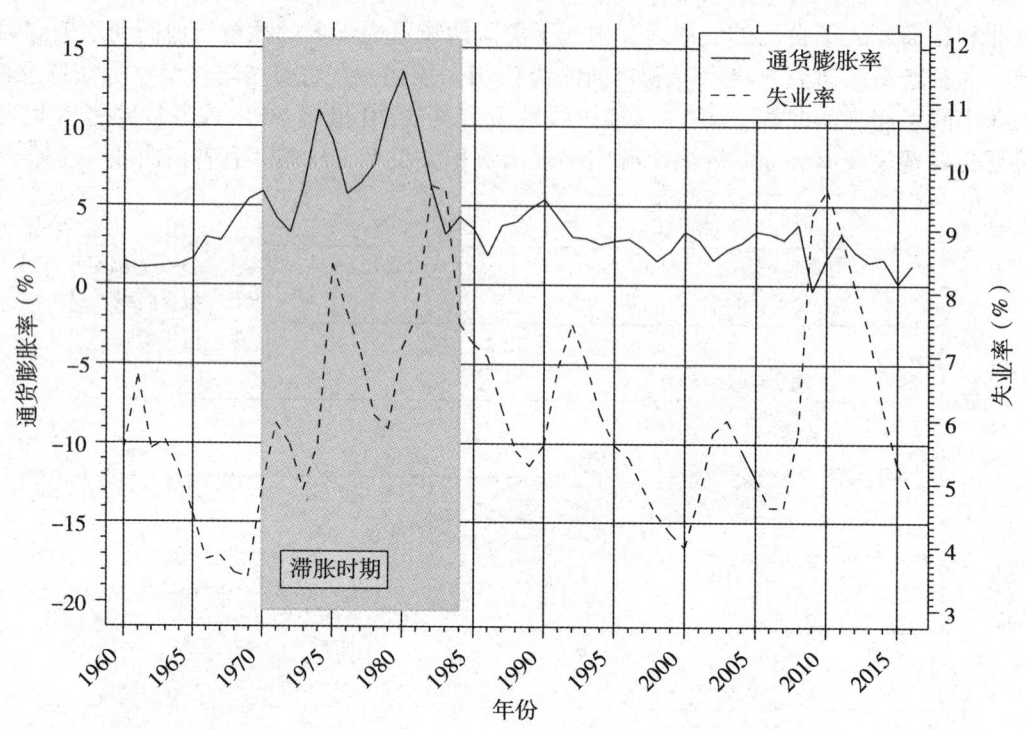

图 17.4 美国 1960 年以来通货膨胀率和失业率走势

资料来源：世界银行 http：//data.worldbank.org.cn/indicator/SL.UEM.TOTL.NE.ZS?view=chart 以及 http：//data.worldbank.org/indicator/FP.CPI.TOTL.ZG?locations=US.

时期里通货膨胀和失业的情况。20 世纪 70 年代和 80 年代的数据不再符合菲利普斯曲线的描述了。20 世纪 70 年代到 80 年代初期，美国经历了所谓的"滞胀时期"，高失业率和高通胀率同时存在，财政政策和货币政策失灵。图 17.5 线性拟合了这一时期的失业与通胀的关系，结果显示，两者之间不存在显著的负相关关系。这表明，菲利普斯曲线忽略了一些重要因素。这两位重要学者的错误引起了美国经济学家们的思考：他们为什么错了呢？思考的结果是提出了一种新的菲利普斯曲线，叫作附加预期的菲利普斯曲线。

二、附加预期的菲利普斯曲线

西方有学者提出，预期通货膨胀可能对菲利普斯曲线产生影响。理由是，当工人和资本家协商工资时，他们关心的是工资的购买力，而不是名义值。因此，双方都愿意在合同期内，根据预期的通货膨胀或多或少地调整名义工资水平。这样，失业并非取决于通货膨胀水平，而是取决于超过预期通货膨胀之上的未预期到的通货膨胀。有一点考虑解释了这个问题。假定年初你预计工资将增加 3%。尽管这个数值不算太大，但 3% 毕竟也是一个不错的增加率。你和同事可能感到很高兴。现在，假定一年的通货膨胀率是 10%，并且预计将会按照这个比率持续下去。这时，你将明白，如果生活费用增加 10%，而名义工资只增长 3%，你的生活水平实际上是下降的，下降幅度约为 7%（=10%-3%）。换言

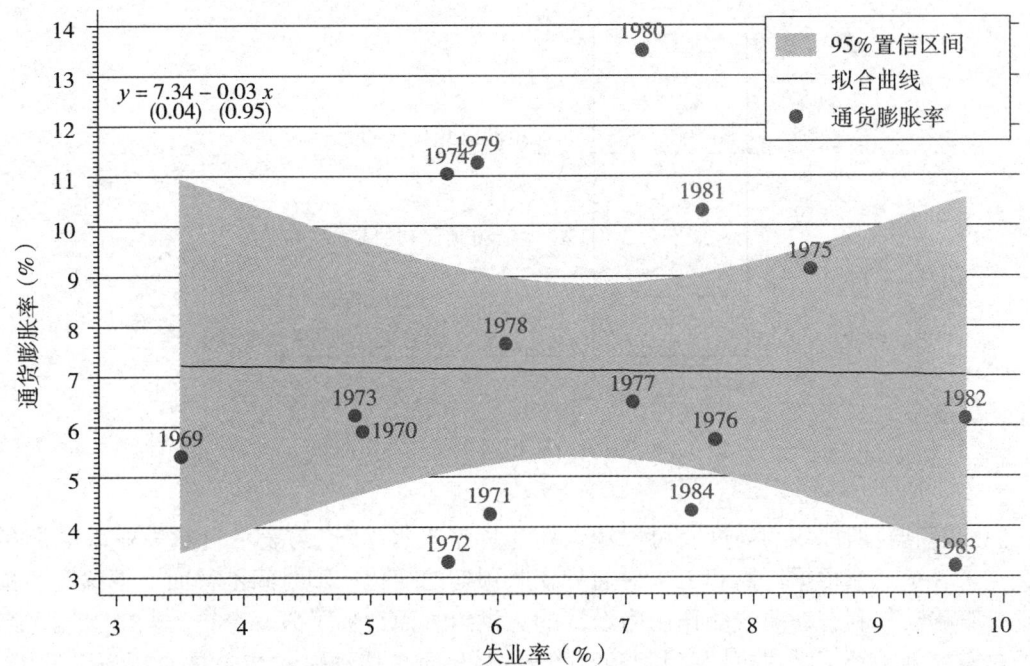

1. 方程式为通胀率对失业率回归的拟合值；
2. 括号内为回归系数 p 值。

图 17.5　1970—1984 年美国失业率和通胀率的组合

资料来源：世界银行 http：//data.worldbank.org.cn/indicator/SL.UEM.TOTL.NE.ZS?view=chart 以及 http：//data.worldbank.org/indicator/FP.CPI.TOTL.ZG?locations=US。

之，你关心的是实际工资增长率。我们改写方程（17.2）中原来的工资-通货膨胀的菲利普斯曲线，以显示出超过预期通货膨胀之上的超额工资膨胀率的重要性：

$$g_w - \pi^e = -\varepsilon(u - u^*) \tag{17.4}$$

式中，π^e 表示预期价格的通货膨胀水平。维持实际工资不变的假定（西方国家长期如此），实际通货膨胀率 π 将等于工资膨胀率，因此，如果我们用实际通货膨胀率来替换上式中的工资膨胀率，上式可以表述为：

$$\pi - \pi^e = -\varepsilon(u - u^*) \tag{17.5}$$

这被称为附加预期（通货膨胀）的菲利普斯曲线。

现在，让我们来分析这个新的短期菲利普斯曲线位置（以及相应的短期供给曲线）。图 17.6 显示了美国 20 世纪 80 年代初期（通货膨胀率为 6%~8%）与 21 世纪初期（通货膨胀率大约为 2%）的典型菲利普斯曲线的位置。在这个图里，横轴表示失业率，纵轴表示通货膨胀率和预期通货膨胀率。其中，有两条菲利普斯曲线。所有短期菲利普斯曲线与表示自然失业率的竖直线都不是相交在 0 通货膨胀率的水平上，而是都相交在预期通货膨胀率水平上。上面的一条菲利普斯曲线与下面的菲利普斯曲线的不同之处在于，它对应着更高的预期通货膨胀率，相当于人们的预期变高了。

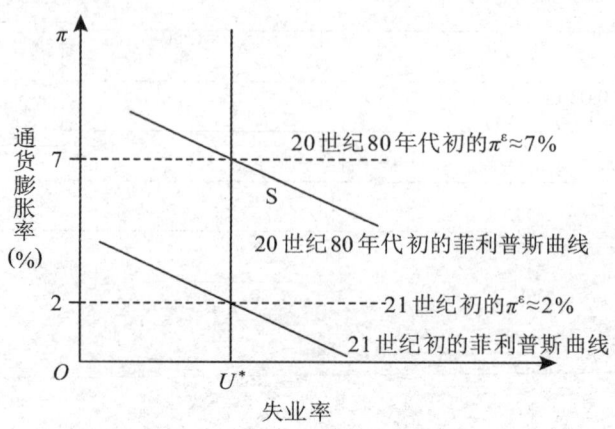

图 17.6 通货膨胀预期与菲利普斯曲线

短期菲利普斯曲线的高度，可以用预期通货膨胀水平 π^e 与表示自然失业率的那条线的交点来表示。它根据厂商和工人对通货膨胀预期的变化，随时间推移而上下移动。预期通货膨胀移动菲利普斯曲线的作用为经济的总供给方面增加了另一个自动调节机制。当高涨的总需求推动经济沿着短期菲利普斯曲线向上和向左移动时，结果是通货膨胀发生了。如果通货膨胀持续下去，人们就开始预期未来的通货膨胀（即 π^e 上升），从而短期菲利普斯曲线上移。

这个曲线有三条关键性质：(1) 当实际通货膨胀率等于预期通货膨胀率时，失业处于自然失业率水平。从数学上看，既然 $\pi - \pi^e = -\varepsilon(u - u^*)$，那么，$\pi = \pi^e$ 必然推出 $u = u^*$。这在经济学上也是容易理解的。因为通货膨胀率被预期到了，经济就无需偏离自然失业率了。当然，这点成立的前提是原来经济就是处于充分就业的均衡。

(2) 当实际通货膨胀率大于预期通货膨胀率（$\pi > \pi^e$）时，失业率低于自然失业率水平（$u < u^*$）。

(3) 长期看，预期通货膨胀率会与实际通货膨胀率趋同。于是，在长期，$\pi - \pi^e = -\varepsilon(u - u^*)$ 就变成 $u = u^*$ 了。这本来是表示自然失业率的曲线，但现在由于它可以理解为是由 $\pi - \pi^e = -\varepsilon(u - u^*)$ 变成的，因此，它就成为长期的菲利普斯曲线了。美国 21 世纪初展现了较低的预期通货膨胀水平，而在 20 世纪 80 年代初期展现了较高的预期通货膨胀水平。厂商和工人自然是根据最近的通货膨胀历史和其他信息来调整他们的通货膨胀预期的。

因此，可以说，附加预期的菲利普斯曲线保留了原来的菲利普斯曲线的形状，因此，也保留了失业率与通货膨胀率之间存在短期替代关系的可能性，同时，由于引进长期菲利普斯曲线的概念，它能够解释失业率与通货膨胀率的短期替代关系不存在的可能性。

附加预期的菲利普斯曲线还用高通货膨胀预期解释了 20 世纪 70 年代出现的滞胀。滞胀（stagflation）是新创造的一个词，其含义是高失业率（"停滞"）与高通货膨胀率并存。例如 1982 年的失业率超过 9% 而通货膨胀率接近 6%。图 17.6 中的 S 点就表示这样一个滞胀点。一旦经济处于高通货膨胀预期的短期菲利普斯曲线上，衰退就会将实际通货膨胀率推到低于预期通货膨胀率（例如，在图 17.6 中，沿 20 世纪 80 年代的菲利普斯曲线向右移动），但是通货膨胀的绝对水平仍保持在高水平。换言之，实际通货膨胀率将低于预期通货膨胀率但仍大大高于零。

在图 17.8 中我们看到，通货膨胀与失业之间没有令人可信的线性关系。然而，把预期通货膨胀考虑进去，就能得到很好的曲线（见图 17.7）。预期通货膨胀是一个主观概念，很难确定，可是，你可能想不到，令今年的预期通货膨胀率等于去年的实际通货膨胀率，即假定 $\pi^e = \pi_{t-1}$，就可以让上述图形达到一个令人满意的状况。在图 17.7 中，我们画出 $\pi - \pi_{t-1} = -\varepsilon(u - u^*)$ 的散点。这个图表明，即使是非常简单的预期通货膨胀模型，也十分有效。特别是，穿过图 17.7 中数据的直线表明：美国失业率每增加 1 个百分点，通货膨胀率降低约 0.5 个百分点；换言之，$\varepsilon \approx 0.5$。一个百分点的失业是很大的，0.5 个百分点的通货膨胀相对小。因此，该图显示短期菲利普斯曲线是非常平缓的，尽管我们知道长期菲利普斯曲线是垂直的。

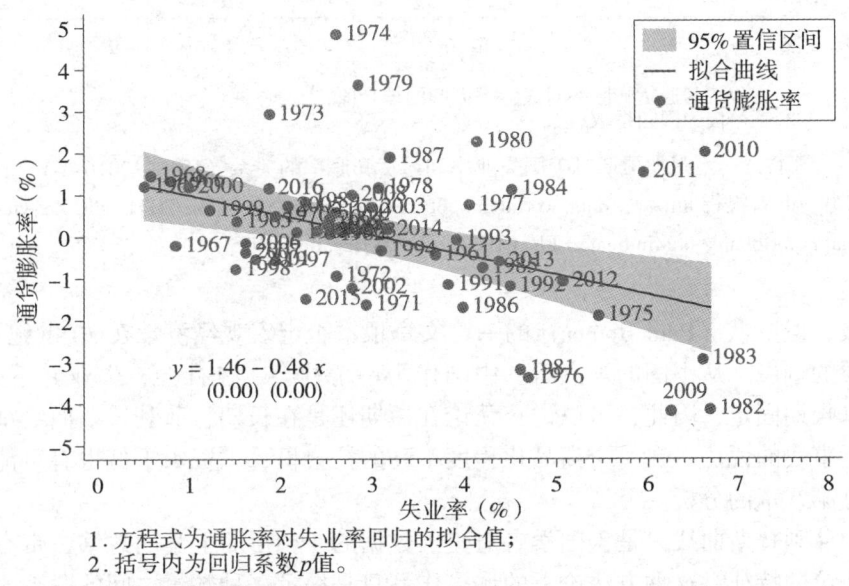

1. 方程式为通胀率对失业率回归的拟合值；
2. 括号内为回归系数 p 值。

图 17.7　附加通货膨胀预期时美国通胀率与失业率的关系（1960—2016 年）

注：我们将上一年度的通货膨胀率视为下一年度的预期通货膨胀率，并且假定自然失业率为 3%。
资料来源：世界银行 http：//data.worldbank.org.cn/indicator/SL.UEM.TOTL.NE.ZS?view=chart 以及 http：//data.worldbank.org/indicator/FP.CPI.TOTL.ZG?locations=US.

附加预期的菲利普斯曲线比原始的菲利普斯曲线看来对至少某些年份中的美国数据能够更好的拟合。请注意，我们的这个表达蕴含着即使是短期的附加预期的菲利普斯曲线也是一种具有国别特性和时间特性的理论。目前，中国还没有用这个模型研究中国经济的论文出现，可能就是因为这个原因。

附加预期的菲利普斯曲线的出现是和西方宏观经济学中的一种被称为"理性预期革命"的流派相联系的。这个流派曾被认为是 20 世纪最后 25 年中宏观经济学最重要的知识

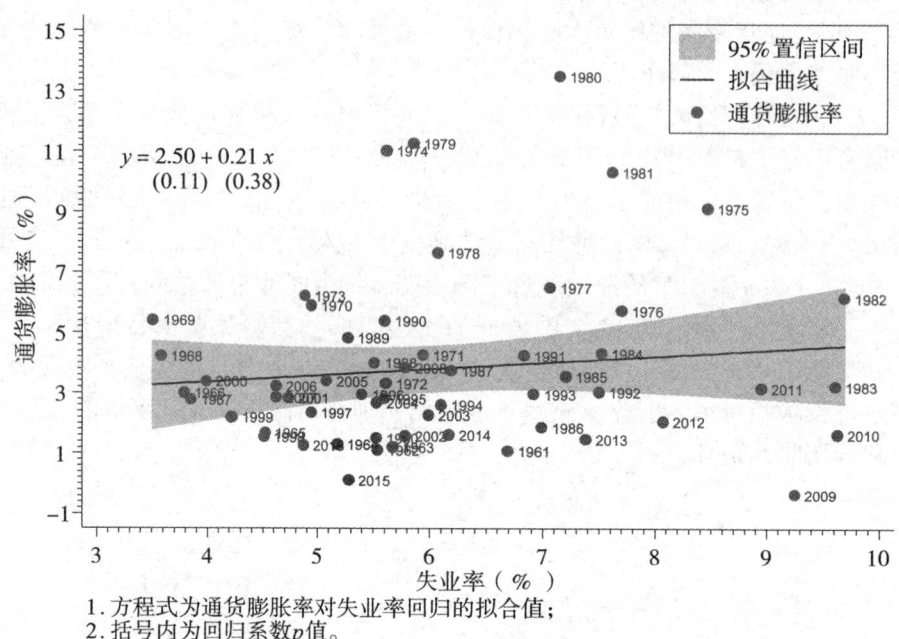

图 17.8　不附加预期时美国失业率和通货膨胀率的关系（1960—2016 年）

资料来源：世界银行 http：//data.worldbank.org.cn/indicator/SL.UEM.TOTL.NE.ZS?view=chart 以及 http：//data.worldbank.org/indicator/FP.CPI.TOTL.ZG?locations=US.

进展和突破，但罗默（Paul Romer）的一篇文章根本否定宏观经济学在 20 世纪最后 30 年有什么重要的进展。从中国的观点看，中国作为一个社会主义社会，失业并不必然存在，价格也可以长期固定，因此，可以说，无论在短期还是在长期，菲利普斯曲线都不存在是一个更接近事实的说法。在一个商品化程度不高的社会里，工资水平低也有可能不成为大问题，参见第八章的分析。

此外，菲利普斯曲线只是美国学者对美国数据的一种形而上学的总结，带有很强的实证主义方法论的特征。这种方法论下的许多作品只是揭示一种数量之间的联系，而没有能够如凯恩斯的理论那样揭示经济运作的机理和结构性特征，尽管凯恩斯的揭示也是远远不够的。下面从菲利普斯曲线推导总供给曲线的分析能够部分地弥补这一缺陷。

第三节　从菲利普斯曲线到总供给曲线

从菲利普斯曲线推导总供给曲线需要四个步骤。首先，我们将菲利普斯曲线中的失业变量转变为总供给曲线中的产出变量。其次，我们将菲利普斯曲线中的工资（成本）与总供给曲线中的价格联系起来。再次，我们运用工资与就业之间的菲利普斯曲线关系。最后，我们把上述三个步骤结合起来，推导出一条向上倾斜的总供给曲线。

一、奥肯定律

在短期内,失业与产出是非常紧密地联系在一起的。根据马克思的劳动价值论,这不难理解。美国经济学家奥肯,基于类似的观点,总结出一个后来被称为奥肯定律(Okun's law)的经验公式:失业率变动1个百分点,GDP将会多变动2个百分点。抽象地,这个公式可以写为:

$$\frac{Y - Y^*}{Y^*} = -\omega(u - u^*) \tag{17.6}$$

二、成本与价格

发展供给曲线理论的第二步是将厂商的价格与其成本联系起来。这很容易理解。因为价格就是对成本的一个加成。在总成本中,工资成本又是主要部分。所以,价格可以看作工资基础上的加成。

我们设平均而言,每单位劳动生产 a 单位的产品,于是,每单位产品的劳动生产成本就是 W/a,我们把它称为单位劳动成本(unit labor cost)。例如,每小时工资为45元,a 为3,那么每单位产品的劳动生产成本就是15元。我们再设厂商在劳动成本上附加加成比例 z 来确定价格:

$$p = \frac{(1+z)W}{a} \tag{17.7}$$

在劳动成本上加成的大小,应该能够补偿企业利用其他生产要素的成本,例如资本和原材料,还应该能为厂商提供一定的正常利润。如果行业内的竞争是不完全的,那么,加成比例的大小还会包括垄断利润部分。

三、推导总供给曲线

把菲利普斯曲线 $\left(g_w - \pi^e = -\varepsilon(u - u^*)\right)$、奥肯定律 $\left(\frac{Y-Y^*}{Y^*} = -\omega(u - u^*)\right)$ 和加成定价公式 $\left(p = \frac{(1+z)W}{a}\right)$ 放在一起,可得:

$$p_{t+1} = p_{t+1}^e + p_t \frac{\varepsilon}{\omega}\left(\frac{Y - Y^*}{Y^*}\right) \tag{17.8}$$

这个方程强调了总供给曲线所表明的下期价格水平会随着价格预期和GDP缺口的情况上涨。把 $\frac{p_t}{p_{t+1}^e} \frac{\varepsilon}{\omega}$ 记为 λ,我们可以把上式改写为如下简化形式:

$$p_{t+1} = p_{t+1}^e [1 + \lambda(Y - Y^*)] \tag{17.9}$$

图17.9表明了方程(16.1)所对应的总供给曲线。该曲线是向上倾斜的。AS曲线随时间而变化。如果本期产出高于充分就业水平 Y^*,那么下一期的AS曲线将向上移动到 AS'。如果本期产出低于充分就业水平,下一期AS曲线将向下移动到 AS''。AS与充分就业的产出线相交在价格被预期到的水平上。

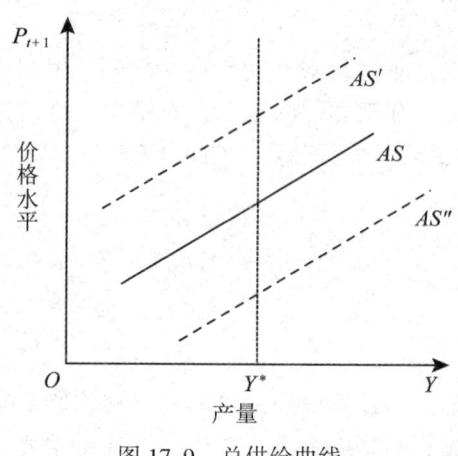

图 17.9　总供给曲线

价格随产出水平而增加是因为增加的产出意味着就业的增加、失业减少以及由此增加的劳动成本。在这个模型中，就业率的上升增加了工资。很显然，这个模型的结论是不符合西方的事实的。在长达几十年的时间里，西方的实际工资没有多少增加。

阅读材料：工资与商品价格之间有联系吗？

　　如果有一种经济学向你证明，工资上升会带来商品价格的提高，你准备相信吗？你应该做什么样的思考呢!？根据本书第三章的理论，工资提高一般不会导致商品价格的提高。即使二者之间在某些情况下存在联系，联系也是微弱的，而且是短暂的、局部的。

　　但从微观上看，房价提高了，生活成本上升了，工资必然上升。外资的进入本身就导致工资上升。在这种情况下，商品价格就上升了。如果货币供给总量并不超越实际 GDP 的增长，长期看，商品价格其实不会增长，即使在短期内会由于预期等原因增长。

　　当你准备接受工资提高会导致商品价格提高的命题的时候，你还要想一想工资提高和商品价格提高之间比例是不是一致的。如果不一致，把价格提高归因于工资提高是不能令人信服的。你还要思考，假如没有工资提高，价格就不提高了吗？

关　键　词

　　制度性失业　失业者　就业者　劳动力　非劳动力　失业率　可伸缩工资（出清市场）　粘性工资（非出清市场）　自愿与非自愿失业　摩擦　结构　周期失业　自然失业率　上升的自然失业率　最优失业率　菲利普斯曲线　通货膨胀预期　滞胀　奥肯定律

思考题与练习题

1. 某一经济体在 3 年的时间内，货币平均年增长速度为 10%，而实际国民收入年均增速为 8%，货币流通速度不变，则此 3 年间价格水平的总体趋势是（　　）。
   A. 上升
   B. 不变
   C. 下降
   D. 上下波动

2. 已知充分就业时的国民收入为 10 000 亿元，实际国民收入为 9 800 亿元，边际消费倾向为 0.8，那么新增多少投资能使得国民收入达到充分就业水平而不至于发生通货膨胀？

3. 假设一个经济体符合如下菲利普斯曲线：$\pi - \pi_{-1} = -0.6(u - 0.05)$。试求：
   (1) 该经济体的自然失业率是多少？
   (2) 为使通货膨胀率减少 6 个百分点，必须有多少周期性失业？

4. 随着科技的进步，机器代替体力劳动者进行生产早已是普遍现象，而人工智能 (artificial intelligence，AI) 则有取代脑力劳动者的趋势。科技进步带来的失业属于哪种类型的失业？请谈谈这种失业带来的后果以及应对之道。

5. 菲利普斯曲线认为失业率和通货膨胀率之间存在负相关关系，当前中国的 CPI 指数偏低，而就业压力依然不小。请问菲利普斯曲线适用于中国的情况吗？为什么？请谈谈你的看法。

6. 你对"一个有效的经济会使生产率低的人失业"的命题怎么看？你要分析：什么是有效？对谁有效？谁生产率低？谁为什么生产率低？这样，你才能很好地回答这一问题。

7. 有人说，凯恩斯在经济学上的重大突破，即在承认失业的基础上建立宏观经济学，是用事实取代了一种漂亮的但脱离事实的理论。漂亮的脱离事实的理论是一种什么理论？习惯上人们常常说一个漂亮的但是没有头脑的年轻女孩是花瓶。如果你把标准定得越高，做花瓶的女孩一定就越多。凯恩斯如果是一个女的，那他就是从花瓶（有美国人说大学毕业时的凯恩斯是半瓶子醋）变成了一个比较有头脑的女人。漂亮的脱离事实的理论连花瓶都不是，是丑陋的、邪恶的东西，但它可能是被著名大学的著名教授做出来的。凯恩斯未能提供一个能够确切地说明非自愿失业和职位空缺如何同时并存的优雅的价格与工资刚性理论，因为他还没有时间，但更主要的是，他还没有兴趣。在很多时候，理论是由兴趣决定的。由解决问题的动机所激发的兴趣在一个学者的职业生涯中是极为重要的。你认为凯恩斯的宏观经济学名副其实吗？

8. 人工智能的使用也在替代着劳动力。假设人工智能替代了大量的劳动力，你对此能想到什么？比如，这个社会的分配将是什么样子？失业的概念是否会有变化？

第十八章　总需求的特例

经济周期是总需求量和总供给量不一致所引起的，这毫无疑问是对的。但在这个正确观点之下，能否正确构造总需求理论就决定着经济周期理论的正确与否。第十六章介绍了一般的经济运行状态下的总需求曲线。它在总需求与物价之间建立了一个关系。但有时，一个资本主义经济可能长期价格保持不变。这时，前面的总需求分析就变得不够了。因为这时，可能利率比价格更为重要，甚至利率也因为变得太低而不重要。本章介绍这些理论。这些理论中的一个理论（即 IS-LM 模型）也包含价格，只不过把价格视为固定。如果把价格视为可变，由它也可以再推出一个总需求理论。

第一节　IS-LM 模型

IS-LM 模型实际上是假设 P 不变的情况下利率 r 和 Y 的两种组合，即 IS 曲线和 LM 曲线所构成的方程组。注意，在这个模型中，r 和 Y 都是待决定的内生变量。由于有两个内生变量，因此，需要两个方程求解。由于西方经济学研究聚焦点是市场，这两个方程就由两个市场的均衡产生——经济学上的均衡意味着数学上的等式。

一、*IS* 曲线：利率与总需求

IS 曲线描述的是商品市场（即非货币市场、金融市场）的均衡和非均衡的情况：在其上的点表示商品市场均衡，在其外的点表示商品市场的非均衡（供过于求或供小于求）。均衡的定义是国内收入等于国内的计划支出。请注意，这个定义并不保证均衡是充分就业的均衡——宏观经济学中有许多均衡概念，其含义各不相同。

把式（16.4）中的价格固定，即视其为常数，令 $C = \bar{C} + c(1-t)Y$。其中，c 表示边际消费倾向，t 表示政府对所有收入所征收的税率（它相当于由 $t = T/\text{GDP}$ 得出，而不是一个现实中由税务机关根据税法收取的一个税率）。

令 $I = I(r, \sigma, Po)$ 取如下的形式：

$$I = \bar{I} - br \tag{18.1}$$

而允许 r 任意变动（在图 18.1 中从 i_1 变到 i_2），再令 AD 与产出 Y 相等，我们就得到了通常被称为 *IS* 曲线的曲线。*I* 代表投资，*S* 代表储蓄，这也是 *IS* 曲线名字的由来。它本质上是表现投资等于储蓄关系的一条曲线。我们采用图 18.1 来推导 *IS* 曲线。

对于一个既定的利率水平，比如说在 i_1，方程 (2) 最后一项是常数 (bi_1)。我们在图中，可以画出对应于每一个产出水平的截距为 $\bar{A} - bi_1$ 的总需求曲线。在 E_1 点，总需求曲

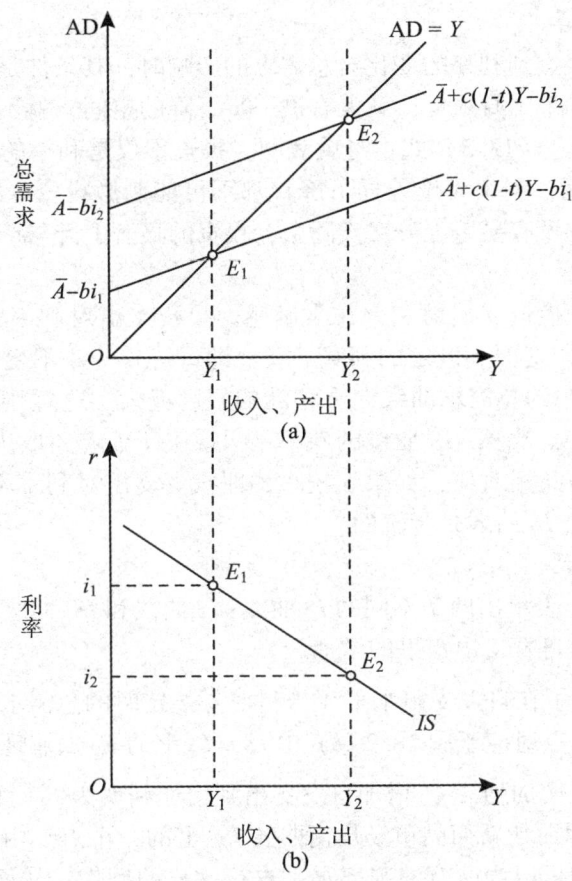

图 18.1 IS 曲线的推导

线和 45°线相交了，这时，AD 和 Y 相等了，相应的横轴上的 Y_1 就是均衡收入。我们将该组合 (i_1, Y_1) 作为点 E_1。它表示一个既定的利率水平 (i_1) 决定了一个均衡收入水平。这就是出清商品市场的利率与收入的一个组合。

利率 r 下降如从 i_1 下降到 i_2 时，常常会引起投资支出增加。一旦此点成立，也就是投资函数确实成立，就引起了图 18.1 中总需求曲线截距 $\bar{A} - bi_1$ 增加到 $\bar{A} - bi_2$。由于总需求曲线的斜率并没有变化，所以，总需求曲线平行向上移动。在 Y_2 处，总需求曲线和 45°线又相交了。于是，利率 i_2 决定了一个收入水平 Y_2。将该组合 (i_2, Y_2) 作为 E_2 点。

由于我们设了一个线性的投资函数 $I = \bar{I} - br$（即 I 是 r 的线性函数），所以，不需要再考虑其他点了，连接 E_1、E_2 的直线就是我们所要的结果。这条直线被称为 IS 曲线。如果投资函数不是线性的，IS 曲线就不是线性的了。

由于组成 IS 曲线的所有点都是总需求和总产出相等的点，所以，IS 曲线就代表可使商品市场出清的利率与收入（产出）的各个组合，而 IS 曲线被称为商品市场均衡曲线。

直接把 $I = \bar{I} - br$ 代入 (16.4)，可以看到，Y 和 r 的关系是负相关的，反映总需求伴随着利率的下降而增加。

(一) IS 曲线的斜率

当人们把注意力聚焦到利率的变化对总需求的影响时，其条件是利率在所处的经济情形下确实重要。如果利率本身太低，就没有进一步下降的空间，就不可能通过利率下降来刺激总需求了。更何况，(13.5) 式本身就表明，投资不仅是利率的函数。比如，如果投资的预期收益率 σ 太低，利率无论怎样下降，都不可能刺激投资。有的国家经历了负实际利率的情形，投资也没有显著上升。实际上，投资的显著上升与产品创新的实现与否具有紧密的联系。

现在，让我们假设投资支出对利率非常敏感。投资支出对利率非常敏感意味着方程 (18.1) 中的 b 足够大。这时，既定的利率下降（即保持 $i_2 - i_1$ 不变）引起总需求大幅度上升，因此使图 18.2 中的总需求曲线向上移动的幅度就大。这意味着 IS 曲线更为平坦，即其斜率的绝对值更小。当然，IS 曲线的斜率不只取决于 b，还取决于乘数 α_G，这个乘数在后面会有解释。与此相对应，如果 b 较小，即投资支出对利率不大敏感，则 IS 曲线相对陡峭。当 $b = 0$ 时，IS 曲线是竖直的。

(二) IS 曲线的位置

图 18.2 中的 (b) 表示出两条不同的 IS 曲线：IS 曲线和 IS′ 曲线。是什么因素导致 IS 的位置不同呢？答案是自发支出水平的增加。

图 18.2 (a) 表明了在自发支出水平 $\overline{A}$ 与利率 i_1 给定时的总需求曲线（即 Y 与 AD 的对应关系），其中的 E_1 点对应于图 18.2 (b) 中 IS 曲线上的 E_1 点。现在，在相同的利率情况下，让自发支出水平增加到 $\overline{A}'$。增加自发支出则增加利率为 i_1 时的均衡收入水平。图 18.2 (b) 中的 E_2 点因而是新商品市场均衡曲线 IS′ 上的一个点。由于 E_1 是初始 IS 曲线上的任选的一点，我们可以为所有的利率水平进行这样的操作，从而产生新的曲线 IS′。因此，自发支出的增加，使 IS 曲线向右移动。

曲线移动有多远？从图 18.2 (a) 中可以看出，自发支出变动的结果，使收入变动（图 18.2 (b) 中 IS 平行移动的距离）大于自发支出的变动（图 18.2 (a) 中平行移动的距离）。自发支出仿佛是一个杠杆，撬动了更大的 GDP 的变化。我们把这种 GDP 的变化与自发支出的变化的比率叫作乘数。本节第三部分会研究这个问题。

自发支出水平根据总需求方程确定。比如，在 $C = \overline{C} + c[(1-t)Y + \overline{TR}]$、$I = \overline{I} - br$、$G = \overline{G}$、$NX = \overline{NX}$ 时，自发支出水平为：

$$\overline{A} = \overline{C} + c\overline{TR} + \overline{I} + \overline{G} + \overline{NX} \qquad (18.2)$$

因此，政府采购或转移支付的增加，使 IS 曲线向右移动，位移的距离取决于乘数的大小。转移支付或政府采购的减少，使 IS 曲线向左移动。

思考题：处于 IS 曲线上方的点是供过于求还是供小于求？提示：考虑对应同一 GDP 不同利率所对应的总需求的不同。

二、LM 模型

LM 曲线描述的是货币市场（和金融市场）的均衡和非均衡的情况：在其上的点表示

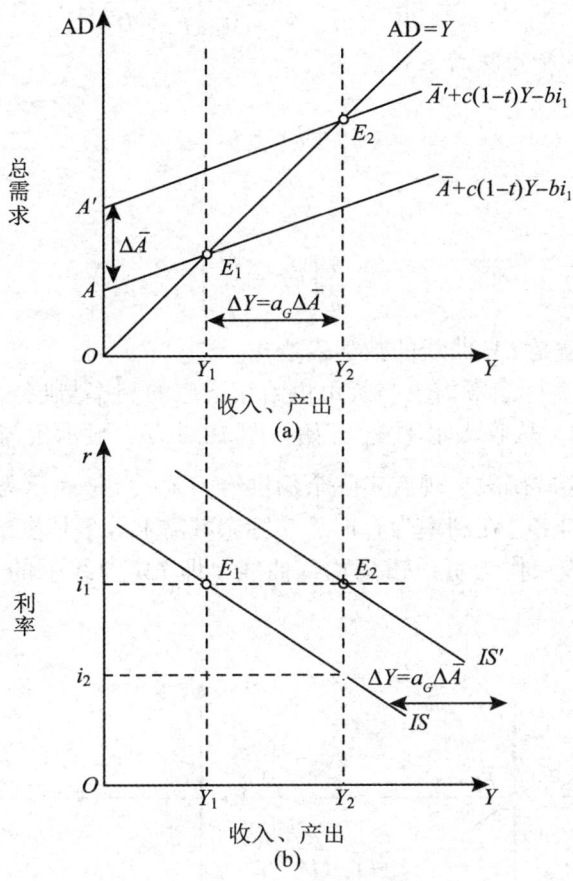

图 18.2　自发支出变化引起的 IS 曲线移动

货币市场均衡,在其外的点表示货币市场的非均衡(供过于求或供小于求)。均衡的定义是货币供给等于货币需求。LM 曲线(或 LM 表)是能使货币需求等于货币供给的利率与产出水平的各个组合。推导 LM 曲线有三个步骤。第一,要有一个货币供给函数。这点我们已经在第九章第二节完成了。第二,要有一个以利率与收入作为自变量的货币需求函数。这点我们已经在第九章第三节完成了。第三,使货币需求与货币供给相等即可发现能保持货币市场处于均衡状态的收入与利率的各个组合。

在第九章第二节,我们讨论了名义货币供给是如何决定的。在中国,名义货币量 M 由中国人民银行(简称"人行")控制,在其他国家由具有其他名称的中央银行控制。各国的中央银行当然要考虑各种情况来决定 M,这使得 M 具有内生性。但现在,我们姑且将名义货币量 M 假设为外生的,并处于给定的 $\overline{M}$ 水平。假定价格水平保持在 $\overline{P}$ 的水平不变,因而,实际货币供给就处于 $\overline{M}/\overline{P}$ 的水平。①

---

① 现在,由于我们保持货币供给和价格水平不变,就以短横线表示这种情况。

在第九章第三节所得到的（9.10）式，以 L 表示的实际余额需求表示为：
$$L = kY - hi, \quad k > 0, \quad h > 0 \tag{18.3}$$
于是，货币市场均衡意味着下式成立：
$$\frac{\overline{M}}{\overline{P}} = kY - hi \tag{18.4}$$
求出利率：
$$i = \frac{1}{h}\left(kY - \frac{\overline{M}}{\overline{P}}\right) \tag{18.5}$$

关系式（18.5）就是 LM 曲线的数学表达式。

图 18.3 显示能使实际余额需求与货币供给相适应的利率与收入水平的各个组合，即 LM 曲线是如何得来的。从收入水平 Y_1 开始，图 18.3（a）显示出与其相应的实际余额需求曲线，它是利率的递减函数。现有实际余额供给 $\overline{M}/\overline{P}$，被表示为垂直线，因为它是既定的，因此不取决于利率。在利率为 i_1 时，实际余额需求等于其供给，因此，E_1 点是货币市场的一个均衡点。该点作为货币市场均衡曲线，即 LM 曲线上的一点，显示在图 18.3（b）中。

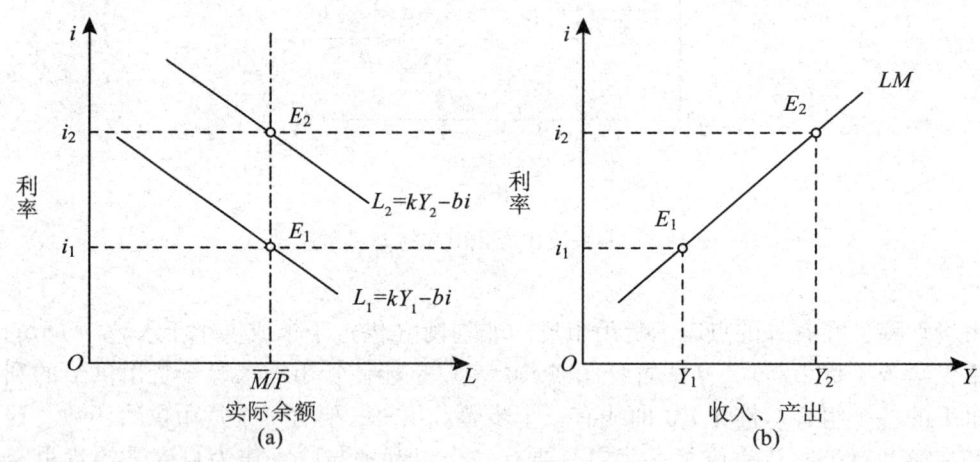

图 18.3　LM 曲线的推导

注：（a）图表示货币市场上的供求关系。实际货币余额的供给是竖直线 $\overline{M}/\overline{P}$。$L_1$、$L_2$ 代表不同收入水平（Y_1 和 Y_2）上的货币需求。

接下来考虑收入增加到 Y_2 的效应。在图 18.3（b）中，收入水平提高使得各个利率水平的实际余额需求增加，因此，实际余额需求曲线向右上方移动至 L_2。在收入水平提高的情况下，利率增加到 i_2，以保持货币市场的均衡。据此，新均衡点为 E_2。在图 18.3（b）中，我们记下 E_2 点作为货币市场均衡的点。针对所有收入水平，完成同样的操作，就会产生一系列的点，连接起来就形成了 LM 曲线。这里，由于货币需求被假设是线性函数，因此，LM 曲线实际上是一条直线。这让我们只要画连接 E_1、E_2 的直线就可以了。

LM 曲线即货币市场均衡曲线，它显示能使其实际余额需求等于供给的所有利率与收入水平的组合。沿着 LM 曲线，货币市场处于均衡状态。LM 曲线的斜率为正。利率上升，会降低实际余额需求，为维持实际余额需求等于固定的供给，收入水平必须提高。因此，货币市场均衡意味着，利率上升，收入水平也与其同时上升。

　　然后，我们如上一小节那样，提出有关 LM 曲线性质的同样问题，即什么决定该曲线的斜率和位置？

（一）LM 曲线的斜率

　　从 (18.3) 式不难看出，LM 曲线的斜率为 k/h。这说明，以 k 计量的货币需求对收入的反应程度越大，以及货币需求对利率的反应程度 h 越低，则 LM 曲线越陡峭。如果货币需求对利率极不敏感，即 h 接近于零，则 LM 曲线几乎是竖直的。如果货币需求对利率非常敏感，即 h 很大，则 LM 曲线接近于水平。LM 曲线接近于水平意味着为了保持货币市场的均衡，利率发生少量变动，收入水平必须随之进行大的变动。

（二）LM 曲线的位置

　　LM 曲线表示利率与产出之间的关系，因此，作为外生变量的实际货币供给的变动将使 LM 曲线移动，显示实际货币供给变动的效应。在图 18.4（a）中，收入水平为 Y_1 时的实际货币余额需求为 $L_1(Y_1)$，初始实际货币供给为 $\overline{M}/\overline{P}$，均衡处于 E_1 点，利率为 i_1。相应地，我们就得到图 18.4（b）中过 E_1 的 LM 曲线。

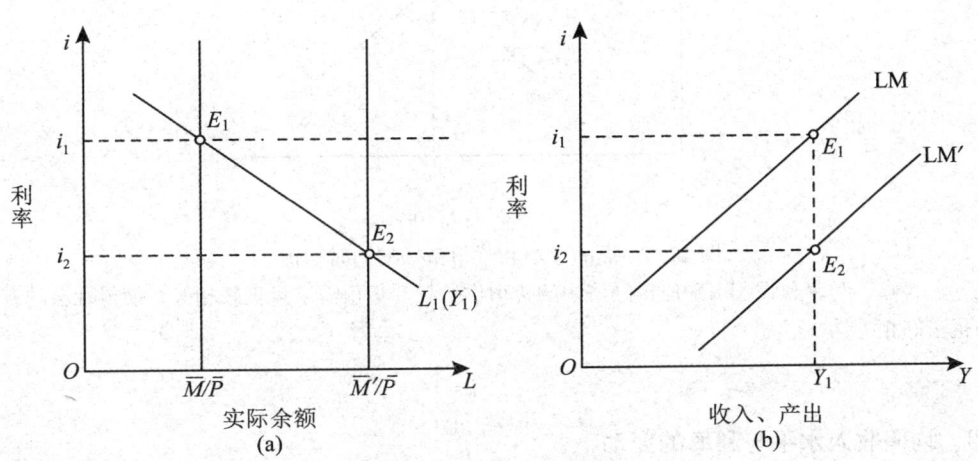

图 18.4　增加货币供给使 LM 曲线向右移动

　　现在实际货币供给增加到 $\overline{M'}/\overline{P}$，表现为货币供给曲线向右移动。为了在收入水平 Y_1 点上，恢复货币市场均衡，利率必须降低至 i_2。因此，新的均衡处于 E_2 点。在图 18.4（b）中，LM 曲线向右下方移动至 LM′。在每个收入水平上，均衡利率必须降低，以诱导人们持有更多的实际货币量。或者反过来说，在每个利率水平上，收入水平必须提高，以增加交易性货币需求，从而吸收更多的实际货币供给。

三、商品市场与货币市场的均衡

为什么提出这个问题呢？假设一个经济是由穷人和富人构成的。穷人要消费和工作，富人要投资和投机。投机假设主要发生在金融市场上，如买卖债券。于是，可以形式地说，如果商品市场上供求平衡，货币市场上也供求平衡，如果这个经济中没有其他重要的经济领域，那么，所有市场，即整个经济就均衡了。IS-LM 模型的意义和局限就在这里。

IS-LM 模型就是把 IS 曲线与 LM 曲线联系起来看待。由于它们分别概括了使商品市场与货币市场处于均衡状态所必须得到满足的条件，于是，从理论上说，它们如果得到准确的估计，并联立起来，就能确定这些市场同时均衡所应满足的利率与收入水平条件（在图 18.5 中，它们对应于 E 点，均衡利率就是 i_0，均衡收入水平是 Y_0）。在 E 点，商品市场与货币市场同时处于均衡状态。

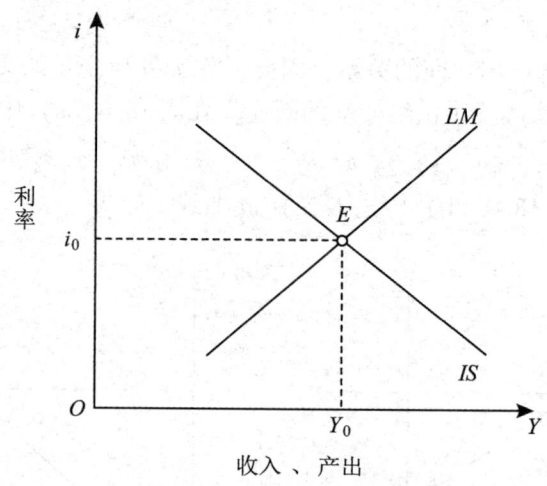

图 18.5　商品市场和货币市场的同时均衡

注：在 E 点，利率和收入水平使得经济中的货币供给量和货币需求量正好相等，使得社会的产出和总需求也正好相等。

四、均衡收入水平与利率的变动

当 IS 或 LM 曲线移动时，均衡收入水平与利率发生变动。如图 18.6 所示，表明了自发投资率增加对均衡收入水平与利率的影响。这样的增加，提高自发支出 $\bar{A}$，因而，使 IS 曲线向右移动。其结果是在 E' 点上的收入水平提高和利率增加。

如图 18.6 所示，自发投资支出的增加 $\Delta \bar{I}$，使 IS 曲线在每一个利率水平上向右移动了 $\alpha_G \Delta \bar{I}$ 的距离。在本章的下一节，我们将说明，为什么自发支出变动 $\Delta \bar{I}$ 会引起收入水平变动 $\alpha_G \Delta \bar{I}$。但是，我们可以看到在这里收入只变动 ΔY_0，它显然小于 IS 曲线移动的距离 $\alpha_G \Delta \bar{I}$。为什么呢？

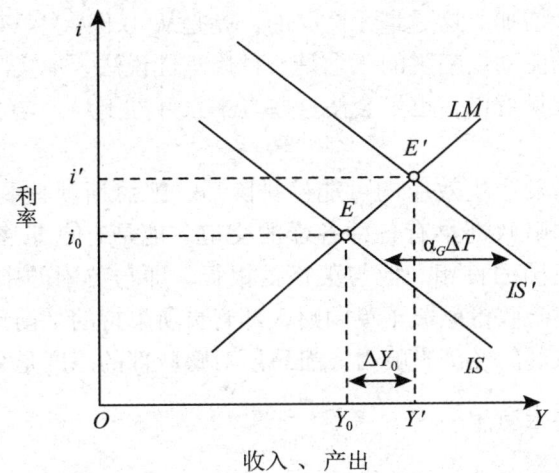

图 18.6 自发性支出增加使 IS 曲线向右移动：它使均衡利率和收入同时提高

从图 18.6 来看，它明显是由 LM 曲线的非 0 的斜率造成的。如果 LM 是水平的，IS 曲线水平移动的距离就将是收入变动的数量。LM 曲线水平意味着为了使货币市场均衡，即使收入变动，利率也无需变动，因此，利率对投资就不产生影响。反过来，如果 LM 的斜率为正，那么，在货币供给固定不变时（即在 LM 曲线上），收入的增加势必引起利率的上升，而利率的上升本身就导致投资减少。投资减少进一步引起收入的减少。因此，在 IS-LM 模型中，自发支出的增加倾向于提高收入水平，但收入水平增加的幅度小于 IS 曲线的水平移动 $\alpha_G \Delta \bar{I}$。

现在需要明确一下价格水平固定不变的假设到底意味着什么。价格水平固定不变是指价格不随产出的变化而变化。在什么情况下会出现这种关系呢？只有在产出水平相对经济的实际生产能力较低甚至低很多的情况下才有可能。这意味着 IS-LM 模型所处理的经济问题实际上是一个衰退的或者萧条的经济。只有在这种情况下，价格水平才不随产出的变化而变化，这意味着要假设一条水平的短期总供给曲线。

第二节　乘 数 理 论

这一理论是在上一节基础上的继续简化，即它不仅把 p 视为常数，而且把 i 视为常数。这个理论对于宏观经济学的产生起到了重要作用。如果说，IS-LM 模型所处理的经济问题实际上是一个衰退的或者萧条的经济，那么，它所试图处理的是大萧条的经济形势（之所以说"试图"，是因为很难说它指导了实践。请自行思考为什么。寻找这个问题的答案可能需要你找些资料看，比如看希克斯的《凯恩斯主义的危机》）。

在 1929 年的大萧条中，名义利率已经被降低到极低的接近于 0 的水平，价格水平下跌近 50% 后稳定下来，所以，实际利率也接近于 0。这时，货币需求几乎是无限大。凯恩斯提出了流动性陷阱的概念，来描述一种无论政府提供多少货币都能被公众吸收而不对投资产生影响的景象。当然,凯恩斯没有估计到,当公众手中如果有了更多的货币,他们就会开始购买,需求就会增加。这是毫无疑问的,就是从几千人竞争数个工作岗位也可以看出来。所以,凯恩斯的流动性陷阱的概念是一种修辞性说法。他实际上指的是,在大萧条时期,政府给资本家大量货币,也不会使这些资本家开办工厂、增加投资,因为不确定性太多了。

当凯恩斯把货币增发产生效应的可能性排除后,凯恩斯就只剩下财政政策可以选择了。凯恩斯本人与英国财政部早有各种各样的交道。他是有点儿痛恨英国的财政部官员的。他甚至痛恨当时英国的首相。他与英格兰银行,即与英国的中央银行的关系似乎很浅。他提出的赤字性财政政策颠覆了英国财政部官员所秉持的平衡预算理念。他的这个政策建议无疑会增加财政部的经济影响力。凯恩斯对财政部的态度是复杂的。

一、乘数理论的基本思想

凯恩斯提出的赤字性财政政策基于如下的一种学理。这种学理在宏观经济学中被称为乘数理论。它是一个由凯恩斯提出问题、由卡甘给出的回答构成的:财政部增加100万英镑的支出,能提高多少收入水平?如果用第十二章里的支出法来回答,答案应该就是100万英镑。然而,这个答案没有考虑经济中的"一石激起千层浪"效应。

财政部增加100万英镑的支出,在大萧条时期,就会使闲置的企业开工,因此,产出增加100万英镑。产出与收入的增加,又会引起消费的提高,这是由于消费是收入的函数。当然,由于人们不是把所有的收入都消费,而是只消费其中的一个比例。这个比例被称为边际消费倾向。记为 c。于是,财政部增加100万英镑的支出,不仅增加产出100万英镑,而且增加消费 $100c$ 万英镑。这笔消费自然会增加产出同样的数量:$100c$ 万英镑。如此类推下去。因此,形成了一个无限的等比数列。

以抽象的形式总结上面的分析。其中,自发支出不是100万英镑,而是 $\Delta\bar{A}$。假如生产扩大到刚好满足增加的需求,生产扩大的数量就是 $\Delta\bar{A}$。生产的这种扩大引起收入的等量增加,因此,通过消费函数(其中边际消费倾向为 c),引起第二轮的支出为 $c\Delta\bar{A}$。再假设生产扩大刚好满足这次支出的增加。这时生产和收入增加为 $c\Delta\bar{A}$,这引起第三轮的导致消费支出,它等于边际消费倾向乘以这次的收入的增加量,即 $c(c\Delta\bar{A}) = c^2\Delta\bar{A}$。边际消费倾向 c 小于 1,c^2 小于 c,因此,第三轮的引致支出小于第二轮的引致支出。以此类推下去,见表 18.1。

表 18.1 乘 数

轮次	需求的增加(本轮次)	生产的增加(本轮次)	收入的总增加(所有轮次)
1	$\Delta\bar{A}$	$\Delta\bar{A}$	$\Delta\bar{A}$
2	$c\Delta\bar{A}$	$c\Delta\bar{A}$	$(1+c)\Delta\bar{A}$
3	$c^2\Delta\bar{A}$	$c^2\Delta\bar{A}$	$(1+c+c^2)\Delta\bar{A}$

续表

轮次	需求的增加（本轮次）	生产的增加（本轮次）	收入的总增加（所有轮次）
4	$c^3\Delta\overline{A}$	$c^3\Delta\overline{A}$	$(1+c+c^2+c^3)\Delta\overline{A}$
…	…	…	…
…	…	…	$\dfrac{1}{1-c}\Delta\overline{A}$

把表 18.1 最后一列加起来，它就是自发支出 $\Delta\overline{A}$ 所引致的需求和收入增加的理论值。即

$$\Delta AD = \Delta\overline{A} + c\Delta\overline{A} + c^2\Delta\overline{A} + c^3\Delta\overline{A} + \cdots = \Delta\overline{A}/(1-c) \tag{18.6}$$

因此，我们从公式（18.4）中发现，总需求的累计变动等于自发支出的一个倍数。倍数 $1/(1-c)$ 称为乘数（multiplier）。

在经济萧条时，只要有需求，就有产出。生产商一般比较谨慎，不会生产出多于需求的产出。假如生产商是完全理性、完全信息的，那么，产出的增加就等于总需求的增加。于是，乘数就定义为自发性支出增加 1 单位时均衡产出的变动量，即 $\Delta Y/\Delta\overline{A}$。

考察方程中的乘数可知，边际消费倾向越大，乘数也越大。这是因为较大的边际消费倾向意味着收入增加的 1 元中更大部分被消费掉了，使得引致需求更大地增加。①

二、乘数的图解

图 18.7 提供了一幅图形来说明自发性支出（政府购买、自发投资或者自发消费）增加对均衡收入水平的效应。收入水平为 Y_0 时，起始的均衡点为 E。现在自发支出从 $\overline{A}$ 增加到 $\overline{A}'$。这以总需求曲线 AD 平行向上移动到 AD′表示，向上移动的数量都是 $\Delta\overline{A} \equiv \overline{A}' - \overline{A}$。为恢复平衡，收入所需变动的幅度取决于两个因素。在图 18.7 中，总需求线平行移动表示自发性支出的增加越大，收入变动也越大。进而，边际消费倾向越大（即总需求曲线越陡峭），收入变动也越大。也就是说，$Y' - Y$ 是 $\Delta\overline{A}$ 和 c 的函数。这正好印证了 (18.4) 式。

三、比例所得税的税收乘数

有关经济周期的一种解释是说，经济周期是因为自发性需求，特别是投资的改变引起的。有人认为投资者乐观时投资高涨，因此，产出也高涨。但有时他们持悲观态度，于

---

① 两点提醒：(1) 乘数在这个十分简化的收入决定模型中，必然大于 1，但在其他模型中也可能小于 1。(2)"乘数"一词在经济学中更普遍地用来表示一个外生变量（其水平不在所考察的理论中决定）变动 1 单位对某个内生变量（其水平由所研究的理论加以说明）的效应。例如，人们可以谈论货币供应的变化对失业水平的乘数。但是，这个名词的经典用法就像我们在这里的用法一样，表明自主性支出变动对均衡产出的效应。在数学上，它就是一个导数。

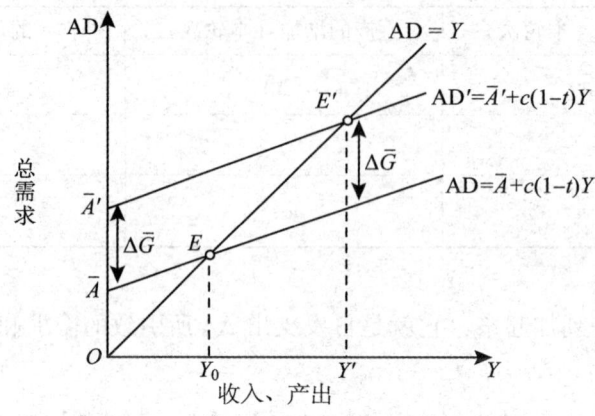

图 18.7 自发支出增加的效应

是，投资与产出也都降下来了。但是，投资变化对产出的变化的影响依赖于一个社会的一些制度特征。

假如一个社会征收比例所得税，税率为 t。于是，这个社会的个人可支配收入为 $(1-t)Y$。给出这个式子，你应该想到的是，它应该与总需求中的某项联系起来。确实，西方的理论家们把它与消费联系了起来。由于比例所得税制度的引入，如果假设西方没有核心消费，假设价格也对消费不产生影响，那么，消费函数 $C = C(Y-G, CC, P)$ 写为

$$C = \bar{C} + c(Y - tY) \tag{18.7}$$

再假设 $I = \bar{I}$，$G = \bar{G}$，$NX = \overline{NX}$，于是，总需求等于总产出意味着

$$\bar{C} + c(Y - tY) + \bar{I} + \bar{G} + \overline{NX} = Y \tag{18.8}$$

那么，税率的变化引起的收入的变化是多少呢？这个问题相当于求解 dY/dt。对 (18.8) 两边取微分运算，所有的自发支出都消失了。留下的是：

$$c \times dY - c \times dt \times Y - c \times t \times dY = dY \tag{18.9}$$

把它合并同类项得出：

$$\frac{dY}{dt} = \frac{-c}{1 - c(1-t)} Y \tag{18.10}$$

(18.10) 式表明，税率提高将降低收入。由于所得税的税率可能随着收入的提高而提高，所以，它被认为提供了一种自动稳定器（automatic stabilizer）的功能：自动减少产出变动量，而不需要政府采取特别的干预政策。

比例所得税的存在还改变了自发支出乘数。它把原来的乘数由 $1/(1-c)$ 改为 $\dfrac{1}{1-c(1-t)}$，即使得乘数变小了。这意味着自动稳定器的存在，使产出比没有这些稳定器时的波动幅度要小。

比例所得税并不是唯一的自动稳定器。① 失业救济金使失业者甚至在没有工作时，也能继续消费，因此，当 Y 下降时，TR 就增加。这意味着有人在失业时领取救济金，比没有救济金时，需求降低得要少。这也会使乘数变小，而产出更加稳定。当然，这些稳定器在实际中所起的作用到底多大以及在何种情况下起作用是值得进一步思考的。② 这里的内容只是对这个实际问题所做的一种极其初步的分析。

关 键 词

利率　IS 曲线　货币市场　商品市场　出清　LM 曲线　IS-LM 模型　均衡收入乘数　税收乘数

思考题与练习题

1. 假设货币需求为 $L = 0.2Y - 1\,000r$，货币供应量为 200 元，$C = 90 + 0.8Y_D$，$T = 50$ 元，$I = 140$ 元，$G = 50$ 元。求：

   （1）求出 IS 和 LM 方程，并计算均衡收入、利率和投资；

   （2）若其他情况不变，G 增加 20 元，均衡收入、利率和投资各为多少？

2. 假定经济满足 $Y = C + I + G$，且消费 $C = 800 + 0.7Y$，投资 $I = 6\,000 - 18\,000r$，货币需求 $L = 0.15Y - 8\,000r$，名义货币供应量为 5 000 亿，价格水平为 1，问当政府支出从 7 000 亿元增加到 8 000 亿元时，政府支出的增加是否挤占了私人投资？如果挤占，是多少？（小数点后保留两位）

3. 假设政府执行一种平衡预算的政策，即任何财政购买的增加都必须由同一数量的税收来提供资源。这时，财政购买能够创造的产出增长是多少呢？二者的比例被称为平衡预算乘数。

4. 乘数效应认为税收会带来总需求的累积变动。请再举出一个例子说明乘数效应。乘数效应是否适用于任何经济政策或冲击？请谈谈你的看法。

---

① 有关自动稳定器的讨论，参见 T. Holloway, "The Economy and the Federal Budget: Guide to Automatic Stabilizers," *Survey of Current Business*, July 1984. 关于自动稳定器的最近的文章，可参见 A. Auerbach and D. Feenberg, "The Siginificance of Federal Taxes as Automatic Stabilizers," *Journal of Economic Perspectives*, Summer 2000.

② 一种关于美国经济周期是否已经更加稳定的讨论，参见 C. Romer, "Changes in Business Cycles: Evidence and Explanations," *Journal of Economic Perspectives*, Spring 1999.

参 考 文 献

1. 保罗·巴兰. 增长的政治经济学. 蔡中兴, 杨宇光, 译. 北京: 商务印书馆, 2000.
2. 保罗·克鲁格曼, 茅瑞斯·奥伯斯法尔德. 国际经济学. 海闻, 等, 译. 北京: 中国人民大学出版社, 2002.
3. 查尔斯·金德尔伯格. 西欧金融史. 徐子健, 何建雄, 朱忠, 译. 北京: 中国金融出版社, 2010.
4. 程永宏. 改革以来全国总体基尼系数的演变及其城乡分解. 中国社会科学, 2007 (4).
5. 龙斧, 王今朝. 社会和谐决定论: 中国社会与经济发展重大理论探讨. 北京: 社会科学文献出版社, 2011.
6. 乔万尼·阿里吉, 亚当·斯密在北京: 21 世纪的谱系. 路爱国, 黄平, 许安结, 译. 北京: 社会科学文献出版社, 2009.
7. 田卫民. 中国基尼系数计算及其变动趋势分析. 人文杂志, 2012 (2).
8. 王今朝. 中国经济发展模式: 政治经济学占优设计. 北京: 社会科学文献出版社, 2018.
9. 王今朝. 中国经济发展模式: 政治经济学解读. 北京: 社会科学文献出版社, 2013.
10. 王祖祥, 张奎, 孟勇. 中国基尼系数的估算研究. 经济评论, 2009 (3).
11. 周明海, 肖文, 姚先国. 中国经济非均衡增长和国民收入分配失衡. 中国工业经济, 2010 (6).
12. Lewis, W. A. On Economic Development with Unlimited Supplies of Labor, The Manchester School, Vol. 22 (2), 1954: 139-191.
13. Tassey, G. Competing in Advanced Manufacturing: The Need for Improved Growth Models and Policies, The Journal of Economic Perspectives, Vol. 28 (1), 2014: 27-48.

21世纪经济学管理学系列教材

- 政治经济学概论
- 政治经济学（社会主义部分）
- 技术经济学
- 财政学
- 计量经济学
- 国际贸易学
- 管理信息系统
- 国际投资学
- 宏观经济管理学
- 公共经济学
- 经济学原理
- 统计学
- 经济预测与决策技术
- 会计学
- 人力资源管理
- 物流管理学
- 管理运筹学
- 经济法
- 消费者行为学
- 管理学
- 生产与运营管理
- 战略管理
- 国际企业管理
- 公共管理学
- 税法
- 组织行为学